JÜRGEN ROTH

Die roten Bosse

JÜRGEN ROTH

Die roten
BOSSE

Rußlands Tycoone
übernehmen die
Macht in Europa

PIPER MÜNCHEN ZÜRICH

ISBN 3-492-03867-0
© Piper Verlag GmbH, München 1998
Gesetzt aus der Times-Antiqua
Gesamtherstellung: Ebner Ulm
Printed in Germany

INHALT

Vorbemerkung

Dieses Buch spielt sich in einer Grauzone ab – nämlich dort, wo Legalität und Illegalität sich begegnen. »Grauzone« aber auch, weil hier von Vorgängen berichtet wird, die (noch) kein Gericht nachgeprüft hat. Warum die Gerichte hier solche Schwierigkeiten haben, tätig zu werden, ergibt sich aus den geschilderten Ereignissen.

Dennoch ist es dringend notwendig, daß die Öffentlichkeit schon im Vorfeld erfährt, was hier vor sich geht. Der Autor hat deshalb Verdachtsmomente und Informationen gesammelt, die aus Polizei- und Staatsanwaltschaftsakten stammen, hat mit Betroffenen, mit Opfern und mutmaßlichen Tätern gesprochen, mit Kennern der Szene. Er hat davon in dieses Buch aufgenommen, was unter Anlegung der strengen journalistischen Sorgfaltspflicht vertretbar erschien. Dennoch gilt natürlich für alle Vorgänge der klassische Satz: Schuldig im juristischen Sinne ist nur der, den ein ordentliches Gericht verurteilt hat.

Dieser Aufgabe der Gerichtsbarkeit will und darf dieses Buch nicht vorgreifen; es will nur einen Beitrag dazu leisten, daß die Öffentlichkeit über diese Vorgänge informiert wird und ein Bewußtsein für die Brisanz dieser gefährlichen Entwicklungen gewinnen kann.

Eindrücke und Einblicke in die Mafiokratie

»Derart haben die mit allen Wassern gewaschenen einstigen Repräsentanten der
höheren und mittleren Etagen der kommunistischen Macht gemeinsam mit den blitzartig und auf undurchsichtigen Wegen aufgestiegenen Neureichen eine stabile und
nach außen abgeschottete Oligarchie geschaffen, die nicht mehr als 150 bis 200 Personen umfaßt. Diese bestimmen das
Schicksal des Landes. Die Mitglieder dieser
Oligarchie vereinen Machthunger und Gewinnsucht.«[1]   (Alexander Solschenizyn)

Im August 1997 erhielt ich einen Brief. Ein verzweifelter Ehemann klagte, seine Frau sei an unheilbarer multipler Sklerose
erkrankt und benötige dringend Hilfe. Der einzige Besitz, den
er, der Ehemann, noch habe, sei ein Geschäftshaus in der
Fußgängerzone der rheinischen Stadt K. Um das Schicksal
seiner Frau erleichtern zu können, brauche er große finanzielle Mittel, die nur durch den Verkauf des Hauses an einen
großzügigen Investor aufgebracht werden könnten. »Das Objekt hat einen Wert von ca. 2,2 Millionen Mark. Wir haben bereits alles versucht, um das Haus hier zu verkaufen. Aber in
wirtschaftlich rezessiven Zeiten können Sie sich bestimmt
vorstellen, wie schlecht unsere Chancen stehen, einen akzeptablen Preis zu erreichen.«

Er wäre zu großem Dank verpflichtet, schreibt der Ehemann
der schwerkranken Frau, wenn ich ihm Personen oder eine
Firmengruppe der Russenmafia nennen könnte, die zentral
gelegene Objekte zu erwerben suchten, um dort Geschäfte,

Bars oder Saunaklubs zu etablieren. Der Mann verlangte tatsächlich, ich solle ihm einen Kontakt zur Russenmafia herstellen. Denn nur die hätte das entsprechende Geld. Nach der Lektüre des Briefs dachte ich zuerst, das ist ein Witzbold, dann war ich entsetzt und rief ihn unter der angegebenen Telefonnummer an. »Wissen Sie eigentlich, was es für Sie bedeutet«, fragte ich ihn, »wenn Sie an diese Kriminellen verkaufen wollen?«

»Ja«, sagte er, »aber ich habe keine Wahl. Und ich weiß, wenn man sich an die Spielregeln hält, geschieht einem nichts. Das System der Russenmafia ist doch in Rußland viel effizienter und arbeitet besser als der Staat. Und was die Russen mit dem Haus hier machen, das ist ja deren Sache.« Am Schluß seines Briefes stand übrigens: »Wir danken Ihnen schon jetzt im voraus und werden uns nach der erfolgreichen Veräußerung erkenntlich zeigen.« Ich habe, das sei gesagt, dem Verzweifelten keinen Namen und keine Adresse genannt – obwohl ihm leicht zu helfen gewesen wäre.

Der Brief signalisiert (es ist doch nur ein Zufall, daß ich mit einem solchen Vorschlag persönlich konfrontiert wurde, obwohl ich von Polizeiexperten ständig erfahre, daß russische Verbrechersyndikate hier kräftig investieren und infiltrieren), wie selbstverständlich hingenommen wird, sogar von einem kleinen Hausbesitzer, daß sich kriminelle Organisationen mit viel Geld in Deutschland einkaufen. Wer an eine halbwegs stabile demokratische Gesellschaft glaubt, der versucht eine Erklärung zu finden, und zwar die folgende: Da braucht heute nur ein verzweifelter Mensch, beispielsweise ein Unternehmer oder jemand, den ein Schicksalsschlag getroffen hat, vor dem Konkurs zu stehen, und schon fallen die letzten Hemmungen und Hürden, man entscheidet sich für den Meistbietenden und hofft damit, sich vor dem Absturz zu retten. Wer wird also diesen Ehemann oder einen anderen verzweifelten Unternehmer verurteilen wollen?

Er ist ein vergleichsweise harmloses Exempel für eine gesellschaftlich-moralische Trümmerlandschaft. In Wirklichkeit geht es natürlich um ganz andere Dimensionen. Das demonstriert ein Vorgang, bei dem gleichfalls ein Brief und ein Hilferuf eine wichtige Rolle spielten. Beide in den Briefen geschilderten Vorgänge sind nicht voneinander zu trennen, sie bilden eine Einheit, zumindest was die moralischen und ökonomischen Dimensionen betrifft.

Es war im Sommer 1996, da verfaßten Mitarbeiter der ukrainischen Generalstaatsanwaltschaft in Kiew nach langer, reiflicher Überlegung ein besorgniserregendes Schreiben. Empfänger war Bundeskanzler Helmut Kohl, der dabei war, einen Staatsbesuch in die Ukraine zu absolvieren. In diesem Brief heißt es: »Nachdem der Djnepropetrowski-Mafiaclan die Schlüsselpositionen der Justiz mit eigenen Leuten besetzt hat, nehmen die Probleme bei uns stark zu. Personen, die erfolgreich arbeiten, werden beschattet, abgehört und verfolgt. Die Leute, mit denen Sie sich hier in Kiew treffen werden, sind keine Politiker. Es sind die reichsten Mafiosi der Ukraine, möglicherweise sogar Europas. Es kommt mit Sicherheit der Tag, da auch gegen Ihre Gastgeber von heute strafrechtlich ermittelt wird, was hier leider keine Ausnahme ist. Es wird bereits gegenwärtig (vorsichtig) gegen den ehemaligen Premierminister, den Ersten Stellvertretenden Parlamentssprecher und andere strafrechtlich ermittelt. Eine Handvoll Leute beutet unser Land aus, Milliarden von US-Dollar werden ins Ausland verschoben, der regierende Clan verteilt die besten, wertvollsten Staatsbetriebe unter sich. Das Kohleproblem um Donezk wird künstlich erzeugt, um Druck auf den konkurrierenden Donezk-Clan auszuüben. Zu solchen Zwecken wurde sogar kürzlich ein Attentat inszeniert. Wenn Ihre Dienste, verehrter Herr Bundeskanzler, nicht schlafen, müßten Sie das wissen.«

Hat dieser alarmierende Brief, der zusammengefaßt das Dilemma der aus dem Zerfall der Sowjetunion hervorgegangenen neuen Staaten im Osten wie in einem Brennglas bündelt, Bundeskanzler Helmut Kohl bewogen, bestimmte Politiker in der Ukraine zu meiden? Hat ihn dieser Brief überhaupt erreicht, oder wurde er vorzensiert? Diese Frage stellt sich, denn der Brief aus Kiew kam wieder an den Absender zurück. Seltsam. Denn auf dem Briefumschlag war überhaupt kein Absender angegeben. Entweder hat man im Bundeskanzleramt hellseherische Fähigkeiten, oder der Brief wurde geöffnet, gelesen und dann, weil es vielleicht nicht opportun war, Bundeskanzler Kohl auf die Klage aufmerksam zu machen, wieder an den Absender, der auf dem Briefkopf, aber nicht auf dem Kuvert stand, zurückgeschickt. »Ein Glück nur«, erzählte mir ein Kiewer Staatsanwalt, »daß ich ihn bekommen habe, sonst säßen die Unterzeichner jetzt im Gefängnis.«

Einer der wenigen, der in der Ukraine versucht, Korruption und Mafia zu bekämpfen, steht hingegen nicht nur unter dem politischen Dauerfeuer der herrschenden Nomenklatura, sondern er muß auch um sein Leben fürchten. Es ist Grigorij Omeltschenko, Vorsitzender der parlamentarischen Kommission »Korruption und organisiertes Verbrechen« im ukrainischen Parlament. Er wurde von Helmut Kohl nicht empfangen, als dieser sich zusammen mit führenden deutschen Wirtschaftsrepräsentanten in Kiew mit den Spitzen der ukrainischen Politik traf. Im Gespräch mit mir beklagte sich Omeltschenko bitter: »In den fünf Jahren ukrainischer Unabhängigkeit wurde kein hochrangiger Staatsbeamter, ob Minister, stellvertretender Minister, Abgeordneter des Obersten Rates, wegen seiner Überschreitung der Machtbefugnisse, wegen Amtsmißbrauchs oder Bestechlichkeit verurteilt beziehungsweise zur Verantwortung gezogen. Während dieser Zeit wurden mehr als 500 Abgeordnete, von den lokalen Räten bis hin zum Obersten Rat der Ukraine, wegen der von ihnen begangenen Verbrechen nicht zur Verantwortung gezogen, weil sie die parlamentarische Immunität schützt.« Mafiajäger Omeltschenko schätzt den durch Korruption und mit der Regierungsebene verbundene mafiose Strukturen entstandenen Schaden auf 20–25 Milliarden Dollar.

Und noch immer plädieren westliche Unternehmer und fast alle Politiker dafür, daß man Milliarden Dollar in der ehemaligen UdSSR investieren soll, daß es sich lohne, dort Geschäfte zu machen, ohne selbst Gefahr zu laufen, vom mafiosen Virus heimgesucht zu werden. Ein Irrglaube, der fatale Konsequenzen haben könnte. Dabei mehren sich bereits in den deutschen Unternehmen die Stimmen, die sich nicht in dieses mafiose System einbeziehen lassen wollen. In der Zeitschrift *Sicherheitsberater* vom Juli 1996 wird diese Stimmung drastisch beschrieben.

»Es häufen sich die Rückkehrer. Das sind Unternehmen, die ihre Aktivitäten in den Staaten der ehemaligen Sowjetunion einfrieren oder ganz aufgeben. Grund: die unvermeidbare Einbeziehung in das mafiose Flechtwerk von Schutzgelderpressung und Korruption. In der Tat ist in den Ländern der ehemaligen SU die Wirtschaft weit verästelt, von extremer Rechtsunsicherheit geprägt, da von staatlichen Sicherheitsorganen keine Hilfe zu erwarten ist, diese vielmehr selbst stark involviert sind, wenn man den Berichten erfahrener Ostinvestoren lauscht. Kennzeichnend für die Rechtsunsicherheit ist u. a., daß es immer wieder Phasen gibt, in denen einzelne Mitglieder der staatlichen Organe sich bemühen, den Filz und die Korruption zu bekämpfen, mithin auch diejenigen Manager westlicher Unternehmen, die den z. Z. geltenden Spielregeln Rechnung tragen, und diese auf die Strafbarkeit ihres Handelns hinweisen und ihnen mit Strafverfolgung drohen. Diese Beamten verbleiben zwar meist nicht lange auf ihren Posten, doch ist der verantwortliche Mitarbeiter oft unsicher, welche Sanktionen er mehr fürchten soll. Eine Reihe von Unternehmen haben daher ihre Mitarbeiter zurückgezogen und sind dabei, die getätigten Investitionen abzuschreiben.«[2]

Der Zerfall der Sowjetunion und der märchenhafte Aufstieg einer kleinen Clique – das ist ein faszinierendes Spannungsfeld, in dem die Grenzen von kriminellen und legalen Verhaltensweisen verschwimmen. Eine neue Epoche ist angebrochen. Es ist die Mafiokratie, die in den Ländern der ehemaligen Sowjetunion regiert.

Der Horizont, wo Wahrheit, Realität und Lüge ineinander übergehen, ist für den naiven Beobachter nicht mehr zu erkennen, müßte es aber für die eingeweihten politischen Entscheidungsträger sein. Die roten Bosse gaukeln Ehrenhaftigkeit vor, und allenfalls der mißtrauische Bürger kann sich des Eindrucks nicht erwehren, daß irgend etwas nicht stimmt. Was ist die Wahrheit? Das wird die immer von neuem gestellte Frage in diesem Buch sein, das wenigstens etwas Klarheit über das Phänomen der skrupellosen Macht- und Kapitalkonzentration dunkler Gestalten herzustellen versucht. Die Männer und Hintermänner, um die es geht, werden gemeinhin der Russenmafia zugeordnet. Ein Begriff, der von jedem für alles bemüht wird und weit danebenliegt.

Russenmafia – ein Schlagwort, eine Verniedlichung des Problems. Es verhindert gleichermaßen, daß unglaubliche Vermögenszuwächse aufgeklärt und die Machtbesessenheit der politischen Oligarchie, der einstigen kommunistischen Nomenklatura, aufgedeckt werden. Die Suche nach dem Herkommen der roten Paten und roten Bosse (wobei auch hier die Trennlinie zwischen beiden nur schwer zu ziehen ist) führt zu einem Netzwerk, in dem manchmal Kriminalität der banalen Art eine Rolle spielt. Aber sie ist rudimentär.

Der russische Publizist Viktor Timtschenko berichtete Ende September 1997 auf einer Fachtagung der Friedrich Ebert Stiftung in Weimar zum Thema organisiertes Verbrechen einen Vorgang, der die Symbiose von Kriminellen und Politik in der ehemaligen UdSSR besonders kraß beleuchtet. Fernsehaufnahmen zeigten Präsident Jelzin während des Unabhängigkeitstages der russischen Republik, als er die Gratulation hoher Würdenträger entgegennahm: Politiker, Militärs, Vertreter des öffentlichen Lebens und der Kirche.

Einer der Gratulanten erregte bei den Fernsehzuschauern aus der russischen Stadt Chabarowsk Erstaunen: Da sahen sie einen Bekannten, Wladimir Podatjew, eine berüchtigte Persönlichkeit, der in bestimmten Kreisen den Spitznamen »Pudel« trägt. »Pudel« war dreimal verurteilt worden: wegen Diebstahls, Raubs und Vergewaltigung. Achtzehn Jahre saß er in Gefängnissen und Straflagern. Heute ist er Mitglied des Menschenrechtsausschusses beim Präsidenten Rußlands, dazu noch Oberst, Stellvertreter des Atamans der Union des Kosaktentums in Rußland und im Ausland, Präsidiumsmitglied des ZK der Freien Gewerkschaften und, so erläutert Viktor Timtschenko dem Fachpublikum, »krimineller Herrscher von Chabarowsk.«

»Pudel«, weiß Timtschenko zu berichten, »fährt als Mitglied des Menschenrechtsausschusses nach Genf, unterhält sich mit hohen Mitarbeitern der UNO, läßt sich filmen und zeigt den Film in Chabarowsk. Er reiste in die USA, traf sich mit Politikern und Geschäftsleuten. Aber auch mit Iwankow, dem Paten der russischen Mafia in den USA, der zur Zeit dort seine Strafe absitzt.« »Wir haben viel Gemeinsames«, sagte ihm Podatjew, »wir glauben an Gott und tragen in den Jackentaschen die gleichen Gebete.«

Leninsk-Kusnjezk ist eine Stadt mit 140000 Einwohnern. Bürgermeister war bis vor kurzem, das heißt bis ein Artikel in der *Iswestija* am 17. September 1997 erschien, Gennadij Konjaschin. Die Vereinigung von Politik und Kriminalität läßt sich

hier besonders gut beschreiben. Dem Journalisten Igor Gorol-
kow wurde damals ein Video zugespielt, auf dem ein junger
Mann im Trainingsanzug und mit Panamahut eine Erklärung
verlas: »Wenn sich irgend jemand diese Kassette jetzt ansieht,
heißt das, daß ich nicht mehr lebe. Warum? Weil ich ein Lohn-
killer für Genja Konjaschin war. Sie denken, wenn sie mich verscharrt haben, haben sie auch alle meine Beweise verscharrt
(...) für alle Morde die ich im Auftrag von Genja begangen
habe, kamen ungefähr 20 Millionen Rubel zusammen.«

In Leninsk-Kusnjezk ist Konjaschin ein bekannter Mann,
und das seit langem. Hier wurde er geboren, hier wuchs er auf,
heiratete, stahl, betrog, saß eineinhalb Jahre im Gefängnis,
wurde Unternehmer. Konjaschin kamen seine guten Beziehungen zum damaligen Bürgermeister zugute. Er schreibt an
ihn:»Ich bitte um Befreiung von der einmaligen Steuerzah-
lung für die Errichtung eines neuen Handelszentrums im Umfang von neun Millionen Rubel.« Astafjew, der Bürgermeister, genehmigte. Konjaschin ersuchte, sein Unternehmen
»Irina« und den ihm gehörenden Markt von der Bezahlung
der Grundsteuer zu befreien, der Bürgermeister befreite ihn.
Städtisches Eigentum ging zu äußerst günstigen Preisen in
sein Eigentum über. Als sein Vermögen auf drei Milliarden
Rubel angewachsen war, kandidierte er für das Amt des Bürgermeisters. Im April 1997 wurde er gewählt und damit neuer
Chef der Stadtverwaltung. Kurz nach Erscheinen des Artikels
in der *Iswestija* wurde er inhaftiert und wartet nun auf sein
Gerichtsverfahren, obwohl sogar die Bürger seiner Stadt für
ihn demonstriert hatten. Wie schrieb damals die *Iswestija*.»Es
ist schon lange kein Geheimnis, daß die russische Kriminalität
zur Macht strebt. Die Führer der Unterwelt haben sich als
Helfer der Duma-Abgeordneten fest etabliert, und man sieht
sie im Umfeld hoher Staatsbeamter.« Bittere Realität ist:

Die Erfolgreichen haben sich bereits in den Olymp der Un-
antastbaren und damit Ehrenwerten eingekauft. Sobald der
rote Mafioso eine bestimmte hierarchische Ebene der legalen
Macht erreicht hat, hört er auf, sichtbar für die Mafia zu arbeiten, und beginnt, Kontakten mit ihr auszuweichen. Jetzt orientiert er sich an jener Macht, die in vielen Bereichen stärker
und machtvoller ist als das kriminelle Umfeld. Selbstverständlich, sagen Polizeiexperten, bleibt er am Haken der Ma-

15

fia und wird nicht gegen sie arbeiten. Das Bekanntwerden seiner Vergangenheit hat indes zumindest das Ende seiner gesellschaftlichen und politischen Karriere zur Folge – jedenfalls war das bislang so. Doch in einer Mafiokratie fallen diese letzten Schranken. Mafiokratie, das ist die dritte Dimension, die nichts mit Demokratie zu tun hat. Mafiokratie bedeutet, daß mächtige kriminelle Organisationen die fast vollständige Kontrolle über die nationale Wirtschaft haben, daß eine korrupte Regierung und die Justiz den kriminellen Organisationen als Handlanger dienen, die formalen Führer des Landes unfähig oder nicht willens sind, das organisierte Verbrechen und die Korruption zu bekämpfen, das Fehlen oder das mangelnde Funktionieren demokratischer Institutionen. Wenn die Angaben des FBI stimmen, das 1995 erklärte, die Russenmafia kontrolliere 70 bis 80 Prozent aller russischen Wirtschaftsunternehmen und »die russische organisierte Kriminalität infiltriert praktisch jede Form von Geschäftstätigkeiten«, so ein Bericht des FBI an das Repräsentantenhaus am 31. Januar 1996, dann ist die Beschreibung der Ex-UdSSR als Mafiokratie keine böse Verleumdung. »Man betrügt die Allgemeinheit, wenn man sie damit beruhigt, daß der Kampf gegen die organisierte Kriminalität geführt wird. In Wirklichkeit wird dieser Kampf nur vorgetäuscht«[3], beklagt sich sogar die Generalstaatsanwaltschaft der Russischen Föderation.

Ein Vierteljahrhundert früher, im Frühling 1972, reifen gerade die Zitronen am Golf von Castellammare, westlich von Palermo, als sich ein engagierter junger sowjetischer Bürokrat und seine Ehefrau auf Einladung der italienischen Kommunistischen Partei in einer Villa am Golf von Castellammare aufhalten. Jeden Tag blicken sie auf den kleinen Hafen und weit hinaus auf das strahlendblaue Meer. Michail Sergejewitsch Gorbatschow und seine Frau Raissa sind fasziniert. Die Gorbatschows haben eine Zukunft, davon sind die lokalen Gastgeber, die führenden Familien des Dorfes, überzeugt. Begeistert sorgen sie dafür, daß den Gorbatschows jede Annehmlichkeit zuteil wird.

Zwanzig Jahre später, als Präsident der letzten Tage der Sowjetunion, wird Gorbatschow davon sprechen, daß der Aufenthalt in Sizilien einen Wendepunkt in seinem Leben darstellte, er hier eine Vision, einen Traum hatte. Der Samen von Glasnost und Perestroika wurde in Sizilien gesät. Aber das war nicht die reale Welt, von der Gorbatschow träumte. Castellammare ist das Herz der Cosa Nostra, die Wiege der Paten. Und damit ist man bei der maroden politischen Situation in Rußland heute, die zur damaligen Zeit niemand vorhersehen konnte, auch Gorbatschow nicht.

Die Symbiose zwischen illegalen Machenschaften und staatlicher Komplizenschaft wird uns dafür heute beispielhaft, wie in einem Lehrbuch über Mafiokratie, in den Ländern der Ex-UdSSR vorgeführt. So konnte es geschehen, daß Autoritäten der Russenmafia vehement beim russischen Präsidenten Boris Jelzin vorstellig geworden sein sollen, er müsse sein Gesetz gegen das organisierte Verbrechen unbedingt durchsetzen. Sie waren mit dem Präsidentendekret vollkommen einverstanden. Eigentlich ein Widerspruch.

Dahinter stand jedoch die Absicht, daß die nachkommende zweite und dritte Generation der Kriminellen in ihre Schranken gewiesen werde, damit sie – die »Alten« – in Ruhe die Früchte ihrer mühevollen und gefährlichen Arbeit genießen können. Sie blieben bis heute alle unangetastet. Ähnliche Erfahrungen mit der zögerlichen Unterstützung bei der Strafverfolgung hochkarätiger Bosse machte auch Michael Sika, Generaldirektor für öffentliche Sicherheit im Wiener Innenministerium. Er beklagt die außerordentlich guten Beziehungen zwischen der »Russenmafia« und staatlichen Entscheidungsträgern.

»Die Straftaten, aus denen sie ihren Profit ziehen, spielen sich im Ausland ab. Wir können auch hier nur beobachten. Müssen allerdings feststellen, daß diese Leute zumeist gute Kumpane in den ausländischen Behörden haben, den Ostbehörden. Wir haben zum Beispiel ein Telefonat eines solchen Mannes abgehört, in dem ihn ein Freund warnte, daß sich eine hochrangige Delegation des Innenministeriums seines Landes in Wien aufhalte, um sich mit seiner Person auseinanderzusetzen. Darauf hat dieser Mann nur gelacht und gesagt, diesen Herren habe ich im Vormonat soundso viel gegeben. Das war vor einem Jahr, und es hat sich bis dato nichts geändert an seinem guten Lebensstil in Österreich.«

Der Mann, der den inzwischen abgelösten russischen Innenminister und andere geschmiert haben will, ist ein russischer Banker, Besitzer einer der größten Banken in Rußland. Am 7. Juli 1994 wurde ihm vom Präsidenten der Russischen Föderation, Boris Jelzin, der »Orden der Völkerfreundschaft« verliehen. Zur Begründung heißt es in der Urkunde: »Für seine aktive und fruchtbringende Tätigkeit, die auf soziale Bedürfnisse sowie auf die Wiedererstehung russischer geistiger Werte ausgerichtet ist, wird der Präsident der Aktien-Geschäftsbank mit dem Orden der Völkerfreundschaft ausgezeichnet.« Ein steiler Aufstieg. 1981 wurde der damalige Meister der Materialwirtschaftsabteilung des Ministeriums für Baumaterialien wegen Amtsmißbrauchs und Diebstahls von Staatsvermögen von einem Bezirksgericht zu einer Gefängnisstrafe verurteilt. Und im neuen System? Da wandte sich der Generaldirektor der Kommerzbank in Dschambul (Kasachstan) an den Banker mit der Bitte, Fremdwährung für die Kommerzbank zu kaufen. Die kasachische Bank war nämlich nicht berechtigt, die dringend benötigten Devisen an der Moskauer Devisenbörse zu erwerben. Im Mai 1992 traf der Kaufvertrag über 38 Millionen Rubel unter der Nummer 5355063 in der S.-Bank ein. Die Bank sollte für diesen Betrag Devisen an der Moskauer Devisenbörse erwerben. Im Endeffekt wurden aus den 38 000 000 Rubel dann aber 3 838 000 000 Rubel. Es wurden einfach 38 hinzugetippt, und zwar auf Anweisung des Bankdirektors in Kasachstan.

Am nächsten Tag wurde dieser Betrag auf dem Konto der S.-Bank in Moskau gutgeschrieben und sofort in US-Dollar konvertiert. Als der Deal aufflog, gestand der Bankdirektor aus Kasachstan, daß er die Fälschung auf die Bitte des Moskauer Bankers hin vorgenommen habe. Nachdem der Staatsanwalt Haftbefehl gegen ihn erlassen hatte, flüchtete er rechtzeitig ins Ausland. Zuvor übergab er jedoch einen Teil der Devisen an die Kasachische Nationalbank. Der größte Teil jedoch, 25 Millionen US-Dollar, wurde auf das Konto einer österreichischen Firma überwiesen. Und diese österreichische Firma gehörte der Ehefrau des Bankers. Der Moskauer Banker selbst dementiert, daß er an der Dokumentenfälschung beteiligt gewesen sei, was wohl der Grund dafür ist, daß er vom Präsidenten Jelzin, »meinem Freund«, den Orden verliehen bekam.

Der Tod eines Öl-Millionärs

Noch ein typisches Beispiel für die Mafiokratie sei hier erwähnt. Plastisch läßt es sich an der Geschichte eines Geschäftsmanns aus Moskau, seinen Verbindungen und seiner Karriere darstellen. Sein Name: Wladimir Missijurin (Missiourine[*]). Der 44jährige Unternehmer war erfolgreich im Erdölgeschäft tätig. Im April 1992 gründete er in Berlin die Firma Medoc GmbH. Über sie wurden eine Million Tonnen Erdöl aus dem sibirischen Samara an westliche Abnehmer verkauft. Wie er an die Exportlizenz gekommen ist, weiß niemand. Sicher ist, daß der Verkäufer ein staatlich dirigiertes Unternehmen war. Nach dem erfolgreichen Geschäftsabschluß gründete er in Lausanne eine weitere Firma, die Tasso S.A. Bereits damals hatte er sowohl in der Schweiz wie in Deutschland eng mit der georgischen Mafia kooperiert. Sein Partner war Sergeij Rafailowitsch T., der sein Hauptquartier im Moskauer Hotel Intourist hatte. Über die Schweizer Firma Tasso S.A. sollten 500000 Tonnen Petroleum verkauft werden. Mindestens 140 Millionen Dollar betrug sein Profit bei beiden Erdöldeals. Bis zum 18. Dezember 1994.

An diesem Tag bestellte er in der belgischen Stadt Uccle bei Brüssel ein Taxi zu seiner Villa. Fahrtziel war der Flughafen Zaventem. Er wollte mit einer jungen Frau nach Venezuela fliegen. In dem Augenblick, als er das Gepäck zum Taxi brachte, feuerten zwei Männer mehrere Schüsse auf ihn ab. Missijurin verblutete. So gesehen, ein ganz normales russisches Unternehmerschicksal.

Einer seiner Mörder, Igor Legotski, arbeitete in seiner Berliner Firma, ging jedoch auf Distanz zu seinem Chef, als die Auseinandersetzungen um den russischen Erdölmarkt zwischen den verschiedenen kriminellen Organisationen immer schärfer wurden. Igor Legotski wurde zwar verhaftet, aber gleich wieder freigelassen. Am 30. April 1997 wurde er in Moskau von unbekannten Tätern erschossen. Das gleiche Schicksal erlitt Jurij Sedow. Er arbeitete ebenfalls für Missijurin in Berlin, wurde verhaftet und wieder freigelassen und im

---

[*] Die russischen, ukrainischen bzw. georgischen Namen erscheinen im Text in deutscher Umschrift. Die Schreibweise in Klammern und in Zitaten entspricht jener in den internationalen polizeilichen Akten. (Anm. d. Red.)

Sommer 1997 auf Zypern erschossen. Damit wäre die Geschichte zu Ende.

Aufschlußreich ist sie aus einem anderen Grund. In welchen Kreisen bewegte sich der Erdölmillionär, und wie kam er überhaupt zu seinem Reichtum? Ohne besondere berufliche Ausbildung arbeitete er als junger Mann in Gemerowow, einer westsibirischen Kleinstadt, als Taxichauffeur. Seine Kunden: die Herren der Nomenklatura und regionale Gangsterbosse. Das muß für seine weitere Lebensplanung den Ausschlag gegeben haben. Er schloß sich den kriminellen Banden von Gemerowow an. Missijurin war ehrgeizig. Boß wollte er werden, erzählte man in seinen Kreisen. Es dauerte nicht lange, da wurde er Chef einer Mafiagruppe, und nach einem Jahr zog er nach Moskau um. Dort gelang es ihm wieder, in wenigen Monaten Chef einer Mafiaorganisation zu werden. »Er war besessen vom Geld, aber immer gutherzig, immer großzügig«, erinnern sich seine ehemaligen Geschäftsfreunde. »Und er war brutal. Hat ihm ein Gesicht nicht gefallen, hat er den Auftrag für einen Mord erteilt.«

Aus der Masse der russischen Gangsterbosse hebt ihn nicht so sehr seine Blitzkarriere zum erfolgreichen Unternehmer heraus, da ist er nur einer von vielen. Bemerkenswert ist sein Ansehen in der Politik, sind seine wirtschaftlichen und politischen Kontakte, so gesehen ist er ein Spiegelbild der russischen neuen Reichen. 1990 zog es Missijurin nach Europa. In Belgien kaufte er zahlreiche Villen im Wert von umgerechnet 100 Millionen Mark und baute sich ein Geschäftsimperium auf. Die freie Marktwirtschaft dominierte. Das erkannten auch die sowjetischen Diplomaten. Einem späteren Geschäftsfreund von Missijurin in der Schweiz eröffnete der Direktor der sowjetischen Handelsmission in Zürich: »Die Sowjetunion funktioniert nicht mehr. Jetzt muß man mit privaten Leuten, Geschäftsleuten, zusammenarbeiten. Ich mache Sie mit einem dieser Erlkönige bekannt.« Der Erlkönig, der dem Unternehmer vorgestellt wurde, war Missijurin. In der Hoffnung auf ein Millionengeschäft gründete der Unternehmer zusammen mit Missijurin eine Gesellschaft. »Ich war froh darüber, sollte Präsident einer Gesellschaft mit einem Umsatz von 50 Millionen Dollar werden.« Erst spät, zu spät fand der Unternehmer heraus, daß sein Name und Ansehen nur benutzt wurden. Die Geschäfte mit Mineralöl wurden nicht über ihn, sondern über Off-shore-Firmen abgewickelt.

Warum hätte der Geschäftsmann Mißtrauen hegen sollen? »Ich bin mit ihm Anfang Oktober 1993 nach Moskau geflogen. Als wir am Flughafen ankamen, wurden wir von zwanzig Personen empfangen. Alles Freunde von Missijurin. Selbst der Vizeminister für Erdöl war gekommen. Ich war tief beeindruckt, schließlich handelte es sich um jenen Vizeminister, der zuvor mit dem Schweizer Bundesrat Adolf Ogi verhandelt hatte. Dann sind wir ins Hotel Président gefahren. Vor, hinter und neben uns fuhren Mercedes als Begleitschutz. Die ihn schützten, waren ehemalige Berufsleibwächter des KGB – alle waren mit einer Uzi-Maschinenpistole ausgerüstet. Im Hotel Président hat er einen Empfang gegeben. Die geladenen Gäste waren alles ehemalige Parteisekretäre, mittlere und höhere Nomenklatura, alle mit Chauffeur und Leibwächter.«

Dann erzählte der Unternehmer von einem Treffen mit dem Stellvertreter Missijurins in der Sauna, die für den Abend des Empfangs gemietet war.

»Er hat gesagt, weißt du, bei uns war jeder einmal junger Pionier, dann Komsomolze, dann Parteisekretär. Wir haben kommunistisches Blablabla gemacht. Ich war auf der Universität, machte einen Abschluß als Ingenieur. Später traf ich unseren Parteisekretär. Der sagte mir, entweder arbeitest du mit mir zusammen, denn ich will Parteisekretär bleiben, oder ich garantiere dir größte Schwierigkeiten. Und da er mir versprach, daß ich Generaldirektor eines metallurgischen Staatsbetriebes werden könnte, unterstützte ich ihn. So wurde ich jüngster Generaldirektor eines Staatsbetriebes. Aber dann habe ich mich entschieden, mit Missijurin zusammenzuarbeiten, und jetzt bin ich sein Stellvertreter und verdiene tausendmal mehr als ein Generaldirektor des Staatsbetriebes.« Gute Kontakte hatte Missijurin auch zu einem Gennadij Petrowitsch Kasim. Der war einst Erster Sekretär der KPdSU in Krasnojarsk und gründete danach dank seiner guten Beziehungen die Gesellschaft Jenissejkuslitmasch. Einer der Direktoren der Firma wurde ein ehemaliger lokaler KGB-Chef.

Nichts könnte die Transformation der GUS-Staaten plastischer darstellen als diese persönliche Entwicklungsgeschichte. Und weil sie kein Einzelfall ist, sondern ein System, müssen die hochkarätigen Gangster eine Symbiose mit anscheinend ehrenwerten Politikern eingehen – sie sind geradezu Blutsbrüder. Von daher versteht es sich, daß Missijurin bis zu seinem Tode beste Verbindungen zu den höchsten Kreisen des Moskauer Staatsapparates hatte. Weshalb er am 18. Dezember 1994 von Auftragskillern erschossen wurde, ist ein Rätsel. Gemunkelt wird, daß er ein Geschäft, bei dem es um anderthalb Millionen Liter Heizöl ging, nicht korrekt abgerechnet hatte. »Er muß zehn bis 15 Prozent abgeben«, erzählt ein Bekannter von ihm. »Wenn er das nicht macht, wenn jemand sich einbildet, er könne es ignorieren, dann wird gehandelt.«

Hätte er bezahlt, er wäre heute noch am Leben, einflußreicher und mächtiger als je zuvor. Die Gier wurde ihm zum Verhängnis. Eine Gier, die alle diese neuen Reichen umtreibt.

Die neuen Reichen und ihre Schlupfwinkel

Im Leben des Bürgers der Russischen Föderation Anatolij R., gebürtiger Moskauer, Jahrgang 1972, wird es ein anstrengender Tag werden. Der bullige Jungunternehmer müht sich, flankiert von zwei Leibwächtern, verbissen im Tiefschnee ab. »Walzt hier eine Schneise«, raunzt er seinen Skilehrer an. »Ich mache ja alles«, denkt der sich, schließlich zahlt Anatolij besser als jeder andere Skischüler, »doch so einen Unsinn habe ich noch nicht gehört«, und fährt weiter ab. Es ist Anfang Januar 1997 im snobistischen St. Moritz, dem Nobelkurort im Schweizer Kanton Graubünden, dessen Ruf nach neuer Kundschaft längst in Moskaus verwöhnter Schickeria erhört wurde. Blendend weiß ist der frische, in der letzten Nacht gefallene Neuschnee. Auf dem zugefrorenen St. Moritzer See flanieren milchgesichtige junge Ladys, vermummt im Zobelmantel, der den Schnee streichelt. Ihr Ziel ist eine kleine Bar auf dem Eis. Dort wird als einziges standesgemäßes Getränk Champagner angeboten. Wintergolf, Polo und Kricket auf dem gefrorenen See haben sie konsumiert – jetzt sehnen sie sich nach dem Wochenende, wenn auf dem See das Skikjöring- und Trabrennen stattfindet, teure Rennpferde auf dem

Eis mit einem Tempo bis zu sechzig Stundenkilometer durch den Schnee stieben, Millionen gewettet werden können und aus diesem Anlaß eine weitere Schar reicher Russen eintreffen wird.

Anatolij rackert sich derweil auf der Piste, unterhalb des 3000 Meter hohen Corviglia, ab. Viel Phantasie bedarf es nicht, um zu ahnen, wo man sowohl Anatolij wie die jungen Frauen wiedertreffen wird: abends, in den Nobelhotels, etwa dem 1878 erbauten Kulm, dem traditionsreichsten und vornehmsten Haus am Platze; 1480 Schweizer Franken pro Nacht hat er für die De Luxe Junior Suite hingeblättert.

Bis vor kurzem schritten hier zwischen Weihnachten und Neujahr durch das pompöse Portal, vorbei an livrierten Portiers, in die riesige marmorne Empfangshalle Angehörige des italienischen Geldadels. Deren finanzieller Stammbaum war und ist sicher nicht fleckenlos, dafür sind sie etabliert. Deshalb glauben sie, sich über das »ungehobelte« Auftreten der russischen Newcomer alterieren zu können, suchen daher nun das Weite. Szenenwechsel.

Madonna di Campiglio in den italienischen Dolomiten. Während Anatolij in St. Moritz seine Ferien genießt, rutschten in dem ehemaligen Olympiaort Jurij Iwanowitsch Essin (Juri Ivanovich Essine), Anatolij Subtschenko und Walentin Rechson die Hänge herunter. In Rom haben sie ein Unternehmen gegründet, die Globus Trading International, über das Erdölgeschäfte abgewickelt werden sollen. Vermittler für den Erdölhandel ist ein Experte, Alberto Grotti, Ex-Vizechef des Energiekonzerns ENI, der wegen Korruption zu fünf Jahren Gefängnis verurteilt wurde. Jurij Essin kam erst 1995 nach Italien. Damals quartierte er sich in einer noblen Villa im Küstenort Santa Marinella, nördlich von Rom, ein und heiratete eine Italienerin. Vorausgegangen war ein russischer Mafiagipfel 1993 in Miami. Dort wurde entschieden, welcher der Anwesenden für welches Land zuständig sein soll, um die riesigen Profite zu waschen. Essin wurde für Italien ausgewählt.

Kurz bevor sie in ihren wohlverdienten Winterurlaub fuhren, wickelten sie noch ein besonders profitables Geschäft ab. Sie importierten 240 000 Tonnen Petroleum und verkauften es für 300 Millionen Dollar. Reinprofit 30 Millionen Dollar. Vor dem Deal telefonierte Jurij Essin mit seinem Freund Wladimir Polunin (Vladimir Polounine), einem Abgeordneten in der russischen Duma. »Alberto kommt am Sonntag an. Behandle ihn gut, geh mit ihm in die besten Restaurants essen, selbstverständlich Champagner. Er bekommt Leibwächter und ein Mädchen für die Nacht.« Den gleichen Befehl erhielt auch Wiktor Beresni (Viktor Berezni), Ex-Offizier des KGB, der inzwischen für die Solnzewskaja-(Solntsevskaia-)Organisation arbeitet. »Grotti ist der Vizechef von ENI. Er hat momentan einige Probleme mit der Justiz, aber er ist frei.«

Unterkunft haben sie im Golfhotel gefunden, der nobelsten Absteige des Winterskiortes. »Gut, sie schmeißen mit Geld um sich«, erzählt ein Carabiniere. »Aber sonst sind sie unheimlich freundlich.« Gianni Olivieri, der Barkeeper, erinnert sich an seine Gäste: »Es flossen Wodka und Whisky in unglaublichen Mengen.« Wieder ein Klischee. Weil man Vergnügen und Geschäft hier so trefflich verbinden kann, kommen von Zeit zu Zeit andere »Bekannte«. Einer ist Alberto Grotti, der Ex-Vizepräsident der staatlichen italienischen Petroleumfabrik ENI. Natürlich geht es um Geschäfte. Um den weiteren Verkauf von Erdöl. Und, wie man erst später herausfand, um Geldwäsche.

Jurij Essin, ein sogenannter »Dieb im Gesetz«, sowie seine Freunde müssen inzwischen auf die gute Winterluft und den Luxus verzichten. Eine italienische Sondereinheit, Servizio centrale operative, hat sie festgenommen und hinter Gitter gebracht. Denn die so harmlosen und zahlungsfreudigen Russen waren »führende Köpfe einer der größten Mafiaorganisationen Rußlands, der Solnzewskaja«[4], die dabei waren, ihr kriminell erwirtschaftetes Geld in der italienischen Wirtschaft zu waschen. »Kein Einzelfall«, so Giovanni Verdiccio, Chef der italienischen Finanzpolizei. Über Essin weiß auch Piero Luigi Vigna, oberster italienischer Antimafia-Staatsanwalt, etwa zu berichten: »Einerseits kommandierte er die kriminellen Aktivitäten seines Clans wie Schutzgelderpressung, Waffen- und Drogenhandel und die Prostitution in Rußland. Andererseits war er für die Investition illegaler Gelder in Italien verantwortlich.«

Die Männer aus Madonna di Campiglio sind, wie die Anatolijs und Sergejs, Nataschas und Babuschkas in St. Moritz, Chamäleons, die sowohl bieder legal wie extrem kriminell agieren. Zwar besitzen sie in Moskau ihre schloßartigen Villenfestungen, in denen weder der goldene Wasserhahn noch die kostbarsten Ikonen und üppigsten Geweihe, noch in jedem Zimmer der Fernseher fehlen, ebensowenig wie der von importierten Palmen umsäumte Swimmingpool. Ihre Prachtvillen sind mit hohen Ziegelmauern und Stahlgittern gesichert, überall hängen Überwachungskameras. »Am liebsten«, so der Schriftsteller Wladimir Sorokin, »zögen die Bauherren noch einen Wassergraben um ihr rotes Schloß. Das entspräche dann vollkommen dem Geist des postkommunistischen Feudalismus, der nach und nach in eine Epoche des neuen Feudalismus hinübergleitet.« Trotz perfekter Bewachung fühlen sie sich dort unwohl.

Nicht zuletzt deshalb zieht es sie unter anderem nach St. Moritz, sie wollen den Dreck von Moskau, die Mißgunst der Zurückgebliebenen, die Angst vor Entführungen oder Erpressungen hinter sich lassen. Sie wollen das Leben nachholen, das ihnen in den Zeiten der kommunistischen Mangelwirtschaft entgangen zu sein scheint: Luxus pur, ohne Rücksicht, hemmungslos, ohne Skrupel. Gehören sie alle der Mafia an, sind sie auf die eine oder andere Weise mit ihr verbunden, damit Teil des mafiosen Systems?

»Jeder zu schnell erworbene Reichtum ist gefährdet, wenn man ihn nicht durch Geldwäsche legalisiert. Genau dies erledigt die Mafia; in dieser Hinsicht kommen die Manhattan Boys nicht an ihr vorbei. Warum sollten sie Skrupel haben? Von Kindesbeinen an haben sie gelernt, daß eine Gesetzesübertretung nichts Schlimmes ist, solange man keine strafrechtliche Verfolgung riskiert. Und dieses Risiko ist heute gleich null. Der Kreml tut alles, um die Reichen zu schützen; die Gesetze sind dazu da, diese Schicht zu begünstigen. Seit Jelzin am Ruder ist, wurde kein Prozeß mehr wegen Veruntreuung geführt, der Begriff ist sogar aus dem Strafgesetzbuch verschwunden.«[5]

Anatolij hat in einem der hohen Speisesäle mit Tapisserien und zentnerschweren Leuchtern diniert und sitzt jetzt mit Trink- und Geschäftsfreunden in der Canopy-Bar. Nach Mitternacht wird er redseliger, allerdings mit etwas schwerfälligerer Zunge. »Es ist doch gleichgültig, ob man selbst an der Regierung ist oder entsprechend Einfluß ausüben kann«, plaudert der 26jährige Russe, der nur noch ein schwarzes T-Shirt trägt. Ob der Wodka die Zunge löst oder die Urteilsfähigkeit betäubt – so sicher kann man sich bei ihm nicht sein, wie bei vielen anderen Moskowitern, die mit ihm feiern.

Aufmerksam versuchen derweil zwei in der Nähe sitzende Herren von der Kantonspolizei die Gespräche zu verfolgen. Viel schnappen sie nicht auf, blicken dafür fasziniert auf den Oberarm von Anatolij, den reiche Tätowierungen schmükken.

Bei den von Trinksprüchen unterbrochenen Gesprächen, damit die Gläser immer nachgefüllt werden, geht es um das Lebensziel der neuen Klasse. Es geht um Geld- und Kupferhandel, um Öl- und Goldgeschäfte, um internationale Finanzanlagen.»Die glühenden Anhänger von Boris Nikolajewitsch Jelzin«, das konnte man später dem Abhörprotokoll entnehmen, spotten darüber, wie teuer momentan ein Abgeordneter der Duma, des russischen Parlaments, ist. Je nach Bedeutung zwischen 20 000 bis 50 000 US-Dollar. Und stolz plaudern sie darüber, daß sie in Antwerpen ganze Straßenzüge aufgekauft haben. Großmannssucht? Wieder ein Klischee?

Bestätigt wird diese Aussage ganz objektiv durch eine Untersuchung der Rijskwacht von Antwerpen. Demnach befinden sich im Stadtzentrum »die Straßen Huik-Straat, Klapdorp, Paardenmarkt, Falconplein, Kaasbrug, Kommekensstraat und Falconrui in den Händen dubioser russischer Geschäftsleute«.[6] Den Generalstaatsanwalt von Antwerpen, Roger van Camp, stören solche Berichte. Seit langem beklagen sich belgische Ermittler wie ausländische Behörden darüber, daß gerade in Antwerpen, einem Zentrum der Russenmafia, einige der großen russischen Paten ungestört agieren können. Aber wenn der Generalstaatsanwalt während einer Parlamentsanhörung zur organisierten Kriminalität aussagt, daß das Problem der Russenmafia nur ein von den Medien hochgepuschtes Thema sei und die sogenannte Russenmafia allenfalls Markenartikel fälsche, ist nicht zu erwarten, daß die Polizei so ermitteln darf, wie es eigentlich notwendig wäre.

Zu später Stunde lassen die schwermütigen Gesänge aus der Bar die riesigen goldenen Lichtgebinde in der kathedralenar-

26

tigen Empfangshalle erzittern und die anderen Gäste erschauern.

Diamanten, Rohöl, Gold, Immobilien oder dazu vergleichsweise billig einzukaufende Beamte und Minister – die neuen Reichen demonstrieren mit einer skrupellosen Unbändigkeit, was mit Geld alles zu kaufen ist. Eben alles, und das ganz offen, was wiederum eine gewisse Faszination auslösen könnte. Die Fratze des rohen Kapitalismus offenbart sich ohne irgendwelche sozialromantische Tünche.

Wie sie sich im Winter in St. Moritz oder Lech am Arlberg tummeln, die neuen Reichen, so fallen sie im Sommer an der Côte d'Azur ein. Dreißigtausend Russen kamen im Sommer 1996 an die französische Mittelmeerküste und gaben dabei, das errechneten Tourismusexperten, fünfmal soviel aus wie die britischen oder deutschen Touristen, die Hotelkosten nicht eingerechnet. Die meisten bestehen darauf, alles in bar zu bezahlen. Inzwischen stellen sie mit ihrer »Großzügigkeit« sogar die feudalen Ölscheichs in den Schatten. Allein im Jahr 1994 – und das ist eine andere Entwicklung – wurden von Rußland aus elf Milliarden Francs auf französische Banken überwiesen.[7]

»Nein«, sagt im Brustton der Überzeugung Michael Palmer, Manager des feudalen Negresco-Hotels in Nizza, in dem eine Suite 1200 Mark pro Nacht kostet. »Unsere Kunden gehören nicht der Mafia an, es sind vornehme Menschen. Sie möchten sich wie der Jet-set verhalten, verbringen ihre Zeit beim Shopping und am Strand. Sie kaufen die renommiertesten Marken wie Cartier, Yves St. Laurent und Chanel.« Um den russischen Gästen entgegenzukommen, hat das Hotel einen russischsprachigen Fernsehkanal installiert und das Personal in einen Russischsprachkurs geschickt. Beobachtet wird, daß die »neuen Russen« aus dem kalten Osten viel Geld für die russisch-orthodoxe Kathedrale spenden, so daß Bischof Paul von Tracheia sagt: »Ich kann die vielen Angebote, mir zu helfen, nicht akzeptieren, denn darunter ist auch viel schlechtes Geld.« Er zeigt wenigstens noch moralische Bedenken.

Den reichen Juwelieren sind diese Krösusse aus dem armen Rußland dagegen die allerliebsten Kunden. Selbstbewußt tauchen sie mit Händen voller Geld in den edlen Geschäften auf, sprechen kaum, feilschen noch weniger, zahlen und verschwinden. Für die Luxusindustrie und die unter Schwindsucht leidenden feinsten Hotels in Europa, für manche Bankdirektoren und krisengeschüttelten Unternehmen sind sie natürlich ein Segen. Sind sie das auch für eine demokratische zivilisierte Gesellschaft?

»Sie sind deshalb Millionäre, weil sie nicht ehrenwert sind«, meint Andrej Luschin, ein Wirtschaftswissenschaftler an der russischen Akademie der Wissenschaften in Moskau. »Ich kenne kein einziges Beispiel, wo Immobilien im Ausland legal erworben wurden. Das Geld wurde immer illegal ins Ausland transferiert.«

Das Raubgeld wird vornehmlich in Immobilien investiert, wobei bevorzugt Villen und Appartements in Villeneuve-Loubet, Cannes, Nizza und Fréjus eingekauft werden. Zum Beispiel kaufte sich ein ehemaliger Ex-Vizeminister der Sowjetunion für umgerechnet 25 Millionen Mark zwei Villen in Antibes. Von wem und mit welchen Mitteln dieses Geld gestohlen wurde, eine andere Erklärung gibt es nicht, interessiert niemanden.

Danach fragte keiner, der die an der Hafenmole von Antibes ankernde 55 Meter lange Jacht *Kremlin Princess* bewunderte. Eigentümer ist – inzwischen muß man leider sagen »war« – ein gewisser F. In Deutschland zauberte F., wenn er einmal im Zusammenhang mit der Russenmafia genannt wurde, flugs ein polizeiliches Führungszeugnis hervor. Es belegte, daß er in Deutschland ein unbescholtener Bürger ist. Der Direktor eines 1992 in Belgien gegründeten Wodkaunternehmens, dessen Destillat noch im Januar 1996 ein absolutes Muß für alle Moskauer Gourmets war, geriet in große finanzielle Schwierigkeiten, als Präsident Jelzin unter dem Druck der Öffentlichkeit dem russischen Wodka-Generalimporteur, der Nationalen Sportstiftung, die Steuerbefreiung für den Import von Alkohol und Zigaretten strich, die er ihr vier Jahre zuvor erst eingeräumt hatte.

Die Geschäfte zwischen der russischen Sportstiftung und den Wodkabrennern in Belgien liefen am Ende so geschmiert, daß sich das kleine Belgien zum größten Wodkaexporteur nach Polen mauserte. Das war zu Ende, als die Rußland-Connection platzte. »Da tauchten die Wodka-Bosse freilich über Nacht unter. Firmendokumente fand der Konkursverwalter nicht, nur Forderungen der Gläubiger, die sich auf 870 Millionen belgischer Francs beliefen.«[8]

Das war das wirtschaftliche K. o. für den cleveren Unternehmer, dessen Aufstieg in West-Berlin begann und der deshalb in Deutschland seit Anfang der neunziger Jahre im Fadenkreuz des Bundeskriminalamtes stand. Im Frühjahr 1997 verlegte er sein Domizil in ein belgisches Gefängnis. »Dem Eigentümer des belgisch-russischen Wodka-Unternehmens wird betrügerischer Konkurs und Geldwäscherei vorgeworfen.«[9]

Im Bundeskriminalamt ist man über die belgischen Kollegen trotzdem ziemlich verärgert. Das begann bereits damit, daß das BKA zwei Monate lang das Telefon des Wodka-Unternehmers überwachen wollte, aber nur zwei Wochen vom Untersuchungsrichter genehmigt bekam. »Die wußten«, erzählt mir ein BKA-Beamter, »daß wir im Zusammenhang mit einem großen Drogendeal gegen F. ermittelten.« Um sich seiner finanziellen Schwierigkeiten zu entledigen, wollte er ins Kokaingeschäft einsteigen, glaubte das Bundeskriminalamt nachweisen zu können. »Dann hätten wir ihn endlich gehabt. Sie haben keine Rücksicht darauf genommen und ihn wegen des läppischen Konkursverfahrens festgenommen.« F. konnte das nur recht sein, und er wird, sollte er nicht verurteilt werden, in Zukunft zumindest in Deutschland, weiterhin lächelnd sein sauberes polizeiliches Führungszeugnis vorweisen. Denn nach wenigen Wochen Haft wurde er gegen eine Kaution von zwei Millionen Belgische Francs wieder auf freien Fuß gesetzt. Hartnäckig hält sich indes das Gerücht, daß F. für bestimmte Dienste, wahrscheinlich unwissentlich, von großem Nutzen war. Nach Angaben belgischer Ermittlungsbehörden hatte ihn das Department of Criminal Intelligence, DCI, eine Unterabteilung der CIA, schon lange unter seine Fittiche genommen, genauso wie ein Agent der US-Drogenabwehrbehörde DEA.

Von der spanischen Costa del Sol bis zur französischen Côte d'Azur, von den teuersten Distrikten Londons bis zu den exquisiten Stadtteilen von Paris, ob in den Luxushotels der Schweiz, Österreichs oder Frankreichs, ob in Marbella, Mallorca oder Mauritius – mit dicken Dollarbündeln in den Taschen wird von dieser neuen russischen Kaste aufgekauft, was zu haben ist.

Bestimmte Staaten nehmen sie geradezu begierig auf, spekulieren mit dem dreckigen Geld. Auf den Seychellen im Indischen Ozean, einem geradezu himmlischen Urlaubsparadies, erhält jeder neue »Unternehmer«, der mindestens zehn Millionen Dollar auf der Insel investiert, automatisch diplomatischen Status, was ihm weltweit den Schutz der Immunität verleiht. Besonders beliebt sind die Off-shore-Banken für die Geldwäsche und Off-shore-Staaten mit eigenem Gesellschaftsrecht und Bankensystem, wie die Bahamas, Bermudas, Caymaninseln, die britischen Kanalinseln Jersey und Guernsey sowie Liechtenstein und Monaco. »Es geht immer um äußerst diskrete Operationen, von denen Dritte und vor allem die Behörden des Heimatstaates keine Kenntnis bekommen sollen, sei es aus fiskalischen Gründen oder weil das Geld krimineller Herkunft ist.«[10]

Geheimtip der russischen Geldwäscher ist derzeit eine bestimmte Titelseite im Internet. Dort offeriert eine »European Union Bank«. Sie bietet die Möglichkeit, ein Bankkonto zu eröffnen, jegliche Finanztransaktionen und Überweisungen in jeden Ort der Welt durchzuführen. »EUB garantiert strikteste Geheimhaltung bei allen Bank- und Off-shore-Geschäften und anderen finanziellen Transaktionen. Denn Antigua verhängt schwere Strafen gegen jene, die das Gesetz über das Bankgeheimnis verletzen«, verkündet die Bank auf ihrer Titelseite.

Die EUB-Bank mit Sitz auf der Karibikinsel Antigua ist eine jener Banken auf den karibischen Inseln, die unter mißtrauischer Beobachtung internationaler Polizeibehörden stehen, ohne daß die irgendwelche Zugriffsmöglichkeiten hätten. Barry McCaffrey, in der Clinton-Administration verantwortlich für die Antidrogenpolitik, schätzt, daß 50 Milliarden Dollar der insgesamt 500 Milliarden Dollar, die jährlich im Drogenhandel erwirtschaftet werden, über die karibischen Inseln gewaschen werden. Beliebtester Platz ist Antigua, das sich, so übereinstimmend amerikanische und britische Polizeibehörden, die Russenmafia als eine ihrer wichtigsten Basen ausgesucht hat. »Auf der Insel mit gerade mal 63 000 Einwohnern wurden innerhalb der letzten zwei Jahre 27 Offshore-Banken neu gegründet, darunter vier russische und eine ukrainische Bank.«[11]

30

Mit dem gewaschenen Geld kaufen sie sich, beispielsweise in Marbella, Villen im Wert zwischen 400 000 bis zu vier Millionen Dollar und zahlen bar. Der russische Geschäftsmann Wladimir Gussinski (Vladimir Gusinski), so wird berichtet, habe für seine Villa in Scottogrande südlich von Marbella zehn Millionen Dollar hingeblättert. Bei einer extrem hohen Inflationsrate in Rußland, genau ist das nicht zu beziffern, ein verständliches Handeln der Reichen, die meist unter anrüchigen Bedingungen geschaffenen Werte abzusichern.

Das Rätsel, wie sie so plötzlich, fast von einem Tag auf den anderen, zu ihrem Vermögen gekommen sind, sollte zu lösen sein. Niemand fragt danach. Beobachter von Polizeibehörden gehen übereinstimmend davon aus, daß fast alle Millionäre, die in London oder Spanien Immobilien einkaufen, nicht unbedingt Angehörige der Mafia sind, aber Geschäftsleute, die ihre Millionen mit Hilfe der Mafia erwirtschaftet haben. »Keiner ist sauber«, das weiß auch Norb Garrett, Direktor von Kroll Associates in New York City.

Szenenwechsel: Berlin. Im Frühjahr 1977 lud ein bekannter Juwelier zu seinem Geburtstag ein, insbesondere die Kunden des Edelschuppens, und zur Verzierung alles, was gesellschaftlich einen Namen hat. Als das Berliner Landeskriminalamt vom Feste des Juweliers erfuhr, wurden die Personalien der Gäste festgehalten und beim Bundeskriminalamt in das »Polizeiliche Informationssystem« eingespeist. Die Mehrzahl der Gäste, russische Geschäftsleute, tauchten bei der Überprüfung wieder auf, als Mitglieder verschiedenster krimineller Organisationen. Stutzig wurde man aber, als plötzlich der Name des Berliner Polizeipräsidenten im Datensystem auftauchte. Denn der war geladen und kam ebenso zu dem Fest wie ein ehemaliger Verteidigungsminister und ein ehemaliger Berliner Innensenator. Die russischen Gäste rieben sich die Hände, weil sie mit hochkarätigen Politikern gemeinsam Champagner trinken durften. Wer wollte ihnen etwas anhaben, werden sie sich gedacht haben, wenn sie bereits zu Berlins High-Society gehören.

Das Wunder der Vermögensbildung

Wir werden derzeit Zeugen eines erstaunlichen, in der Weltgeschichte bislang einzigartigen Vorgangs: Das ehemalige sowjetische Staatseigentum wurde auf wundersame Weise privatisiert und verwandelte sich in Grundkapital für verschiedene Banken, Verbände, Aktiengesellschaften, Gesellschaften mit beschränkter Haftung, Joint-ventures und andere wirtschaftliche Neubildungen. Apparatschiks mutierten zu modernen Managern. Auf den Ruinen der alten zentral gelenkten Wirtschaft bauten sie innerhalb kürzester Zeit riesige Geschäftsimperien auf, einzelne Magnaten der neuen Privatwirtschaft gründeten manchmal Hunderte von Gesellschaften und scheffelten unvorstellbare Profite.

Ihr Geld investieren sie wiederum, um ihre Macht und damit die neuen Privilegien abzusichern. Geschätzt wird, daß über 50 Prozent des vom Westen in den Osten transferierten Geldes bei kriminellen Strukturen, will sagen, der Mafia, landet und wieder in den Westen zurücktransferiert wird, um hier gewinnbringend angelegt zu werden. »Das Verbrechen«, so der russische Innenminister Anatolij Kulikow, »hat in unserem Land einen derartigen Stand erreicht, daß man sich um die Zukunft des Landes Sorgen machen muß. Der Aufschwung, den die Kriminalität in den letzten Jahren genommen hat, verdrängt in Rußland sogar die Sorgen wegen der Preissteigerungen und der Arbeitslosigkeit auf den zweiten Rang.«[12] Und Jurij Malzew, ehemaliger Berater von Michail Gorbatschow, klagte, daß die organisierte Mafia und die Regierung zwei Hände des gleichen Körpers sind, nämlich der herrschenden Elite. Und wer sich nicht unterordnet, der wird ausgeschaltet. Morde sind ein florierender Geschäftszweig geworden, sie klären die Machtverhältnisse.

Auftragsmorde sind ein Phänomen, das in Rußland im Jahr 1990 begann und sich heute zu einer besonderen Form der Kriminalität entwickelt hat. Eingesetzt werden Auftragsmörder sowohl gegen rivalisierende kriminelle Bandenführer wie auch gegen Personen aus der neuen Klasse der Unternehmer, Finanziers, Banker, deren Aktivitäten sie in Konflikt mit den machtbesessenen Kreisen aus dem Bereich der Mafia und/oder Politik brachten. Der Pool dieser professionellen Killer besteht aus Angehörigen halblegaler professioneller Boxervereine, aus Veteranen des Afghanistankrieges, aus Spezialeinheiten der Polizei, Ex-KGB-Offizieren und Beamten des Innenministeriums. Einige der rekrutierten Killer sind aktive Soldaten der Streitkräfte. Igor Baranowski, ein russischer Journalist, der sich seit einigen Jahren auf das organisierte Verbrechen spezialisiert hat, schrieb darüber folgendes: »Es gibt ein Klassifikationssystem für angeheuerte Killer. An der Spitze der Hierarchie stehen die sogenannten ›Superkiller‹, die gegen die wichtigsten Ziele eingesetzt werden und in der Regel ehemalige Angehörige des Militärischen Geheimdienstes sind oder aus der 1. Abteilung des KGB stammen.«[13]

Das erklärt die Professionalität. Denn wenn einmal Auftragsmörder verhaftet wurden, wurde ihre wirkliche Identität bislang nur in Ausnahmefällen bekanntgegeben. Gesprochen wird in diesem Zusammenhang auch von »Todesschwadronen«, so die *Moskau News* am 28. Oktober 1994, bezahlte Killer, die im Auftrag der Mafia ihre blutigen Taten vollbringen, ohne Angst haben zu müssen, jemals gefaßt zu werden. Bereits Mitte 1994 erklärte der Moskauer Generalstaatsanwalt, daß allenfalls 20 Prozent dieser professionellen Morde aufgeklärt wurden. Und bei besonders prominenten Opfern (Politikern, Journalisten etc.) kein einziger Fall.

In Rußland existieren, verständlicherweise, kaum seriöse soziologische Forschungen über die neuen Profiteure des vielgepriesenen marktwirtschaftlichen Systems, genausowenig wie über die Hunderte Millionen Opfer des Raubbaus an einem der reichsten Staaten der Welt.

Das Moskauer Institut für Politikwissenschaften veröffentlichte 1996 zum erstenmal eine Untersuchung über die neuen Reichen. Danach ist der durchschnittliche russische Millionär 36 Jahre alt. Siebzig Prozent haben Abitur, 7,5 Prozent einen akademischen Grad. Verheiratet sind 72 Prozent. Dreiundfünfzig Prozent der »neuen Reichen« sind in Moskau geboren, und ihre Eltern gehören zu 86 Prozent der Intellektuellenschicht an. Zwölf Prozent der Millionäre arbeiteten einst für die Kommunistische Partei, den Komsomol oder den KGB. Es sind die »Nomenklatura-Millionäre«.

Ein weitaus größerer Teil der Reichen begann aus dem

Nichts heraus. Es ist insbesondere die Generation der 20- bis 30jährigen Geschäftsleute. Sie begannen bereits in der Schule mit dem Verkauf importierter Waren und setzten das später fort. Solche Aktivitäten waren in der früheren Sowjetunion illegal und daher besonders profitabel. Vierzig Prozent der »reichen Leute« beschäftigten sich in der Vergangenheit bereits mit illegalen Aktivitäten der verschiedensten Art. Fünfundzwanzig Prozent saßen im Gefängnis, und weitere 25 Prozent haben Beziehungen zur Unterwelt.

Wer ist, nach dieser Untersuchung zu urteilen, reich? Für die normale Bevölkerung ist derjenige reich, der mehr als 400 US-Dollar im Monat verdient. Für den durchschnittlichen Geschäftsmann ist einer reich, der 20000 US-Dollar und mehr im Monat zur Verfügung hat. Die »normalen Menschen« assoziieren mit Reichtum: die Möglichkeit, nicht über den nächsten Tag nachzudenken, ein eigenes Geschäft zu haben, Auto, Datscha, Appartement, sich alle Lebens- und Genußmittel leisten zu können, einen hochbezahlten Job, Diebstahl, unmoralisches Verhalten, Besitz von ausländischer Währung.

Geschäftsleute beantworten die gleiche Frage ein wenig anders. Nicht an den nächsten Morgen denken, gewinnbringende Geschäfte, Besitz von Immobilien, der Genuß von Cognac, Besuch von Restaurants, die Möglichkeit, den Verwandten zu helfen, nach europäischen Standards zu leben und zu reisen. Der obere Mittelstand (im Jahr 1993) bestand aus Personen, die mehr als 400 US-Dollar Monatseinkommen hatten. Das waren im wesentlichen höhere Angestellte, Mitarbeiter von Joint-ventures, berühmte Persönlichkeiten aus Kunst und Sport, Journalisten und Politiker. Viele von ihnen, so die Untersuchung, haben Konten auf ausländischen Banken.

Ein Teil der Untersuchung des Instituts beschäftigte sich mit der Frage, wer nach Ansicht der Bevölkerung die reichsten Bürger Moskaus seien. So entstand eine Liste der Reichen, in der folgende Namen genannt wurden: Konstantin Borowoj, Gawril Popow, Herman Sterligow, Michail und Raissa Gorbatschow, Jurij Lujkow, Boris Jelzin, Jegor Gaijdar, Swjatoslaw Fjodorow, Alla Pugatschewa, Ruslan Chasbulatow, Arkadi Wolski, Konstantin Zatulin, Josef Kobson, Wladimir Schirinowski, Anatolij Tschubaijs.

Als Quellen des phantastischen Reichtums nennt die öffentliche Meinung in Rußland die folgenden profitablen Geschäfte: Gewerbe, Geschäfte, Diebstahl, Börsengeschäfte, Bankgeschäfte, Prostitution, Drogenhandel, Bestechung. Geschäftsleute nennen eine andere Reihenfolge für den Reichtum: Bankgeschäfte, öffentliche Dienstleistungen, Bestechung, Diebstahl, Immobiliengeschäfte, Produktion von Konsumgütern. König unter den profitablen Geschäftsbereichen ist das Im- und Exportgeschäft. Der typische Weg, schnell und viel Geld zu verdienen, ist hierbei der Export von Rohstoffen und der Import von Konsumgütern. Die profitabelsten Importprodukte sind: Nahrungsmittel, Möbel, Kleidungsstücke, Schuhe, Medizin, Bier, Parfüm, Küchengeräte. Die profitabelsten Exportprodukte: Stahl, Chemie, Felle. Doch das kriminelle Geschäft Nummer eins ist die Fälschung von Kreditdokumenten.

Die einfachste Weise, seinen Wohlstand nach außen zu demonstrieren, ist der Kauf eines Luxuswagens. An erster Stelle steht der Mercedes, gefolgt von Volvo, BMW, Porsche. Nach dieser Untersuchung zu urteilen, kauften die Russen im Jahr 1993 so viele Mercedes 500 und 600 wie die Kunden im gesamten europäischen Raum. Auf Rang zwei folgt der Kauf von Appartements. In Moskau kostet ein Quadratmeter Wohnraum zirka 1000 US-Dollar, bis zu 3000 US-Dollar in bester Lage.

Übrigens unterstützten 71 Prozent der Millionäre im Parteienspektrum die Demokraten, sechs Prozent die Kommunisten, 13 Prozent haben keinerlei politische Präferenzen. Junge Geschäftsleute kümmern sich in der Regel überhaupt nicht um Politik. Soweit die nackten Daten der Untersuchung.

Sie alle, ob die Paten der Russenmafia oder die Evangelisten der neuen hemmungslosen Ausplünderung der Ex-UdSSR, demonstrieren geradezu abenteuerliche Selbstgefälligkeit mit ihren Dollar- und Aktienbündeln. Da bringt es der einstige Parteisekretär genauso zum Milliardär wie der ehemalige Kellner. Hatte die kommunistische Diktatur viele Talente verschüttet, die erst die freie Marktwirtschaft zum Erblühen brachte?

Märchen sind rar geworden im ehemaligen sowjetischen Riesenreich, diesem Moloch einstiger militärischer und wirtschaftlicher Potenz. Doch die neuen gesellschaftlichen Verhältnisse bringen tatsächlich eine Märchenwelt zum Vorschein. Es sind die märchenhaften Biographien der Männer, die aus dem Nichts ein Milliardenvermögen zauberten und von denen einige wahrscheinlich selbst nicht genau wissen, wie sie es zustande gebracht haben, wer ihnen geholfen hat, auf was sie sich einlassen mußten, wofür sie nun zu zahlen haben. Wie es dazu kommen konnte, darüber schrieb beispielsweise die Moskauer Zeitung *Rossijskaja Gaseta* am 7. Februar 1995. Ihrem Bericht zufolge haben sich in Moskau einflußreiche Beamte und Geschäftsleute zu einer gemeinhin als Moskauring bekannten Gruppe zusammengeschlossen. Ziel dieses mächtigen und finanzstarken Bundes sei es, aus der prosperierenden Hauptstadt Kapital zu schlagen. Dieser Machtgruppierung gehöre auch Moskaus Bürgermeisteramt, insbesondere der derzeitige Bürgermeister an, der sich anschickt, Boris Jelzins Nachfolger zu werden. Bei der Siegesparade am 9. Mai, wenn die russischen Truppen mit geübtem starren Blick an der Ehrentribüne vorbeidefilieren, sieht man ihn, den bulligen Mann mit schmalen Lippen, verkniffenem Gesicht, das Kinn nach vorne geschoben.

Über das dem Bürgermeisteramt angegliederte Finanzdepartement werden eigene Betriebe gegründet, die der Abwicklung von Finanztransaktionen dienen. Der Erlös, so der Artikel, fließe in die Tasche dieser Gruppe von Politikern und Geschäftsleuten. Der Bericht behauptet, das Amt des Bürgermeisters habe sich 1991 mit 86 Millionen Rubel das Besitzrecht am früheren Hauptsitz des Rates für gegenseitige Wirtschaftshilfe erworben. Liegenschaften wie diese – sie wirft allein durch die Vermietung von Büroflächen einen jährlichen Gewinn von neun Millionen US-Dollar ab – unterstehen nicht wie üblich staatlichen Kontrollorganen, sondern gelten als halb privatwirtschaftliche Strukturen. Die Gewinne fließen somit nicht in die offizielle städtische Kasse, sondern auf die Geschäftskonten der vorgeschobenen, vom Moskauring kontrollierten Unternehmen. Mit dem Kauf von Hotels – über Unternehmen, die vom Finanzdepartement kontrolliert werden – und dem Betrieb von Spielkasinos lassen sich bequem Gelder waschen. Die aus diesen Machenschaften erwirtschafteten Devisen finden über ausländische Firmen den Weg auf Konten schweizerischer, österreichischer und deutscher Banken.

Ist das Mafia? Die breite Öffentlichkeit in Europa erfährt doch allenfalls etwas über die Kleinkriminellen der sogenannten Russenmafia. Die sind zwar gefährlich, aber die Gefahr ist nur vordergründig und relativ leicht zu bekämpfen. »Solange auf der Straße geschossen wird, gibt es ein Interesse in der Öffentlichkeit«, meint so mancher Polizeibeamter.

Über Wirtschaftskriminalität, Korruption, die Infiltration der Wirtschaft und Politik durch die Männer im Hintergrund, die roten Bosse, ob sie nun von Moskau, Wien, Zürich oder Düsseldorf aus agieren, darüber wird eigentümlicherweise nicht gesprochen. Vielleicht deshalb nicht, weil sie, was nur zu verständlich ist, das Licht der Öffentlichkeit meiden, es keine attraktiven Fernsehbilder gibt oder man das Risiko scheut, sich mit ihnen anzulegen. Eike Bleibtreu vom Bund Deutscher Kriminalbeamter glaubt zu wissen, warum das so ist. »Das liegt daran, daß man im verborgenen arbeitet, das heißt möglichst nicht auffallen will. Entweder arbeitet man mit Geld, mit Einschüchterung, mit vielen Möglichkeiten, die die Öffentlichkeit normalerweise nicht bemerkt. Oder, wenn nichts hilft, wenn nichts greift, und hier spielen gerade die organisierten Strukturen und Personen aus dem Osten, insbesondere aus den GUS-Staaten, eine ganz dominierende Rolle, greift man zur Brutalität.«

»Keiner kann heute sagen«, so Hans Nilsson, der für den Europarat in Straßburg das organisierte Verbrechen verfolgt, »wie sie zu ihrem Geld gekommen sind.« Einige glauben, daß die Kommunistische Partei nach dem Fall der Mauer ihr Geld nach Europa transferierte und Immobilien aufkaufte. Das erklärt jedoch nur einen Bruchteil des neuen Reichtums der roten Bosse.

Über Bosse und Paten

Bei der Konzeption dieses Buches war geplant, sich nur auf einige handverlesene Personen zu konzentrieren, die es, wie man so schön sagt, geschafft haben, aus dem bitteren Elend heraus in wenigen Jahren ein mächtiges Wirtschaftsimperium aufzubauen. Namen werden genannt, aber es werden auch bestimmte Personen anonymisiert. Sie gehören zu den »Alten«, jenen, die längst einen Platz im Olymp der Oligarchie und Rechtschaffenheit innehaben. Mit allen Mitteln würden sie sich gegen ihre Namensnennung sträuben, was durchaus verständlich ist, denn wer möchte gerne im Kontext mit »primitiven Verbrechen«, wie Diebstahl, Mord oder Erpressung, erwähnt werden. Unsichtbar über den Wolken befinden sich die Politiker der Kriminalität, jene, die Verbrechen planen und die sozioökonomischen Bedingungen für das Wirken der Kriminalität schaffen. Die Beschlüsse, die auf den Gipfeln über den Wolken gefaßt werden, tragen vorwiegend »beamteten Charakter« und unterscheiden sich nicht von den ständigen »staatlichen« Beschlüssen. »Insbesondere entwickelt die Mafia erhebliches Interesse an der Bildung von Preisen, Normen und Standards, zu allem, was das betriebliche und wirtschaftliche Leben bestimmt. Einflußnahme auf Preise, Normen, Standards und Verteilung der Mittel geschieht durch das Vorrücken der ›eigenen‹ Leute in Schlüsselämter. Es ist in der Regel nicht möglich, Metakriminelle gemäß dem Gesetz in Haft zu nehmen.« Telman Tschorenowitsch zeigt auf den Kreml als auf das Zentrum der Interessen der Mafia. »In der Tat, die Mafia ist immer bemüht, jenes Zentrum zu erobern, in dem für sie lebenswichtige Beschlüsse gefaßt werden, um diese zu beeinflussen.«[14]

Es geht also um die Hintergründe und, soweit das überhaupt möglich ist, um die Biographien jener Persönlichkeiten, deren Erfolg ein neues wirtschaftliches und politisches System erklärt – ein System, in dem schwer zu unterscheiden ist zwischen dem, was wir in unserem altmodischen Rechtsverständnis als legal umschreiben, und einem kriminellen System, das in seiner blinden, zügellosen Leidenschaft für Profite nur die wenigsten durchschauen können. Und viele überhaupt nicht durchschauen wollen.

Daß sie es mit ihrem verdächtigen Vermögen, aber um so blendenderen Beziehungen schaffen, mächtige Monopole aufzubauen, sich in brachliegende Industrien des Westens einzukaufen – das verdient, wäre man Zyniker, eine gewisse

Hochachtung. Und die politischen und wirtschaftlichen Entscheidungsträger im Westen schweigen wieder einmal, wollen sie sich doch ihre guten Geschäfte nicht vermiesen lassen. Dabei sollte ihnen Italien als Warnung dienen. »Die Strategie der belasteten politischen Schichten und auch von Regierungskreisen war lebendiger Beweis für das Niveau der vorhandenen Begünstigungen, des Willens zur Abschwächung, zum ›Niedrighängen‹, vor allem aber dafür, daß man erstens ›offiziell‹ nichts wissen wollte und zweitens umgekehrt Verwirrung in der öffentlichen Meinung stiften wollte. Der gemeinsame Nenner, auf dem eine Konvergenz politischer Exponenten und unverdächtiger, jedoch äußerst oberflächlicher Meinungsmacher zu verzeichnen ist, war die sprachliche Manipulation. Die Mafia hat gemetzelt, aber wenn man diese Leute hörte, schien es die Mafia überhaupt nicht zu geben. Ein schwülstiger, wenngleich leerer Tanz um Worte.«[15]

Einer, der ganz oben mitschwimmt, ist Sergej Schaschurin (Shashurin), ein stämmiger Mann mit dem Blick eines Tyrannen. Er kokettiert damit, einer der reichsten Männer Rußlands zu sein. Sein *biznes* begann er in Tatarstan, einer Republik mit knapp 3,7 Millionen Einwohnern. 1236 wurde Tatarstan von den Goldenen Horden der Mongolen erobert, 700 Jahre später von Stalins blutigen Horden unterdrückt, bis es 1991 zur autonomen Republik erklärt wurde. Jetzt regieren hier keine fremden Horden mehr, sondern *biznesmeni*, wie sich die russischen Unternehmer selbst nennen. Wenn Sergej Schaschurin in seinem geleasten Business-Jet Yak 40 von Tatarstan abfliegt, wo er einst in der ruhmreichen Sowjetära als König des organisierten Verbrechens galt, folgen ihm schwergewichtige Leibwächter, die so aussehen, als kämen sie direkt aus einem Zuchthaus. Vielleicht stimmt das auch. Auf den großen Boß trifft es jedenfalls zu. Der lacht aber nur, wenn er auf seine Vergangenheit angesprochen wird. Viermal landete er im Gefängnis und dreimal in einer Nervenheilanstalt, was zu kommunistischen Zeiten häufig vorkam, insbesondere wenn man sich dem System nicht unterordnete. Systemkritiker, also politischer Gefangener, war er nicht. Was ein Grund dafür war, daß er in den sowjetischen Zuchthäusern schnell zu einem der charismatischen Führer der stinknormalen kriminellen Zunft aufstieg. Über diesen Teil seiner Biographie redet er nicht gerne. Schließlich ist er heute einer der Großen im Baugeschäft, ein Prototyp der neuen russischen Klasse, die es zu einem riesigen Vermögen gebracht haben.

Der ehemalige Laborleiter im Moskauer Institut für Verwaltungsprobleme und heutige Milliardär und Stellvertretende Sekretär des Sicherheitsrates, Boris Abramowitsch Beresowski, gibt in seiner Einkommens- und Vermögenserklärung ein Vermögen von zweieinhalb Milliarden Rubel an, das entspricht 432 000 Dollar. In einem Bericht der amerikanischen Finanzzeitschrift *Forbes* wird sein Vermögen jedoch auf drei Milliarden Dollar geschätzt, und sein Pressesekretär ließ verlauten, »daß er den Forbes-Bericht nicht dementieren wolle«. *Kommersant*, die Moskauer Wirtschaftszeitung, widmete ihm daraufhin die Überschrift »Der ärmste Milliardär der Welt«.[16] Der Bankier, Ölbaron und Medienzar nimmt kein Blatt vor den Mund, wenn er über seinesgleichen redet. »Sieben Leute kontrollierten rund 50 Prozent der russischen Wirtschaft. Da können wir uns doch nicht aus der Politik heraushalten.« Zu ihm wird später noch mehr zu sagen sein.

Von einer schillernden Aura umgeben ist auch Ministerpräsident Wiktor Tschernomyrdin. Der bullige, ein wenig wie der ehemalige KPdSU-Chef Leonid Breschnew erscheinende Politiker liebt wie dieser seine fürstlichen Privilegien. Während Leonid Breschnew einst auszog, um Wildschweine zu schießen, die zu diesem Zweck allerdings an einen Baum gebunden werden mußten, treibt man dem neuen Ministerpräsidenten Tschernomyrdin größeres Wild vor die Flinte. Wenn Rußlands Premier zur Hatz bläst, muß zuvor einiges geleistet werden. Daher wurde im Februar 1997 in der Nähe von Moskau, bei Jaroslawl an der Wolga, von einer Bulldozer-Kolonne eine zwei Kilometer lange Schneise in den Wald geschlagen und ein Hubschrauberlandeplatz angelegt. Schließlich muß eine Armada schwerer Limousinen komfortabel zum Ort der Handlung kommen können. Zwei kleine Braunbär-Babys, tapsig und unbeholfen, schafft er alleine abzuschießen – ein richtiger Bär wird ihm dann vor die Flinte getrieben.

Er ist ein Mann mit großem Einfluß und, wie gemunkelt wird, beachtlichem Vermögen. Das habe er während seiner Amtszeit als Generaldirektor des Gasmonopolisten Gasprom erwirtschaftet, der ihn auch später mit Provisionszahlungen bedachte. In einem US-Senatshearing wurde sein Vermögen auf fünf Milliarden US-Dollar geschätzt. Als die französische Tageszeitung *Le Monde* darüber berichtete und diese Mitteilung von der Moskauer Zeitung *Iswestija* genüßlich wiedergegeben wurde, klagte der vermeintliche Großaktionär des gigantischen Erdgasmonopolisten Gasprom, und der Chefredakteur der *Iswestija* mußte gehen. Denn, so gibt der in Wahrheit arme Tschernomyrdin an, sein Jahreseinkommen belaufe sich gerade mal auf 8000 Dollar (im Jahr 1996).

Wladimir Brijnzalow ist ein anderer Aufsteiger. Mit geföntem Haar, in weißem Anzug präsentiert er sich besonders gern in der Öffentlichkeit. Der 49jährige ist die typische Mixtur des neuen russischen Geschäftsmanns. »Eine Mischung aus Gangster und reichem Unternehmer«, hört man in Moskau. Er freut sich wie ein Kind, wenn er seine Mercedesflotte, seine Frau und seine Pistolen vorführen darf. In einem Interview mit der *The Moscow Times* erzählt er, daß seine Firma, das Pharmazieunternehmen Ferane, 1996 einen Gewinn von 595 Millionen Dollar gemacht habe. Ein bitteres Fazit:
»Die russische Wirtschaft könnte an ihrer Kriminalisierung zugrunde gehen. In den vergangenen fünf Jahren hätten kriminelle Geschäftsstrukturen aus Rußland 300 Milliarden Dollar ins Ausland überführt. Besonders kriminalisiert sei die Rohstoff- und Energiewirtschaft. Unter Beteiligung korrumpierter Staatsbeamter beeinflußten Verbrecher die Auswahl von Öl- und Gas-Exporteuren, die Verkaufspreise sowie die Verteilung von Hartwährungsmitteln, die aus dem unkontrollierten Export stammten. Die Entstaatlichung der Gold- und Diamantenförderung habe zur völligen Kriminalisierung dieser Zweige geführt.«[17]

Da gibt es jenen russischen Tycoon, der überwiegend in der Schweiz und in Österreich lebt und jeweils eine Dependance in Düsseldorf und in Berlin hat, heimlich natürlich. Derartige Verbindungen dürfen nicht an die Öffentlichkeit (dazu ausführlicher in einem eigenen Kapitel). 1990 begann er mit 3000 Rubel Schulden und ist heute einer der mächtigsten Wirtschaftsbosse Rußlands – hört man ihn selbstbewußt kundtun.

»Wie ich wollen es viele russische Unternehmer besser machen als die im Westen«, erzählt er Journalisten, die von ihm fürstlich verwöhnt werden, sofern sie nichts Nachteiliges über ihn zu Papier bringen. »Er ist wie ein Hai einer noch unbekannten Art«, sagt einer seiner westlichen Partner. Ein Hai in trüben Gewässern, die die Geldflüsse der einstigen KPdSU und des KGB für einige wenige unerschöpflich speisen. Er gehört sicher zu jenen, die fette Beute gefunden haben. Sein Einfluß oder seine Gier nach Macht scheint so weit zu gehen, daß er sich – in einer internen Aktennotiz – darüber Gedanken macht, wie man die Auslandsschulden der jungen Republik Kasachstan übernehmen kann. »Es ist nahezu unmöglich, die Schulden der einzelnen Regierungen untereinander zu kaufen. Aber wenn unser Unternehmen eingeschaltet wird, ist Kasachstan nicht offiziell beteiligt. Da müssen wir rangehen. Wenn Kasachstan auf dem Finanzmarkt keine Schulden hätte, wäre das sensationell, positiv für neue Kredite, die Beziehungen zur Weltbank und zum Internationalen Währungsfonds.« So reich zu sein, daß man sich darüber Gedanken machen kann, die Staatsschulden von Kasachstan zu übernehmen – das zeugt von der Macht seines Unternehmens und beleuchtet ein wenig die Machtgelüste hinter der biederen Fassade des Geschäftsmannes. Die guten Verbindungen zur Staatsspitze von Kasachstan haben immerhin dazu geführt, daß sich das Unternehmen jetzt als »offizielle Vertretung der Republik Kasachstan« vorstellen darf. »Gute Verbindungen« bestehen selbstredend auch zu anderen Politikern, ob in Rußland oder der Ukraine.

Da berichtet das Schweizer Bundesamt für Polizeiwesen am 20. September 1996 von einem Geburtstagsfest des noblen Unternehmers. Er lud 147 Gäste ins Princess-Hotel im israelischen Eilat an. »Die Eingeladenen kamen in einem Flugzeug von Präsident Boris Jelzin an.«[18] In diesem Bericht wird übrigens auch eine Schweizer Bank in Zürich genannt. »Diese Bank ist bei verschiedenen Behörden in Frankreich, Ungarn, Deutschland bekannt, insbesondere für das Waschen von Geldern aus dem Drogenhandel.«[19]

Der Magnat verrät auch, vielmehr hat er es in seinem Computer als »InterOffice Memo«, vom 20. Juli 1994, festgehalten, wie die Ukraine zum Segen des davon profitierenden Ministeriums Preise manipuliert. »Die Ukraine geht folgendermaßen vor. Sie setzen einen offiziellen Verkaufspreis fest. Danach, wenn das Schiff geladen ist, beauftragen sie einen Gutachter. Der Gutachter stellt zwei verschiedene Bescheinigungen aus. Eine Bescheinigung für den Käufer (die mehr oder weniger die reale Menge und Qualität ausweist). Die zweite Bescheinigung, in der eine schlechtere Qualität festgestellt wird, ist für das ukrainische Ministerium bestimmt. Mit diesem Zertifikat wird der Preis offiziell reduziert. Der Differenzbetrag geht an die Verantwortlichen des Ministeriums.«

Wie es den Anschein hat, nehmen westliche Sicherheitsbehörden dem Unternehmer seine offizielle Legende nicht ab. Denn glaubt man den diversen Berichten internationaler Polizeibehörden, die genau diesen Unternehmer und seine Firmen als »Beispiel für den Einfluß des organisierten Verbrechens« bezeichnen, wie es beispielsweise der CIA-Chef John Deutch am 30. April 1966 in einem Senatshearing in Washington tat, dann verbirgt sich doch viel mehr hinter dem Erfolg der roten Bosse. Auf die Frage des republikanischen Senators Roth, in welche kriminellen Aktivitäten die in Österreich niedergelassene Firma involviert sei, antwortete der damals amtierende CIA-Chef (an seiner Seite saß FBI-Chef Louis Freeh) wörtlich: »Ich denke, daß ich auf die Aktivitäten in einer offenen Sitzung nicht eingehen kann. Sie sind ein Beispiel dafür, wie die russischen kriminellen Organisationen oder Organisationen in Verbindung mit russischen Kriminellen sich außerhalb Rußlands entwickeln.«

Und auf die Frage des Senators, ob das russische organisierte Verbrechen seine Tentakeln über die Welt ausgestreckt habe, meinte Deutch: »Wie ich in meiner Anhörung erklärte, glauben wir, daß es den Beweis dafür gibt, daß das russische organisierte Verbrechen in über fünfzig Ländern rund um den Globus aktiv ist.«[20] Was die Aktivitäten dieses Unternehmenskonglomerats angeht, behauptete übrigens schon 1995 der Bundesnachrichtendienst (BND) in einem Lagebild für das Bundeskanzleramt: »Die Firma gibt ein Beispiel für die konsequent betriebene Bereicherung von Kriminellen, Beamten und Politikern auf Kosten des wirtschaftlich wie auch politisch labilen Staates und zeigt die Verflechtung krimineller Strukturen mit der alten und teilweisen neuen Nomenklatura.«

Und wie erleben Angestellte dieses Unternehmen? »Als ich in Wien bei denen war, sah ich sie alle um einen runden Tisch sitzen, sie essen nur Lachs und Kaviar und tun den ganzen Tag nichts. Dann bin ich in die verschiedenen Büros. Da waren keine Akten. Ich habe mich gefragt, was ist hier los? Normalerweise kann in einer Firma, in der keinerlei Aktivitäten stattfinden, kein Nutzen rumkommen. Der hat soviel Geld, der muß überall auf dem Geld sitzen, und dann habe ich mich umgehört und festgestellt, daß er auf KGB-Geldern sitzt.« Der »Unternehmer« ist in den Augen des Beobachters »brutal«. »Der geht über Leichen.« Aber er hält ihn für einen guten Geschäftsmann. »Der überlegt sich etwas, und dann – peng – ist die Entscheidung da. Der weiß ganz genau, was er will. Der läßt sich nicht in die Suppe spucken.«

Er kauft und verkauft weltweit. So bemühte sich das Unternehmen, über einen Münchner Rechtsanwalt mit 50 Millionen Dollar beim Kauf des maroden ostdeutschen EKO-Stahlwerkes, das von der Treuhand privatisiert werden sollte, mitzubieten. In einem Schreiben an die Treuhandanstalt vom 19. September 1994 erklärt das Unternehmen, wie man sich an dem Verkauf beteiligen könnte. Der Unternehmer erwähnt zum einen diverse Stahlunternehmen in Rußland, die den Deal unterstützen. Daß es sich dabei um Beteiligungen seines Firmenkonsortiums handelt, verschweigt er. Und weiter heißt es in seinem Angebot an die Treuhand: »Magnitogorsk hat zugestimmt, EKO-Stahl fünf Jahre lang mit Rohmaterial zu beliefern. Der kaltgepreßte Stahl würde dann zurückgekauft werden. Dabei gäbe es keine Konkurrenz für den deutschen bzw. westlichen Markt.«

Die Filiale eines Tycoons in Nordrhein-Westfalen

Konkrete Eindrücke über das Geschäftsgebaren eines roten Bosses konnten deutsche Angestellte in Düsseldorf gewinnen. Es dürften bleibende Erinnerungen sein.

Da schreibt ein ehemaliger Angestellter des Unternehmens am 25. Februar 1997 einen Brief an den SPD-Vorsitzenden Rudolf Scharping. »Die letzte Firma, bei der ich war, beschäftigte sich immer nur auf Direktionsebene mit Immobilien, Frauen, Heroin, Waffen, Nachtgläsern. Man benutzte mich nur als Feigenblatt gegenüber dem Finanzamt und wollte vor allen Dingen an meine Beziehungen heran. Zum Beispiel sollte ich bei Thyssen und Henschel Türen öffnen, die Beziehungen zu Mercedes schaffen. Ja, man schlägt immer da zu, wo deutsche Firmen finanziell schwach sind. Dann will man sich einschleichen.«

Eigentlich hätte ein solcher Brief, hört man beim Bundeskriminalamt, an die Ermittlungsbehörden weitergeleitet werden sollen, schließlich werden schwere Anschuldigungen erhoben. »Das sei so üblich«, erzählt mir ein BKA-Beamter. Zwischen dem, was üblich ist, und dem, was in der Praxis geschieht, klaffen manchmal Welten, gerade wenn es sich um delikate Angelegenheiten handelt. Der Briefschreiber erhielt immerhin von Rudolf Scharping die Aufforderung, sich mit der Staatsanwaltschaft in Verbindung zu setzen.

Die dritte Etage des Unternehmens in Düsseldorfs bester Lage hat es in sich. Es ist die Direktionsebene. Manchmal bleibt es nicht aus, daß nicht alles Befremdliche rechtzeitig weggeräumt werden kann, wenn ungebetene Angestellte dort oben erscheinen. Dem deutschen Buchhalter gingen beispielsweise die Augen auf, als er im Gang haufenweise Kalaschnikows sah und im Zimmer seines Chefs stapelweise Dollarbündel herumlagen. Im zweiten Stock der Firma befindet sich die Posteingangszentrale. Hier kommen auch die Faxe aus aller Welt an. Erst im nachhinein machte sich eine Angestellte Gedanken über deren Inhalt. »Es ging um Beträge von 100–300 Millionen Dollar, die von der Bank in Zypern auf die BfG in Düsseldorf überwiesen und dann entweder in die Schweiz oder zur Alpha-Bank in New York weitertransferiert wurden.«

Was ist das für ein merkwürdiges Unternehmen, fragte sich bereits 1993 das Bundeskriminalamt. In einem Dossier des BKA heißt es: »Vertraulich wurde bekannt, daß *Boris* über einen Bargeldbetrag von 200 Millionen DM verfügen soll. Boris ist seit 1988 Inhaber der GmbH. Hier vorliegende Quellen geben Anlaß zur Vermutung, daß Boris Kreisen organisierter Kriminalität, insbesondere im Raum Düsseldorf, Köln, zuzuordnen ist.«

Daß Boris viel einnimmt, bestätigen seine Angestellten. »Da wird Material in Rußland gestohlen. Von 1000 Tonnen Kupfer beispielsweise werden 100 Tonnen einfach weggebracht. Die verschwinden in irgendeinem Lager. Ein paar Monate später taucht das gestohlene Material wieder auf. Dann werden Papiere mit Stempeln versehen, gegen Provision. Anschließend wird die gestohlene Ware in Deutschland wieder verkauft. Die machen 100 Prozent Profit damit.« Das Fazit des Angestellten: »Sie saugen ihr eigenes Land aus. Der Generaldirektor des Unternehmens in Rußland kriegt fünf Prozent, und der Rest geht auf Konten in der Schweiz.«

Doch es gibt noch weitere Quellen für den unerklärlichen Reichtum. »Jedenfalls nehmen die Unmengen Geld ein. Pro Woche kommen Kuriere mit einer blauen Textiltasche, Badetasche, aus einer Spielhölle. Dann haben die den Geldzählautomaten auf der dritten Etage bei den Büroartikeln stehen, alles abgeschlossen. Da durfte ich nicht rein. Das ist Geld gewesen, das tatsächlich in Spielhöllen verspielt und nicht versteuert wurde. Es lief durch Maschinen, wurde aber nicht versteuert. Und da sah ich plötzlich Ikonen, solche Stapel Dollarnoten bei Boris in der Hinterkammer, wo er sich umzog. Die illegalen Geschäfte waren die über Hongkong–Zypern nach Deutschland, ich habe Faxe gesehen, da standen Werte über 100 Millionen oder 200 Millionen Dollar. Ich weiß gar nicht, wo diese Gelder herkamen. Die konnte ich nicht zuordnen.«

Von Zeit zu Zeit durfte der leitende Angestellte Boris und P. nach Rußland begleiten – doch viel von dem, was sich hinter den Kulissen abspielte, bekam er nicht mit.

»Die treffen sich nachts auf Militärgelände. Dann essen sie, verschwinden schließlich im Nebenzimmer, und dann weiß man nicht, was abgeht.«

Der deutsche Angestellte ist ein gutes Beispiel für die Funktion der Strohleute, die von den Russen in der Bundesrepublik ausgesucht und eingesetzt werden. Sie haben eine bestimmte Funktion, werden aber nicht in die wahren Geschäfte eingeweiht. Obwohl die Angestellten fühlen, daß etwas nicht stimmt, dienen sie dem Unternehmen so lange loyal, bis sie unter Umständen das Pech haben, nicht länger gebraucht zu werden. Denn, so die Erkenntnis: »Die haben nur das Ziel, an die Großindustrie ranzukommen und schwache Firmen zu übernehmen, Einfluß zu nehmen. In dem Moment, wo der S. festgestellt hatte, ich habe Beziehungen zu Mercedes, da kam er zu mir. ›Hören Sie mal, Sie haben doch Beziehungen zu Mercedes. Die haben sechs Milliarden Minus im operativen Geschäft. Da gehen Sie mal an die ran.‹« Das war im Jahr 1994.

»Da mußte ich mit denen Geschäfte aufbauen. Die wollen da investieren.«

Besonders attraktiv schien auch das Rüstungsgeschäft. Schließlich kann man sich hier eine goldene Nase verdienen, und wenn man über gute Kontakte zum Militär verfügt, ist das zusätzlich nützlich. Die »Kontakte« baute man sich mit Geschenken auf. Bestimmte russische Generäle und Politiker schienen demnach ein Faible für deutsche Ritterrüstungen zu haben. Weißrußlands diktatorischer Präsident Lukaschenko erhielt ebenso wie zahlreiche Generäle eine solche Ritterrüstung als aufmerksames Geschenk von der Düsseldorfer Firma. Und wenn einige Politiker aus Weißrußland oder der Ukraine nach Deutschland kamen, dann mietete und zahlte der geschäftstüchtige Millionär die Suiten im Breitenbacher Hof für sie.

Eines der größten Rüstungsunternehmen in Weißrußland ist die Firma BelTech. Das Unternehmen verkauft auf dem internationalen Rüstungsmarkt Luftabwehrsysteme. In einer Faxnachricht an einen Kunden schrieb die Düsseldorfer Firma mit Datum vom 13. Juni 1996: »Die GmbH, bestehend aus mehreren Gesellschaften, vertritt BelTechexport. Sie hat bereits in mehrere Länder verkauft, u. a. nach Amerika. Dort braucht und erforscht man russische Systeme. Deutschland und andere Länder sind noch offen.«

Auf einem etwas harmloseren Sektor ist die Firma schon erfolgreich gewesen. Da bot das Bundeswehrverpflegungsamt Nord der Düsseldorfer »GmbH« eine Million Lebensmitteleinmannpackungen (EPA) der Bundeswehr, sortiert, zum Preis von 2,84 Mark pro Einheit, an. »Bei den EPA handelt es sich, schreibt der Leiter des Verpflegungsamtes am 21. Februar 1995, »um lang lagerfähige Verpflegungsmittel der Bundeswehr.«

Die GmbH zeigte sich auch manchen anderen Herren dienlich, beispielsweise jenen, die in der Ukraine unbedingt gepanzerte Mercedes-Limousinen Typ 560 SEL, ausgerüstet mit verdunkelten Scheiben und Polycarbonatverglasung gegen heimtückische Attacken, fahren wollten.

Am 1. Dezember 1995 bestellte das Düsseldorfer Unternehmen daher sechs Mercedes im Gesamtwert von 1,3 Millionen. Besonderer Wert wurde auf die Sonderausstattung gelegt: »Der Sonderschutz bietet weitreichenden Schutz gegen den Beschuß mit Handfeuerwaffen. Ein absoluter Schutz ist aus Konstruktionsgründen und aus Gründen der Waffentechnik nicht möglich«, schränkte Mercedes bei dem Auftrag ein. Geliefert wurden die Mercedes übrigens einem Mann, der als einer der Großen der Mafia in der Ukraine gilt (»er ist einer der größten Mafiabosse in der Ukraine«, so der mit dem Verkauf beauftragte Angestellte).

Blättert man in den Archiven, stößt man auf einen Artikel in der *New York Times*. Die berichtet am 5. April 1997 über diesen Mann: »V. saß zwischen 1982 und 1990 wegen Diebstahls im Gefängnis. In einem Interview sagte er, daß er Chef einer Baubrigade gewesen sei und Waren an private Kunden verkauft habe. Er erklärte, daß er keine Verbrechen begangen habe, sondern nur deshalb verurteilt wurde, weil er Jude sei.« Das ist seine Geschichte.

Jetzt hat er zusammen mit dem ehemaligen US-Botschafter in Wien ein Medienimperium aufgebaut. Ihre Gesellschaft kontrolliert Fernsehstationen in sieben osteuropäischen Ländern, unter anderem eine in der Ukraine. Dabei tauchte zwar die Frage auf, wie er so einfach die Sendelizenzen erhalten hat, aber wenn ein Staatspräsident für ihn und seine Fernsehstation interveniert, spielen derartig kleinliche Rechtsfragen in den GUS-Staaten sowieso keine Rolle. Voller Stolz zeigt V. jedenfalls in seinem Büro auf ein Foto. Das zeigt ihn zusammen mit dem US-Präsidenten Bill Clinton und dem Vizepräsidenten Al Gore. »Das Foto wurde 1995 während einer Spendenparty der Demokraten in Miami aufgenommen«, berichtet er. Eingeladen habe ihn ein amerikanischer Geschäftsmann, der die Interessen eines großen Zigarettenkonzerns vertritt.

Ein Unternehmer aus der Ukraine, der verdächtigt wird,

einer der ganz großen Tycoone zu sein, mit zweifelhaftem Ruf, der gleichzeitig Herr über marktbeherrschende Medien ist – das wirft ein bezeichnendes Schlaglicht auf die mafiose Kultur, die in den Ländern der Ex-UdSSR geradezu selbstverständlich geworden ist.

Es wäre jedoch frevelhafte Verleumdung, würde man das Phänomen der mafiosen Infiltration in Politik und Gesellschaft auf diese Staaten reduzieren. Der Wahrhaftigkeit entspricht es, daß in Italien Giulio Andreotti, ein mehrmaliger Ministerpräsident, vor Gericht steht. Ihm werfen Staatsanwälte vor, Handlanger der Cosa Nostra gewesen zu sein. Und ein weiterer Ministerpräsident und jetziger italienischer Oppositionspolitiker, Silvio Berlusconi, verdankte seinen Aufstieg zum Medienmogul und Politiker der sizilianischen Cosa Nostra. So habe später seine Fininvest Holding der Mafia monatliche Schutzgelder gezalt, und vor Gericht sagte der »reuige Mafioso« Francesco Di Carlo aus, er sei bereits 1974 zusammen mit den Mafiabossen Stefano Bontade und Mimmo Teresi von Berlusconi in Mailand empfangen worden. »Für jegliche Gefälligkeit« im Interesse des Fernsehtycoons habe Mafiaboß Stefano Bontade damals Vittorio Mangano als Verbindungsmann bestimmt.

Am Rande sei bemerkt, daß ein deutscher Medienmogul aufs engste mit Berlusconi zusammenarbeitet, und niemand stört sich in Deutschland daran. So gesehen paßt man sich in den GUS-Staaten den mafiosen wirtschaftlichen Normen in Europa an beziehungsweise verleiht ihnen eine neue Qualität.

Mercedes für Mafiamogule – das ist nichts Neues. Für den Unternehmer aus Düsseldorf ein Geschäft wie jedes andere. Deshalb fand er es geradezu genial, daß über ihn bei BMW Polizeifahrzeuge für die Moskauer Polizei geordert wurden. Da kommt am 5. Oktober 1995 ein Fax einer Moskauer Firma an. Es handelt sich um ein Tochterunternehmen der GmbH, an der auch das polizeibekannte österreichische Firmenkonglomerat beteiligt ist. Das Fax von der BMW AG in München, vom 26. Juli 1996 (Aktenzeichen V-3-RU), an Wladislaw Baranow vom Innenministerium der Russischen Föderation geht auf die Lieferung von 1200 BMW-Fahrzeugen an die russische Polizei ein. Geordert wurden demnach BMW 525i und BMW 740 im Gesamtwert von 43,4 Millionen Mark.

Gegen die Lieferung wäre ja nichts einzuwenden, gäbe es da nicht einen Haken. Denn das Innenministerium in Moskau hat die Lieferung offenbar über eine Firma durchführen lassen, die eng mit der Mafia liiert ist und im übrigen eine fette Provision kassierte. Gezahlt hat alles der deutsche Steuerzahler, schließlich war es eine deutsche Ausrüstungshilfe für die Moskauer Polizei.

Der Unternehmer in Düsseldorf jedenfalls hat den Aufstieg geschafft. Das führt er nicht nur mit seinem Mercedes 600 oder seinem Lincoln vor. Er ist einer von vielen, die geradezu aus dem Nichts heraus ein kleines Imperium aufbauen konnten. Dennoch ist er eher ein kleiner Fisch. Und das Beispiel aus Düsseldorf ist ja nur eines von vielen. Es demonstriert den Einfluß krimineller Organisationen auch und gerade in Deutschland, zeigt die Verflechtung zwischen legalen Strukturen, seriösen Unternehmen und die Versuche, diese durch verdächtige Paten zu infiltrieren. Es sind Lehrbeispiele für organisiertes Verbrechen auf der höchsten Ebene.

Trotzdem scheint es immer noch Personen mit politischem Gewicht zu geben, zumal in Hessen, die kühn verkünden, die von der Polizei in schwarzen Farben menetekelte Gefahr des organisierten Verbrechens gebe es überhaupt nicht. Da meldet die *Frankfurter Rundschau* am 24. Juni 1997: »Peter Alexis Albrecht, Strafrechtsprofessor an der Universität Frankfurt, beschrieb die organisierte Kriminalität als ein ›Phantom, das der Kriminalpolitik dazu diene, das Strafrecht außer Kraft zu setzen‹.«

Deutschland müßte demnach eine Insel der Seligen sein. Überall breitet sich organisiertes Verbrechen aus, gerade im Zusammenhang mit der Globalisierung der Wirtschaft – in der ehemaligen Sowjetunion ist es bereits Teil des politischen und wirtschaftlichen Systems, was in diesem Buch zu beweisen ist –, nur das freundliche Deutschland bleibt verschont? Eine abenteuerliche These. Eike Bleibtreu, Sprachrohr bundesdeutscher Kriminalbeamter, sieht das natürlich anders: »Die Gefahr hat sich ja potenziert von Jahr zu Jahr. Sie ist riesig. Sie hat sich schon deswegen potenziert, weil in verschiedenen Bereichen der Justiz organisierte Kriminalität oftmals als Popanz dargestellt wird. Sie wird nicht anerkannt. Sie wird so nicht gesehen, Zusammenhänge werden nicht gesehen, und man betrachtet, und das ist das schlimmste daran, eigentlich nur die offenen Auswirkungen, die man auf der Straße sieht. Und der Grund für diese mangelnde Professionalität innerhalb der Justiz, der Staatsanwaltschaften genau wie der Gerichte, liegt darin, daß man sich mit den Phänomenen, wie eigentlich OK und insbesondere die aus dem Osten arbeitet, überhaupt nicht beschäftigt.«

In einem Lagebericht vom Februar 1996 wird vom Bundeskriminalamt (natürlich »streng vertraulich«, damit es die Öffentlichkeit nicht erfährt) Bedrohliches niedergeschrieben: »Durch ihre weltweiten Aktivitäten, insbesondere in den Vereinigten Staaten von Amerika, Kanada und Westeuropa, ist es ihnen gelungen, internationale Firmengeflechte und umfangreiche Logistik aufzubauen und feste internationale Strukturen mit einem hohen Organisationsgrad zu schaffen. Dieses internationale Beziehungsgeflecht und das weite Spektrum der kriminellen Tätigkeitsfelder, welche ausgehend von den traditionellen Bereichen wie Schutzgelderpressung, Prostitution, Drogen- und Waffenhandel bis hin zu komplizierten und nur schwer aufzuspürenden Geldwäscheoperationen reichen, lassen eine erfolgreiche Bekämpfung dieses Kriminalitätsphänomens und Zerschlagung der OK-Strukturen fast unmöglich erscheinen.«

Diese Aussage des BKA ist eine Kapitulationserklärung. Sie verdeutlicht, warum sowohl die kriminellen Paten wie dubiose millionenschwere Unternehmer unbehindert Berlin beziehungsweise Deutschland aufsuchen können oder hier bereits fest Fuß fassen konnten.

Man muß kein Hellseher sein, um eine bestimmte Entwicklung zu erkennen. Irgendwann in den nächsten beiden Jahren wird das Bundeskriminalamt verkünden, daß es überhaupt keine organisierte Russenmafia in Deutschland gibt. Ansätze liefert derzeit Berlin. Dort meinte sowohl der Berliner Polizeipräsident als auch der Leiter des Landeskriminalamts, das Gerede in den Medien über die organisierten Vernetzungen von russischen Straftätern in Berlin sei blanker Sensationsjournalismus. »Das Mafia-Geschwätz verstellt den Blick auf das Berufsverbrechertum«, so Dieter Schenk, Chef des Landeskriminalamtes. Ein Hohn, wenn man bedenkt, daß die führenden Repräsentanten der sogenannten Russenmafia Berlin zu ihrem wichtigsten Stützpunkt bereits seit Anfang der neunziger Jahre ausgebaut haben. Man erklärt den Widerspruch damit, daß es keine entsprechenden gerichtsverwertbaren Beweise für die organisierten Strukturen gebe. Verschwiegen wird, daß die Ermittlungsbehörden gar nicht die Mittel und die Zeit haben, um die in Berlin agierenden hochkarätigen Straftäter zu verfolgen, die inzwischen Teil der normalen High-Society geworden sind. Ähnlich düster ist es beim Bundeskriminalamt. Dort wird seit geraumer Zeit überhaupt kein Ermittlungsverfahren mehr gegen russische Straftäter in Deutschland geführt – die BKA-Führung will es anscheinend so, um eines Tages erzählen zu können, die Russenmafia – das ist ein Märchen.

Wie schwierig es ist, deren Strukturen zu zerschlagen, belegt ein Beispiel aus der Schweiz. Dort versuchte die zuständige Kantonspolizei das finanzielle Engagement eines Deutschen zu unterbinden, der einst aus der UdSSR kam. Vergeblich. Der Millionär, um den es geht, ist inzwischen deutscher Staatsbürger, möchte jedoch wegen des vermuteten Fahndungsdrucks des Polizeipräsidiums Köln lieber ungestört im Ausland sein mühsam erworbenes Kapital investieren. Eben in der Schweiz.

Im Frühsommer 1997 wurde in bester und teuerster Lage einer Schweizer Stadt die Filiale einer international bekannten Restaurantkette eröffnet. Inmitten der Prominenz bewegte sich ein Mann mit dunkler Sonnenbrille, Pomade im Haar, schwarzer Hose und schwarzem Polo-Shirt mit dem Logo der Restaurantkette. Umgeben war er von Bodyguards, die ihn abschirmten. Der Mann, aus Rußland gebürtig und jahrelang in Köln ansässig, hat die Lizenzrechte für alle Restaurantfilialen des weltweiten Unternehmens gekauft, für sechs Millionen Franken, wird von Insidern geschätzt. Später will er auch in der Westschweiz und in St. Moritz Millionen investieren. In einem kleinen idyllischen Ort im Tessin besitzt er eine feudale Villa, schwer zugänglich, zu einer Festung ausgebaut. Außerdem soll er noch Immobilien in Paris, Monaco, Marbella und in Köln besitzen – die Accessoires des Reichtums.

Nicht nur im Klub der Dollarmillionäre ist der Mann, der seit sieben Jahren einen deutschen Paß besitzt, bekannt. Auch die Polizei glaubt einiges über ihn zu wissen. Da steht in einem Bericht des Bundeskriminalamtes: »Er gilt als eine der Führungspersönlichkeiten der russischen organisierten Kriminalität.«

In einem internen Dokument des »Bundesamtes für Polizeiwesen« in Bern heißt es über ihn und einen anderen Mann: »Beide sind wegen des Transports von Drogen aus Rußland, über Polen nach Deutschland für die Strafverfolgungsbehörden von Interesse.«[21] Obwohl so viele Polizeibehörden davon überzeugt sind, daß er ein großer Fisch ist, ist es ihnen bislang nicht gelungen, ihm juristisch etwas Handfestes vorzuwerfen.

Er selbst sagt: »Wer während des Kalten Krieges als deutschstämmiger Aussiedler vom Westen aus mit der damaligen Sowjetunion Handelsgeschäfte tätigte, ist wohl sein Leben lang dem Mißtrauen von Behörden und Medien ausgesetzt. Vor über 15 Jahren wurden in meinem Heimatstaat Deutschland wcgcn angeblicher Steuerverkürzungen ohne Folgen Abklärungen angestellt. Es liegen keine behördlichen Vorwürfe gegen mich vor. Ich habe mir in meiner Karriere nichts vorzuwerfen, und es wurde mir bislang von keiner Behörde etwas vorgeworfen. Ich bin weder vorbestraft, noch war ich Gegenstand einer Strafuntersuchung.«

Inzwischen bewegt er sich in der Oberschicht der Gesellschaft, ist wahrscheinlich überhaupt nicht mehr zu behelligen. Dabei begann seine Karriere eher als kleiner Finsterling. 1975 kam er aus der damaligen Sowjetunion nach Deutschland. Drei Jahre später fiel er zum erstenmal wegen Urkundenfälschung auf. 1983 wurde gegen ihn wegen des Verdachts des Betruges ermittelt. Dann fuhr er in die USA. Dort wurde er wegen eines versuchten Raubüberfalls auf ein Schmuckgeschäft festgenommen. Mitte der achtziger Jahre kam er wieder nach Deutschland, arbeitete als Angestellter in einer kleinen Firma und war fünf Jahre später ein reicher Mann. Sein enormes Kapital öffnet ihm nun alle Türen.

Aber es gibt auch andere Fälle von dubiosen Geschäften, die immer wieder nach Deutschland führen. Im Rahmen eines gegen Funktionäre des russischen Verteidigungsministeriums und der in Deutschland stationierten Westgruppe der russischen Armee eröffneten Verfahrens reichte die russische Staatsanwaltschaft am 18. Januar 1995 bei den zuständigen

Schweizer Behörden ein Rechtshilfeersuchen ein. Die Angeklagten werden beschuldigt, Ausrüstungs- und Truppenmaterial aus Beständen der Westgruppe verkauft und die Gewinne unterschlagen zu haben. Der Verkauf wurde über die Firma M. Invest, ein Joint-venture, abgewickelt. Aus der M. Invest gingen zwei weitere Unternehmen hevor: die D. und D. Holding. Eine erste Transaktion – der Verkauf von 87 000 Tonnen petrochemischer Produkte – wurde über ein Hamburger Unternehmen abgewickelt. Das nächste Geschäft betraf 38 000 Tonnen Kerosin und 320 000 Tonnen Industriealkohol. Hausdurchsuchungen beim deutschen Unternehmen ergaben, daß Unterlagen über diese Geschäftsaktivitäten in die Schweiz gelangt und einem im Auftrag einer Hamburger Firma handelnden Zürcher Anwalt übergeben wurden. Die Unterlagen gingen gemäß den gefundenen Belegen gleich weiter nach Gibraltar. Der dem russischen Staat durch die Unterschlagungen entstandene Schaden beläuft sich auf rund 3,2 Millionen Mark. Die Hauptakteure in diesem Fall sind die Direktoren der M. Invest sowie hohe russische Militärs. Das Unternehmen R-Oil (eine panamesische Gesellschaft), das nach Erkenntnissen der Polizei von Berlin aus verwaltet wird, ließ die unterschlagenen Gelder verschwinden. Es ist kein Einzelfall, sondern nur das Menetekel einer neuen gefährlichen Kriminalitätsentwicklung in Deutschland gewesen.

Ihre Macht explodierte Anfang der neunziger Jahre.

Damals war die Westgruppe der sowjetischen Streitkräfte in ihrem Auflösungsprozeß – und das war zugleich der Beginn der Expansion der Russenmafia in Deutschland. Bestochene Offiziere und Generäle bestellten bei schon lange in Deutschland lebenden Russen Waren zu überhöhten Preisen, die nie oder nur als Schund geliefert wurden. »Sobald die Bundesregierung begann, der Roten Armee Geld für den Truppenabzug zu zahlen, fingen die Mafiosi aus dem Osten an abzukassieren. Bis Mitte 1994 überwies Bonn sechs Milliarden Mark. Das Geld war die Initialzündung für die Russenmafia in Deutschland«, sagt Hartmut Koschny, Inspektionsleiter organisierte Kriminalität beim Berliner Landeskriminalamt. »Fast alle Straftaten, die uns im Zusammenhang mit der sogenannten Russenmafia beschäftigten, haben unmittelbar oder mittelbar mit diesem Geld zu tun.«[22]

Der Prozeß der Infiltration

Das Geld versickert auf den Konten einer kriminellen Nomenklatura, und der russische Staat (ebenso wie fast alle Staaten der Ex-UdSSR) ist nicht in der Lage, die kärglichen Löhne der Angestellten und Pensionen der Arbeiter, Angestellten und Beamten zu zahlen. Nicht immer ist eindeutig, wer dafür verantwortlich ist. Bereits in den Jahren 1991/92 hatte die Sowjetunion ein Rechtshilfeersuchen an die Schweiz gerichtet, in dem es um verschiedene, komplizierte Finanzbeziehungsweise Geldwaschoperationen in großem Umfang ging. So wurden zum Beispiel sieben Milliarden US-Dollar in 140 Milliarden Rubel umgetauscht. Die festgestellten Verbindungen zu hohen Regierungskreisen in Moskau (Privatreise des sowjetischen Finanzministers Orlow in die Schweiz) ließen die Vermutung zu, daß es sich um Gelder der KPdSU handeln könnte. Andere Bezüge wiesen aber gleichzeitig zur italienischen Mafia, zur amerikanischen Cosa Nostra und auf Drogengelder hin. Geklärt werden konnten die dubiosen Vorgänge deshalb nicht, weil die sowjetischen Behörden an einer Aufklärung plötzlich kein Interesse mehr hatten, monieren noch heute verbittert Staatsanwälte in Zürich. Und so häuft mancher mit und ohne Betrug sein Millionenvermögen an. Mahnende Stimmen werden überhört.

Wie umschreibt man nun die roten Bosse, etwa als Mafia? Dieses Wort wird ja geradezu inflationär in der öffentlichen Diskussion benutzt, wenn man die »neuen Reichen« charakterisieren will. Trifft das wirklich zu? Wie unterscheidet sich diese »Mafia« von westlichen Konzernen und Kartellen und deren Managern?

Es gibt durchaus seriöse Wirtschaftswissenschaftler, die sagen, das organisierte Verbrechen sei für das reibungslose Funktionieren des Kapitalismus unentbehrlich. Nur das organisierte Verbrechen eröffne dem Kapitalismus eine Möglichkeit, bestimmte Investitionen in den illegalen Sektor zu verweisen, um sie dort als amoralisch zu brandmarken und gleichzeitig davon zu profitieren. Die kriminellen Syndikate bieten eine Lösung dieses Problems an und helfen das vermeintlich saubere Image des großen Kapitals und des Staates zu bewahren.

Die seit Jahren anhaltende Wirtschaftskrise trug jedenfalls wesentlich zur Entwicklung der Mafia bei. Zu echten strukturellen Reformen ist es bislang in Rußland nicht gekommen. Viele inzwischen nicht mehr staatlich kontrollierten Märkte (Geld-, Kapital-, Devisenmarkt) sind nach wie vor unterentwickelt und können mangels rechtlichen Rahmens nur sehr unzureichend funktionieren. Es treten massive Verzerrungen auf, die die Mafia mit entsprechendem Insiderwissen, insbesondere auf dem Kapital- und Geldmarkt, zu ihren Gunsten ausschöpft. Innerhalb kürzester Zeit wurde es möglich, vorwiegend im Handels- und Dienstleistungsbereich, mit wenig Aufwand enorme Profite zu erzielen. So entstanden wirtschaftliche Freiräume, für die es keine gesetzliche Regelung gibt. In Abwesenheit staatlicher ordnungspolitischer Bestimmungen sind die Unternehmer daher dazu übergangen, eigene Regeln aufzustellen. In dieser Goldgräberstimmung wirken kriminelle Organisationen mit verschiedensten Aktivitäten an vorderster Front mit. Folglich wurde bald jeder, der dank Eigeninitiative (auch legal) zu Vermögen kam, als Parteigänger der »Mafia!« abqualifiziert. Die zum Teil prohibitiv hohen Steuern, komplexe bürokratische Regelungen, Zölle und andere tarifliche und nichttarifliche Behinderungen führen dazu, daß viele Unternehmen (Staatswirtschaft wie privater Sektor) in die Schattenwirtschaft abtauchen. Offizielle wie auch nachrichtendienstliche Quellen schätzen den Umfang der gesamten Schattenwirtschaft einschließlich organisierter Kriminalität auf 40 bis 50 Prozent des ausgewiesenen russischen Bruttoinlandsprodukts. Dem russischen Staat ist somit, beispielsweise im Jahr 1994, die Kontrolle über einen Bereich mit umgerechnet rund 150 Milliarden Mark entglitten. Es wäre natürlich übertrieben, hinter dem gesamten Bereich der russischen Schattenwirtschaft ausschließlich die Mafia zu sehen. Die besonderen Umstände in Rußland haben einen Graubereich entstehen lassen, der der Mafia nicht eindeutig zuzurechnen ist, weil die Identität der verantwortlich agierenden Wirtschaftssubjekte, die Eigentumsverhältnisse der beteiligten Unternehmen, die Geschäftspraktiken, die Herkunft der verwendeten Mittel, die erzielten Erlöse und Gewinne nicht oder nur teilweise bekanntgegeben werden oder bewußt verschleiert werden. Die in diesem Graubereich agierenden

Akteure setzen sich unter anderem aus Vertretern der alten Partei-Nomenklatura, den Akteuren der Schattenwirtschaft aus den Zeiten der UdSSR, der Klasse der neuen Unternehmer und der Mafia zusammen, die gemeinsam über Insiderwissen verfügen und dieses interagierend zum Beispiel auf dem Kapitalmarkt oder im Zuge der Privatisierung zum Teil legal zur Vermögensbildung einsetzen.

Es ist durchaus kein Geheimnis, daß sich diese neuen Reichen als Teil jener Regierungen verstehen, deren Repräsentanten von sich behaupten, für sie gelten die Spielregeln einer demokratischen und zivilisierten Gesellschaft. Gleichzeitig aber sind sie auf die eine oder andere Weise mit dem organisierten Verbrechen verbunden. Am eindeutigsten ist das an den Geldströmen, die aus der Ex-UdSSR in den Westen fließen, abzulesen. Über diesen Geldfluß zirkulieren viele Zahlen. Sie haben jedoch eines gemeinsam: Keine von ihnen läßt sich beweisen. Modcrate russische Schätzungen sprechen von 40 Milliarden US-Dollar. Je nach Quelle gehen die Schätzungen weit über das Doppelte dieser Summe hinaus, wobei die Kapitalflucht schon Ende der achtziger Jahre, also noch zur Sowjetzeit, eingesetzt hat.

Präsident Jelzin meint, daß seit 1991 über 300 Milliarden US-Dollar illegal in den Westen geflossen seien, darunter ein zweistelliger Millionenbetrag in die Schweiz. Sein ehemaliger Pressesprecher, Pawel Wostschanow, sagt, daß es in Rußland überhaupt kein sauberes Geld gibt. Die Deutsche Bank geht, bezugnehmend auf russische Quellen, davon aus, daß Rußland über rund 40 Milliarden US-Dollar in Devisenreserven und Auslandsguthaben verfüge, nach diesen Quellen hätten allein russische Firmen rund 20 Milliarden US-Dollar illegal im Ausland angelegt. Jurij Schtschekotschichin spricht von 40 Milliarden US-Dollar Mafiagelder auf westlichen Konten.[23]

Etwas weniger weit auseinander klaffen die Schätzungen über die gegenwärtig in den Westen fließenden eindeutig illegalen Gelder.

Laut Internationalem Währungsfonds, IWF, beträgt die Kapitalflucht aus den GUS-Staaten zur Zeit zirka zwölf Milliarden US-Dollar pro Jahr. Die Zahl stammt von einem Vertreter des Internationalen Währungsfonds anläßlich einer Sitzung der Groupe d'action financière sur le blanchiment de capitaux (GAFI) in Paris. Der Chef des britischen National Criminal Intelligence Service schätzt unter Berufung auf russische Quellen die jährliche Kapitalflucht aus Rußland in den Westen auf rund 20 Milliarden US-Dollar. Der russische Justizminister erklärte auf der Europarat-Konferenz über Korruption in Malta, daß monatlich rund eine Milliarde US-Dollar aus Rußland abfließe. Wieviel davon von der roten Mafia stamme, sei allerdings unbekannt. Auf die gleiche Zahl kommt der Jahresbericht 1995 des Observatoire Géopolitique des Drogues in Paris.»Pro Monat fließen in gleichmäßigem Rhythmus zirka eine Milliarde Dollar in den Westen ab.« Das entspricht einer Summe von rund 70–100 Milliarden Dollar, die in den letzten Jahren im Ausland auf Konten der reichen Russen transferiert wurden, fast immer illegal.

Gemäß den Schätzungen von Präsident Jelzin fließen dagegen, so zumindest im Jahr 1994, monatlich rund fünf Milliarden US-Dollar illegal in den Westen.

Doch auch hier ist alles relativ. Die roten Bosse haben im Westen ja genügend Vorbilder für ihr Handeln. Schließlich schätzt die amerikanische Geschäftsbank Merrill Lynch das von den internationalen Steueroasen aus verwaltete Privatvermögen aller ehrenwerten Bürger dieser Welt auf mindestens 3000 Milliarden Dollar beziehungsweise 15 Prozent des globalen Bruttosozialprodukts.[24] Da spielen die Russen allenfalls in der Kreisliga mit.

Geldwäsche ist jedoch mehr als Steuerhinterziehung, und der Geldfluß aus den Ländern der ehemaligen UdSSR hat eine bislang nie erlebte Dimension und damit Qualität erreicht, insbesondere was die Auswirkungen auf die Volkswirtschaft der ehemaligen UdSSR angeht.

Auf einem Internationalen Seminar des FinCEN (Financial Crime Enforcement Network) in Washington, im September 1994, schätzten Vertreter des russischen Innenministeriums, daß das Schattenkapital der roten Mafia 30 bis 40 Prozent des Budgets Rußlands, also umgerechnet 34–42 Milliarden Mark, beträgt (legale Wirtschaftstätigkeit der von der Mafia kontrollierten Firmen eingerechnet). Die Unterschiede in den Schätzungen sind darauf zurückzuführen, daß die Zahlen aus unterschiedlichen Quellen stammen, unterschiedliche Bezugsgrößen haben (teils Rußland, teils GUS-Staaten) und teils nicht nur die Gelder kriminellen Ursprungs, sondern die gesamte Kapitalflucht (inklusive Gelder aus Steuerhinterziehung, Korruption etc.) umfassen.

Es gibt andererseits zahlreiche Möglichkeiten, Geld krimineller Herkunft in Rußland oder in anderen Oststaaten zu investieren. Diesen Umstand machen sich westliche Mafiaorganisationen sowie die im Westen tätige Ostmafia zunutze. »Man muß davon ausgehen, daß sie einen beträchtlichen Teil ihrer Gewinne nicht primär im Westen, sondern im Osten einem ersten Waschvorgang unterziehen und anschließend in vorgewaschener Form über zwischengeschaltete Finanzplätze in den Westen zurücktransferieren und anlegen. Schmutzige Gelder fließen somit in beide Richtungen. Dabei funktioniert die Allianz zwischen Geldwäschern Ost und Geldwäschern West reibungslos. Um große Summen beispielsweise in Rußland zu waschen, reicht schon ein Strohmann in einem früheren Kombinat. Dieser braucht nur fingierte Rechnungen auszustellen, denen kein reales Geschäft zugrunde liegt. Mit der Begleichung der Rechnung ist das Geld bereits im legalen Wirtschaftskreislauf. Der Russe muß dann, abzüglich seines eigenen Anteils, wieder abgeben – etwa für Beratungsdienstleistungen, die der Westpartner in Rechnung stellt.«[25]

Was geschieht mit dem enormen Kapital dieser Männer? Das ist eine zentrale Frage. Das Problem der Geldwäsche mit Geldern aus der Ex-Sowjetunion und den ehemaligen Ostblockländern ist der Lackmustest für demokratische Länder.

Wie meinte die Expertengruppe der G-7-Staaten, die GAFI, in einem 1996 veröffentlichten internen Bericht: »Das Problem der Geldwäsche mit Geldern aus der Ex-Sowjetunion und den ehemaligen Ostblockländern wird immer gravierender. Organisierte Gruppen aus diesen Ländern verschaffen sich Zugang zu den Finanzsystemen dank der Hilfe von Mittelsmänner.«

Am 7. März 1995 diktierte Urs von Daeniken, Chef der Bundespolizei in Bern, einen Brief an die Polizeikommandanten der Kantone und die Staatsanwaltschaft Basel-Stadt. Er teilte mit, daß auf Betreiben von Arnold Koller, dem eidgenössischen Justiz- und Polizeiminister, ein Lagebild über das Ausmaß, die Problematik sowie die Gefahren und möglichen Auswirkungen, die der Schweiz aus den Geldern krimineller

Herkunft insbesondere aus den Oststaaten erwachsen, zu erarbeiten sei. Die Polizeibehörden sollten entsprechende Fragen beantworten. Im Oktober 1995 lag der als streng vertraulich eingestufte Bericht in Bern vor.

»Aus der speziellen Rolle und Funktion der Schweiz im Anlagegeschäft und im Welthandel resultiert, daß – dieser speziellen Funktion entsprechend – Ostgelder in bedeutendem Umfange unser Land berühren, darunter auch dubiose und kriminelle Gelder. Es muß aufgrund der gesamten Umstände davon ausgegangen werden, daß unser Land vor allem für die zweite und dritte Phase der Geldwäscherei benutzt wird und sich namentlich unter den hier verwalteten Anlagevermögen dubiose Kapitalien in beträchtlicher Höhe befinden.«[26]

Ähnlich sieht es die EDOK, das ist die Einsatzstelle zur Bekämpfung organisierter Kriminalität im österreichischen Innenministerium: »Die derzeit größte Bedrohung stellen die enormen Gelder der GUS-Staaten dar, die über eigens in Österreich gegründete Handelsgesellschaften in das heimische Bankwesen einfließen. Die Herkunft der Gelder ist meist nicht eruierbar, die Zusammenarbeit mit Polizeibehörden dieser Länder ist praktisch null. Aufgrund mangelnder Informationen kann oftmals keine seriöse Auskunft über die Natur dieser Geschäfte und der darin involvierten Gelder gegeben werden. Es gibt jedoch immer wieder Hinweise, die auf Betrug, Drogenhandel, Korruption usw. hinweisen. Die Größe dieses Problems ist schwer einzuschätzen, da anzunehmen ist, daß große Organisationen bereits seit Jahren ausgeklügelte Systeme anwenden, die unauffällig funktionieren, z. B. reell arbeitende Firmen, die illegale Geschäfte mit den legalen bis zur Unkenntlichkeit vermischen.«

Michael Sika vom Wiener Innenministerium warnt vor dieser Infiltration, über die man in Deutschland – was eigentlich ziemlich seltsam ist – nicht spricht. Auf meine Frage, wie weit der Infiltrationsprozeß fortgeschritten ist, antwortet er: »Ich fürchte weiter, als wir wissen und übersehen können. Wir stellen fest, daß im Schnitt zehn Handelsfirmen pro Monat gegründet werden, russisch-österreichische, wobei die Österreicher meist eine Strohmännerfunktion haben, und es entsteht dann ein Firmengeflecht, das man ab einem gewissen Zeitpunkt, weil auch Verschachtelungen vorgenommen werden, nicht mehr überschauen kann. Wir nehmen aber an, daß dieser Prozeß der Verflechtung der illegalen oder, sagen wir, der mafiosen Firmen mit den legalen Firmen zügig voranschreitet.«

Wirtschaftskriminalität, wende ich ein, bedeutet doch immer auch politische Einflußnahme.

»Na ja, da gibt es natürlich Anzeichen, wobei wir keine direkten Signale haben. Aber Sie müssen sich vorstellen, daß – ich weiß nicht, wie es in anderen Ländern ist, aber in Österreich ist es so – die Bankenwelt weitestgehend politisch beeinflußt wird. Es gibt rote und schwarze Bankengeflechte, also SPÖ und ÖVP. Und da die Banken ja immer eine große Rolle in der Wirtschaft oder in der Wirtschaftsentwicklung spielen, könnte ich mir vorstellen, daß es über die Banken auch eine politische Einflußnahme gibt.«

Ähnlich wird die Entwicklung in der Schweiz gesehen. Michael Lauber, der junge Leiter der Zentralstelle zur Bekämpfung des organisierten Verbrechens in Bern, warnt vor der Möglichkeit, daß die Mafia in der Schweiz Unternehmen erwirbt. »Das zeigt das Beispiel der Saesa in Genf, wo die organisierte Kriminalität einen Verlag unterwandert hat. Das Vorgehen ist einfach: Man nistet sich im Unternehmen ein und ersetzt nach und nach die bisherigen Entscheidungsträger durch Mitglieder der kriminellen Organisation. Solche schleichenden Übernahmen führen zwangsläufig zu einer Schattenwirtschaft, die hinter legaler Fassade illegalen Geschäften nachgeht.«

In England berichtete 1996 die Financial Investigation Unit der Stadtpolizei von London, daß die »Russenmafia Hunderte von Millionen Pfund über den Londoner Börsenhandel wäscht«.[27]

Und wie ist es in Deutschland? Milliarden gewaschener Verbrechergewinne verwischen die Grenzen zwischen Legalität und Illegalität, schaffen politische und wirtschaftliche Fakten, gewähren Einfluß, öffnen die Türen zu den Entscheidungszentren. Frage an Eike Bleibtreu vom Bund Deutscher Kriminalbeamter: Was würde denn passieren, wenn man das kriminelle Geld, das hier investiert wurde, von einem Tag auf den anderen, von einem Monat auf den anderen, dem Wirtschaftskreislauf entzöge? »Am besten antworte ich mit den Worten eines italienischen Justizministers, der vor einigen Jahren gesagt hat, wenn die Mafia ihr Geld aus der großen Industrie in Norditalien abziehen würde, hätten wir auf einen Schlag sechs Millionen Arbeitslose.«

Nun gut, kann ich da einwenden, das ist Italien.

»Italien ist, genau wie Hessen, überall.«

Ähnlich düster sieht es Willi Flormann, Leiter der OK-Dienststelle in Münster, bekannt als ein erfahrener und besonnener Kriminalist in Deutschland: »Es gibt natürlich Stimmen, die sagen, wenn man das Mafiageld, gleichgültig, ob es italienisch oder russisch ist, aus der deutschen Wirtschaft rausziehen würde, bräche doch einiges zusammen. Nur muß man dabei sehen, daß diese Hintermänner letztendlich die Kontrolle über ganz bestimmte Wirtschaftsbereiche bekommen, daß sie dann die Richtlinien der Politik bestimmen. Das kann man einfach nicht hinnehmen, das heißt, der Konkurrenzkampf ist nicht mehr der gesunde Konkurrenzkampf, sondern die andere Seite ist in der Lage, mit illegalem Geld riesige legale Geschäfte zu gründen und die andern dadurch niederzumachen.«

Das hat für die Volkswirtschaften, ob in Rußland oder in Europa, katastrophale Konsequenzen. Denn die im Bereich illegaler Tätigkeiten entstehenden unternehmerischen Fähigkeiten sind von ganz besonderer Art. Die Spezialisierung auf Recycling-Aktivitäten, Beziehungen zu Drogenhändlern und Kontakte zu Bank- und Finanzexperten zum Zwecke der Geldwäsche führen zur Herausbildung unternehmerischer Fertigkeiten, die profitträchtigsten Wirtschaftsbereiche auszumachen, in denen dann Investitionen getätigt werden. Doch das hat keinerlei Nutzen für die Schaffung produktiver Unternehmen, bestenfalls für begrenzte Ziele, das Angebot illegaler Waren und die wirtschaftliche Ausbeutung finanzpolitischer und politischer Beziehungen, um an öffentliche Finanzierungen und Auftragsvergaben heranzukommen.

»Auf diese Art und Weise entstehen die Managerfähigkeiten im wesentlichen in Verbindung mit einem Bezug zur Politik, deren Rolle dadurch übermäßig ›dramatisiert‹ wird. Verfügbare Geldmittel werden nicht zur Förderung der wirtschaftlichen Entwicklung eingesetzt, sondern in andere Aktivitäten umgeleitet. Auf diese Weise wird nicht nur verhindert, daß

Kapital in den Händen konzentriert wird, die in der Lage sind, die wirtschaftliche Entwicklung zu fördern, es wird auch die Entstehung der gesellschaftlichen Voraussetzungen für die Herausbildung geeigneter Kapitalverwalter verhindert. Solange die Gründe für wirtschaftliche Vorteile bei Investitionen im Bereich illegaler Aktivitäten bestehen bleiben, wird dieser Bereich weiter ausgebaut werden, und die damit zusammenhängende Unternehmerform kann mit sicherem Nachwuchs rechnen.«[28]

Die Stufen von Macht und Einfluß der roten Bosse

Bei den roten Bossen gibt es durchaus verschiedene Ebenen des Einflusses, der Macht und der mehr oder weniger innigen Beziehungen zu hochkarätigen Kriminellen. Die wiederum partizipieren am Erfolg der neuen Reichen, versuchen mit aller Macht ihre kriminelle Vergangenheit zu verschleiern.

Ein Beispiel ist der georgische Unternehmer Schakro Roschdenowitsch Kakatschija. Unauffällig lebte er in Berlin. Aufsehen erregte vielleicht sein Wagenpark. Ein Mercedes 600, eine Lincoln-Limousine und ein Range Rover. In Moskau hingegen war er ein durchaus bekannter Mann. Er galt als »Schiedsrichter« bei Konflikten zwischen den einzelnen ethnischen kriminellen Organisationen in Rußland, war demnach ein Dieb im Gesetz, also der Pate einer Mafiaorganisation. Der 56jährige Kakatschija wurde im georgischen Sugidi geboren und verbrachte einen Großteil seiner Jugend im Gefängnis. In den letzten Jahren leitete er die in den georgischen Orten Kutaisi und Sugidi angesiedelten Mafiaclans.

Über diese Clans schreibt die österreichische Polizei: »Sie ist eine paramilitärische Truppe, die nur für den Abchasien-Krieg gedacht war, dann jedoch stark expandierte und selbständig tätig wurde. Zur Organisation gehören mehrere Autoritäten sowie über 100 Mitglieder.«

Kakatschijas eigene Organisation kontrollierte eine Reihe von Banken und Unternehmen. Schlagzeilen machte er am 20. Mai 1994, als er im Moskauer Gefängnis Butyrka, wo er kurzfristig einsaß, ein Mafiatreffen veranstaltete. Die hohen

Gäste, die ihren Paten im Knast besuchten, fuhren in dicken Limousinen vor, der Tisch war für die Herren und Damen wie in einem teuren Restaurant gedeckt. Pech für die feine Gesellschaft: Der Inlandsgeheimdienst hatte Wind von dem Treffen bekommen und nahm insgesamt 34 Personen fest, darunter vier bestochene Gefängniswärter. Beschlagnahmt wurden Revolver, Drogen, zwölf Flaschen Wodka und Funktelefone. Dann, irgendwann Anfang 1995, verließ er das Gefängnis und kam nach Berlin. Am 11. August 1996 wurde er von der Berliner Polizei in einer Tiefgarage in seinem Mercedes 600 erschossen aufgefunden. Erst jetzt fand die bislang vollkommen ahnungslose Polizei heraus, wer sich da in Berlin niedergelassen hatte: ein einflußreicher Pate der Moskauer Unterwelt mit besten Verbindungen nicht nur zum inzwischen in New York festgenommenen Paten Wjatscheslaw Iwankow, sondern auch zu hohen politischen Entscheidungsträgern, insbesondere in Georgien. Er ist ein Beispiel auch für die Unfähigkeit der polizeilichen Führung in Berlin, die dort lebenden Paten zu erkennen beziehungsweise deren kriminelle Netzwerke zu zerschlagen. (Vgl. S. 51)

2. KAPITEL

Die Geschichte vom Aufstieg und Fall eines russischen Tycoons

Wenn die mächtige weißgoldene Kugel der Sonne im Westen in den Genfer See eintaucht, sind die Geschäfte bereits geschlossen. Für einige Geschäftsleute, die ihren Tresor in einer der berühmt-berüchtigten Genfer Banken noch am späten Abend betreten wollen, gibt es keine Zeitbeschränkungen. Das galt auch für Sergej Michailow (Mikhailov), den russischen Multimillionär, der am Genfer See ein neues Zuhause gefunden hatte, so lange zumindest, bis er ins Visier der Polizei geriet:

Der 24. Januar 1997 ist ein kalter, sonniger Wintertag. Im Bistro gegenüber dem Genfer Palais de Justice rückt der Uhrzeiger auf 14 Uhr vor. Überraschend rast mit quietschenden Reifen ein gepanzerter Mercedes auf das Gerichtsgebäude zu. Langsam gleiten die schweren Stahltüren auf, die zum Innenhof führen. Im Fond des Wagens, eingekeilt zwischen zwei Polizeibeamten, hält ein Mann die Hände vor sein Gesicht. Er ist ein millionenschwerer Unternehmer aus Rußland.

In der großen weißen Vorhalle des Gerichts blinkt vor einem der Verhandlungsräume eine rote Lampe. Erregt diskutieren drei Advokaten. In ihren langen schwarzen Roben und dem aufgestickten weißen Schal sind sie Statuen der kalvinistischen Rechtschaffenheit, die einem zu Unrecht Verdächtigten juristischen Beistand leisten wollen. Einer von ihnen, Xavier Magnée, flog aus Brüssel ein, um seinen Mandanten zu vertreten. Xavier Magnée ist Vorsitzender der Brüsseler Rechtsanwaltkammer und der prominenteste Rechtsanwalt Belgiens. Auch die beiden Anwälte aus Genf, Paul Gully-Hart und Ralph-Oswald Isenegger, gehören zur Spitzengarnitur ihres ehrenwerten Standes.

Der schwergewichtige, schwarzhaarige Untersuchungsgefangene, für den sie hierhergekommen sind, ist unter anderem an einer der größten Moskauer Banken beteiligt. Sein Konzern beschäftigt über 5000 Angestellte und erwirtschaftet mit Erdölgeschäften, Telekommunikation und Tourismus und anderem weltweit enorme Gewinne. Gleichwohl zeigt er sich nicht gerne in der Öffentlichkeit. Er ist der Typ Unternehmer, der am liebsten im Hintergrund die Fäden zieht. Deshalb gibt es kaum Fotos von ihm. Die wenigen, die in den Archiven zu finden sind, zeigen ihn zum Beispiel auf einer Jacht: in der Badehose mit freundlich rundem Gesicht und einer schweren Goldkette um den Hals. Auf einem anderen Foto ist er bei einem Trinkgelage zusammen mit einem Budapester Tycoon zu sehen, einmal auch in einem Lokal, im schwarzen Anzug, wie er seinen Freund David Sanikidse umarmt, vor sich die Reste des gemeinsamen Mahles: Weißbrot, Salz und eine halbleere Wodkaflasche. Stolz ist er auf ein Foto. Da umarmt ihn Calderón Fournier, der Präsident Costa Ricas. Auf dem Bild handschriftlich vom Präsidenten gewidmet: »Herzliche Grüße für meinen Freund«. Der Freund des Präsidenten ist Sergej Michailow, geboren am 7. Februar 1958 in Solnzewo. Sein multinationales Unternehmen »Solnzewskaja« hat innerhalb von knapp fünf Jahren Milliardenumsätze gemacht und ist weiter auf Expansionskurs.

Sein Konzern ist nach seiner Heimatstadt benannt. Solnzewo, südöstlich von Moskau gelegen, erstickt im tristen Grau der Bedeutungslosigkeit. Dank dem Konzern hat es einen besonderen Ruhm erlangt.

Der zuständige Genfer Staatsanwalt Jean Louis Crochet, der hinter den verschlossenen Türen des Gerichtssaals unter Ausschluß der Öffentlichkeit für eine weitere dreimonatige Haftverlängerung plädiert, war kurz vor dem Termin guten Mutes. »Wir haben neue explosive Beweisstücke gefunden, und daher muß das Ermittlungsgeheimnis in diesem Stadium unbedingt gewahrt werden.« Seinen Optimismus begründet er mit einem gerade beendeten Aufenthalt in Miami. Dort hat er mit Zeugen gesprochen, die Michailow schwer belasten. Angst hat er trotzdem, und zwar vor dem Imperium des Angeklagten. Deshalb will er sich von einem Team des Schweizer Fernsehens, das über den Haftprüfungstermin berichten will, nicht filmen lassen.«Das ist ein dicker Brocken, und ich möchte noch etwas leben«, vertraut er der moskauerfahrenen TV-Journalistin an.

Von den bisherigen Ermittlungen überzeugt ist der junge Chef der Genfer Kriminalpolizei, Urs Rechsteiner:»Wir werden ihm den Prozeß machen können.« Er und seine Kollegen von der CORUS, das ist eine fünf Mann starke Sondereinheit der Kripo gegen die »Organisierte Kriminalität aus Rußland«, warten gebannt auf das Ergebnis der Verhandlung. Werden die bislang gesammelten Beweise ausreichen? Läßt sich der Richter überzeugen? Oder sind die Argumente der Verteidiger, daß es sich um einen honorigen Unternehmer handelt, der in der Schweiz vollkommen legal seinen Geschäften nachging, glaubwürdiger?

Nach über einer Stunde ist das Verfahren beendet, der Haftrichter ordnet eine Verlängerung der Untersuchungshaft für weitere drei Monate an, und die Anwälte sind entsetzt.»Das ist ein Verstoß gegen die Europäische Menschenrechtskonvention«, beklagen sie sich und gestikulieren so heftig, als wäre der Rechtsstaat in der Schweiz zusammengebrochen.

»Warum eigentlich Verstoß gegen die Europäische Menschenrechtskonvention«, frage ich den Brüsseler Anwalt Xavier Magnée.

»Die Europäische Menschenrechtskonvention garantiert, daß der Angeklagte die genauen Vorwürfe kennt, die gegen ihn erhoben werden. In diesem Fall hat der Staatsanwalt das gegenüber Michailow und seinen Anwälten ignoriert. Nur der Staatsanwalt kennt das Dossier.«

Nach dem Schweizer Justizsystem ist es aber durchaus gängige Praxis, daß bei laufenden Ermittlungen die Anwälte nicht alle Ermittlungsergebnisse zu sehen bekommen.»Dann könnten wir unsere Ermittlungen gleich einstellen«, argumentiert der zuständige Staatsanwalt.

Als ich einem der Anwälte die indiskrete Frage stelle, wie hoch das von Michailows Freunden gezahlte Honorar sei, ernte ich Mißfallen. »Wir rechnen nach der Gebührenordnung ab«, sagt Anwalt Gully-Hart. Sicher dürfte sein, daß Geld in diesem Fall überhaupt keine Rolle spielen wird. Michailows Anwälte wissen, wie auf anderen Wegen Einfluß auf drohende Gerichtsverfahren genommen werden kann. Daher wunderte es nicht, daß über Beziehungen zu Politikern im Kanton Genf Polizei und Staatsanwaltschaft aufs heftigste bedrängt wurden, kein Verfahren gegen den Ehrenmann aus Moskau durchzuführen. Es schade dem Ruf der sauberen Schweiz, wenn die Existenz schmutziger Gelder höchst offiziös dargestellt werde.

Seine Schweizer Geschäftsfreunde waren schockiert, als sie erfuhren, daß Michailow einer der bekanntesten zwielichtigen Tycoone sei. Olivier A. und André C., seine Geschäftspartner in der Finanzierungsgesellschaft SCFI-Holding in Pully: »Ein Mafioso, er? Aber das ist unmöglich. Er hatte uns doch die Empfehlung mitgegeben und die Türen in Moskau geöffnet, damit wir mit den höchsten Autoritäten der Stadt Verhandlungen führen konnten.« – »Er ist eher wie ein Diplomat aufgetreten«, erzählte mir ein anderer Schweizer Geschäftspartner Michailows. »Ein bißchen wie Don Corleone. Er war außerordentlich höflich.« Und sein Moskauer Anwalt, Sergej Pogramkow, spricht über einen der Protagonisten des kriminellen russischen Neokolonialismus, als sei der ein edler Philanthrop: »Er ist ein einfacher Geschäftsmann, der sein Geld für die russische orthodoxe Kirche spendet.«

Was wird diesem Prominenten, der friedfertig als großzügiger Investor in der Schweiz leben wollte, eigentlich vorgeworfen? Verstoß gegen das Aufenthaltsgesetz, Mitgliedschaft in einer kriminellen Vereinigung, Geldwäsche und vermutlich mehrfacher Mord, so der Genfer Untersuchungsrichter Georges Zecchin.

Damit scheint, zumindest vorübergehend, eine blühende Karriere, durchaus typisch für die Zeit nach Perestroika, im Genfer Gefängnis Champ Dollon abrupt ein Ende gefunden zu haben. Dabei war er bereits im September 1996 für tot erklärt worden. Israelische Medien schrieben damals, es sei ein toter Körper gefunden worden, bei dem es sich um Sergej Michailow handele. Zur selben Zeit jedoch hielt der sich quicklebendig in Antwerpen auf. Darüber berichtete der belgische Journalist Alain Lallemand in der Zeitung *Le Soir*. Das hätte er tunlichst unterlassen sollen. Denn am gleichen Tag, als Sergej Michailow von Wien nach Genf reiste, erhielt der Journalist und Buchautor von der belgischen Gendarmerie und dem belgischen Nachrichtendienst die Information, daß in Budapest ein Komplize Michailows seine Ermordung angeordnet habe. Der Journalist mußte daraufhin mitsamt seiner Familie seine Wohnung verlassen.

Am 15. Oktober 1996 hatte Sergej Michailow frohgemut in Wien in eine Maschine der Swiss-Air, Flug Nummer 0031/15, bestiegen. Die Maschine sollte um 21.35 Uhr in Genf-Cointrin landen. Sein Ziel war sein Haus in Borex, einem kleinen Dorf östlich von Genf. Dort erwarteten ihn seine bildhübsche Frau und seine beiden Kinder. Kaum hatte er die Paßkontrolle durchschritten, seinen am 22. September 1995 in Brüssel ausgestellten israelischen Reisepaß (Nr. 6325716) wieder eingesteckt (er besaß eine Kollektion von Reisepässen aus Portugal, Belgien, Israel, Costa Rica und Rußland), stellten sich ihm Beamte der Genfer Kantonspolizei in den Weg. Kaltschnäuzig eröffneten sie ihm: »Sie sind verhaftet.« Michailow war sprachlos. Grund der Festnahme: Er habe gegen das »Gesctz über den Aufenthalt und die Niederlassung von Ausländern« verstoßen. Ein ziemlich banales Vergehen.

Am nächsten Tag breitete sich die Nachricht von seiner Festnahme wie ein Lauffeuer in Europas Polizeibehörden aus, nachdem sie von Interpol Bern über die Verhaftung per Eiltelex informiert wurden. Vom ungläubigen Kopfschütteln beim deutschen Bundeskriminalamt über Entsetzen bei der Moskauer Polizei bis hin zu unverholenem Neid bei der österreichischen Polizei reichten die Reaktionen. Den Kripobeamten in Genf war's egal. »Ihr redet alle, aber wir haben einmal gehandelt«, ließen sie sich vernehmen.

Haben sich die Genfer Ermittler in ihrem Eifer, das organisierte Verbrechen zu bekämpfen, vergaloppiert? Was ist eigentlich aus jener Schweiz geworden, wo so viele Steuerflüchtlinge, Diktatoren, Kriminelle und abgehalfterte Staatsmänner bislang ein bequemes Leben führen durften?

Noch am gleichen Tag meldet sich aus Wien der Kriminalpolizeiliche Dienst des Innenministeriums. »Der russische und israelische Staatsangehörige Sergej Mikhailov, geb. am 7. 2. 58 in Moskau, trat bei der hiesigen Dienststelle erstmals im Mai 1994 anläßlich der Entführung eines österreichischen Staatsangehörigen (Avner Kandov) in Moskau in Erscheinung. Der Bruder des Opfers, Boris Kandov, ersuchte den Führer der ›russischen kriminellen Organisation Solnzevskaja‹, an der Befreiung seines Bruders mitzuwirken. Bei den durchgeführten Ermittlungen, die von der EDOK in diesem Fall geführt wurden, gelang es nicht nur, den Sergej Mikhailov als Führer der Solnzevskaja und Dieb im Gesetz zu identifizieren, sondern auch seinen Aufenthaltsort in Österreich festzustellen und seine erstmalige Einreise in das Bundesgebiet nachzuvollziehen.«

Rückblende. Moskau, September 1994. Vor dem Nobelrestaurant Silbernes Zeitalter werden Luxuslimousinen der Marken Cadillac, Mercedes und Rolls-Royce von Männern in schwarzen Anzügen und mit Sonnenbrillen, obwohl es bereits tiefe Nacht ist, argwöhnisch bewacht. Das Restaurant ist ein beliebter Treffpunkt von Diplomaten, Politikern und Geschäftsleuten.

Einige der anwesenden Diplomatengäste grüßen zu einem großen Tisch in einer Ecke des Raumes hinüber, denn dort haben sie einige Kolleginnen und Kollegen ausländischer Botschaften erspäht. Auch der hochrangige Beamte des russischen Außenministeriums und die Gattin des Gesandten eines lateinamerikanischen Staates in Israel sind ihnen persönlich bekannt. Einen Mann können sie jedoch überhaupt nicht einordnen. Jenen, der offensichtlich Mittelpunkt der ausgelassenen Gesellschaft ist. Andere Gäste wiederum, die mit Diplomaten nichts, mit prominenten Unternehmern um so mehr zu tun haben, wissen sofort, wer er ist. Der unumstrittene Chef des multinationalen Konzerns Solnzewskaja. Nachträglich feiert er seine Berufung zum Honorarkonsul von Costa Rica in Moskau.

Der Beginn einer unaufhaltsam scheinenden Karriere

Michailow darf stolz auf seine russische Bilderbuchkarriere zurückblicken, ganz nach der amerikanischen Variante des Tellerwäschers, der es zum Multimillionär brachte. Seinen unaufhaltsamen Aufstieg in die Spitzengarnitur russischer Unternehmerschaft hätte er sich nicht einmal in seinen kühnsten Träumen vorstellen können.

Sein Vater arbeitete beim Gasrettungsdienst und in der Feuerwache des Forschungsinstituts »Plastik«. Nach dem Abschluß der achtklassigen Volksschule begann er eine Lehre im Gaststättengewerbe, war sechs Jahre lang im kommunistischen Kollektiv als Kellner zuerst im Restaurant Sowjetskij, dann im Hotel Sewastopol tätig.

Der strebsame junge Sowjetmensch war in seiner Stadt als Sportringer bekannt und hatte, wie der damalige KGB in einer Notiz festhielt, »einen überaus ausgeprägten Hang zur gesellschaftlichen Arbeit«.

Deshalb wurde er auch wenig später Brigadist und Leiter des Komsomol, der kommunistischen Jugendorganisation der Partei, im Restaurant Sewastopol. Zum ständigen Vertreter »Mischas«, so sein Spitzname, ernannte man einen anderen Kellner. Er war im Kampfsport ausgebildet und diente als eine Art Aufpasser, damit die im Lokal verkehrende Nomenklatura ungestört blieb. Sein Name: Wiktor Awerin (Viktor Averine), am 31. Mai 1957 geboren, der später unter dem Spitznamen »Awera-Starschij« gefürchtet wurde. Im Gegensatz zu ihren Arbeitskollegen, die von einer Datscha träumten, wollten Michailow und Awerin »gesellschaftliche Arbeit« leisten. Mischa bot den Jugendlichen von Solnzewo mit sportlicher Ertüchtigung in seiner Brigade eine besondere Heimat an.

Ideologie interessierte damals bereits weniger als die Körperertüchtigung, und mit der Zeit nahmen auch immer mehr aktive und ehemalige Sportler, harte Burschen, an den Veranstaltungen in Michailows Komsomol teil. Alkohol und Drogen waren in der Brigade geächtet, kultiviert wurde dagegen ein spartanisch-sportlicher Lebensstil. Michailow ließ seine Anhänger mit der Knute in den Turnsaal treiben, sagen ehemalige Mitglieder des Komsomol. Frömmigkeit und starke familiäre Bindungen galten als hohe moralische Ziele, waren geradezu Aufnahmebedingung.

Das erste Mal kam er mit 26 Jahren wegen Betruges ins Gefängnis. Er hatte den Diebstahl eines Motorrades vorgetäuscht und dafür, wie es im Haftbefehl heißt, »rechtswidrig die Versicherung erschlichen«. Ein halbes Jahr mußte er im Untersuchungsgefängnis ausharren. Das Moskauer Stadtgericht war ihm jedoch gnädig, verurteilte ihn zu drei Jahren auf Bewährung und entließ ihn.

Die Zeit des Übergangs zur Privatisierung, der Beginn bürgerlicher Freiheiten, muß bei Michailow wie bei Awerin einen Prozeß ausgelöst haben, der heute aus der Distanz nur schwer erklärt werden kann. Lenin und die Partei als ideologischer Ordnungsfaktor waren passé, kommunistische Ideale landeten auf dem geistigen Trümmerfeld, das die diktatorische Herrschaft der KPdSU nach Gorbatschow hinterlassen hatte.

Bereits Mitte der achtziger Jahre hatten sie zahllose Parteifunktionäre kennengelernt, die von einem Tag auf den anderen entdeckten, welche ungeahnten Möglichkeiten die Freiheit des Geldes bietet. Und wo lag der Unterschied zwischen einem Dieb am Staatsvermögen und einem Dieb im Gesetz (wie die klassischen kriminellen Führungskräfte genannt werden)? Beide Strukturen hatten mit der kommunistischen Gesellschaft viel zu tun. Die einen, die Diebe im Gesetz, kamen aus dem Gefängnis, die anderen, die Diebe am Staatsvermögen, aus der Partei. Die Hauptmerkmale der Nomenklatura, eine paramilitärische Hierarchie, Feindseligkeit gegenüber Außenseitern und eine Neigung zum illegalen Verhalten, waren den Verhältnissen in den kriminellen Gesellschaften der alten russischen Unterwelt spiegelgleich. Was also unterschied Michailows späteres Unternehmen davon? Nichts.

Persönlichkeitsstrukturen konnten sich nur auf einen Erfahrungsgrundsatz stützen: »Die ideologischen Gesetze in der UdSSR schützten niemals ein Individuum vor der Ungerechtigkeit von oben. Im Gegenteil. Sie wurden als Waffe der Herrschenden benutzt, die Gesetze beliebig in ihrem Interesse veränderten.«[29] Also mußte man auf seinem Gebiet ein eigenes Herrschaftssystem aufbauen.

Man schreibt das Jahr 1984. Die Arbeit in dem vornehmen Restaurant Sewastopol war ihm, einem Vorbestraften, versagt. Einige Jahre schlug er sich mit schlechtbezahlter Arbeit im wissenschaftlichen Forschungsinstitut und dann in einem Kleinunternehmen durch.

Seine Fertigkeiten als Maître d'hôtel waren nicht länger gefragt. Dafür konnte er seine sportliche Erfahrung als Bewerber für den Meister im Ringkampf nutzen.

Bestechung und Erpressung als systematisches Merkmal wirtschaftlicher Transaktionen fanden überall in der Wirtschaft statt, und zwar vom Einzelhandel bis hin zu großen Produktionsbetrieben. Die Bestochenen waren Mitglieder der Kommunistischen Partei, die wiederum alle wirtschaftlichen Aktivitäten überwachten. Untergrundfirmen, die in der Vergangenheit Waren erzeugten und sie zu kapitalisierten Werten weiterveräußerten, wurden privatisiert. Nutznießer waren wiederum ehemalige kommunistische Parteiführer. Ob Minister, Gemeindeverwaltungschef, Parteisekretär oder Sekretär, KGBler und Militärbefehlshaber – sie alle waren in die illegalen Marktaktivitäten verwickelt und erhielten entsprechende Geschenke oder Bestechungsgelder dafür, daß sie den illegalen Handel deckten. Kriminelle Aktivitäten und Korruption gehörten zum Überleben im total überwachten Staatsgebilde. Als in der Ära Gorbatschow (1985–1991) mit der Legalisierung von Privatgeschäften per Gesetz bedeutende Änderungen verordnet wurden, mauserten sich Untergrundunternehmen plötzlich zu legalen Genossenschaften. Bestechung war auch jetzt überlebensnotwendig, um zum Beispiel Büroräume in Moskau zu erhalten. In diesem Klima konnte sich eine bestimmte unternehmerische Geisteshaltung prächtig entwickkeln, und Michailow und seine Freunde blieben nicht untätig.

Inzwischen galt Mischas Brigade als »ausgezeichnet organisiert und kampfbereit«, meldete der KGB Vollzug. Sie war kampfbereit für die neue Epoche der Rechtlosigkeit in der UdSSR.

Gesellschaftlich relevant für seinen Aufstieg war die Erfahrung, daß der Unterschied zwischen dem »kriminellen« und »sauberen« Geschäft zunehmend verschwommener wurde. »Illegales Wirtschaften und das gesetzliche Wirtschaften sind voneinander abhängig und können nicht unabhängig voneinander existieren. Große kriminelle Organisationen sind Meister im Bereich der außerordentlichen Akkumulation, wenn sie in legale Gesellschaften investieren und gleichzeitig in illegale Aktivitäten, die auf kurze Zeit erfolgreicher sind.«[30]

Das trifft auch für Michailows Unternehmen zu. Inzwischen hatten andere Organisationen festgestellt, wie einflußreich und mächtig die einstige Komsomolbrigade geworden ist. Sie stellten sich unter den Schirm von Michailows Unternehmen. »Sie nahm bedeutende Handelsstrukturen unter Kontrolle, ganze Zweigstellen der Schattenwirtschaft und des kriminellen Geschäfts.«[31]

Im Dezember 1989 wird Michailow, zusammen mit seinen Freunden Awerin und Timofejew, zum zweitenmal in seinem Leben verhaftet. In der Untersuchung nannten Zeugen damals bereits 24 Firmen, die unter seinem Patronat gestanden haben, darunter ein Möbelhaus, ein Hotel, eine Bank und ein Technikzentrum.

Er sowie seine Freude Sergej Timofejew, Wiktor Awerin und Jewgenij Ljustarnow wurden beschuldigt, den Vorsitzenden des Kooperativenfonds, Wadim Rosenbaum, um Geld und Volvos erpreßt zu haben.

Der Hintergrund der Erpressung: Rosenbaum hatte sich an einen Bekannten mit der Bitte gewandt, Leute zu finden, die ihn vor Schutzgelderpressern schützen können. Sein Freund brachte ihn daraufhin mit »Sportlern« zusammen: Michailow und Awerin. »Bei dem Treffen haben mir die Sportsleute gesagt, daß sie praktisch kein Geld brauchten. Sie seien an einer Reise in die Bundesrepublik Deutschland und an guten neuen ausländischen Autos, Volvo und Mercedes, interessiert«, erklärte Rosenbaum dem Untersuchungsrichter. Jedenfalls ging er auf das Angebot ein. Auf Bestellung Rosenbaums kaufte sein deutscher Partner Armin H. für Michailow und Awerin zwei Volvos, die Rosenbaum später bezahlte. Für die von der Kooperative gewährte Sicherheit eine zu geringe Bezahlung, befanden die Sportsleute. Michailow und Awerin wurden daher auf eigenen Wunsch in der Kooperative angestellt und erhielten für die damalige Zeit ein ziemlich hohes Gehalt (mehr als 1000 Rubel). Michailow wurde Chef der Beschaffungsabteilung, Awerin Stellvertretender Vorsitzender der Kooperative und der Dritte im Bunde, Ljustarnow, geschäftsführender Direktor. In Wirklichkeit erfüllten die drei lediglich die Funktion eines »Daches«, während fünf Bekannte von Michailow die eigentliche »Aufgabe«, die Kooperative zu bewachen, übernahmen. Ihnen zahlte Rosenbaum ebenfalls ein außerordentlich hohes Gehalt. Zur Wachmannschaft gehörte auch Wiktor Awerins jüngerer Bruder Alexander, der später offen eingestand, daß Wiktor in der Kooperative sein Gehalt fürs Nichtstun bekommen habe. Dagegen versicherten Michailow und Awerin in der polizeilichen Untersuchung, sie seien nach ihren Verdiensten bezahlt worden. Michailows Tätigkeit bestand nach seinen Worten darin, »daß das Unternehmen nicht in irgendwelche rechtswidrigen Geschäfte hineingezogen würde«.

Awerin organisierte laut eigener Aussage in der Kooperative die Sportarbeit, brachte die Angehörigen der Kooperative ins Dampfbad oder ins Schwimmbad. In der Voruntersuchung erklärten sie übereinstimmend, daß sie die Volvos nicht erpreßt hätten, sondern die seien ihnen in Deutschland vom Geschäftsmann H. dafür geschenkt worden, daß sie in Moskau mitgeholfen hätten, seine Schwiegermutter zu bestatten. H. wiederum erklärte, beide hätten überhaupt keine Beziehungen zu seiner Schwiegermutter gehabt.

Sergej Michailow blieb über anderthalb Jahre unter der Anschuldigung der Erpressung in Haft, dann wurde die Strafsache gegen ihn mangels Beweise eingestellt. Die Einstellung des Verfahrens wurde dadurch begünstigt, daß eingeschüchterte Zeugen ihre Aussage zurückzogen. So gab die Buchhalterin der Kooperative an, daß ihr Chef Rosenbaum im allgemeinen ein freundschaftliches Verhältnis zu Michailow hatte, sie seien zusammen ins Schwimmbad und ins Restaurant gegangen. Um die Untersuchung gegen Michailow zu einem positiven Ende zu bringen, faßte die Kooperative sogar den Beschluß, für die Angeklagten Michailow und Awerin zu bürgen. Nach Ansicht des Verteidigers von Michailow, Sergej Pogramkow, wurde die Strafsache deshalb eingestellt, weil die Verteidigung beweisen konnte, daß Polizei und Staatsanwaltschaft die Unterlagen gefälscht hatten.

Acht Jahre später, im Juli 1997, wurde Rosenbaum in Holland von unbekannten Killern erschossen. Eine Erklärung könnte die Abteilung 9 des damaligen KGB liefern. Bekanntlich war der KGB über alle politischen wie kriminellen Aktivitäten bestens informiert. Anstatt die Kriminellen festzunehmen und für immer hinter Gittern verschwinden zu lassen, so wie man lange Zeit mit den Dissidenten verfahren ist, wurden die Kriminellen funktionalisiert. Ein ehemaliger KGB-Agent erzählte mir, wie man bei der »Anwerbung« von Kriminellen vorging. »Wenn man diese Leute in ein Verhörzimmer bringt und sie fragt, möchtest du, daß deine Eier massiert werden oder redest du freiwillig, dann wird er reden. Und wir machen ihnen dann das Angebot: Wir unterstützen dich, dafür mußt du uns zu Diensten sein.«

Die Einnahmen der kriminellen Organisationen waren für den KGB-Apparat von zentraler Bedeutung, weil er nur so unkontrollierte finanzielle Mittel bekam. Das ist im übrigen einer der wesentlichen Gründe, warum bis zum heutigen Tag so viele hochkarätige russische Kriminelle ungehindert ihren Machenschaften nachgehen.

Die neue Industrie der Schutzgelderpressung blühte unterdessen, und Michailows Unternehmergruppe Solnzewskaja profitierte davon. Das Fundament für die Expansion der Solnzewskaja war gelegt.

Sein wirtschaftlicher Erfolg wird übrigens darauf zurückgeführt, daß die Gründungsväter des Unternehmens nicht aus der klassischen sowjetischen Unterwelt stammten. Sie verstanden es vielmehr sehr schnell, sich den Bedingungen des neuen Kapitalismus anzupassen. In seinem sich ständig vergrößernden Unternehmen herrschte immer noch strenge Disziplin, eine widerspruchslose Unterordnung und die Bereitschaft, jeden beliebigen Befehl des Gruppenführers zu akzeptieren. Ungehorsam wurde hart bestraft, nicht selten mit dem Tod. Besonders großen Wert legte das Unternehmen auf das äußere Erscheinungsbild – nur die teuerste Kleidung war gefragt, damit wollte man Seriosität demonstrieren.

Wenig Gnade gab es gegenüber den Konkurrenten, den Unternehmern und Bankiers, die nicht verstehen wollten, warum sie Michailow und Awerin einen bedeutenden Teil ihrer Einkünfte abtreten sollten, und gegenüber jenen, die, ohne zu fragen, auf dem Territorium des Unternehmens einen eigenen Betrieb eröffnen wollten.

Das Unternehmen gedieh. Unternehmensziele waren jetzt nicht nur Schutzgelderpressung beziehungsweise das Eintreiben von Steuern, wie sie es nannten, sondern alle möglichen Varianten illegaler Bereicherung. Jedes expandierende Unternehmen muß von einer gewissen Größe an die Verantwortung für einzelne Geschäftsbereiche delegieren. Das hatte man sehr schnell gelernt, ohne Managementkurse belegt zu haben.

Jeder Unternehmensbereich wurde daher einer sogenannten Autorität, vergleichbar einem Geschäftsführer, unterstellt. Er kontrolliert verschiedene Gesellschaften, Michailow und Awerin koordinierten nur noch die Aktivitäten der jeweiligen Gruppen.

Obwohl auch klassische Diebe im Gesetz in die Gruppe aufgenommen wurden, erlangten sie in ihr niemals eine herausragende Stellung. Vielmehr erfüllten sie größtenteils die Rolle eines Schiedsrichters bei »Verhandlungen«, wenn es um die Klärung von Streitigkeiten zwischen verschiedenen »Unternehmensgruppen« ging.

Die Ausnahme ist der »Dieb im Gesetz« Dschemal Konstantinowitsch Chadschidse (Khachidze). »Er ist für den Drogenimport und die Drogenverteilung in Moskau verantwortlich. Abnehmer des Kokains (250 US-Dollar pro Gramm) sind sowohl Personen aus der Unter- wie der Oberwelt.«[32] Inzwischen lebt Chadschidse im spanischen Alicante in einer luxuriösen Villa und ist in dem Konzern Solnzewskaja für alle Drogengeschäfte verantwortlich.

Die Organisationsstruktur der Diebe im Gesetz

Michailows Unternehmen ist pyramidenförmig aufgebaut und ähnelt damit der Organisation der sogenannten *worij w sakone*, die allgemein mit »Diebe im Gesetz« übersetzt werden. Sie sind den Paten der sizilianischen Mafia vergleichbar. Der Dieb im Gesetz steht in der Regel an der Spitze einer Vereinigung von mehreren organisierten kriminellen Gruppen mit jeweils eigenen Führern und spielt unter den russisch-eurasisch organisierten Verbrechergruppen eine zentrale und herausragende Rolle.

Alexander Gurow, ein in Rußland anerkannter Experte für die Verbrechensgeschichte, geht davon aus, daß sie erstmals zu Beginn der dreißiger Jahre erwähnt wurden, also eine lange Geschichte im kommunistischen Riesenreich und bis in die heutige Zeit haben.[33]

Ihre Blütezeit erlebten sie in den siebziger Jahren. Sie waren es, die den schwarzen Markt mit Waren höherer Qualität als jener der staatlich produzierten Güter belieferten. Jahrzehnte vor der Transformation in die freie Wirtschaft entstanden so bereits viele tausend Millionäre. Heute leben mindestens 400 solcher Diebe im Gesetz in Rußland, weitere 339 in anderen Republiken der ehemaligen Sowjetunion. Zwei Drittel dieser kriminellen Elite sind Russen (33,1 Prozent) und Georgier

(31,6 Prozent). Der Rest setzt sich aus Armeniern (8,2 Prozent), Aserbaidschanern (5,2 Prozent), Usbeken, Ukrainern, Kasachen und anderen (21,9 Prozent) zusammen.

Der Zerfall der Sowjetunion stärkte nicht nur den Einfluß der Diebe im Gesetz, sondern erhöhte auch ihre Zahl. Allein in den ersten Monaten des Jahres 1994 erhielten 16 Kandidaten den begehrten Titel, und bis 1996 wurden 35 neue Diebe im Gesetz »gekürt«. Entgegen der weitläufigen Meinung, daß nur alte und erfahrene Kriminelle in den Stand der Paten erhoben werden, belegen die Zahlen etwas anderes: 85,6 Prozent der Diebe sind zwischen 30 und 40 Jahre alt, während nur drei Prozent ein Alter zwischen 60 und 65 Jahren aufweisen. Einige Diebe sind sogar erst 25 Jahre alt. Ungehindert breiten sie sich im gesamten Gebiet der ehemaligen Sowjetunion aus. In St. Petersburg gab es bis Anfang der neunziger Jahre keinen einzigen Dieb im Gesetz. 1993 vereinigte der Dieb im Gesetz Jakutjonik aus Perm verschiedene kriminelle Organisationen unter einem Dach. Zwei Jahre später gab es in St. Petersburg bereits drei bekannte Diebe im Gesetz. Besonders aktiv sind sie außer in der Metropole Moskau auf Sachalin. In den letzten Jahren haben dreißig Diebe im Gesetz einschließlich der mächtigen »Jam«, »Arsen« und »Dato« die Insel besucht und sie zu einem wichtigen Stützpunkt für Drogengeschäfte wie für Geldwäsche ausgebaut. Obwohl die Inselgruppe wirtschaftlich am Boden liegt, wurde sie einer der bedeutendsten Orte, wo die Diebe im Gesetz das Geld, die Gemeinschaftskasse, *obschtschaja kassa* oder *obschtschak* genannt, in Immobilien und Industrie investieren.

In Riga, der Hauptstadt von Lettland, interviewte der englische Reporter Nick Gordon einen solchen Dieb im Gesetz. Der gab ihm zu Protokoll: »Aber schauen Sie, die mächtigste Mafia ist die Regierung. Sie sind die wahren großen Diebe. Wir sehen unseren Präsidenten als Trommler im staatlichen Orchester und seinen Stellvertreter als den Chef für die Geldwäsche. Wir bezahlten sie, damit sie die Trommel schlagen und unsere Kleider waschen, und jetzt geben sie uns an allem die Schuld.« Was haben sie denn gestohlen, fragte der Reporter? »Die Kredite der G7-Staaten. Das waren 40 Milliarden Dollar von westlichen Banken, und wo sind sie heute?« Verständlich ist seine Empörung, wenn er auf die Polizei zu sprechen kommt. »Der Mann, der von uns eine Menge Bestechungsgelder bekommen hat, versucht uns jetzt zu verhaften. Er hat Tausende von Dollar genommen.« Dann ist der Dieb im Gesetz mit dem Journalisten zu den Häusern der Polizeichefs von Lettland gefahren, und der Engländer konnte die Verbitterung des Mafiabosses verstehen. Er sah riesige Luxusvillen. Das Beispiel gilt auch für viele russische Städte.

Auch außerhalb der ehemaligen Sowjetunion stößt man auf die Diebe im Gesetz. Der legendäre »Dieb« (*wor*) Wjatscheslaw Kirilowitsch Iwankow, in der Sowjetunion bereits als »Vater der Erpressung« berüchtigt, operierte weltweit bis zu seiner Verhaftung in den USA. Einer seiner engsten Kollegen, »der Taiwanese«, agierte bis Ende 1993 von Deutschland aus und lebt heute in Frankreich. Insgesamt leben und arbeiten fünfzig Diebe im Gesetz in Deutschland und Österreich, um von dort aus ihre Operationen in Rußland zu leiten. Aufgrund ihrer kriminellen Vergangenheit stellen sie eine in der Verbrecherwelt der ehemaligen Sowjetunion historisch anerkannte Elite dar und verfügen über großes Ansehen, Macht und Autorität. Zu ihrem Verantwortungsbereich gehört insbesondere die Kontrolle über das gesamte Kriminalitätsgeschehen sowie die Aufgabe, Strategien und Taktik den sich verändernden sozioökonomischen Bedingungen anzupassen und der Organisation neue Einflußsphären und Einnahmequellen zu erschließen. Diese Elite ist aus der Schar der Führer der organisierten Banden in den sowjetischen Gefängnissen und Arbeitslagern hervorgegangen und rekrutiert aus diesem Milieu ihren Nachwuchs. Auch heute sind sie noch innerhalb wie außerhalb der Gefängnisse von zentraler Bedeutung und üben insbesondere als Ordnungsfaktor in den Gefängnissen und Arbeitslagern eine gesellschaftliche Funktion aus. Mindestens 10 000 Unternehmer, sagt man deshalb hinter vorgehaltener Hand in Moskau, sitzen noch in den Gefängnissen. Die Ernennung zum Dieb im Gesetz bleibt jedoch nur dem »Rat« vorbehalten.

Sie leben komfortabel und müssen in der Regel nicht befürchten, daß sie inhaftiert werden, schließlich weiß man beim KGB beziehungsweise dessen Nachfolgeorganisation um die lange gemeinsame harmonische Kooperation – die bis zum heutigen Tag Bestand hat.

Zur mittleren Ebene der kriminellen Vereinigung werden Führungspersonen gezählt, die innerhalb der Befehlsstruktur für die Umsetzung der Anordnung der Diebe im Gesetz verantwortlich sind und denen die allgemeine Leitung der kriminellen Tätigkeiten obliegt.

Sie bestimmen über Abteilungen wie Wirtschaft, Spionage, technische Leistungen, Korruption, Ausbau von Machtstrukturen und allgemeine Verbrechen. Im Direktorat Wirtschaft wiederum gibt es Unterabteilungen für Banken, Unternehmen, Off-shore-Gesellschaften, Gewinne aus Kasinos, Shows. In der Abteilung Spionage beispielsweise Unterabteilungen für die eigenen Bewachungsfirmen, für Informationsgewinnung, Wirtschaftsinformationen, Zusammenarbeit mit der Justiz und der Polizei. In der Abteilung Korruption sind es Gewährleistung des Schutzes bei Verfolgung, Lobbytätigkeiten, Einfluß auf Verabschiedung von Gesetzen, Beeinflussung der Medien, Erpressung. Darüber hinaus umfaßt diese Ebene auch Personen des öffentlichen Lebens wie zum Beispiel Journalisten, Bankiers, Künstler und Sportler, die Informationen liefern, juristische Hilfestellung leisten und den Führungspersonen zu Prestige in der Gesellschaft verhelfen sollen.

Bei den allgemeinen Verbrechen schließlich geht es um Prostitution, Glücksspiel, illegale Bordelle, Autodiebstahl, Drogen- und Waffenhandel, Auftragsmorde.

Ihr wichtigstes Ziel ist jedoch die Eroberung von Unternehmen. Zur Ausweitung ihres Einflußbereiches betreiben die kriminellen Organisationen eine sogenannte *probiwka* (Auskundschaftung), deren Zweck es ist, neue Firmen zu erobern. Vereinfacht sieht diese Auskundschaftung folgendermaßen aus: Die Kriminellen gehen in ein neu gegründetes Unternehmen und erkundigen sich höflich beim Besitzer, an wen er zahlt und wer ihn beschützt. Sollte der Unternehmer noch an niemanden Schutzgelder zahlen, bieten sich die Besucher als Beschützer an, und der Unternehmer wird sie selbstverständlich bezahlen. Solche Auskundschaftung kann mit und ohne *najesd* (Erpressung) erfolgen. *Najesd* ist eine Art der psychischen, manchmal auch physischen Einflußnahme auf den Geschäftsmann; sie dient hauptsächlich dazu, das Opfer zur Aufrichtigkeit zu zwingen und zu demoralisieren. In Einzelfällen, wenn sich das Unternehmen bereits in den Händen einer anderen Gruppe befindet, endet die Auskundschaftung mit dem *strelka* (Treff) der Vertreter beider Banden. Die Mehrheit dieser Treffs verlaufen friedlich. Manche enden auch in *rasborka* (gewaltsamer Austragung), die oft der Beginn eines langjährigen Krieges ist. *Kryscha* (Dach) ist eine Art Patenschaft, in denen dem Geschäftsmann eine Art Meistbegünstigungsklausel gewährleistet wird. Die Banditen kontrollieren die Lieferungen, die Verträge, die Einhaltung der Verpflichtungen durch die Vertragspartner und beschaffen manchmal auch Kredite oder stellen sie selbst zur Verfügung. Selbstverständlich kostet ein solches *kryscha* 50 bis 70 Prozent des monatlichen Gewinns der Firma.

Das »Protektorat« ist billiger und die häufigste Form der Druckausübung auf das Unternehmen. Die ausführende Organisation setzt in die Büros der Firma einige ihrer Leute, die gegen eine Extrabezahlung die Überwachung und Aufrechterhaltung der Verbindungen gewährleisten. Die Interessen der Firma und ihrer Mitarbeiter werden in diesem Fall nicht geschützt. Dieses Protektorat kostet der Firma zwischen 20 bis 40 Prozent ihres Gewinns.

Die unterste Ebene im hierarchischen Aufbau der kriminellen Vereinigung bilden eine Vielzahl krimineller Gruppen, die jeweils einem Anführer ihres Bezirks, innerhalb dessen sie ihre kriminellen Aktivitäten entwickeln, untergeordnet sind.

Ursprünglich diente ein »Ehrenkodex« der Diebe im Gesetz als ideelle Grundlage dieser »Zunft«, der den Verzicht auf Familienleben und das Verbot, mit staatlichen Organen zusammenzuarbeiten, vorschrieb. Obligatorisch war ferner, einige Jahre in Gefängnissen zugebracht zu haben, normale Arbeit abzulehnen, Pflichtabführungen an die *obschtschaks* (die gemeinsame Kasse der Diebe im Gesetz) zu entrichten und sich Versammlungsbeschlüssen unterzuordnen.

Doch in den Zeiten der Perestroika wurden Diebe im Gesetz verstärkt in legalen Geschäftsbereichen tätig. Ehemalige Kriminelle entwickelten sich zu Wirtschaftsspezialisten oder Eigentümern von großen Unternehmen. »In ihrem Lebensstil unterscheiden sich die neuen Mafiosi übrigens kaum von den russischen Neureichen. Bei ihren Versammlungen stehen Probleme der Wirtschaft, insbesondere der Privatisierung, und der Politik im Mittelpunkt.«[34]

Wie weit diese Verbindung gehen kann, zeigt das Beispiel der Larinow-Brüder, die eine perfekte Mafiastruktur aufgebaut hatten. Die Larinows und ihre Komplizen ermordeten 18 Personen, verübten sechs Mordversuche und eine Reihe anderer Schwerverbrechen. Als Vorlage für ihre Aktionen diente ihnen das Buch *Das Aquarium* des früheren KGB-Mitarbeiters Suworow. Arbeitsprinzipien, Ideologie und Geist des Systems, die Suworow in diesem Buch beschrieb, waren ihnen Vorbild: Alle, die es wagten, sich der Larinow-Krake entgegenzustellen, sollten vernichtet werden. Wer aussteigen wollte, verurteilte sich damit selbst zum Tod. Mitarbeiter dieser Mafiaorganisation waren einflußreiche Militärs. Unter anderem der ehemalige Leiter der operativ-analytischen Aufklärungsabteilung der Pazifischen Flotte, der 1991 mit glänzenden Beurteilungen aus dem aktiven Dienst ausgeschieden war. »Er avancierte zum Chef des Aufklärungszentrums der Mafiaorganisation. Er verfügte über Material, über Offiziere, die eine Spezialausbildung absolviert hatten, und versuchte, diese für die Organisation anzuwerben. So wurde mit seiner Hilfe der Kapitän zur See S., Mitarbeiter der Hauptverwaltung Aufklärung und als Stellvertretender Leiter des Aufklärungszentrums der Pazifischen Flotte, zuständig für die Agenten in der Flotte, gewonnen, die Führung der Larinow-Gruppierung mit einem Vorlesungszyklus über operative Arbeit weiterzubilden.«[35]

Hatten sie 1993 vor allem Banken unter Druck gesetzt, verschob sich ihr Handlungsbedarf in den Jahren 1994 und 1995 auf die erdölfördernde und die erdölverarbeitende Branche, Buntmetallbetriebe und Automobilwerke. So entstanden, berichtet Jurij Daschko, Mitglied der Kriminologischen Vereinigung Rußlands, »große kriminelle lobbyistische Strukturen unter anderem in den Bereichen Brennstoffe, Metall, Rohstoffe und Rüstung«. Das ist in dieser Zeit ein allgemeines Phänomen der neuen Gesellschaft. Staatsbeamte und Politiker bessern ihr kärgliches Gehalt durch »Spenden« der kriminellen Organisationen auf. »Die bestochenen Beamten schließen Verträge über Lieferungen qualitativ minderwertiger ausländischer Produkte, realisieren für das Land unergiebige Investitionsprojekte und fördern den Schmuggel von Rohstoffen und strategischen Materialien. In einzelnen Regionen hat die Entwicklung der Korruption solche Formen angenommen, daß sich eigene Allianzen zwischen den Vertretern der örtlichen Behörden, den Chefs der regionalen Grundstoffindustrie und den führenden Persönlichkeiten der Justiz herausgebildet haben. Im Ergebnis vertreten diese Personen sowohl die Interessen der Handelsunternehmungen, so daß die kriminellen Organisationen auf Basis der Begünstigung arbeiten können. Es gibt Fälle, in denen die Führer der Unterwelt, wenn sie merken, daß sie nicht bestraft werden, nach der politischen Macht greifen.«[36]

Wie schwer es ist, sich gegen die Diebe im Gesetz durchzusetzen, zeigt das Beispiel der berüchtigten Kumarin-Organisation in St. Petersburg.

Wladimir Sergejewitsch Kumarin, alias Kum (Gevatter), Jahrgang 1956, kam mit einem Kolchosausweis nach Leningrad und studierte dort im Institut für Kältetechnik, ohne einen Abschluß zu machen. Ein Mann, der, so beschreiben ihn seine Freunde, trotz seiner geringen Körpergröße liegend ein Gewicht von 110 Kilo hochstemmen konnte. 1988 gründete er eine Bande und weitete diese nach dem Prinzip von Landsmannschaften aus. 1992 wurde er wegen Erpressung verhaftet. Im Gefängnis wurden ihm komfortable Bedingungen eingeräumt; am 26. Mai 1992 wurde er in ein Arbeitslager verlegt. Drei Monate später kam er mit der Unterstützung des Lagerleiters zur »Chemie« (Strafmaßnahme: Zwangsarbeit in staatlichen Betrieben) und kehrte als freier Mann 1993 nach St. Petersburg zurück. Im Jahre 1994 wurde er mehrmals im Kasino Conti gesehen, wo er in einem Luxus-Mercedes vorfuhr. Der Stützpunkt der Kumarin-Organisation war das Hotel Pulkowskaja, wo Kumarin in kürzester Zeit bis zu 300 Kämpfer zusammentrommeln konnte. Am 1. Juni 1994 wurde sein Mercedes mit einer MP regelrecht durchsiebt. Der Fahrer und der Leibwächter wurden getötet, Kumarin mit schweren Verletzungen an Bauch, Kopf und Brust ins Krankenhaus eingeliefert. Das Krankenhaus wurde sofort von Kämpfern seiner Organisation umstellt, da man ein neues Attentat auf den Führer fürchtete. Ein Monat lag er im Koma. Nach dem Verlassen des Krankenhauses begab er sich nach Düsseldorf in ärztliche Behandlung, anschließend ging er in die Schweiz, wo er sich bis heute aufhalten soll.

Die weitere Entwicklung des Solnzewskaja-Konzerns

Anfang der neunziger Jahre begann sich die Solnzewskaja mit einem Netz von kommerziellen Strukturen und Banken zu umgeben, in denen sie Gelder aus der Gemeinschaftskasse verschob. Darüber hinaus gelang es dem »Vorstandsmitglied« Michailow, enge Kontakte mit der russischen Diaspora in Israel, Österreich, Deutschland und den USA herzustellen. Zum erstenmal, das belegen Quellen des Bundeskriminalamtes, sei Michailow im Juni 1992 in Wien gewesen. Damals traf er sich mit Repräsentanten des kolumbianischen Drogenkartells. Zweck und Ziel dieser Besprechung sei es gewesen, Absprachen über kolumbianische Kokain- und Herointransporte nach Rußland zu treffen.

Auch in den USA sind Michailow und Awerin aufgefallen. In einem Bericht des FBI ist dazu folgendes zu lesen: »Während ihrer Reisen rund um die Welt, häufig nach New York, versuchten sie, die totale Kontrolle über die kriminellen Aktivitäten zu erlangen, und gaben dazu per Telefon entsprechende Aufträge. Im Februar 1992 waren sie in Miami. Es wird berichtet, daß sie empfohlen haben, daß Ivankov [ein Pate der Russenmafia, inzwischen in New York zu einer zehnjährigen Haftstrafe verurteilt] eine Operationsbasis in Südflorida aufbauen soll, und sie verschiedene Immobilien in dieser Gegend aufkauften.« Es gibt jedoch auch positive Stimmen über Michailows Engagement in den USA. Da schreibt das Unternehmen Karta Autobrokers aus Houston an Michailow: »Das Direktorium und die Mitarbeiter schätzen Sie sehr und drücken Ihnen ihre besondere Dankbarkeit für die moralische und finanzielle Unterstützung der Karta, aber auch für Ihre aktive Mitarbeit in der Funktion eines Mitgliedes des Direktoriums aus. Dank Ihrer Bemühungen wurde ein großes Unternehmen für den Ex- und Import zwischen Rußland und den USA geschaffen, das auch den Autohandel in Houston aufblühen ließ und das im Verlauf nur weniger Monate zu einem der führenden Gebrauchtwagenhändler in Houston wurde. Dies brachte vielen Amerikanern einen Arbeitsplatz. Gleichzeitig wurden damit für Russen im Ex- und Import und im innerrussischen Handel Arbeitsplätze geschaffen.«

Ein Strom kriminell erwirtschafteter Dollar floß nun von Rußland aus in den Westen. Dort lagen sie nicht als totes Kapital, wie es andere Tycoone in ihrer Anfangszeit praktizierten, das Geld wurde vielmehr als Grundkapital in einträgliche Firmen und Aktiengesellschaften in Europa und den USA investiert und legalisiert. Auf die Bilanz, auch wenn es keine Bilanzpressekonferenzen gibt, kann der Konzern daher heute stolz sein.

Viel heißes Kapital zu besitzen, das an der exorbitant hohen staatlichen Steuer vorbeifließen muß, bedeutet jedoch in Rußland, ständig in Angst leben zu müssen. Insbesondere vor der Konkurrenz, weniger vor Polizei oder gar Justiz, die ließ man schließlich an den Profiten des Unternehmens partizipieren.

Mit dem Reichtum brach für Michailow die Zeit an, wo es besser war, Moskau zu verlassen, zumal er Ende 1993 erneut festgenommen wurde. Er wurde beschuldigt, Walerij Wlasow, den Direktor des Kasinos »Waleri«, ermordet zu haben. Der Verdacht stützte sich auf Informationen darüber, daß alle vornehmen Moskauer Kasinos von der Solnzewskaja kontrolliert würden. Michailows Rechtsanwalt bezeichnete den Vorwurf als lächerlich. Noch am gleichen Abend wurde er daher wieder entlassen. Ende Dezember 1993 flog er nach Israel.

Warum Israel, fragten sich viele. Michailow wußte, daß er mit einem russischen Paß nur schwer rege internationale Reisetätigkeiten entwickeln konnte, bestand doch die Gefahr, daß er für bestimmte westliche Länder kein Visum erhalten würde.

Russische Mafia in Israel

Warum, fragte ich Yossi Almog, den Europarepräsentanten der israelischen Polizei, treibt es so viele hochkarätige Mafiosi aus der Ex-UdSSR nach Israel? Die Antwort des erfahrenen, bei den europäischen Polizeidienststellen hoch geschätzten Ermittlers war kurz und bündig. »Erstens: Wir haben kein Geldwäschegesetz. Zweitens: Hier können sie sich ausruhen, und drittens glauben sie, mit einem israelischen Paß immun zu sein.«

Diese Privilegien nutzen sie weidlich aus. Mit Sorge beobachtet die israelische Polizei, genauso wie die Öffentlichkeit, eine kriminelle Infiltration, die große Ängste auslöst. Nicht genug damit, daß die israelische Bevölkerung von dem Terror islamischer Fanatiker heimgesucht wird, versucht jetzt auch die russische Mafia, ihren Staat zu unterwandern.

Der Hintergrund: In den letzten Jahren sind knapp eine Million Juden aus der ehemaligen Sowjetunion nach Israel ausgewandert. Die meisten von ihnen haben trotz großzügigem Ansiedlungsprogramm der Regierung, das jedem freie Unterkunft gewährleistet, ein eher kümmerliches Auskommen gefunden. »Wie in jeder Immigranten-Gesellschaft bedeutet jede neue Welle der Immigration auch die Zunahme des organisierten Verbrechens«, schreibt Professor Menachem Amir von der Hebräischen Universität in Jerusalem in seinem Buch über organisiertes Verbrechen in Israel.

Für die Polizeibehörden liegt die Bedrohung darin, daß die Köpfe der Russenmafia versuchen, über das israelische System der Direktwahlen die Regierung zu infiltrieren. »Kriminelle Elemente innerhalb der russischen Immigrationsbevölkerung beeinflussen erfolgreich Regierungsbeamte, die die finanziellen Fonds für die Neuankömmlinge verwalten«, berichtet Joram Rodman, Leiter der Abteilung Kriminalpolizei von Tel Aviv. Über diese Personen erhalten die Mafiosi gefälschte Personalausweise und Führerscheine. Damit sind sie erst einmal integriert. Jetzt kann der zweite Schritt erfolgen. Und das ist, so sieht es die Polizei, die Infiltration der Wirtschaft. Zahlen belegen diese Entwicklung. Seit dem Kollaps der UdSSR investierte die russische Mafia umgerechnet zwischen 2,5 und 4,5 Milliarden Mark in Israel. »Sie investieren vorzugsweise in Isreal«, bestätigt Joram Rodman, und zwar »insbesondere in Immobilien, durch Gründung von Gesellschaften oder über Börsengeschäfte und Finanzbonds.«

Bekannt ist das Beispiel eines israelischen Immobilienmaklers. Er hatte eine Gruppe russischer Businessmen in sein Büro eingeladen, um mit ihnen den Kauf eines Neubaus in Haifa zu besprechen. Der Preis für das Objekt belief sich auf zehn Millionen Dollar. Die Russen diskutierten nicht lange, waren mit allem einverstanden und wollten in bar zahlen. Den Polizeibehörden in Israel liegen eine Vielzahl ähnlicher Fälle vor.

Empört reagierte die israelische kritische Öffentlichkeit auf einen Bericht der Zeitung *Ha'aretz*. Darin war die Rede von einem Plan der russischen Mafia, die israelische Politik, Wirtschaft und die Medien zu infiltrieren. Der Zeitung würden konkrete Informationen vorliegen, wonach bestimmte Köpfe der Russenmafia darüber diskutiert haben sollen, wie sie sich in größere oder kleinere politische Parteien einkaufen können. Daß es bereits entsprechende Versuche gegeben hat, wird von niemandem mehr bestritten. Nach Auskunft der israelischen Polizeibehörde seien diese bereits auf verschiedenen Ebenen vorgenommen worden, einschließlich lokaler Regierungsbehörden, dem Innenministerium, dem Büro des Premierministers, des Finanzministers und des Ministers für Handel und Industrie. Letzterer, Minister Natan Scharanski, ist selbst ein nach Israel eingewanderter Russe und wehrt sich vehement gegen die von der Polizei geäußerten Bedenken. In einem Interview mit der führenden israelischen Zeitung *Yediot Acharonoth* erklärte Handelsminister Scharanski. »Vor Jahren habe ich verlangt, solche suspekten Personen, die der Mafia angehören, sollten verhaftet und ausgewiesen werden. Bis heute habe ich von keiner einzigen Ausweisung gehört, es wurden nur Namen genannt. Ich sagte Kahalani [dem Polizeiminister], orientiere dich nicht an den Schlagzeilen – bekämpfe die Kriminalität. Er bot mir an, eine Liste mit Namen von verdächtigen russischen Mafiosi in Israel zu zeigen. Ich sagte ihm, zeige sie mir nicht. Wenn du Beweise hast, handle.« Das Ablenkungsmanöver des Handelsministers ändert nichts an der Gefahr und erst recht nichts an dem Plan von hochkarätigen Angehörigen der Russenmafia, den Staat zu infiltrieren.

Inwieweit russische Mafiosi mit diesem Versuch Erfolg hatten, belegt das Beispiel des 44jährigen russischen Millionärs Zwi Ben-Ari, mit richtigem Namen Grigorij Lerner. In Moskau ist er ein bekannter Mann. Dort wurde er wegen Veruntreuung, Diebstahls, Erpressung und des dringenden Verdachts der Beteiligung an der Ermordung von zwei Bankdirektoren zu einer langen Gefängnisstrafe verurteilt. Mit Bestechung der Vollzugsbehörden konnte er sich freikaufen und setzte sich nach Israel ab. In Israel war er als erfolgreicher Unternehmer tätig. Er besaß eine riesige Villa, Luxuslimousinen und war von mehreren Leibwächtern umgeben. Und es gelang ihm, Abgeordnete, Minister und leitende Beamte zu bestechen, um das politische System zu unterwandern. Industrie- und Handelsminister Natan Scharanski, also der Mann, der sich so vehement für dubiose Russen einsetzte, erhielt von ihm eine Wahlkampfspende in Höhe von 100 000 US-Dollar. »Das ist falsch«, reagierte Scharanski, als die Wahlkampfspende bekanntwurde, »der Betrag diente der Unterstützung neu ankommender russischer Immigranten.«

Auch Immigrationsminister Yuri Edelstein wurde mit Geschenken bedacht. Dem Generalsekretär der oppositionellen Arbeiterpartei bot Lerner, der auch Mitbesitzer eines russischen Satellitensenders ist, an, unentgeltlich Werbespots auszustrahlen. Damit nicht genug. Er wollte die Tageszeitung des israelischen Gewerkschaftsbundes Histadrut kaufen und spannte zu diesem Zweck den Bürochef von Präsident Weizman ein. Außerdem versuchte er, auf den Präsidenten der Staatsbank, Jakob Frenkel, Druck auszuüben, um eine Lizenz für eine israelisch-russische Bank zu erhalten. Am 12. Mai 1997 wurde er auf dem Flughafen Ben Gurion vor dem Abflug nach Moskau verhaftet. Die israelischen Zeitungen meldeten das Ereignis unter der Überschrift: »Boß der russischen Mafia verhaftet.« Daraufhin regte sich helle Empörung unter den in Israel lebenden russischen Immigranten. »Das ist eine Verschwörung gegen die in Israel lebenden Russen«, es ist ein Versuch, »die erfolgreichen russischen Unternehmer niederzumachen«. Ein Abgeordneter der Yisrael Ba'aliya (Partei der russischen Immigranten) in der Knesset, Yuri Stern, sieht darin wiederum einen Vorteil. »Wenn diese Unterdrückung fortgesetzt wird, werden wir bei den nächsten Wahlen unsere Sitze im Parlament verdoppeln.«[37]

»Die Russenmafia ist eine strategische Gefahr für unser Land«, warnte Moshe Shahal, der ehemalige israelische Polizeiminister, bereits im Jahr 1996 in einer Anhörung im israelischen Parlament, der Knesset. Er berichtete, daß zwei Vertreter des russischen Innenministers, einer davon ein General, der israelischen Polizei eine brisante Mitteilung überbrachten. Sie hatten Informationen darüber, daß das organisierte Verbrechen in Rußland versucht, sich mit massiven Finanzmitteln Einfluß in den israelischen Institutionen zu erkaufen.

Die Vertreter des russischen Innenministeriums nannten in diesem Zusammenhang eine Summe von vier Milliarden Dollar.

Und der Chef der Nachrichtenabteilung der israelischen Polizei bestätigte den Abgeordneten der Knesset, daß »seit der massiven Einwanderung im Jahre 1989 die israelische Polizei mit einer vollkommen neuen Bedrohung konfrontiert wurde«. Das strategische Ziel der Russenmafia sei es, politischen Einfluß in Israel zu gewinnen, insbesondere auf das neue System der Vorwahlen.

Als der ehemalige Polizeiminister Moshe Shahal, heute Abgeordneter der Arbeiterpartei, einen internen Polizeibericht veröffentlichte, wonach der heutige Ministerpräsident Netanjahu sich bereits im Juni 1995 heimlich mit einem wichtigen Mafiaboß getroffen haben soll, wurde er heftig angegriffen. Moshe Shahal, so seine Gegner, sei ein notorischer Lügner.

Daraufhin schrieb ein Parteifreund von Shahal an den jetzigen Polizeiminister Avigdor Kahalani, es wäre doch einfach nachzuprüfen, ob Shahal lüge oder nicht, und zitierte das Aktenzeichen und das Datum des streng geheimen Polizeiberichts über das Treffen zwischen dem israelischen Ministerpräsidenten und einem weltbekannten russischen Mafiaboß, das im übrigen auf Vermittlung des jetzigen Handelsministers Natan Scharanski zustande kam. Die Antwort des Polizeiministers war positiv: Laut dem internen Polizeibericht hat ein solches Treffen stattgefunden.

Wieder zurück zu Michailow. Wegen der günstigen Voraussetzungen jettete er nach Tel-Aviv, heiratete eine israelische Staatsbürgerin und erwarb einen israelischen Paß. Nun konnte er ohne die lästige Visumspflicht ungehindert weltweit reisen. Wenig später folgte ihm sein Freund Awerin. In Israel hielt es die beiden Russen aber nicht lange. Wien hatte es ihnen angetan. Von der Donaumetropole aus, davon waren sie überzeugt, lasse sich das Imperium ungestörter lenken. Eine Entscheidung, die sich für sie auszahlte.

Wiener Geschichten

Wien, dieses Eldorado zwielichtiger Gestalten, schlitzohriger Betrüger, verkrachter Existenzen, korrupter Politiker und dubioser Unternehmer, übt auf Bürger der Ex-UdSSR eine geradezu magnetische Anziehungskraft aus. Das dürfte verschiedene Gründe haben. Hatte doch in Zeiten des Kalten Krieges das sowjetische Komitet gossudarstwennoi besopasnosti, kurz KGB, hier eines seiner besten Netze aufgebaut, von dem die Schattenmänner bis heute ausgiebig profitieren. »Die neuen Herren des KGB-Nachfolgedienstes SWR versuchten und versuchen die Segnungen des kapitalistischen Westens zu kopieren und stampften deshalb eine Vielzahl von Firmen zwecks Geldbeschaffung aus dem Boden. (...) Waren es nach dem Zerfall der UdSSR anfangs etwa 80, so wurden 1996 bereits an die 1500 Joint-ventures zwischen österreichischen Unternehmen und Firmen aus der ehemaligen Sowjetunion gezählt. Abgesehen von der Verwicklung vieler Geschäftspartner aus der ehemaligen UdSSR in die sogenannte organisierte Kriminalität zählen rund zehn Prozent dieser Joint-ventures nach Schätzungen österreichischer Abwehrspezialisten zum Einflußgebiet der russischen Nachrichtendienste.«[38]

Das Netz Tausender Ostagenten, die das für die Schattengesellschaft unerläßliche Know-how besitzen, Überläufer aus der schlechtbezahlten Armee oder von Spezialeinheiten, die zum Teufel gejagte Nomenklatura, die sich jahrelang in der Kunst der Korruption geübt hatte, für sie alle ist Wien ein Magnet. Besondere Anziehungskraft haben bestimmte Hotels. Ob das eher kleine Hotel Kaiser Franz Josef oder das noble Marriott – hier konnte und kann man die dubiosen Herren aus Moskau bestens beobachten oder abends beim Dinner im Restaurant Moskau.

Während in Prag und Budapest blutige Machtkämpfe ausgefochten wurden und noch werden, hat Österreichs Metropole Glück gehabt. Im Hinblick auf ihren Ruf als neutraler Treffpunkt von Spionageorganisationen wurde sie zum ständigen Ort der Begegnung und des Informationsaustauschs. Die dubiosen Geschäftsleute, die sich in Wien kurz vor und nach dem Zusammenbruch der Sowjetunion niedergelassen hatten, bewahrten die »schönste Stadt Europas«, wie sie von Bewunderern genannt wird, vor Straßenschießereien, Banditenstreitigkeiten, Morden und sonstigen unerfreulichen Nebenerscheinungen krimineller Machtkämpfe. Die Mafiabosse verlangen, daß in ihrer Umgebung Ruhe herrscht. Und nochmals Ruhe. Sie wollen ihre internationalen Vorhaben steuern und ihr Geld schnurgerade dorthin lenken, wo man es unauffällig und ungestört im Auge behalten kann, schreiben russische Zeitungen über den Exodus ihrer Landsleute nach Österreich.

Und so wohnen die Schattenmänner ganz respektabel und respektiert in teuren, herrschaftlichen Villen, reisen in schwarzen Limousinen und treten als angesehene Geschäftsleute auf, obwohl ihre Namen weder in Handelsregistern noch in Telefonbüchern verzeichnet sind. Viele von ihnen haben sich gut auf die örtlichen Gegebenheiten eingestellt, weil sie schon viele Jahre vorher von Topagenten des KGB gelernt haben, sich in allen Lagen zurechtzufinden.

Kaum ein Monat vergeht, in dem nicht in Wien zehn bis 15 neue Aktiengesellschaften gegründet werden, die von Russen oder mit russischen Partnern geleitet werden. Ihre Büros sind sicher nicht imposant – häufig beschränkt auf ein kleines Kämmerlein, in dem eine Halbtagssekretärin sitzt. Womit aber befassen sich all diese Russen in Wien? »Die Antwort ist fast immer die gleiche: mit dem Handel. Und sie handeln mit allem: mit Straßenmädchen, mit Wärmeaustauschern für Kernreaktoren und mit vor sechs Jahren eingefrorenen Hühnern, mit Wodka und seltenen Metallen. Bei ihnen kann man nach Katalog Waffen jeder Art bestellen – von der Kalaschnikow bis zum Überschalljäger – und bekommt noch spottbillig eine alte MiG 21 als Draufgabe.«[39]

»Wien – Kongreßstadt der organisierten Kriminalität«, klagt Michael Sika. Der Generaldirektor für öffentliche Sicherheit paßt so gar nicht in die Wiener Gesellschaft der verbal aufgedonnerten, aber substanzmageren österreichischen Bürokraten und Politiker. Er will bis zu seiner Pensionierung seinen Anteil an dem Bestand einer aufgeklärten demokratischen Gesellschaft leisten, ist also ein demokratischer Dinosaurier. Mit Sorge und ohne viel Gehör zu finden, warnt er vor dem Einfluß suspekter Unternehmer, die zunehmend die seit langem von Korruption befallene Gesellschaft Österreichs infiltrieren. Die Fassade des gemütlichen Schmähs verdeckt opportunistische Machtpolitik, und weil man die als das Wesen des demokratischen Staates ansieht, »packelt« man mit allem, was Einfluß oder vermeintlichen Einfluß verspricht.

»Ganz interessant ist«, erzählt er mir in seinem Büro, »wenn man sich die finanziellen Auswirkungen anschaut. Dabei fällt auf, daß sehr viele Immobilien angekauft werden, teilweise unter Umgehung der bestehenden Gesetze, die ja den ausländischen Erwerb von Grund und Boden einschränken. Und da wird nichts oder zuwenig gemacht. Ob das jetzt immer Hand in Hand geht mit einer gewissen Korruption, weiß ich nicht. Jedenfalls versuchen wir da nachzusetzen, aber ohne viel Erfolg. Ein Russe, der jetzt in Klagenfurt lebt, hat das Schloß Rennstein gekauft. Es wird sehr viel mit Strohmännern gearbeitet.

Das zweite ist die Gründung windiger Handelsgesellschaften, Import-Exportfirmen, mit unglaublichen Kapitalspritzen. Die werden normalerweise mit einem Grundkapital von 500 000 Schilling gegründet, haben aber ein Grundkapital von 40 Millionen und mehr. Die Unternehmen werden danach sofort verschachtelt, und wenn man versucht, dieses Kapital zu finden, ist es weg.« Verständlich, daß sich in diesem beschaulichen Wien die Finanzmagnaten Michailow und Awerin wohl fühlten.

Über ihre Ankunft in Wien liegen unterschiedliche Daten vor. Nach den offiziellen Meldeangaben war Sergej Michailow in der Zeit vom 13. September 1993 bis 11. April 1995 mit seiner Familie in 1190 Wien, Scheibelreitergasse 9/6, gemeldet. Danach konnten, so heißt es in der Amtssprache, »nur noch vereinzelt Aufenthalte seiner Person in Österreich festgestellt werden. Die fallweise Anwesenheit des Mikhailov in verschiedenen Luxushotels war aufgrund von Quelleninformationen und Hotelerhebungen nachvollziehbar. Geeignete Maßnahmen waren nicht durchzuführen, zumal seine Aufenthalte immer erst im nachhinein bekannt wurden. Mikhailov ist auch im Besitz eines israelischen Reisepasses, mit welchem er sichtvermerksfrei in das Bundesgebiet einreisen kann, und somit die Feststellung seiner Anwesenheit in Österreich zusätzlich erschwert wird.«[40]

Wie er überhaupt nach Wien kam, schließlich braucht man eine Aufenthaltsgenehmigung, das ist genau nachzuvollziehen. Demnach hielt er sich erstmals am 4. August 1993 auf Einladung der ATKOM-Unternehmensberatung, Wien, in Österreich auf. Die ATKOM-Unternehmensberatung hat anscheinend zwei Gesichter, besser gesagt, Fassaden. Laut dem Wiener Handelsregister wird die Firma von einem Tofik A. geführt; Geschäftsziel: »Unternehmensberatung«. Alles ganz legal. Mehr über den Geschäftsführer Tofik A. glaubt die Berner Bundespolizei zu wissen. In dem Dokument Nr. OC-CO/215.010 vom 24. April 1996 wird folgende Behauptung aufgestellt. »Tofik A. ist der wichtigste Repräsentant von Aserbaidschan für die Europäische Gemeinschaft und wurde von Ivankov ausgewählt, um eine respektable Fassade für seine Aktivitäten zu haben. Er wird verdächtigt, für die Solnzevskaia Geld zu waschen. Er hat nicht nur Einladungen für Mikhailov und Avcrinc ausgestellt, sondern auch für andere wichtige Personen der russischen Mafia.« Wenn diese Aussage der Berner Bundespolizei stimmt, was der Autor nicht beweisen kann, erklärt das jedenfalls, warum die Einladung an Michailow und Awerin von diesem Unternehmen ausgestellt wurde.

Die Wiener Geschichten um merkwürdige Beziehungsgeflechte betreffen auch Tofik A. Es ist eine kleine Episode, die weniger mit Michailow als mit der Blauäugigkeit mancher Politiker zu tun haben könnte. Denn als Tofik A. im Januar 1996 am Londoner Flughafen Heathrow gefilzt wurde, fanden die Beamten eine hochmoderne und weltberühmte Waffe im Gepäck. Tofik zeigte den Beamten aber ein schmuckes Dokument, versehen mit dem Amtsstempel der Republik Österreich: »Herr Minister Löschnak beehrt sich, zum Zeichen der österreichisch-russischen Freundschaft Herrn Tofik A. eine Glock-Pistole zu widmen und zu überreichen.« Wie kam es zu diesem Gastgeschenk des Ministers, der von Amts wegen auch die russische Mafia verfolgen soll? Im Juli 1994 erhielt ein Beamter des Gendarmeriekommandos im Innenministerium eine Anweisung vom höchsten Chef, dem Innenminister. Eine russische Delegation sei im Lande, darunter der Vizeinnenminister und der Vorsitzende des Sicherheitsrates sowie Tofik A. als Bcrater der Regierung von Rußland. Für die Herren sei bei der Firma Glock jeweils eine Pistole zu beschaffen, heißt es lapidar: als Gastgeschenk.

Als die Affäre bekanntwurde, handelte man sie wienerisch ab – durch indigniertes Schweigen. Und so stellte Thomas Vasek in der Zeitschrift *Profil* die sicher richtige Frage: »Die Affäre ist dennoch aufklärungsbedürftig genug: Denn immerhin bleibt die Frage, warum ein österreichischer Innenminister, der sich die Bekämpfung der organisierten Kriminalität auf die Fahnen geschrieben hatte, einem russischen Geschäftsmann auf Intervention eines mächtigen Fabrikanten auch nur eine einzige Schußwaffe verschaffte.«[41]

Im September 1993 bezog Michailow mit Frau Ludmila und den beiden Töchtern Alexandra und Wera eine Wohnung im Wiener Nobelbezirk Döbling. Die einzige Beobachtung eines Hausbewohners: »Der Mann fährt einen großen dunklen Mercedes mit ungarischem Zollkennzeichen.« Was er nicht wissen konnte, war, daß der Wagen mit dem ungarischen Kennzeichen V-17030 die Leihgabe einer ungarischen Firma war, die einem anderen Tycoon gehört: Semjon Mogilewitsch (Semion Mogilevich).

Schnell fanden Awerin und Michailow Anschluß an die gesellschaftliche und besonders geschäftliche Elite der russischen Szene Wiens. Unter anderem zu einem Armen A., dem Gesellschafter und Geschäftsführer einer Wiener Handelsagentur. Ihm wird von den österreichischen Behörden vorgeworfen, daß er außer am illegalen Waffenhandel auch am Gold-, Diamanten- und Platinschmuggel teilgenommen habe. Den Schmuggel, der ihm viel Geld einbrachte, habe er zusammen mit einer Deutschen organisiert. Zur Zeit soll er gemeinsam mit seiner Organisation versuchen, in den Handel mit Öl und Ölprodukten einzusteigen und diesen zu kontrollieren. Er war Gründer des sowjetisch-westeuropäischen Unternehmens A. International.[42]

Aufschlußreich für die Fortsetzung und Ausweitung der in Rußland geübten Geschäftspolitik der Solnzewskaja-Bosse ist folgendes Ereignis. Beim Konkursverwalter im Verfahren gegen einen ehemaligen Landwirtschaftsminister, Paradesozialist, folglich Eigentümer einer Villa im Wert von 25 Millionen Schilling, gegen den schon einmal ein Haftbefehl wegen schweren Betruges erlassen wurde, der Geschäftsführer zahlreicher untereinander verschachtelter Firmen ist, taucht plötzlich ein Dawid Tschichatschwili (David Chikhachvili) mit seinen Bodyguards und besagtem Ex-Minister auf. Dawid Tschichatschwili gab sich als ukrainischer Banker aus und erklärte, er sei außerdem Inhaber der Firma R & D in Antwerpen. Der Konkursverwalter ist erstaunt. »Ich wußte nicht, was er von mir wollte, hatte ihn zuvor nie gesehen.«

Tschichatschwili wollte ein Unternehmen, das dem Ex-Minister gehörte, für den Symbolwert von einem US-Dollar kaufen. Fest stand, daß Tschichatschwili dem Ex-Minister vor Jahren ein Darlehen über 250 000 US-Dollar gewährte, das, so der Ex-Minister, zurückbezahlt worden sei. Die Gesellschaft des ehemaligen Ministers wurde von der holländischen Amro-Bank mit mehreren Millionen Dollar finanziert. Später soll ein Teil des Unternehmens an ein russisches Unternehmen verkauft worden sein. Und genau dieses Unternehmen wird mit dem Moskauer Geschäftsimperium Solnzcwskaja in Verbindung gebracht. Bei dem seltsamen Besuch meinte Tschichatschwili zu dem niedrigen Preis: »Ich habe bereits drei Millionen Dollar in das Unternehmen investiert, und das ist der Realwert des Unternehmens.« Damit meinte er noch offene Forderungen in Höhe dieses Betrages gegenüber dem Ex-Minister. Wenn man ihm die Firmenanteile für den besagten symbolischen Dollar überlasse, sei er bereit, eine »Schad- und Klagloserklärung« abzugeben, das heißt, er würde auf die drei Millionen Dollar verzichten. Als er zum Abschluß des Geschäfts am 29. Juni 1995 um 16.15 Uhr in die Kanzlei des Anwalts kommen sollte, wartete man dort vergebens auf den Georgier. Vielleicht hatte er zusammen mit dem Ex-Minister eine andere Lösung für den Erwerb des Unternehmens gefunden. Im polizeilichen Lagebild des Innenministeriums heißt es über Tschichatschwili: »Bei der Überprüfung wurde festgestellt, daß Chikhachvili seit April 1995 im Hotel Marco-Polo in Fischamend Anweisungen entgegengenommen hat. Er steht im Verdacht, gemeinsam mit David Sanikidze 15 Millionen Dollar unterschlagen zu haben.«[43] Dawid Sanikidse (David Sanikidze) wiederum ist ein Pate der georgischen Mafia. So schließt sich ein Kreis. Die versuchte Unternehmensübernahme und die tatsächliche Zusammenarbeit mit einem österreichischen Ex-Minister ist nur cin Beispiel dafür, wie die Solnzewskaja über Mittelsmänner auch österreichische Unternehmen aufzukaufen versuchte.

Die Zeit von Ende 1993 bis Mitte 1994 schien für Michailow ziemlich ruhig zu verlaufen. Es war die Konsolidierungsphase, bei der die Netze für weitere lukrative Deals ausgeworfen, internationale Kontakte gepflegt und das Imperium gestärkt wurden. Firmengeflechte wurden strategisch weltweit verteilt, insbesondere auch die Verbindungen zu den verschiedensten Regierungen einzelner Länder. Diese Verbindungen haben in erster Linie die Repräsentanten der jeweils beteiligten Firmen geschaffen. Insbesondere zur Regierung des mittelamerikanischen Staates Costa Rica pflegt die Solnzewskaja beste Verbindungen. »Trotz der offiziellen Einkünfte beschäftigt sich die Gruppe Solnzevskaia neben allen anderen strafbaren Handlungen nach wie vor mit der massiven Erpressung internationaler Unternehmungen in Rußland. Die Organisation selbst ist mehr oder weniger straff organisiert und hierarchisch gegliedert. Als Führer der Organisation gilt Sergej Mikhailov, als dessen unmittelbarer Stellvertreter Viktor Averine. Die Organisation hat zu anderen kriminellen Organisationen beste Verbindungen. Mit gewissen Organisationen oder deren führenden Persönlichkeiten ist sie gewissermaßen, was die kriminellen Aktivitäten angeht, verschmolzen. Eine dieser Organisationen ist die Gruppe um Mogilevich, Semion, der seinen Wohnsitz in Ungarn hat.«[44]

Im Gegensatz zu »normalen« Konzernen gibt es bei der Solnzewskaja eine besondere Abteilung, die Vollstreckungsbrigade. Ihr Leiter ist, so behauptet das österreichische Innenministerium, ein gewisser Jurij Grunow. Diese Brigade führt auf Anordnung der Führung der Organisation Kapitalverbrechen wie Mord, Entführungen und Erpressungen aus. Die Mitglieder dieser Brigade sind international tätig. Die internationalen Kontakte der Brigadeangehörigen sind mittlerweile so gut, daß sie unmittelbar nach ihrer Ankunft in dem Land, dem sie operative Maßnahmen durchzuführen haben, mit der notwendigen Bewaffnung ausgestattet werden. Jurij Droschin und dessen Brigade werden unter anderem für die Ermordung von Kwantrischwili, Sergej Timotjew, Leonid Swaratski, Walerij Glukisch, Anatolij Semjoniw und Wladislaw Wanner verantwortlich gemacht. Der wurde 1994 zusammen mit zwei Leibwächtern in Moskau erschossen. Die Arme der in Wien residierenden russischen Krake reichten eben weit.

Michailow schien im Geschäftsleben Wiens in kürzester Zeit hoch angesehen zu sein. Man wußte anscheinend um seine vielen Möglichkeiten, bei unkonventionellen Problemen eine ebenso unkonventionelle Lösung zu finden. Anders ist die folgende gemeinnützige Aktion von Michailow nicht zu verstehen.

Mitte 1994 wurde der Bruder des Wiener Kaufmanns Boris Kandov in Moskau von tschetschenischen Mafiosi geknidnappt. Die Entführer fordern zehn Millionen Lösegeld. Boris Kandov ist entsetzt, als er in Wien von der Lösegeldforderung erfährt. Er wendet sich über seinen Bekannten, den ehemaligen Innenminister Karl Blecha, zuerst an die Polizei in Wien. »Der Kandov kam ganz aufgelöst zu mir. Ich habe dann gleich Michael Sika angerufen. Kandov wurde ein Beamter geschickt«, erinnert sich Karl Blecha.

Kandov muß geahnt haben, daß die Wiener Polizei ihm nicht helfen kann, und schaltet den Unternehmer Sergej Michailow ein.

»Kandov«, so steht es etwas präziser in einem Protokoll des Innenministeriums, »unterließ sowohl die Verständigung der russischen wie auch der österreichischen Behörden. Er bediente sich vielmehr seiner Kontakte zur russischen organisierten Kriminalität.«[45]

Wie wußte er von den Fähigkeiten Michailows, die Entführung seines Bruders unblutig beenden zu können? Eine Frage, auf die es bis heute keine Antwort gibt, zumal Michailow nicht der Mann war, der das ausschweifende gesellschaftliche Leben in Wien pflegte und dem man bei Partys über den Weg lief. Michailow jedenfalls half. Er setzte seinen ganzen Einfluß ein, in dem er die in Wien lebenden Größen der Schattenwelt in seine Verhandlungen mit den Entführern einband, unter anderem Dawid Sanikidse, den äußerst angesehenen und bei Wiens Politikern und Unternehmern geschätzten roten Boß aus Georgien. Michailow setzte den Anführer der tschetschenischen Mafia in Moskau, dessen Gruppe für die Entführung verantwortlich war, so massiv unter Druck (Michailow drohte den Tschetschenen in Moskau mit »Krieg«), daß Anver Kandov schließlich unverletzt freikam. Und zwar ohne Zahlung von Lösegeld, wie Boris Kandov gegenüber österreichischen Journalisten versicherte. »Ich habe ihm nichts dafür bezahlt. Ich werde auch niemals ein Geschäft mit Michailow machen. Wenn einer seiner Leute nach Österreich kommt, so gewähre ich ihm Hilfe, in dem ich zum Beispiel die Rechnungen für Arztbesuche bezahle.«[46]

Damit könnte die kuriose Geschichte zu Ende sein – doch in Wirklichkeit beginnt sie hier erst interessant zu werden, wird sie zur tragischen Farce.

Es ist nur eine Randbemerkung wert, daß Michailow kurz nach dem glücklichen Ende der Entführung wegen einer weitaus profaneren Angelegenheit bei der Polizei auffiel. Er hatte im schwarzen Cadillac mit ungarischem Zollkennzeichen V-02099 eine Prostituierte in das Hotel Kaiser Franz Joseph gebracht, wo er in der Zeit vom 22. bis 25. Juni 1995 im Zimmer 824 anzutreffen war. Spannender sind andere Beziehungen des Michailow, die zum Bruder des entführten Anver, dem gebürtigen Usbeken Boris Kandov, führen. Er ist ein erfolgreicher Unternehmer, Chef der Wiener Handelsgesellschaft Agrotec. Die Büroräume liegen im Herzen der Wiener City, mit Blick auf den Stephansdom.

Boris Kandov kam 1973 in Begleitung seiner Frau und seiner zwei Kinder über den Umweg Israel in Österreich an. Arm wie eine Kirchenmaus war er, so beschrieb ihn der Wiener Journalist Johannes Reichmann, dann wurde er Unternehmer. Unternehmensgegenstand der Agrotec ist der Import, Export und Transithandel mit Lebensmitteln, Milch und Fleisch aus der EU nach Usbekistan. Im Gegenzug verdient die Gesellschaft am Verkauf von Baumwolle aus Usbekistan nach Mitteleuropa. Heute ist Kandov, der inzwischen die österreichische Staatsbürgerschaft angenommen hat, ein gemachter Mann mit besten politischen Beziehungen. Boris Kandov betreibt zusammen, so steht es in einem Lagebericht zur organisierten Kriminalität des Wiener Innenministeriums für das Jahr 1996, »gemeinsam mit einem Gafour R., welcher als Führer der usbekischen Mafia gilt, die Firma X.-AG in Zug«. Eine Behauptung.

Über diese Verbindungen, insbesondere zu Michailow, wollte ich natürlich Genaueres von Kandov selbst wissen.

Einmal versuchte ich es über einen Journalisten, der sich – typisch wienerisch – dadurch auszeichnet, daß er hauptberuflich als Offizier des Militärischen Nachrichtendienstes arbeitet und ebenso hauptberuflich als Politredakteur bei einer Fernsehanstalt an der blauen Donau. Er sei ein intimer Freund von Karl Blecha, sei ständig mit ihm unterwegs, habe für ihn viel getan und kenne deshalb auch Kandov »sehr gut«, wie er stolz erzählt. Wie eigentlich zu erwarten war, klappte nichts.

Deshalb rief ich im Juli 1997 in Boris Kandovs Wiener Büro an. Seine Sekretärin blockte ab: »Herr Kandov ist nicht da.« Ich solle bitte meine Telefonnummer hinterlassen. Am nächsten Tag rief mich Boris Kandov tatsächlich zurück. Als ich ihn auf seine Verbindungen zu Sergej Michailow ansprach, sagte er, daß er »nur einmal, und zwar wegen der Entführung mit ihm zu tun hatte«. Ansonsten gebe es keinerlei Kontakte zu Michailow. Ich solle doch den Generaldirektor für öffentliche Sicherheit fragen, ob das stimmt. Das tat ich am 11. August um 14 Uhr: »Das ist die glatte Unwahrheit, was Kandov sagt. Er gehört dazu. Natürlich hat er enge Verbindungen zu Michailow auch später gehabt. Schließlich hat es deshalb sogar ein Rechtshilfeersuchen der Genfer Polizei gegeben«, erzählte mir Michael Sika, der Generaldirektor für öffentliche Sicherheit.

Die offensichtlich im Widerspruch zu Kandovs Erklärung stehende Aussage von Sika findet in einem Dokument des amerikanischen FBI eine Bekräftigung. Das US-Bundesfahndungsamt schätzt den Wiener Geschäftsmann folgendermaßen ein: »Boris Kandov ist ein enger Verbündeter der Solntsevskaya und einer der Präsidenten von Ivankovs Wiener Gesellschaften, der Agrotec. Er emigrierte aus Usbekistan nach Rußland und war unter dem sowjetischen kommunistischen System im Gefängnis. Kandov hat in den letzten fünf Jahren viel bei der Zusammenarbeit mit russischen Emigranten in den USA verdient. Er hat große Verträge über die Lieferung von Lebensmitteln und Zigaretten an die Regierung von Usbekistan abgeschlossen. Die Zahlungen für diese Lieferungen wurden von den Konten der Gesellschaft auf Ivankovs persönliches Schweizer Bankkonto überwiesen.«[47] Soweit die Behauptung des amerikanischen FBI, die sich der Autor natürlich nicht zu eigen macht, der steht hilflos zwischen den Behauptungen.

Tatsache ist, daß aufgrund eines Rechtshilfeersuchens aus Genf im Juni 1997 bei Kandov eine Hausdurchsuchung stattfand. Untersuchungsrichter Georges Zecchin war bei seinen Ermittlungen sehr schnell auf Kandov in Wien gestoßen und auf Kontakte zwischen einem der Solnzewskaja zugerechneten Unternehmen in Moskau und der Agrotec. Kandov äußerte dazu gegenüber einem Wiener Journalisten: »Es gab ein einziges Geschäft. Die Unterlagen darüber habe ich jetzt vorgelegt.«

Der Genfer Untersuchungsrichter Zecchin fand derweil eine weitere Spur in Wien. Sie betrifft die Nummer zwei der Organisation, Wiktor Awerin. Er hatte sich nach der Verhaftung Michailows nach Ungarn abgesetzt. Zuvor gründete seine Frau Ludmila noch die Comitra-Handels GmbH in Wien zusammen mit ihrer Partnerin: der Schwägerin von Boris Kandov. »Das ist mir völlig neu. Ich bin aber sicher, daß dieses Unternehmen nichts Verbotenes getan hat«, argumentiert Kandov.[48]

Auch für einige österreichische Politiker, die um gute politische und wirtschaftliche Beziehungen zu Ländern der ehemaligen UdSSR buhlen, ist Kandov zweifellos ein gewichtiger Mann. Türöffner, die sich in den verworrenen Strukturen dort auskennen, sind gefragt. Wohl deshalb reiste Kandov im Auftrag des Bundeskanzleramtes nach Usbekistan, um einen Staatsbesuch des damaligen Bundeskanzlers Franz Vranitzky vorzubereiten. Sein Reisepartner war der ehemalige Innenminister Karl Blecha, mit dem Kandov eng befreundet sein soll. Karl Blecha, der einst mit der unrühmlichen Lucona-Affäre auch politisch unterzugehen drohte, ist heute in Politik und Wirtschaft Österreichs ein gefragter und einflußreicher Mann. Seinen Unterhalt verdient er als Berater in Wirtschaftsfragen im weitesten Sinne sowie als Markt- und Sozialforscher in Osteuropa.

»Blecha«, so erinnert sich Michael Sika, »hat den Kontakt zwischen der Familie des Entführten und mir hergestellt. An dieser Sache störte mich einiges. Mich stört, daß Boris Kandov seither den Michailow regelmäßig kontaktiert. Ich habe Karl Blecha gesagt, daß es mich stört, wenn er mit Herrn Kandov Geschäftsbeziehungen knüpft«, so zitiert ihn die österreichische *WirtschaftsWoche*. Im Lagebericht des Wiener Innenministeriums zur organisierten Kriminalität, den sich der Autor nicht zu eigen macht, stellt sich die Situation folgendermaßen dar:

»Mikailov und Averine pflegen engen Kontakt zu der Familie des Boris Kandov. Im Falle eines Aufenthaltes in Österreich von Mikhailov und Averine wurde mit Boris Kandov persönlich und über seine Firma Agrotec Handelsgesellschaft, Goldschmittgasse 2/2, Wien, etabliert, fernmündlich Kontakt aufgenommen.

Die Firma Agrotec-Handelsgesellschaft ist verbunden mit der Firma Agro-Plus, Zug, Schweiz, Guterstraße 2, und OKA-Handelsgesellschaft, Wien, Goldschmittgasse 2/2. Als Geschäftsführer der Firma Agrotec und OKA-Handelsgesellschaft zeichnet Boris Kandov, wobei er als Gesellschafter mit 98 % beteiligt ist. Als Gesellschafter erscheint außerdem seine Gattin. Die Firma Agroplus betreibt gemeinsam mit Rachimov G. geschäftliche Tätigkeiten. Vertraulichen Informationen zufolge sind Handelsbeziehungen mit der usbekischen Regierung nur über die Vermittlung von Rachimov G. möglich. R. gilt überdies als Führer der usbekischen OK.

Im Zuge der im Entführungsfall Kandov Anver gerichtlich angeordneten Telefonüberwachung konnte man die enge Verbindung und das offensichtliche Vertrauensverhältnis zwischen Boris Kandov und Sergej Mikailov und Viktor Averine erkennen. Boris Kandov unterhält auch beste Kontakte zu Personen des öffentlichen Lebens in Österreich und hat in der Gesellschaft bereits Fuß gefaßt, weshalb sich für Österreich eine nicht zu vernachlässigende Gefährdungslage ergeben könnte. Über die Kontakte des Kandov Boris stehen den Führern der Solnzevskaia sämtliche Möglichkeiten der Geschäftsanbahnung in Österreich offen.« Soweit ein Auszug aus dem Lagebericht 1996 zur organisierten Kriminalität des Wiener Innenministeriums. Auch in diesem Fall versuchte ich, mit dem Betroffenen zu sprechen, mit Karl Blecha. Dreimal rief ich in seiner Firma an, dreimal war er auf Reisen oder gerade nicht da, dreimal hinterließ ich meine Telefonnummer, dreimal sagte ich den Sekretärinnen, daß es um Blechas Verbindungen zu Kandov gehe, und dreimal war die Reaktion null. Das zu bewerten bleibt dem Leser überlassen.

Hinter diesem Disput um undurchsichtige Beziehungsgeflechte versteckt sich politischer Sprengstoff, der folgenreich
sein dürfte. Die bekannte Wiener Melange von Politik und
dubiosen Geschäftsleuten, dank der manchmal abgehalfterte
österreichische Politiker eine bedeutende Vermittlungsrolle
spielen, öffnet zwielichtigen und teilweise kriminellen Geschäftsleuten die Türen zu den politischen Entscheidungsträgern, und damit sind Teile des demokratischen Staatsapparates vom kriminellen Virus infiltriert. Ein Infiltrationsprozeß,
der die demokratische Gesellschaft nicht nur in Österreich in
Frage stellt.

Ein deutscher Krimi

Die Verquickung von Kommerz und Politik ist natürlich auch
in Deutschland denkbar, besonders im Saarland. Dazu bedarf
es einer Vorbemerkung, die von Michailows Konzern auf den
ersten Blick etwas wegführt, obwohl dieselben Protagonisten
eine Rolle spielen.
   Am 17. März 1977 ratterte folgende Meldung über die Nach-
richtenticker: »Der italienischen Polizei ist nach eigenen Angaben ein Schlag gegen die russische Mafia gelungen. Die russische Mafia ist seit mehreren Jahren in Italien aktiv, vor allem
im Norden des Landes. Sie vermeidet damit, den italienischen
Mafiaorganisationen im Süden ins Gehege zu kommen.«
   Verbindungen zwischen italienischen Mafiosi und einem in
Deutschland lebenden roten Boß aus Usbekistan sind besonders pikant, weil sie zweierlei deutlich machen: Einmal, in
welchem Umfang deutsche Unternehmer gar keine Alternative haben, als mit Kreisen der kriminellen Schattenwirtschaft
Geschäfte zu machen, und damit wiederum deren Einfluß
kontinuierlich stärken. Ein Teufelskreis. Und zum anderen,
daß sich auch im kleinkriminellen Bereich so einiges abspielt
und beides miteinander verwoben ist.
   Die Geschichte beginnt in Nordrhein-Westfalen. Dort hat
sich seit Jahren der kalabresische La Minore-Clan fest etabliert. Bevorzugtes Betätigungsfeld des Clans ist der Drogenhandel, die Geldwäsche und Infiltration lokaler Behörden.
Friedhelm Althans, Leiter der Dienststelle für organisiertes

Verbrechen in Bochum, weiß aufgrund seiner Ermittlungen, wie verflochten die kriminellen Netzwerke sind. Da gibt es zum einen vom Minore-Clan ausgehend, enge Beziehungen zu türkischen Drogenhändlern und zum anderen zu millionenschweren usbekischen Dunkelmännern mit politischem Einfluß im Hintergrund. Und immer bilden Drogen das geschäftliche Bindeglied.

»Die Verbindung ist dadurch gegeben, daß Herr P. intensive Kontakte zu Russenkreisen, usbekischen Kreisen aus dem saarländischen Bereich, hatte«, sagt die Kriminalpolizei in Bochum.

Diese Aussage führt in ein merkwürdiges Labyrinth politischer, polizeilicher und unternehmerischer Verwicklungen und gleichzeitig mitten hinein ins pralle kriminelle Leben. Zuerst in die thüringische Landeshauptstadt Erfurt. Dort wurde im Oktober 1995 ein türkischer Bordellwirt erschossen – vorläufiger Höhepunkt eines gnadenlosen Machtkampfes um das einträgliche Prostitutionsbusiness in Thüringen. Er gibt ein wenig Einblick in die normale, blutige Kriminalität der Russenmafia. In einem Protokoll vom 2. Oktober 1995 hat die Erfurter Polizei festgehalten, wie professionell die Killer der Russenmafia agieren, wenn sie hier zum Einsatz kommen: »Vorgehensweise der Schützen: Es wird Plastiktüte über Waffe gezogen und dann geschossen. Patronenhülsen werden dadurch in der Plastiktüte aufgefangen. Es wird mit Pistole aus dem Jackenärmel heraus geschossen und Patronenhülsen verbleiben im Jackenärmel.«

Der Prozeß gegen die Killer warf ein erschreckendes Schlaglicht auf fragwürdige Beziehungen zwischen Polizeibeamten und Kriminellen, auf unverständliche Nachlässigkeit im Kampf gegen das profitable und florierende Rotlichtmilieu.

Ukrainische und türkische Kriminelle wurden zum Beispiel häufig vor geplanten Razzien gewarnt. Und weil das Verfahren politisch in Thüringen ausgereizt wird, SPD gegen CDU, sprach der Richter von politischem Störfeuer, das das Verfahren gefährdet. Inzwischen sind alle illegalen Bordelle geschlossen worden. Und hartnäckig hält sich das Gerücht, daß die Polizei den brutalen Machtkämpfen zwischen Türken und Ukrainern zuschaute. Der Schlüssel des Konflikts: Man wollte deutschen Investoren mit politischem Einfluß das millionenschwere Geschäft im Rotlichtmilieu überlassen. In einer Zeugenaussage vor der Polizei heißt es dazu:»Der Bauunternehmer S. hat dem Staatsanwalt das Haus renoviert, hat den Umbau des Landeskriminalamtes durchgeführt und dadurch die Zusage, daß er ein Eros-Center bauen kann. Der Bauunternehmer wollte mit G. zusammen das Rotlicht übernehmen. G. hat vorher eine Kugel in den Hals gekriegt. Die Türken hatten schon übernommen, und jetzt ist der Markt für die beiden nicht mehr vollkommen offen, und da wird mit einem Trick gearbeitet. Die Russen haben sich mit den Italienern liiert. Da gab es verschiedene Treffen, daß die Italienermafia sich zurückhält, aber bei den Russen mit einsteigt.«

Während sich die kleinen Gangster in Thüringen bekämpfen, konnte sich die kalabresische Mafia in Erfurt und Umgebung unbehindert ausbreiten. Der bereits erwähnte La Minore-Clan legte sich in Erfurt unter anderem vornehme Restaurants zu, in denen»Persönlichkeiten aus Politik und Wirtschaft verkehren«, heißt es in einem polizeiinternen Bericht. In einem dieser Restaurants hat sich P. aus Duisburg nach Verbüßung einer knapp halbjährigen Untersuchungshaft und Verurteilung zu einem Jahr Gefängnis auf Bewährung wegen Drogenkonsums als Geschäftsführer niedergelassen. Ende 1996 stürmte eine Spezialeinheit aus Nordrhein-Westfalen den kulinarischen Genußtempel.»Es war eine Routineuntersuchung«, erzählte mir P. treuherzig. Doch Grund der Untersuchung, so ein Polizeidokument vom 12. Dezember 1996, waren Ermittlungen wegen Mordverdachts. Besonders pikant ist folgende Feststellung der Polizei:»Am Tag der Durchsuchung des Restaurants befanden sich im Lokal der Ministerpräsident und der Innenminister des Landes Thüringen, Herr Dewes.« Innenminister Dewes hat wahrscheinlich erst nach diesem Vorfall im Ristorante erfahren, daß ihm P. eigentlich aus Saarbrücken bekannt sein dürfte, als Dewes dort noch Staatssekretär im Innenministerium und in Verhandlungen mit merkwürdigen Usbeken eingebunden war. Da fragte sich mancher, warum zog es P., der in Duisburg ein Lokal besaß, nach seiner Entlassung aus dem Gefängnis nach Erfurt, wo er doch in Saarbrücken bessere Kontakte zu einem usbekischen roten Boß hatte? Der wiederum erfreute sich in der Vergangenheit bester Verbindungen in das Innenministerium.

Schließlich hatte der Italiener P. eng mit einem usbekischen Millionär zusammengearbeitet, der in der Nähe von Saarbrücken residiert, wo er sich für 1,2 Millionen Mark eine Villa mit allen Schikanen hatte umbauen lassen: Videoüberwachung, Stacheldraht auf den Mauern. In der Umgebung fällt er ebenfalls auf, wenn er mit seiner riesigen Lincoln-Stretchlimousine mit verdunkelten Scheiben durch die Dörfer fährt.

Dem Millionär war der Italiener P. bei den Granit- und Marmorarbeiten beim Umbau seiner Villa behilflich und nicht nur da.

Gemeinsam war man in Moskau, und dort prahlte der Italiener laut Telefonüberwachung, was er an wichtigen Erkenntnissen über Drogenbekämpfungsstrategien in Rom erfahren habe. Kurz davor, vom 28. September bis zum 4. Oktober 1994, hatten beide die 63. Generalversammlung von Interpol in Rom mit ihrer Anwesenheit beehrt, sogar als offizielle Vertreter der usbekischen Regierung. Mit tatkräftiger Hilfe aus dem Saarland wurde Usbekistan im Oktober 1994 Mitglied von Interpol.

Der Hintergrund: Der Saarbrücker Unternehmer, ein gebürtiger Usbeke, ist stolz aus sein intimes Verhältnis zum usbekischen Innenminister, genauso wie auf seine Kontakte zur Saarbrücker Polizei. Wenn man ihn zu sprechen versucht, bescheidet einen seine Sekretärin. »Nein, er will nicht mit Ihnen sprechen, er hat keine Zeit, sehr viel zu tun, ist ständig unterwegs, er hat sehr viele Kontakte zu Regierungsstellen.«

Niemand bezweifelt, daß er eine steile Karriere hinter sich hat. 1962 in Taschkent geboren, kam er 1988 mittellos erstmals ins Saarland, wo er sich als tschechischer Staatsangehöriger ausgab. Ein Jahr später suchte er um eine Arbeitserlaubnis nach. Diesmal gab er sich als sowjetischer Staatsbürger aus. Einen Monat später erhielt er die Arbeitserlaubnis – was merkwürdig genug ist – und arbeitete als kaufmännischer Angestellter in einer Firma bei Saarbrücken.

Über dieses Unternehmen steht in einem Brief des Bundeskriminalamtes an das Bonner Innenministerium folgendes: »Am 25. 8. 1994 übergab die Verbindungsstelle des BND einen Vermerk an das BKA, in dem dargelegt wird, daß der Firmeninhaber im Jahr 1991 in den illegalen Abtransport von mehr als 30 000 Tonnen Baumwollfasern verwickelt gewesen sein soll.

Durch diese Transaktion sei der Republik Usbekistan ein Schaden von mehr als 30 Millionen US-Dollar entstanden. Mit seiner Firma habe er minderwertigen und minderwertig verpackten Impfstoff geliefert und der Republik Usbekistan einen Schaden von mehr als 1 Million US-Dollar zugefügt.«

Der kaufmännische Angestellte hat es jedenfalls in drei Jahren zum Millionär gebracht, ohne im Lotto gewonnen oder in den unverhofften Genuß einer Erbschaft gekommen zu sein. In dem bereits erwähnten Schreiben des Bundeskriminalamtes an das Bundesministerium des Innern, vom 20. Februar 1996, Aktenzeichen »VP/OA/11 – Bekämpfung der Organisierten Kriminalität«, kann man über ihn folgendes lesen: »Ihm ist es in relativ kurzer Zeit gelungen, die deutsche Staatsangehörigkeit zu erhalten. Er hat nachgewiesene Kontakte in das Saarbrücker Rotlicht- und Drogenmilieu. Er verfügt über nachgewiesene Kontakte zu organisierten Kriminellen (Russen- und Italienerszene). Er scheint über erhebliche finanzielle Möglichkeiten zu verfügen.«

Er ist an zwei Firmen beteiligt. Eine Firma hat er mit einem usbekischen Unternehmer aufgebaut, dem wiederum innige Kontakte zur Solnzewskaja nachgewiesen wurden. Seine andere Firma befaßt sich laut Auskunft von Creditreform mit dem »Handel von Immobilien und dem Im- und Export von Waren und Rohstoffen aller Art«.

Ein Coup dieses Millionärs dürfte gewesen sein, daß er als Dolmetscher für das Saarbrücker Landeskriminalamt tätig werden konnte, was ihm wahrscheinlich für seine weniger legalen Aktivitäten durchaus nützlich schien. Er hatte jedoch nicht nur gute Beziehungen zur Polizei des Saarlandes, sondern auch zur politischen Elite Usbekistans. Aufgrund dieser inzwischen aufgedeckten Beziehungen zwischen usbekischen Regierungsmitgliedern und dem ebenso dubiosen Geschäftsmann aus dem Saarland, der zeitweise als offizieller Dolmetscher im Landeskriminalamt ein- und ausging, warnte das Bundeskriminalamt: »Der bekanntgewordene Sachverhalt hat nach Auffassung des Bundeskriminalamtes auch eine außenpolitische Dimension. Es wird daher angeregt, die in diesem Bericht beschriebenen Erkenntnisse in geeigneter allgemeiner Form auch an das Auswärtige Amt heranzutragen, da diese Tatsachen auch den Trägern der politischen Zusammenarbeit mit Usbekistan bekanntgemacht werden sollten. Möglicherweise wären sogar politische Konsequenzen im Verhältnis zu Usbekistan zu erwägen.«

Das ist nur ein kleiner Ausschnitt aus dem kriminellen Beziehungsgeflecht, in dem schwer auseinanderzuhalten ist, wo die kriminelle Qualität beginnt beziehungsweise endet. Denn gerade die usbekische Mafia ist in Deutschland im legalen Wirtschaftsbereich stark vertreten, wie Kenner behaupten und sich dabei eher zurückhaltend äußern. Wer in Deutschland mit Usbekistan Geschäfte macht, der macht sie wahrscheinlich gleich mit der Mafia, so zumindest die Erkenntnisse der österreichischen Sicherheitsbehörden. In einem streng geheimen Lagebericht des Wiener Innenministeriums zum organisierten Verbrechen vom Dezember 1996 heißt es dazu: »Vertraulichen Informationen zufolge sind Handelsbeziehungen mit der usbekischen Regierung nur über die Vermittlung von G. R. möglich. G. R. gilt als Führer der usbekischen organisierten Kriminalität.«

Dieser Gottvater der usbekischen Mafia lebt in der Schweiz, hat nicht nur enge Verbindungen nach Wien, sondern auch zu den Saarbrücker Unternehmern, die eng mit der usbekischen Regierung liiert sind. In dem bereits erwähnten Bericht des Bundeskriminalamtes ist von diesem Gottvater als »Führer der Schattenwirtschaft«, der mit dem Unternehmer aus dem Saarland in Taschkent eine große Firma gegründet hatte, die Rede. Doch es kommt noch besser.

Das saarländische Innenministerium warb in mehreren Ausgaben der *Polizeitung*, dem offiziellen Organ des Innenministeriums, für Investitionen in Usbekistan. In der Ausgabe vom Februar 1994 ist zu lesen:»Es zeichnet sich in Usbekistan eine neue Entschlossenheit der politischen Führung ab, den wirtschaftlichen Liberalisierungsprozeß mit konkreten Maßnahmen zugunsten von Privatunternehmen und ausländischen Investoren voranzubringen.«

Außerdem wurden in der *Polizeitung* mehrmals große Anzeigen einer usbekischen Firma abgedruckt. Dabei handelt es sich um die Filiale einer renommierten deutschen Firma. Und diese Filiale ist unter anderem im Mitbesitz dieses obersten usbekischen Mafiabosses – bis zum heutigen Tag. Über dessen Schweizer Firma schreibt das Schweizer Bundesamt für Poli-

zeiwesen: »A. wäscht Gelder aus von der Regierung Usbekistans organisierten, illegalen Geschäften von Schmugglern.«[49]
Die Schweizer Behörden glauben zu wissen, daß über dieses Unternehmen 1994 190–200 Millionen Dollar geschleust wurden. Im Hintergrund des Unternehmens stand jedoch nicht nur die usbekische Regierung, sondern wiederum ein Mann der Russenmafia, Wjatscheslaw Iwankow (Vyacheslav Ivankov). »A. wurde für Geldwäsche gegründet. 1994 befanden sich 10 und 20 Millionen Dollar auf Ivankovs Konto bei der Firma A. in der Schweiz«[50], das ist die Meinung des amerikanischen FBI. Ob »Vertreter der Schattenwirtschaft« oder mächtiger roter Tycoon aus Usbekistan, der in der Schweiz lebt und enge Verbindungen nach Saarbrücken hat – die Polizei und das Innenministerium in Saarbrücken wußten anscheinend nichts davon. Deshalb freute man sich dort auch, daß diese dubiosen Personen einen Fonds im Saarland mitgründeten und 60 000 Mark spendeten. »Denn auf dem Fundament beiderseitiger Wirtschaftsinteressen sollen im Rahmen eines dauerhaften Dialoges zwischen gleichen Partnern der demokratische Reformprozeß der Republik Usbekistan und der kulturelle Austausch gefördert werden.« So der Wortlaut in der Projektskizze für die »Demokratische Gesellschaft Saarland e. V.« über die Förderung der Zusammenarbeit zwischen dem Saarland und der Republik Usbekistan. Der Fonds wurde gegründet, liest man in der *Polizeitung* 2/94, »um die erforderlichen Dienstreisen und die Unterstützung des Aufenthalts insbesondere der Usbeken im Saarland zu finanzieren«.
Um was es in Wirklichkeit geht, erfährt man aus einer Presseerklärung des saarländischen Innenministers vom 18. April 1996. »Die Republik Usbekistan und das Saarland haben auch wirtschaftliche Interessen. Die nicht zu unterschätzende innere Stabilität des Landes hat dazu beigetragen, das Land in einer sonst eher instabilen Umwelt auch für ausländische Investoren zu einem interessanten Investitionsland werden zu lassen.«
Demgegenüber muß man sich die Erkenntnisse der österreichischen, Schweizer und der amerikanischen Bundespolizei vergegenwärtigen. Alle drei stimmen darin überein, daß es keinerlei Geschäfte mit Usbekistan gibt, ohne daß der große usbekische Mafiaboß mit Sitz in der Schweiz die entschei-

dende vermittelnde Rolle spielt. Das, was im Saarland geschah, ist also nichts anderes als Anbiederung an kriminelle Strukturen, wie sie selbst in Österreich nicht möglich sind. Dabei sollten die Polizeibehörden eigentlich wissen, mit wem sie es zu tun haben und für welche Strukturen sie benutzt werden. Arkadi Waksberg, einer der ersten, der über die roten Paten in der ehemaligen UdSSR geschrieben hat, urteilt über Usbekistan: »Wahrscheinlich veranschaulicht die usbekische Mafia treffender als jede andere Mafia das Wesen und die Entwicklungsrichtung des wirtschaftlichen und politischen Systems der Sowjetunion, das logischerweise dazu führen mußte, daß der Gesellschaft viele Milliarden an Verlusten entstanden, während der gigantische Mafiaclan ebenso viele Milliarden an Gewinnen einstreichen konnte.«

Bereits 1988 schrieb die sowjetische *Prawda*: »In den höchsten Partei- und Regierungsspitzen Usbekistans herrschen nach wie vor Mafiamethoden, Korruption und Erpressung; das reicht sogar bis zum gedungenen Mord. So leben auch die Ermittlungsrichter höchst gefährlich, die seit fünf Jahren die Drahtzieher der Verbrechen zu entlarven und anzuklagen versuchen.«[51]

Bei den Wahlen zum Parlament am 25. Dezember 1994 gingen erstaunliche 94 Prozent der Wahlberechtigten zu den Wahlurnen. Wahlbeobachter sprachen daraufhin von systematischen Unregelmäßigkeiten in Form von Mehrfachabstimmungen und davon, daß die Wahlresultate bereits im voraus festgelegt waren. Die im ersten Wahlgang erfolgreichen Kandidaten stammen zu 96 Prozent aus der usbekischen Nomenklatura. Die besteht aus einem Teil der alten kommunistischen Elite und Angehörigen neuer Seilschaften. Eine echte Opposition war zur Wahl nicht zugelassen, denn die einzige Opposition, die Birlik-Bewegung, wurde mundtot gemacht.

»Das oberste Gericht der früheren Sowjetrepublik hat sieben Oppositionsführer wegen Verschwörung gegen die Regierung zu hohen Haftstrafen verurteilt. Die sieben waren im Sommer vorigen Jahres von usbekischen Geheimpolizisten im Ausland festgenommen worden. Sie gehören alle der seit 1993 verbotenen Erk-Partei an. Sie war bis zu ihrem Verbot die letzte legale Partei in Usbekistan.«[52] Wen nimmt es da wunder, daß Menschenrechtsorganisation den usbekischen

Behörden seit längerem grobe Verletzung der Menschenrechte und Unterdrückung der Meinungsfreiheit vorwerfen?

Ende der achtziger Jahre wurden fast alle in der Vergangenheit verhafteten Chefs und Mitglieder der Mafia aus dem Gefängnis entlassen. Lob gab es für die neue Regierung vom russischen Präsidenten Boris Jelzin. Anläßlich der Ermordung des Fernsehjournalisten Listjew wies er auf das positive Beispiel Usbekistans hin. Denn dort »werden Kriminelle von Beamten des Innenministeriums auf der Stelle erschossen«. Dabei handelt es sich selbstverständlich nur um kleine Mörder, die dem Staat nicht nutzen.

Im Laufe des Jahres 1994 reisten hochrangige Politiker aus Usbekistan auf Einladung der saarländischen Regierung mehrmals nach Deutschland, begleitet von jenen Männern, die von der Polizei als hochrangige Mafiosi beschrieben werden. Grund genug für das Bundeskriminalamt, einen Alarmbrief an das Innenministerium zu schreiben: »Aufgrund von Telefonüberwachungen in Nordrhein-Westfalen gibt es ernstzunehmende Hinweise, daß unter anderem auch sogenanntes polizeiliches Alltagswissen (Detektionstechniken, Fälschungssicherheit etc.) für Straftäter einen erheblichen Wert darstellt. Es ist möglicherweise anläßlich der Besuche im Bundeskriminalamt und im Landeskriminalamt Saarbrücken erworben worden. Nach diesen Erfahrungen ist künftig stärker zu beachten, daß auch hochrangige ausländische Gäste unter Umständen ein beachtliches Sicherheitsrisiko darstellen können.« Dennoch ist bis zum heutigen Tag dem bei Saarbrücken lebenden usbekischen Millionär mit zweifelhaftem Ruf nichts geschehen. Zumindest das Landeskriminalamt hat die Kooperation abgebrochen. Zurück nach Wien.

Michailows weitere Aktivitäten in Wien

Wien war für Michailow und seine Geschäftspartner zumal nach der Lösung des Entführungsproblems, ein goldener Boden. Daher gedachte man den Stützpunkt weiter auszubauen. Ende Mai 1994, kurz nachdem der Entführte wieder in seiner Heimat weilt, findet in einer Wiener Nobelabsteige eine Konferenz führender Bosse der Unterwelt statt. Ein wichtiges

Thema ist die Kontrolle der Moskauer Spielkasinos. Die Aufgabe wird dem Mann zugeteilt, der eigens aus Moskau angereist ist: Sergej Timofejew, Mitglied des Führungskreises der Solnzewskaja, der später in Ungnade fällt und ermordet wird.

Im November 1994 wird Michailows Moskauer Wohnung erneut durchsucht. Diesmal findet die Polizei zwei Ausweise. Der eine weist den Inhaber als Mitarbeiter der Kanzlei des russischen Präsidenten aus. Im zweiten ist er als Korrespondent des US-Nachrichtensenders CNN eingetragen. Die Ausweise wurden in einem Detektivbüro ausgestellt und waren natürlich gefälscht. Die sichergestellten Dokumente des Wohltätigkeitsfonds Utaschastije (Anteilnahme) als deren Ratsmitglied Sergej Michailow eingetragen ist, sind hingegen echt. »Der Fonds finanzierte den Bau eines Glockenturms mit 9 Glocken in der Kirche des Dorfes Fedosino, und an der größten Glocke wurde die Inschrift: ›Von den Verwaltern der Kirche, dcm Wohltätigkeitsfonds Utaschastije und der Firma SW-Holding‹, deren Gründer Michailow war, angebracht.«[53]

Der Fonds übernahm auch die Leitung eines Kinderheims, versorgte die Kinder mit Geschenken, Büchern und Kleidern. Außerdem finanzierte er das Untersuchungsgefängnis Matroskaja tischina und unterstützte die bettelarme 176. Milizabteilung in Moskau.

Da man sich nicht nur dem unaufhaltsamen Einfluß- und Vermögenszuwachs widmen kann, sucht man Erholung. Ende 1994 fuhren Michailow und sein Freund Awerin gemeinsam mit einschlägig bekannten erfolgreichen Geschäftsleuten aus Moskau ins Hotel Interalp bei Telfs zum Skiurlaub.

Zwei Monate später, im Februar 1995, reiste Michailow kurz nach Prag, ins Restaurant U Holubu (Zum Täubchen). Das Etablissement, bestehend aus Restaurant, Bordell und Spielhölle, bot den idealen Rahmen für seine Geburtstagsfeier. Am 31. Mai 1995 beging hier auch Awerin seinen Geburtstag, diesmal ohne Ehefrauen oder Freundinnen. Teilnehmer der feuchtfröhlichen Gesellschaft waren führende Mitarbeiter des Unternehmens Solnzewskaja sowie mächtige Gestalten russischer krimineller Organisationen. Man nutzte den Anlaß, um über die »unternehmenseigene Rechtsprechung« (das Unternehmen praktiziert Selbstjustiz) zu diskutieren und einen Konflikt zwischen dem ungarischen Tycoon Semjon Mogilewitsch und dem Multi Solnzewskaja beizulegen. Zündstoff für den Streit war die Ermordung eines Bankers in Moskau.

Stunden vor der abendlichen Geburtstagsfeier erreichte den Budapester Polizeichef ein anonymes Schreiben, laut dem ein Semjon Mogilewitsch, der zur Feier in Prag geladen war, während der festlichen Soiree ermordet werden sollte. Prompt informierte die ungarische Polizei die Kollegen in Prag. Und ein tschechischer Staatsanwalt entschied, um den angekündigten Mordanschlag zu verhindern, im »Täubchen« eine Razzia durchzuführen.

Eine Sondereinheit nahm alle Anwesenden fest, fotografierte sie, nahm Fingerabdrücke, beschlagnahmte Tagebücher und Dokumente. Danach fuhren die Herren von der Solnzewskaja wieder in ihre Residenzen nach Deutschland, Ungarn, Moskau, Israel und Österreich zurück. Vermutet wird, daß Mogilewitsch den Tip selbst gegeben hatte – als Schutzmaßnahme. Trotzdem zeigte er sich gegenüber den lieben Bekannten über den Polizeieinsatz empört.

»Als Reaktion auf die Razzia initiierte Semjon Mogilewitsch eine Aktion gegen die tschechische Polizei, indem er Informationen verbreitete, wer von ihren Beamten während der kommunistischen Herrschaft für den Geheimdienst gearbeitet habe. Zweck war eine Desinformationskampagne in den Medien. Die entsprechenden Artikel wurden anschließend nach Moskau geschickt, um sie dort von der Solnzewskaja auswerten zu lassen. Mogilewitsch benutzt den Parlamentssprecher und den Stellvertretenden Innenminister als Teil seiner Desinformationskampagne. Andere, unbekannte Kriminelle griffen gleichzeitig die israelische Botschaft und israelische Geschäftsleute in Prag an.«[54] Damit war das Verhältnis zu Michailow wieder bereinigt.

O du schöne Bundeshauptstadt Berlin

Die nächste Spur von Michailow führt nach Deutschland. Am 22. April 1995 landete er mit seinem Freund Awerin und einem weiteren Vorstandsmitglied der Solnzewskaja auf dem Berliner Flughafen Tegel, wo sie von einem Empfangskomitee Berliner Geschäftsleute begrüßt wurden.

Im Hotel Holiday Inn waren bereits Suiten für sie reserviert. Die entsprechenden Observationsfotos lagern inzwischen beim Berliner Landeskriminalamt. »Nein«, sagt im Brustton der Überzeugung einer der Berliner Geschäftspartner von Michailow, »ich wußte nicht, wer dieser Michailow wirklich ist.« Dennoch hatte er großzügigerweise seine auf eine Firma in Liechtenstein ausgestellte Kreditkarte zur Begleichung der Hotelrechnung der »unbekannten Gäste« zur Verfügung gestellt.

Die österreichische Polizei, das heißt der Verbindungsbeamte des Wiener Innenministeriums beim BKA in Wiesbaden, sprach in diesem Zusammenhang mir gegenüber von »dem Treffen der Mafiapaten in Berlin«, was die deutschen Beteiligten hingegen weniger spektakulär sehen wollen. »Es ging um die Lieferung von Lebensmitteln nach Moskau«, so einer der gewieften Protagonisten des Treffens.

Berlin ist neben Wien ein höchst geschätzter Ort für »Unternehmer« aus der Ex-UdSSR, um Geschäfte aller Art zu betreiben. Derzeit existieren nach polizeilichen Angaben in Berlin etwa 350 von Russen kontrollierte GmbHs, mit einem Stammkapital von jeweils höchstens 50 000 Mark. Es handelt sich vorwiegend um Import-Exportfirmen, Reisebüros, Managementschulen und Spielotheken. Den Markt in Berlin haben sich verschiedene Organisationen aufgeteilt. Neben der Dolgoprudenskaja, die sich auf Wirtschaftskriminalität und Geldwäsche konzentriert, die Solnzewskaja und die georgische Mafia. Tschetschenische Killer, so die Berliner Kripo, morden für weniger als 3000 Mark. Ein Ermittler erzählt, daß er »vier Auftragskiller in Berlin« kenne, »denen wir nichts nachweisen können«. Als Basis der Geldwäsche dienen »mindestens hundert Im- und Exportfirmen«, schätzt Uwe Schmidt, im Berliner Landeskriminalamt zuständig für organisiertes Verbrechen. »Für die Spitze der russischen Mafia ist Berlin offenbar ein optimaler Standort. Eine wachsende Schar junger, eloquenter und intelligenter russischer Businessmen hat die Stadt noch vor Wien, London oder Zürich zur westeuropäischen Zentrale für Geldwäsche auserkoren. Ein Vorteil ist die Nähe zur polnischen Grenze, ein zweiter die große Zahl der ehemaligen Sowjetbürger in Berlin und dann die Deutschen selbst: Kontakte zu deutschen Geschäftsleuten, in der Regel Lieferanten, Steuerberatern und Rechtsanwälten, pflegten die Russen noch aus der Zeit vor dem Abzug der Westgruppe ihrer Streitkräfte 1995. Die zu DDR-Zeiten so viel gepriesene Freundschaft zu den Völkern der Sowjetunion trägt endlich Früchte.«[55]

Die Tore sind für alle offen, auch für Kriminelle und besonders für diejenigen, die über Investitionskraft verfügen. Wie das geht, berichtet ein eingeweihter Russe: »Zur Zeit des Massenansturms krimineller Elemente und einfacher Gauner nach Deutschland gab es für keinen eine Kontrolle. Der Wunsch, zum Schein eine Kontrolle zu schaffen, führte zur Gründung einer Organisation mit einem europäischen Büro im Jahre 1990. Bestehend aus zum Teil neu ankommenden Emigranten und zwei halböffentlichen Funktionären (sehr rasch korrumpiert), mußte das Büro Dokumente überprüfen und an die Polizei weitergeben. Stundenlang standen dort Personen, die in Deutschland bleiben wollten. Doch das Ziel rechtfertigte die Mittel. Verschiedene ›Mittel‹ waren nötig. Der Mitarbeiter des Büros, M., konnte sehr genau abschätzen, ›wer was kostet‹. Die Preise brachten bis zu 10000 Mark, aber man lehnte auch keine teuren oder andere Geschenke ab. Falsche Dokumente konnte man so ganz einfach legalisieren lassen. Dieser Handel mit Dokumenten blühte besonders in der Ukraine in den Jahren 1990 bis 1993.«

Diese Erfahrungen decken sich mit Ermittlungen des Grenzschutzamtes Berlin. Unter dem Aktenzeichen 59 Js 1915/96 läuft bei der Staatsanwaltschaft ein Ermittlungsverfahren wegen des Verdachts der gewerbs- und bandenmäßigen Einschleusung sowie schwerer Urkundenfälschung gegen Mitglieder einer russischen Bande in Berlin. »Es wird hier davon ausgegangen, daß die Beschuldigte K. sowie die gesondert Verfolgte I. für eine Vielzahl von Einschleusungen von Ausländern aus ehemaligen Sowjet-Republiken mit Hilfe falscher oder gefälschter Geburtsurkunden verantwortlich sind. Die hohen Gewinne, die sich aus den Schleusungen erzielen lassen, dürften auch für andere Schleusergruppen eine starke Anziehungskraft darstellen. In einem Ermittlungsverfahren der Staatsanwaltschaft Braunschweig waren den Beschuldigten Alexandre und I. bereits Kontakte zur Schutzgeldmafia nachgewiesen worden. Aufgrund dieser Erkenntnisse ist davon auszugehen, daß auch den Beschuldigten im vorliegenden Verfahren ›Schutz‹ gegen Entgelt gewährt wird.« Im übrigen gehen Ermittler des Berliner Grenzschutzamtes davon aus, daß der größte Teil der momentan in Berlin lebenden Russen, die nach 1994 nach Deutschland einreisten, ihre Aufenthaltserlaubnis mit gefälschten Papieren erschlichen haben. »Das ist der goldene Nährboden für die Mafia«, beklagt sich ein Ermittler des Bundesgrenzschutzes. »Doch die Behörden interessieren sich dafür nicht.«

Und damit ist man wieder bei Michailow. Vier Tage verhandelten er und seine Partner über »Lebensmittellieferungen«, dann eilten der Boß und sein Vize wieder zurück nach Wien.

Gemeinsam erholte man sich drei Monate später, im Juli 1995, auf der Luxusjacht *Savarone* (der ehemaligen Jacht des türkischen Staatsgründers Mustafa Kemal Atatürk) auf einer Kreuzfahrt im Mittelmeer, an der auch der bekannte Usbeke A. aus der Schweiz und ein nicht minder bekannter Pate der Russenmafia, der in Deutschland lebende Alimschan Totschtatschunow (Alimzhan Tochtachunov) teilnahmen. Den Mietvertrag für die Jacht unterschrieb ein ebenfalls in Deutschland lebender usbekischer Mafioso, der – und da schließt sich ein Kreis – im Saarland ein Unternehmen besaß.

Der Unternehmer als Honorarkonsul

Man weiß nicht, wer Michailow den Rat gab, sich gegen Risiken des freien Reiseverkehrs zusätzlich abzusichern. Auf jeden Fall dachte er wohl, daß der Besitz eines Diplomatenpasses ihm Immunität verleihen würde. Augenzeugen berichten, sie hätten Michailow in Costa Rica als Ehrengast bei der feierlichen Ernennung des neuen Präsidenten Calderón Fournier in der Hauptstadt San José gesehen. Tatsache ist, daß er am 4. Februar 1994 zum Honorarkonsul Costa Ricas in Moskau ernannt wurde. Michailow wollte nur Gutes tun. »Sergej Michailow hatte große Pläne zur Entwicklung der wirtschaftlichen Zusammenarbeit zwischen Moskau und Costa Rica«, erzählt sein Rechtsanwalt Pogramkow. »Es war möglich, Bananen und tropische Früchte mit dem Dampfer aus Costa Rica nach Moskau zu bringen. Er beschloß Ehrenkonsul zu werden, um das Monopol zu bekommen und diese

Arbeit zu koordinieren. Das wäre Business höheren Ranges gewesen.«

Zwar verweigerte ihm das russische Außenministerium später seine Akkreditierung, und auch die Regierung von Costa Rica distanzierte sich offiziell von dem selbsternannten Wohltäter. Das verhinderte jedoch nicht, daß Michailow in Costa Rica in den Besitz eines Diplomatenpasses – als Beruf ist »Professor« eingetragen – und aller erforderlichen Dokumente kam.

Die Leichtigkeit, mit der Personen zweifelhafter Reputation angesehene Diplomaten werden, ist nicht überraschend.

»Wie sich gezeigt hat, ist die Vorgehensweise des Erwerbs der Staatsbürgerschaft weit entfernter Länder und des Ranges eines ihres Honorarkonsuls ziemlich einfach. Eigene Firmen, die zu erschwinglichen Preisen derartige Dienste anbieten, gibt es seit langem auf der ganzen Welt. Ihre Tätigkeit weisen sie offiziell als ›Beschaffung der erforderlichen Touristendokumente (Visa-Service)‹ aus. Früher nahmen ihre Dienste Betrüger, Finanzgauner und Geschäftsleute am Rande des Bankrotts in Anspruch. Alles änderte sich jedoch mit der russischen Welle. Die Bestellungen entwickelten sich zu einer Woge, und die vaterländischen Geschäftsleute, die das Geschäft in ihre Hände genommen hatten, erweiterten die Liste der möglichen Länder ins Grenzenlose.«[56]

Der Botschafter aus Costa Rica

Warum favorisiert nun gerade der Weltkonzern Solnzewskaja Costa Rica, oder war es umgekehrt gewesen? Die Frage führt zu einem Multimillionär, einflußreichen Politiker in Costa Rica und in Europa bekannten Diplomaten namens Felix P. Bei europäischen Polizeibehörden ist er weniger als honoriger Unternehmer und Diplomat, der sogar den höchsten belgischen Orden trägt, bekannt denn vielmehr als internationaler Waffen- und Drogenhändler, der unter diplomatischem Vorwand agiert und höchste politische Protektion genießt. Er ist der Prototyp des Metakriminellen. Walter de Bock, Journalist der belgischen Zeitung *De Morgen*, beschrieb ihn im Sommer 1996 in einer Artikelserie als einen der mächtigen

Männer des Drogenkartells mit intimen Beziehungen zu den Präsidenten Costa Ricas. Anstatt sich gerichtlich gegen den schweren Vorwurf zu wehren, verzog er sich aus Brüssel. Die österreichische Polizei berichtet, er habe unter Umgehung des UN-Embargos illegale Waffengeschäfte mit dem Nahen Osten und mit dem ehemaligen Jugoslawien eingefädelt. Felix P. war ständiger Vertreter Costa Ricas bei den Vereinten Nationen und der Internationalen Atomenergiebehörde in Wien und bedient sich eines Netzes von Partnern, die teilweise mit Diplomatenpässen Costa Ricas ausgestattet sind. Felix P. – ein Mann, der bislang vollkommen im verborgenen arbeitet.

1952 wurde der gebürtige Pole erstmals mit der Verteilung falscher Dollarnoten in Triest polizeilich erfaßt. Zwei Jahre später verurteilte ihn am 26. April 1954 in Brüssel ein Gericht wegen »Verwendung, öffentlicher Führung und Schreibweise eines falschen Namens« zu einer Bewährungsstrafe. Im Jahre 1968 wurde bekannt, daß er der Geldgeber eines enttarnten Agenten des Ministeriums für Staatssicherheit war und selbst enge Verbindungen zum Ministerium für Staatssicherheit in Ost-Berlin unterhielt.

Am 4. November 1976 meldete er sich im Einwohnermeldeamt in Wien an, danach in Brüssel. Sechs Wochen später wurde er als ständiger Vertreter von Costa Rica bei der Internationalen Atomenergiebehörde akkreditiert. Unabhängig von den diplomatischen Würden liefen 1978 und 1980 gegen ihn Strafverfahren wegen Devisenvergehens, die jedoch eingestellt wurden. 1978 wurde ein Haftbefehl gegen ihn ausgestellt. Er hatte als Verantwortlicher eines Reisebüros durch nicht vollständige Verbuchungen von Provisionen und Rabatten Steuerhinterziehung in Millionenhöhe begangen. Das waren gemessen an seiner Verwicklung in den Drogenhandel noch Peanuts.

So äußerte Tulio Ramirez, Geschäftsträger der Botschaft Costa Ricas in Wien, bei seinem Rücktritt den Verdacht, daß Felix P. gemeinsam mit einem Walter S. in den Drogenhandel verwickelt sei. Denn 1978 hatte Felix P. den Geschäftsträger, der ein Gespräch über einen geplanten Drogenschmuggel mithörte, zu bestechen versucht. Damals waren der Drogenhändler Mauricio Ungar, Walter S. und Felix P. im Wiener Hotel Hilton zusammengetroffen. Auch Tulio Ramirez war dabei. Als Ramirez auf die Vorschläge von Felix P. nicht einging, wurden am 25. Oktober 1978 in Wien, in der Nähe seiner Wohnung, mehrere Pistolenschüsse auf ihn abgefeuert.

Ramirez hatte diesen Vorfall nicht bei der Polizei angezeigt, sondern bei seinem Außenministerium um eine Weisung, was er nun tun solle, nachgesucht. Das Auswärtige Amt in Costa Rica antwortete nicht. Felix P. wurde jedoch seines Amts enthoben.

1980 arbeitete er als Repräsentant der Gesellschaft Tradin in Liechtenstein und Belgien, die sich mit Immobilien, Raritäten, Touristik und Kunst beschäftigte. Von 1981 bis 13. Februar 1982 verlegte er seinen Wohnsitz wieder nach Wien. 1982 wurde er in Deutschland vom Amtsgericht Köln wegen Steuerhinterziehung verurteilt. Der Hintergrund: Auf Empfehlung eines ehemaligen deutschen Botschafters in Costa Rica, der gleichzeitig deutsche Unterstützungsgelder für den Partido Liberación Nacional (PLN) des Präsidenten Arias Sanchez überbrachte, gelang es Felix P., seinen Einfluß in Costa Rica zum mächtigsten Mann des Landes auszubauen. Er stieg zum Protokollchef in der Botschaft Costa Ricas in Köln auf. Felix P. zeigte sich erkenntlich, indem er den damaligen Lufthansachef zum Konsul von Costa Rica ernannte. Das hinderte Felix P. nicht, die Lufthansa in Millionenhöhe zu betrügen und seine Steuerschuld in Höhe von 120 Millionen Mark nicht zu begleichen. Unbegreiflich, warum gegen diesen Mann nicht mehr unternommen wurde. Denn jetzt akkreditierte ihn das österreichische Außenministerium erneut als Vertreter Costa Ricas in Wien, und zwar aufgrund eines Schreibens der Internationalen Atomenergiebehörde. Dank seinem am 7. Dezember 1990 ausgestellten Diplomatenpaß Nr. 004496 genießt der Unternehmer seitdem diplomatische Immunität. So gesehen ist es nicht weiter verwunderlich, daß er kriminelle russische Geschäftsleute zu Ehrenkonsuln seines Landes ernennen ließ.

Costa Rica ist ein kleiner Staat in Mittelamerika, der überwiegend vom Anbau und Export seiner Agrarprodukte, Bananen, Zuckerrohr, Kaffee, Kakao und Baumwolle, lebt. Für die exorbitante Bereicherung der herrschenden Eliten reicht das nicht. Daher spielt die Schweiz der Karibik im Drogenhandel eine weitaus größere Rolle, wahrscheinlich der wesentliche Grund dafür, daß sich Michailow und andere Unternehmer seines Schlages besonders gerne in diesem Lande aufhielten. Nach Angaben aus Kreisen der Unterwelt trafen sich im Sommer 1995 die Führer einer Reihe von »Unternehmen«, darunter der Solnzewskaja, in Moskau mit den Vertretern des kolumbianischen Kokainkartells und Vertretern des kubanischen Geheimdienstes, um die Möglichkeiten größerer Kokainlieferungen nach Rußland zu erörtern. Anschließend gründeten zahlreiche Unternehmer, die mit der Muttergesellschaft Solnzewskaja in Verbindung stehen, gemeinsame Handelsfirmen in Costa Rica, Ecuador und Panama.

Türkisches Intermezzo

Nach der kurzen Stippvisite in Moskau im September 1995, als Michailow in Moskau seine Ernennung zum Honorarkonsul feierte, reiste er im November 1995 mit Freund Awerin in die Türkei, und zwar an die Südküste, in den Touristenort Kemer, nahe bei Antalya gelegen. Im November ist das Klima in Antalya nicht besonders angenehm. Es regnet häufig, und für Badefreuden ist es zu kühl. Zum Ausspannen dürften beide daher nicht nach Kemer gefahren sein. Unterkunft fanden sie in der komfortablen Fünfsterneherberge Royal Resort.

Der Hotelmanager erzählt freimütig, daß »Michailow und Awerin am Hotel beteiligt sind«, über ein Joint-venture zwischen Michailows Firmen MAB-Antwerpen, MAB-Israel und einem bekannten Istanbuler Geschäftsmann. Investiert wurde außerdem in eine Fluggesellschaft, die Flying-Carpet. Die besitzt inzwischen ein paar alte Tupolews, mit denen Touristen aus Israel und Rußland nach Antalya geflogen werden – ins Hotel Royal Ressort.

Ein anderer Plan Michailows sah vor, neben dem Kauf weiterer Immobilien einen Jachthafen zu bauen, der eine Zollbefugnis haben sollte. Das wäre für legale wie illegale Transporte jeder Art ein idealer Stützpunkt gewesen. Durch eine Intervention des türkischen Nachrichtendienstes MIT konnte zumindest dieser Investitionsplan abgewendet werden.

Die türkischen Partner des Hotels, wissend, wo Investitionen blühende Gewinne abwerfen, haben außerdem einen privaten Fernsehkanal gekauft. Mitarbeiter des türkischen Fernsehens, die dort einmal aufkreuzten, erblaßten vor Neid. »Das ist Hochtechnologie vom Feinsten«, erzählten sie mir. »Aber was kann ein Lokalsender damit anfangen?« wollte ich wissen.

»Wir vermuten, daß durch den Sender Druck auf lokale Größen ausgeübt wird«, so die lapidare Antwort. Darunter ist zu verstehen, daß die Holding ein Erpressungsmittel in der Hand hat. »Wenn wir für dieses und jenes Projekt keine Genehmigung erhalten, plaudern wir ein wenig über die schmutzigen Geschäfte des betreffenden Politikers.«

Michailow dürfte ein Faible für die Türkei haben, in der bekanntlich die Korruption auf allen Ebenen blüht. Deshalb beteiligte er sich im türkischen Teil von Zypern, an einer Offshore-Bank, der Cyrus-Credit-Bank.

Es war wieder einmal eine kluge Wahl. Sein Partner in der Bank ist eine einflußreiche Familie, Verwandte des nordzypriotischen Präsidenten Rauf Denktasch. Daß die Bank als Geldwäscheinstitut gilt, davon weiß die einflußreiche Familie wahrscheinlich nichts.

Wer aber ist der wichtigste Partner von Michailow in der Türkei? Seit zwei Jahren der Istanbuler Geschäftsmann Ali S.

Ali S., 1939 in Jugoslawien geboren, emigrierte 1956 in die Türkei. In seiner Jugendzeit führte er ein wildes Leben. 1963 wurde er in Schweden wegen Raubes verurteilt, 1970 in Dänemark wegen Drogenbesitzes zu einer Gefängnisstrafe von anderthalb Jahren. Außerdem erhielt er ein fünfjähriges Einreiseverbot.

Alis erstes finanzielles Engagement in Rußland lief über die Fluggesellschaft Green-Air, die ihren Stützpunkt auf dem Flughafen Unwkowa, nicht weit von Solnzewo entfernt, hatte. Am Ende des geschäftlichen Höhenflugs blieb ein finanzielles Trümmerfeld übrig: 16 Millionen Dollar Schulden.

Ein anderer Deal sorgte wenig später für Schlagzeilen in der Türkei. 1992 lieferte der clevere Geschäftsmann an die türkischen Jandarmas, militärische Spezialeinheiten, 19 Hubschrauber M 17 aus Rußland im Wert von 64 Millionen Dollar. Die Hubschrauber sollten in den Kurdengebieten im Südosten der Türkei für Transport und Ambulanzdienste eingesetzt werden. Pech für die Jandarmas und Glück für die

Kurden: Sie taugten nichts und sind heute als Schrott in den Hangars der Gendarmerie zu bewundern.

Das alles konnte die Karriere des rührigen Unternehmers nicht beeinträchtigen. Heute ist er Präsident eines bekannten Istanbuler Fußballklubs, tritt bei öffentlichen Gelegenheiten mit einer obligatorischen Zigarre im Mund, sozusagen seinem Markenzeichen, auf, besitzt in Bodrum, dem türkischen Nobelferienort, eine mondäne Villa, fliegt im Privatjet und läßt sich in seinem gepanzerten Mercedes 600 chauffieren. Zu diesem durchaus standesgemäßen Ambiente gehört auch, daß er sich mit einer Schar Leibwächter umgibt. »Alles Blenderei«, erzählen Istanbuler Journalisten. »Aber er hat Einfluß auf hohe türkische Politiker.« Niemand in der Türkei weiß, wie der Mann, der einen königlichen Lebensstil pflegt, überhaupt zu seinem Vermögen gekommen ist. Michailow, der es weiß, wird nicht darüber reden.

Der Schweizer Aufenthalt

Die Schweiz genießt bekanntlich den Ruhm eines sicheren Hafens für jede Art von Finanzanlagen. Schätzungen gehen davon aus, daß der Gesamtwert aller Depositen, die 1994 auf Schweizer Banken, bei Treuhändern, Vermögensverwaltern und so weiter lagen, sich auf 2100–2500 Milliarden Schweizer Franken belief. Gut die Hälfte stammt aus dem Ausland[57] und davon ein Teil aus den GUS-Staaten, geschätzte Summe: zehn bis zwölf Milliarden US-Dollar.

Seit dem Fall des Eisernen Vorhangs ist der Finanz- und Handelsplatz Schweiz deshalb zum finanziellen Operationsfeld von Mafiaorganisationen aus der Ex-UdSSR avanciert. Hier wurden und werden Milliardenbeträge über Tarnfirmen und Treuhänder gewaschen. Hier tritt der Kriminelle als seriöser Geschäftsmann auf, was sich von den Auswirkungen auch umgekehrt sagen läßt. Allein in Zürich werden über 300 Gesellschaften verdächtigt, als Waschanlagen für kriminelles Geld mißbraucht zu werden.

Mit Hilfe eigens für die Geldwäscherei gegründeter und weltweit domizilierter, rechtlich selbständiger, aber unter geheimen Holdings stehender Firmen betreiben Geschäftsleute aus aller Welt, zunehmend jedoch aus dem Osten, unter anderem Immobilienspekulation, erwerben ganze Unternehmen oder Unternehmensbeteiligungen sowie Industrieanlagen, tätigen Import- und Exportgeschäfte oder fingieren diese nur. Gelingt es, Einnahmen illegaler Herkunft erst einmal über Ländergrenzen hinweg auf unverfängliche Tarngesellschaften zu transferieren, sind bereits wichtige Hürden genommen. Durch Kauforders an der Börse werden Aktienpakete unerkannt und über mehrere ihnen gehörender Gesellschaften erworben, bis sie unter Umständen über die Geschicke respektabler Unternehmen bestimmen können.

Gegründet werden besonders gerne Gesellschaften mit international klingenden Namen, die lediglich aus einem mit Computer, Telefon und Telefax ausgestatteten Ein-Mann-Büro bestehen. Sie werden zum Teil nur für kurze Zeit benutzt, danach wird die Geschäftstätigkeit auf eine Neugründung übertragen. Unternehmen werden manchmal nur für eine einzige Transaktion gegründet und sogleich wieder aufgelöst.

»Von vielen Kantonen wird auf die Gründung von Aktiengesellschaften (angeblicher Hintergrund oft Handel mit Rohstoffen), aber auch auf den Einstieg östlicher Geschäftsleute in bereits bestehende Aktiengesellschaften (namentlich solche mit finanziellen Schwierigkeiten) hingewiesen, wobei praktisch immer schweizerische Mittelsmänner oder Firmen nach außen in Erscheinung treten. Gekauft werden auch Firmen mit ausländischem Domizil, beliebt sind Panama oder die Bahamas.«

Es gibt eine Vielzahl von Beispielen für diese Entwicklung. Eine im Tourismusbereich tätige Gesellschaft in russischer Hand organisiert in der Westschweiz den Grundstückserwerb für kapitalkräftige russische Staatsangehörige. Die erworbenen Immobilien übersteigen immer den Wert von einer Million Franken. Die Gesellschaft sowie ihre russische Partnerin werden von Chefs einer kriminellen Organisation kontrolliert, die Gewinne aus dem Handel mit Erdölprodukten und Waffen mit Ex-Jugoslawien erzielt hat. In einem anderen bekanntgewordenen Fall hat ein namhafter russischer Sportler in einem Tourismusgebiet der Westschweiz im eigenen Namen Immobilien gekauft. Nach den der Polizei vorliegenden Informationen sind alle oder Teile der investierten Gelder kriminellen Ursprungs. Der russische Sportler agierte nur als Strohmann.

Beliebt sind auch vorgetäuschte Warenlieferungen in die ehemalige UdSSR, um Devisen dubioser Herkunft über Schweizer Bankkonten zu schleusen. Ein großes Unternehmen in der Schweiz, dessen Chef sich rühmt, »ich habe Zugang zu Präsident Jelzin und seinem Premierminister«, ist darin ein wahrer Meister. Seinen russischen Handelspartnern stellt er Pro-forma-Rechnungen für fiktive Warenlieferungen aus. Aus Rußland treffen dann Devisen in Millionenhöhe ein, deklariert als »Anzahlungen für Exporte«, die in Wirklichkeit gar nicht durchgeführt wurden. Ideal für die »Vorwäsche« von Drogengeldern.

Und die Schweizer Justiz schaut ohnmächtig zu. Strafverfahren kommen häufig nicht über einen bestimmten Punkt hinaus, klagt die Polizei. Nach Vorermittlungen und vorsorglichen Maßnahmen (Kontosperrungen, Überwachungen) ist meist eine Grenze erreicht. Häufig zeigen die kantonalen Behörden große Zurückhaltung wegen der schwierigen Beweislage. »Das Netz der organisierten Kriminalität hat oft fast uferlose Ausdehnung – das schweizerische Strafrecht ist auf Einzeltäter zugeschnitten. Urteile ergehen fast nur in Nebenpunkten wie Ausweisfälschung.«[58]

Daher ist es wenig verwunderlich, daß auch immer mehr Schweizer Anwälte von russischen Kunden, insbesondere solchen aus den Kreisen der ehemaligen Nomenklatura, die plötzlich über große Geldmittel verfügen können, mit der Gründung von Gesellschaften beauftragt werden. Kenner der Szene sprechen davon, daß in der Schweiz 100 Anwälte für russische Mafiosi tätig sind. So wie einst Schweizer Anwälte während des Zweiten Weltkrieges die Vermögen der Nazis verwalteten – weitaus mehr als die Banken –, betreuen sie heute das schmutzige und blutige Geld der kriminellen Nomenklatura. Am Bewußtsein, gar der Moral, hat sich zumindest bei vielen Schweizer Anwälten wenig geändert.

Im Zusammenhang mit diesem Personenkreis werden in der Schweiz, genauso wie in Österreich, in zunehmendem Maße Firmen ohne ersichtbare wirtschaftliche Tätigkeiten gegründet, finanzielle Beteiligungen werden übernommen, Immobilien und Luxusgüter gekauft.

»Ein Teil der Gelder aus dem Osten dürfte zum Zwecke der Geldwäscherei (zur Einschleusung von Bargeld in den regulären Geldkreislauf, zur Verwischung von Spuren oder zur Rückführung und Legalisierung der illegal erzielten Erträge) in den Westen transferiert werden. Für die erste Phase der Geldwäscherei (Plazierung bzw. Einschleusung des Geldes in den regulären Geldkreislauf) sind vor allem Länder mit rigorosem Bankgeheimnis, lückenhaften oder nicht durchgesetzten Gesetzen im Finanzbereich (namentlich wo Geldwäscherei nicht strafbar ist oder toleriert wird), also sogenannten Off-shore-Zentren, von Interesse. Sehr wahrscheinlich erfüllen Oststaaten teilweise eine ähnliche Funktion.«[59]

Ende 1995 entschied sich Michailow jedenfalls, dem an sich gemütlichen Wien den Rücken zu kehren. Die Gründe sind nicht bekannt. Daß er seinen beiden Töchtern in einem Schweizer Internat eine standesgemäße Erziehung zukommen lassen kann, wird kaum den Ausschlag gegeben haben, auch nicht, daß ihm in Wien der Boden zu heiß wurde. Vielmehr wußte Michailow bereits einiges über die finanzielle Infrastruktur seiner neuen Heimat. Er wußte, wo Briefkastenfirmen und Bankkonten ohne Probleme, aber mit Hilfe kundiger Anwälte eröffnet werden können, er wußte von vielen russisch-schweizerischen Firmen, die meist im Import-Export mit Kupfer, Gold und anderen dem legalen Kreislauf entzogenen Rohstoffen erfolgreich tätig sind.

Michailow kannte die Schweiz bereits von einigen Besuchen, zum Beispiel im Jahr 1992. Damals mietete ein durchaus bekannter Schweizer Anwalt im noblen Luzerner Hotel Palace gleich zehn Zimmer unter seinem Namen an. In einem der Sitzungszimmer saß dann eine Runde gutgekleideter Geschäftsleute drei Tage lang zusammen und tauschten Erfahrungen über ihre bisherigen Geschäftserfolge aus und über die weitere Strategie der Markteroberung. Die Kellner erinnern sich, daß dabei Unmengen von Alkohol konsumiert wurden. Eines der wesentlichen Themen war der Kauf von Luxusresidenzen an den schönen Ufern des Vierwaldstädtersees, des Genfer Sees und des Lago Maggiore. Der rührige Anwalt aus Zug, der sein Millionenvermögen durch Geschäftsbeziehungen mit mehr oder weniger kriminellen

Unternehmern weltweit erworben hatte, stellte ihnen Hochglanzprospekte der entsprechenden Immobilien zur Verfügung.

»Insbesondere«, so der Zürcher Anwalt zu seinen Moskauer Klienten, »sollte man Off-shore-Zentren gründen und diese von unbedenklichen Kaufleuten oder Anwälten vertreten lassen. Ich kann Ihnen da meine Dienste anbieten. Meine Bekannten dort sind seriöse Leute und fallen nicht auf. Da wir als Anwälte hier ein striktes Privileg haben, können wir Ihre Gelder entgegennehmen, verwahren, wir können Immobilien auf eigene Rechnung, aber im Auftrag von Ihnen erwerben und natürlich andere geschäftliche Transaktionen durchführen, zum Beispiel Unternehmen gründen, ohne daß Sie als Eigentümer erwähnt werden.« Die Geschäftsleute, die da Pläne schmiedeten, gehörten zur Unternehmensgruppe Solnzewskaja. Anwesend gewesen sein sollen auch Michailow und Awerin. Doch dank den Handlangerdiensten des Anwalts läßt sich das heute nicht mehr mit letzter Sicherheit bestätigen. Denn der nimmt sein Schweigeprivileg als Anwalt in Anspruch.

Dieser Anwalt ist kein Exot in der Schweizer Anwaltschaft, sein Handeln entspricht durchaus der gängigen Praxis seiner Zunft in der sauberen Schweiz. Das hat auch die Bundespolizei erkannt: »Es wird übereinstimmend fast in allen kantonalen Stellungnahmen auf die undurchsichtige Rolle des Parabankensektors bzw. auf die Tätigkeit von dubiosen Treuhandfirmen und Anwälten hingewiesen. Es gibt in unserem Kanton genügend Leute, insbesondere Treuhänder und Anwälte, die zu dubiosen Geschäften bereit sind und somit auch ihre Hilfe und Unterstützung anbieten. Es gibt in unserem Kanton [Bern] insgesamt 189 Treuhand- und Revisionsgesellschaften und 45 Verwaltungsgesellschaften – all diese finanzintermediären Gebilde sind im Unterschied zu den Banken keiner staatlichen Aufsicht unterstellt, was als potentielle Gefahr für unlautere Aktivitäten gewertet wird. Es ist aus Ermittlungsverfahren bekannt, daß diese Firmen zum Teil Schwarzgelder von Kunden verwalten. Bedenklich ist, wenn ein Kanton hierzu folgendes sagen muß: ›Die Rollen der Treuhandgesellschaften sind nicht immer transparent. Da die Inhaber dieser Firmen nebenamtlich hohe politische Ämter bekleiden, sind die Recherchen entsprechend schwierig.‹« Soweit ein Auszug aus dem Schlußbericht der Berner Bundespolizei an das Justizministerium.

Diese komfortable Lage für wirtschaftliche Magnaten aller Schattierungen erklärt, warum es Michailow und Awerin in die Schweiz zog, und zwar nach Genf. Genf verzeichnete vom 1. Januar 1994 bis 26. April 1995 zirka 15 000 Übernachtungen von Personen aus der Ex-UdSSR. Im Jahr 1992 betrug die Zahl der Übernachtungen noch 3917.

Anfangs wohnte Michailow im Luxushotel La Reserve in Genf, nahe dem Sitz der Vereinten Nationen gelegen. In dem luxuriösen Hotelkomplex logieren die Spitzenvertreter aus Politik und Wirtschaft. Inzwischen ist es zu einem beliebten Treffpunkt reicher russischer Unternehmer geworden, vielleicht, weil selbst die Speisekarten in kyrillischer Schrift vorliegen. Es ranken sich um das Hotel auch noch andere Geschichten, die Pascal Auchlin in der Schweizer Wirtschaftszeitung *Facts* veröffentlichte.

»Das Etablissement wird von den Chus, einer ehrenwerten, chinesischen Familie aus Schanghai, geführt, die während Jahren den Sportklub FC Servette gesponsert hat. Vergangenen Februar wurde Mike Chu verhaftet. Zwischen ihm und einigen seiner ehemaligen Angestellten war ein Rechtsstreit über den Konkurs eines Nachtklubs entstanden. Chu war Besitzer des Maxims, einer Hochburg des Genfer Nachtlebens, das er schließlich an Russen weiterverkaufte. Für Untersuchungsrichter Zecchin roch dieser Konkurs nach Betrug. Sein Verdacht: dubiose Gelder aus Rußland. Kaum war Chu wieder aus dem Gefängnis, protestierte er gegen die Genfer Justiz, verwies auf sein Hotelimperium mit 1000 Mitarbeitern und erwähnte seine freundschaftlichen Beziehungen zum Sohn des Altbundesrats. Für die staatliche Kaution in Höhe von 40 000 Franken war ein russischer Freund von Chu aufgekommen. Der, Eugenio Kostowjetzki, galt in Genf wie auch sein Bruder als repektabler Investor. Die beiden Söhne einer sibirischen Bergarbeiterfamilie hatten es dank ausgeprägten Geschäftssinns in der Schweiz zu einem stattlichen Vermögen gebracht (. . .) Die Gebrüder Kostowjetzki sind vor kurzem nach Rußland zurückgekehrt, angeblich, um ihre Eltern zu beschützen, die von der Mafia mit dem Tod bedroht werden. Dies zumindest ist der Grund, den das Brüderpaar offiziell angab, um sein Fernbleiben von der letzten Einvernahme durch den Genfer Richter Georges Zecchin zu begründen.«[60]

In diesem undurchsichtigen Umfeld war Michailow in Genf gut aufgehoben. Nach seinem Intermezzo im Hotel La Reserve fand er mit Hilfe von Freunden eine schöne Villa, 15 Kilometer außerhalb Genfs gelegen, in dem kleinen Dorf Borex. Das Haus Chemin Tourniaux 12 ist keine Prunkvilla, aber mit modernsten elektronischen Sicherungsapparaten, wie einem Bewegungsmelder, geschützt. In einer großen Garage kann er seinen dunkelblauen Rolls-Royce mit belgischem Kennzeichen sicher unterstellen. 790000 Schweizer Franken hat er für die am 21. Juni 1996 erworbene Villa bezahlt, ein Drittel davon bar.

Seine Nachbarn wissen wenig über ihn zu berichten. Es kümmerte sie auch nicht, wer da neu eingezogen ist, zumal sie sich mit der Familie nicht verständigen konnten. Und Michailow selbst war häufig unterwegs. Daß er ein geschliffener Unternehmer war, davon waren – natürlich – seine Schweizer Geschäftspartner überzeugt. Sie beschrieben ihn als kompetenten Unternehmer, der allenfalls dadurch – allerdings positiv – aufgefallen ist, daß er die Freundschaft mit hohen Diplomaten der russischen Botschaft in Bern genoß und ihnen gegenüber »geradezu autoritär« aufgetreten ist. Manchmal, so beobachtete die Genfer Polizei, eilte aus Moskau »ein hoher Beamter mit Koffern voller Geld« in die Villa in Borex. Der Moskauer Beamte, der einst für den KGB gearbeitet haben soll, reiste danach weiter. Nach Portugal, Budapest, Wien und Berlin. Ein Mann mit Einfluß, der, wenn er Moskau verlassen hatte, vom Zoll nicht kontrolliert und als VIP behandelt wurde.

Erfolgreich legte sich Michailow nun weitere Firmen oder -beteiligungen zu.

Als erstes eröffnete er ein Konto bei der Genfer Filiale der Bank Gutzwiller & Co; gründete eine Gesellschaft auf seinen Namen, die ACM Private Fund Inc. auf den britischen Virgin-Inseln, eröffnete ein Konto bei der SBS in Morges und ein Konto bei der FIBI-Bank in Zürich. Zusammen mit einem Geschäftspartner aus Belgien wurden über die FIBI-Bank in Zürich diverse finanzielle Transaktionen abgeschlossen. Dazu diente das Konto Nr. 68075. Diese Bank wird beim Bundesamt für Polizeiwesen als nicht unbedingt seriös eingestuft. Für Geschäftsleute vom Schlage eines Michailow daher angemessen.

Außerdem wurden drei Konten bei der Arab-Bank in Genf eröffnet. »Insgesamt«, so die Staatsanwaltschaft in Genf, hat er in der Schweiz über 2,2 Millionen Franken deponiert.« Mit dem Geld gründete er danach weitere Firmen. So beteiligte er sich an der Firma East Line S.A. in Pully und an der Cougard Distribution sowie mit 280000 Franken an der SCFI-Holding in Morges. Für sich schloß er eine Versicherung über eine Million Franken ab.

Weil er und seine Frau häufig in ferne Länder reisen müssen, legte er sich eine Kollektion von Kreditkarten zu: elf an der Zahl, ausgestellt in der Schweiz, Israel, Österreich, Deutschland und Ungarn. Seine Frau blieb auch nicht untätig. Sie firmierte als Managerin einer Filiale des Unternehmens Arigon, das zum Imperium des Semjon Mogilewitsch gehört.

Besonderes Augenmerk verdient Michailows Firma MAB-International (Michailow Awerin Business), die bereits am 12. April 1995 in Antwerpen ins Handelsregister eingetragen wurde. Über dieses Unternehmen kam er in Kontakt mit einem Boris Birschtein.

Der Tycoon und die Kooperation mit politischen Elementen

Birschtein, ein altgedienter Wanderer zwischen zwei gar nicht so unterschiedlichen Welten im untergegangenen Sowjetreich, stellte Michailow und anderen Repräsentanten des Solnzewskaja-Konzerns regelmäßig seine Gulf-Stream oder die Fokker 128 zur Verfügung. Ein reiner Freundesdienst? Für Michailow stellte die Verbindung zu Birschtein jedenfalls einen direkten Draht in die politischen Schaltzentralen der GUS-Staaten her.

Doch das kristallisierte sich erst im Verlauf der peniblen Ermittlungen der Genfer Staatsanwaltschaft gegen Michailow heraus. Denn während der Hausdurchsuchung bei Michailow im Oktober 1996 fanden die Ermittler obskure Zahlungsbelege für ein Unternehmen in Antwerpen. 150 Millionen Dollar sollen demnach von Michailow über dieses Unternehmen gelaufen sein.

Im Mai 1997 flog Untersuchungsrichter Zecchin nach Antwerpen, um zusammen mit der Gendarmerie und Finanzspezialisten bestimmte Firmen und die Wohnung Birschteins zu durchsuchen. »Die Durchsuchungen waren erfolgreich. Das hier ist das Delikt der Geldwäsche«, erzählte mir nach der zweitägigen Aktion Richter Zecchin in Antwerpen. Was er genau gefunden hat, unterliegt zwar dem Ermittlungsgeheimnis – aber alles weist auf fragwürdige Geschäftspraktiken des Unternehmens Seabeco hin.

Was ist das für eine Firma, und wer ist Boris Birschtein (Birshtein)? Beide tauchen ja seit geraumer Zeit in den Medien, Polizeiakten und Nachrichtendiensten immer wieder auf.

Boris Birschtein verließ 1979 vollkommen mittellos seine Heimat UdSSR und ging nach Israel. Dort hielt es ihn nicht lange; nach zehn Monaten flog er in die Schweiz. Danach wanderte er nach Kanada aus und ließ sich dort einbürgern. Der Bundesnachrichtendienst stellte die These auf, daß Birschtein das Unternehmen Seabeco bereits Mitte 1982 im Auftrag des KGB in Kanada gegründet habe. Zu diesem Ergebnis kommt auch die belgische Gendarmerie und Police Judiciaire in Brüssel und fügt hinzu: »Das Unternehmen beschäftigt sich mit dem illegalen Export von Technologie.«

Einer der führenden Personen des Unternehmens war der KGB-Oberst und KPdSU-Schatzmeister V. V. mit guten Beziehungen zu Walentin Falin, dem ehemaligen Botschafter der UdSSR in Deutschland. Im Herbst 1991 wechselte V. aus dem Moskauer Zentralkomitee der KPdSU in die Schweiz. Zuvor hatte ihn die KPdSU beauftragt, eine neue Struktur für die Parteifinanzen aufzubauen, vor allem zu dem Zweck, das riesige Vermögen der Kommunisten im Ausland in Sicherheit zu bringen. Nach Schätzungen des Moskauer Staatsanwalts Sergej Aristow sollen auf diese Weise etwa 600 Unternehmen außerhalb der GUS neu entstanden sein. Das Vorstandsmitglied der Deutschen Bank, Georg Krupp, schätzte, daß über solche Unternehmen rund 20 Milliarden US-Dollar illegal von russischen »Geschäftsleuten« im Ausland geparkt worden sein sollen.

Angeblich wurden zwischen 1990 und 1991 insgesamt 20 Millionen Dollar aus diesem beiseite geschafften Vermögen der ehemaligen KPdSU nach Zürich zur Seabeco transferiert. Über die Verwendung des Geldes wurde in einer außerordentlichen Generalversammlung im Juli 1991 in den Räumlichkeiten der Seabeco AG diskutiert. Über die im Westen operierenden ehemaligen kommunistischen Firmen wollte man ein internationales Computer-Kommunikationsnetz aufbauen. In dieses Projekt sollte auch die russische Gostechkomissija, eine Abteilung des Verteidigungsministeriums der UdSSR, eingebunden werden.

Unbestritten ist, daß Birschtein seit 1991 als Vorsitzender des Komitees für Wiederaufbau und Entwicklung der Republik Kirgistan verantwortlich zeichnete. Im gleichen Jahr wurde in der Schweiz eine Seabeco-Gruppe und eine Seabeco Trade and Finance AG gegründet. Danach erfolgte die Gründung einer Seabeco Kirgistan AG in Zürich sowie eine Seabeco in den USA und in Moskau.

Ab 1992 wurde aus der kleinen Firmengruppe in kürzester Zeit ein weltumspannendes Handelsunternehmen mit Niederlassungen in New York, Toronto, Rom, Brüssel, Hongkong.

»Die offizielle Erklärung für den wirtschaftlichen Aufschwung der Firmengruppe ist der weltweite Handel mit Metallen und Urea. Urea wird aber nicht nur von der Seabeco, sondern auch von führenden Unternehmen wie BASF und Höchst hergestellt. Im Gegensatz zu diesen Unternehmen ist die Seabeco-AG international als Trader für Urea nicht bekannt. Es ist mittlerweile als gesichert anzunehmen, daß das Harnstoffgeschäft des Boris Birshtein lediglich auf dem Papier bestand.«[61]

Im Juni 1992 wurde zwischen der Seabeco Kirgistan AG und der kirgisischen Regierung ein Kooperationsvertrag unterzeichnet. Seabeco sicherte gegen Goldlieferungen die Lieferung westlicher Technologie zum Ausbau der Goldmine Makmal in Kirgistan zu.

Das kleine gebirgige mittelasiatische Land mit knapp 4,5 Millionen Einwohnern erklärte im August 1991 seine Unabhängigkeit von der UdSSR und ist seit Dezember 1991 Mitglied der GUS. Präsident Askar Akajew versteht sein Land als die kleine Schweiz in den neuen GUS-Staaten.

Ende 1991 unterzeichnete er einen Vertrag mit Boris Birschtein, wonach die Goldreserven seines Landes in die Schweiz zu transportieren seien. Tatsächlich *ist* das Gold von Kirgistan Anfang 1992 in einer Firmenmaschine der Seabeco auf dem Zürcher Flughafen Kloten angekommen. Danach wurde das Gold weiterverarbeitet und bei der Schweizerischen Bankgesellschaft eingelagert. Die Staatsanwaltschaft in Kirgistan, die den geheimnisumwitterten Goldtransfers auf den Grund gehen wollte, vermutet, daß »verantwortliche Personen« der Seabeco genauso wie »Ex-Mitglieder der kirgisischen Regierung« das Gold als Kredit für eigene Anschaffungen nutzten.

Eine andere Version der Ereignisse, glaubt man den Erkenntnissen und Verdachtsmomenten, die von verschiedenen Polizeibehörden in Europa, insbesondere der Kantonspolizei und Staatsanwaltschaft von Zürich, gesammelt wurden, stellt sich so dar:

Demnach soll festgestellt worden sein, daß die Firma Seabeco etwa 1,6 Tonnen Gold (Gegenwert rund 21 Millionen Franken) illegal unter Umgehung aller Formalitäten aus Kirgistan in die Schweiz geschmuggelt habe. »Bisher ergaben sich aus diesen einseitigen Geschäften, vermutlich abgedeckt durch den kirgisischen Präsidenten Akajew, keine Rückflüsse.« 1993 will ein Journalist am Flughafen Kloten beobachtete haben, wie – laut vorschneller Auskunft der Seabeco-Präsidentin Enggest – aus einer Firmenmaschine braune Papiersäcke mit 240 Kilogramm Gold geladen wurden. Das Edelmetall wurde zur marktgerechten Aufbereitung an die Firma Metalor in Neuenburg weitergeleitet.

»Aus dem Sachverhalt mit den Geschäften der Seabeco AG in Kirgistan ergibt sich die nachstehende Diskrepanz. Die Schweiz hat mit einem zinslosen Darlehen den Beitritt Kirgistans mit 800000 Franken finanziert. Weitere 1,7 Millionen Franken wurden im Rahmen der Schweizer Osthilfe an Kirgistan zur Auszahlung gebracht. Wie bereits geschildert, floß im gleichen Zeitraum ein ungleich höherer Vermögenswert von Kirgistan in die Schweiz. Zu vermuten ist, daß sich ein kleiner Kreis um Boris Birshtein und Präsident Akajew zu Lasten des kirgisischen Staatshaushaltes über die Seabeco AG bereicherte.« Soweit der interne Zürcher Polizeibericht aus dem

Jahre 1993, der auf einer Dokumentation der belgischen Behörden fußt. Allerdings: Bewiesen ist das alles bislang nicht.

Das Jahr 1991 war in der sich auflösenden Sowjetunion die wildeste Phase der unkontrollierten Verschiebung von Staatsvermögen auf private Konten.

Die Gier, sich auf Kosten des Staatshaushaltes vieler Länder der Ex-UdSSR zu bereichern, schien keine Grenzen zu kennen. »Die Regierung Jelzin verkaufte staatliche Unternehmen im Wert von zirka 92 Milliarden Rubel. Das organisierte Verbrechen hat davon über seine Banken 50 Milliarden Rubel investiert. Die Mafia hat die meisten der Unternehmen gekauft, klagt Tatjana Korjagina, Präsidentin der ersten parlamentarischen Antimafiakommission in der sowjetischen Geschichte.[62] Marshall Goldmann, Direktor des Forschungszentrums Rußland an der Harvard-Universität in den USA, schätzt, daß als Ergebnis dieser Entwicklung heute zwischen 70 und 80 Prozent des privaten Sektors und der Bankaktivitäten in Rußland unter der Kontrolle der Mafia seien. Welche Bank sauber ist – das weiß niemand.

Anfang der neunziger Jahre wurde die Staatsanwaltschaft in Zürich und die Kantonspolizei mit offiziellen Anfragen nach verschwundenen Vermögenswerten, über Betrügereien und den Diebstahl von Rohstoffen und Edelmetallen geradezu überschüttet. Die Fragen bezogen sich auf Korruption und die Unterschlagung von Regierungsgeldern, in die hochgestellte Politiker involviert waren. Die wichtigsten Anfragen aus Moskau betrafen eine Gruppe internationaler Gesellschaften, die auf die eine oder andere Weise mit der Seabeco-Gruppe und einer Distal AG zusammenhingen. Demnach sollten von den beiden Firmen große Summen Geldes auf ausländische Firmenkonten überwiesen worden sein. In Zürich wurde eine Krisensitzung einberufen: Teilnehmer waren der Zürcher Staatsanwalt, der Chef der Kriminalpolizei von Zürich, die Bundespolizei in Bern und Repräsentanten der Kantonspolizei. Geprüft werden sollte, ob ein Gerichtsverfahren wegen Geldwäsche gegen die beiden Firmen eingeleitet werden könne.

Die Ermittler waren auf konkrete Beweise angewiesen. Aber die Informationen, die sie aus Moskau erhielten, waren – so erinnert sich der damalige Staatsanwalt – ziemlich dürftig und widersprüchlich. Die Ermittler gewannen den Eindruck, daß man in Moskau die Übersicht über die Beteiligten und ihre kriminelle Rolle verloren hatte. Als einzige Tatsache stellte sich heraus, daß aufgrund fingierter Verträge Millionen Dollar von Rußland ins Ausland transferiert wurden. Empfänger der Gelder waren im ersten Schritt Zürcher Banken. Danach wurde das Geld auf Konten der Seabeco und Distal AG überwiesen. Es wurden auch doppelte Verträge ausgestellt. Zum Beispiel bestellte die Moskauer Regierung Waren im Wert von 31,5 Millionen Dollar. Die gelieferten Waren hatten jedoch nur einen Wert von acht Millionen Dollar. Der Differenzbetrag floß auf private Konten. Ein ähnlicher Windvertrag wurde über eine ungarische Firma abgeschlossen. Sie erhielt 14,5 Millionen Dollar, lieferte dafür aber lediglich Waren im Wert von 787 000 Dollar. Oder man verkaufte illegal Immobilien, die der Stadt Moskau gehörten, im Wert von 29,5 Millionen Dollar für nur zehn Millionen Franken an private Personen. In einem anderen Fall wurde von russischen Firmen 32 Millionen auf ein Konto der Seabeco überwiesen, ohne daß überhaupt ein Vertrag vorlag. Seabeco schien demnach eine gewaltige »Geldumverteilungsmaschine« zu sein.

Der Tag, an dem sich Boris Nikolajewitsch Jelzin ärgerte

Der 22. Mai 1993 ist im Kalender des russischen Präsidenten Boris Jelzin besonders dick vermerkt. Ein wichtiges Treffen soll stattfinden. Ein Mann, der sich dem politischen Intrigenspiel widmet, Wiktor Pawlowitsch Barannikow, ehemaliger Armeegeneral, der 1990 Minister für Staatssicherheit wurde, hatte den Präsidenten in sein Sommerhaus eingeladen. Als Jelzin in der Datscha seines Ministers eintraf, wurde ihm ein älterer Mann vorgestellt, der Jelzin herzlichst begrüßte. Es war Boris Birschtein.

Jelzin fand schnell heraus, daß dieser Mann großen Einfluß auf seinen Minister ausüben mußte. Beim abendlichen Dinner für die hohen Gäste lobte Barannikow seinen »Freund Birschtein« als außerordentlich erfolgreichen Geschäftsmann, der bereits viel Gutes für Rußland getan habe, Birschtein sei der Mann gewesen, der Moldawien die Freiheit brachte. Birschtein, so Barranikow weiter, sei Wirtschaftsberater des Präsidenten von Kirgistan, und ihm sei es gelungen, ausländische Investoren nach Rußland zu holen. In sein Tagebuch schrieb Jelzin später: »Es war ein merkwürdiges Treffen. Ich wurde nachdenklich. Später erhielt ich mehr Informationen über Birshtein und die Seabeco-Gesellschaft mit bedauerlichen Ergebnissen.«[63]

Jelzins späte Bedenken sollten sich bestätigen. Als er von dunklen Machenschaften, insbesondere von Korruption, in seinem Stab erfuhr, stellte er sich zunächst hinter seinen Minister Barannikow sowie den Stellvertretenden Minister für Innere Angelegenheiten, Andrej Dunajew. Ihre Ehefrauen waren bereits am 21. Juni 1992 in Zürich beobachtet worden, als sie auf Einladung der Seabeco Juwelen, Kosmetikartikel und Kleidung für über 350 000 Dollar einkauften. Lange blieb das unbeachtet.

Erst als Barannikow im Herbst 1993 beim Aufstand gegen Jelzin eine zentrale Rolle spielte und zu einem seiner schärfsten Widersacher wurde, feuerte der Präsident ihn und den Stellvertretenden Innenminister.

Die Korruption im Staatsapparat war wohl der Auslöser für einen Eintrag in Jelzins Tagebuch: »Existiert die Verbindung zwischen Kriminellen und Politikern? Zwischen wirtschaftlichen Reformen und Mafia? Was heißt überhaupt russische Mafia?«

Aufgrund eines umfangreichen Rechtshilfesuchens aus Moskau, aber auch von Erkenntnissen der Bundespolizei, Medienberichten und Erkenntnissen der Kantonspolizei Zürich leiteten die Strafverfolgungsbehörden des Kantons Zürich Ende 1993 schließlich ein Verfahren gegen eine Vielzahl russischer, kirgisischer, georgischer, ukrainischer, israelischer, kanadischer und Schweizer Bürger ein. Ihnen wird vorgeworfen, bei der Abwicklung von Geschäften mit Staaten der ehemaligen Sowjetunion es ermöglicht zu haben, umfangreiche Beträge insbesondere an Funktionäre dieser Staaten zurückfließen zu lassen (Kick-back-Zahlungen).

In der Regel ging es darum, daß im Bereich des primären Sektors Verträge abgeschlossen, diese aber nicht oder nur zu einem kleinen Teil abgewickelt wurden. Die Gelder versackten dann auf Konten von Funktionären der jeweiligen Staaten.

»Die Organisation zeichnet sich dadurch aus, daß ihre Strukturen steter Veränderung unterworfen sind. Gründe dafür sind einerseits das Bedürfnis, mittels eines kaum durchschaubaren Geflechts die handelnden Personen und die effektiven Begünstigten zu verstecken, andererseits aber auch die schnell wechselnden politischen Bedingungen, die zu Auseinandersetzungen und Neustrukturierungen führen. Die Ermittlungen in Zürich wurden ursprünglich im Licht der Strafbestimmungen wegen Geldwäscherei und Veruntreuung geführt. Heute bildet Art. 260 StGB (Kriminelle Organisation) die gesetzliche Basis der Ermittlungen.«[64] Es geht dabei um das Firmenimperium der Seabeco. Die Kantonspolizei in Zürich, in deren 15köpfiger Abteilung mit die besten Mafiabekämpfer der Schweiz sitzen, hat eine Vielzahl von Geschäften, deren reale Grundlage nicht ersichtlich ist, aufgedeckt. Das Dilemma bei den Ermittlungen war, daß es außerordentlich schwierig ist, zwischen legalen und illegalen Geschäften zu unterscheiden. Und, wie sich Zürcher Ermittler bitter beschweren, »wir haben keinerlei Unterstützung aus Moskau erhalten, wurden regelrecht sabotiert.« Was sie mir nicht erzählten, ist der Tatbestand, daß die russische Justiz häufig Rechtshilfeersuchen für finstere Ränkespiele mißbraucht, um die Macht der gerade Herrschenden abzusichern und Konkurrenten auszuschalten. Soweit das Umfeld, in dem sich nun Michailow bewegte.

Um große Summen ging es auch bei den Geschäften zwischen Birschtein und Michailow. Die Genfer Staatsanwaltschaft vermutet, daß Birschtein über 150 Millionen Dollar für Michailow gewaschen hat, was aber noch zu beweisen sein wird. »Birshtein hat für Michailow Geld gewaschen«, versichert mir jedenfalls Georges Zecchin, der Genfer Untersuchungsrichter. Und weiter. »Sie haben organisierte Strukturen für Geldwäsche aufgebaut.«

Verräterische Spuren in den Kreml, das Herz der Mafiokratie?

Glaubt man den Erkenntnissen der Genfer Staatsanwalt-schaft, gab es zumindest bis zu Michailows Verhaftung und trotz der Kenntnisse über die kriminellen Geschäfte engste Verbindungen zwischen Michailow und seiner Unternehmensgruppe und dem russischen Innenministerium, dem Außenministerium sowie der Generalstaatsanwaltschaft in Moskau. Michailow und seinem Konzern werden sogar beste Beziehungen bis in den Präsidentenpalast nachgesagt, was nicht nur auf seine Spende für den Präsidentenwahlkampf 1996 zurückzuführen sein dürfte. Denn: »Die Solnzewskaja-Gruppe, eine der einflußreichsten in Moskau, hat enge Kontakte zur Partei der Russischen Nationalen Einheit.«[65]

Das ist nur ein Teil der Wahrheit. Denn von kriminellen Strukturen unbelastet sind in einer Mafiokratie nicht viele Politiker, im Gegenteil – ohne sie könnte das System nicht funktionieren. Das belegt eine Vielzahl konkreter Fälle.

Im Zuge des Vorwahlkampfes zu den letzten Parlamentswahlen wurde bekannt, daß sich mindestens 100 vorbestrafte Kriminelle um einen Sitz im russischen Parlament bewarben. Einer von ihnen, der für ein betrügerisches Pyramidenspiel mit ungeheurem Schaden verantwortlich zeichnet, konnte tatsächlich als Abgeordneter in die Duma einziehen. Den Glanzpunkt einer kriminellen Karriere dürfte der Kriminelle Wladimir P., Spitzname »Pudel«, erreicht haben, der 1994 zum Mitglied der Menschenrechtskommission in der Abgeordnetenkammer beim Präsidenten von Rußland ernannt wurde. Erfahrungen mit gesuchten Schwerverbrechern, die sich zur Wahl stellten, machten auch ungarische Ermittler, die in Moskau nach einem Killer Ausschau hielten.

»In Budapest läuft ein Haftbefehl gegen einen Mann namens Kubasow«, erzählte mir Bela Balla, Oberstleutnant im Budapester Polizeipräsidium, »dieser Kubasow ist wegen eines Doppelmordes gesucht. Kubasow war bei der letzten Wahl ein Manager von Jablonski. Und dieser Kubasow war auch für die Wahl aufgestellt und hat nur zwei Prozent minus gemacht, sonst wäre er Abgeordneter geworden. Als ich in Moskau war, habe ich zusammen mit Kollegen die Wahlplakate auf der Straße angeschaut, und da habe ich die von uns gesuchte Person als Kandidat für einen Abgeordnetensitz auf Plakaten abgebildet gesehen. Da stand: ›Wählt Kubasow, weil er euer Mann ist.‹«

Wer nun glaubt, das seien bedauerlicherliche Einzelfälle, der täuscht sich. »Bei einer Razzia in Sankt Petersburg wurden Verbrecher festgenommen«, erzählt der Puplizist Viktor Timtschenko. »Der Duma-Abgeordnete Filatow beschwerte sich beim Innenminister, daß die Miliz dabei auch seine Berater festgenommen hatte. Also, wer sind sie, die Berater des Volksabgeordneten Filatow? Michail G., Deckname Chochol, vorbestraft, einer der Anführer der Tambow-Gruppierung. Alexander B., vorbestraft, Mitglied der Tambow-Gruppierung. Andrej R. einer der bekannten Banditen-Brüder in Sankt Petersburg. Ein anderer Volksabgeordneter, Gwosdarjow, läßt sich von dem Banditen Jifimow, alias Jefim, beraten. Der Volksabgeordnete Newsorow hat den in Sant Petersburg sehr bekannten Verbrecher Koljak als Berater. Der Duma-Abgeordnete Ptscholkin bedient sich der Banditen Orlow und Peterburgski.« Und wie sieht das ein anderer russischer Journalist, Waleri Wijschutowitsch: »Zwischen denen, die sich Abgeordnete und Präsidenten kaufen, und denen, die dieses in sie investierte Geld abzuarbeiten haben, bestehen nicht nur geheime, sondern manchmal felsenfeste, ja buchstäblich tödliche Beziehungen.«

Wohltätigkeitsvereine, Sport- und Wissenschaftsfonds: viele haben Verbindungen bis hinein in den Kreml, obwohl sie nichts anderes als Tarnadressen für kriminelle Banden sind. So wurde der russische Fonds der Invaliden des Afghanistankrieges, einer der mächtigsten Machtstrukturen, die mit der Mafia verbunden sind, mit Erlaß des russischen Präsidenten von allen Steuerpflichten, Abgaben und Zollgebühren befreit. Das ermöglichte die Gründung eines Netzes von Handelsunternehmen im Zusammenhang mit dem Fonds.

Der Nationale Sportfonds wurde beispielsweise gegründet, um für die Entwicklung des Sports in Rußland die notwendigen Finanzmittel zu beschaffen. Dank einem Erlaß von Boris Jelzin genoß er das Privileg, nicht nur unversteuert Erdöl und Buntmetalle aus Rußland zu exportieren, sondern auch unverzollt Alkohol und Zigaretten nach Rußland zu importieren. Auf diese Weise wurde der Fonds zum größten russischen Alkoholimporteur, der kleinere Importeure vollständig kontrollierte beziehungsweise koordinierte.

»Das garantierte der Stiftung jeden Monat Gewinne in Höhe von Millionen von Dollar. Die Wirtschaftszeitung *Kommersant* schätzt die Gewinne des Sportfonds auf umgerechnet 2,85 Milliarden Mark, die *Iswestija* spricht von umgerechnet 385 Millionen Mark. Als Paten des Alkohol- und Rohstoffgeschäfts der Stiftung galten Jelzins Leibwächter Korschakow und Jelzins Tennistrainer Tarpischtschew.«[66]

Leiter des Sportfonds durfte Jelzins persönlicher Tennistrainer, Schamil Tarpischtschew, werden. »Unter Journalisten und in anderen gut informierten Kreisen galt Tarpischtschew schon lange als der größte Mafioso des Landes. Allerdings wagte niemand, ihn anzugreifen, da er Präsident Jelzin nahestand und mit dessen mittlerweile entlassenen Leibwächter General Korschakow sehr eng befreundet war. Nur äußerst vorsichtig äußerten russische Wodkaproduzenten ihre Befürchtung, daß die gesamte Branche unter dem Einfluß irgendwelcher dubioser starker Kräfte – gemeint war die Importmafia – zusammenbrechen könne.«[67]

Alexander Wassiljewitsch Korschakow, der 1986 dem damaligen Moskauer Parteivorsitzenden Jelzin als Leibwächter zugeteilt wurde, war ebenfalls engster Berater des russischen Präsidenten Jelzin, der ihn zum General ernannte und den Kremlsicherheitsdienst SFB zu einer schlagkräftigen Truppe von 40 000 Mann ausbaute. Heimlicher Herrscher im Kreml wurde er gerne genannt und fühlte sich wohl auch selbst so. »Ständige Anwesenheit bedeutet nicht nur, über alles informiert zu sein, sondern auch ständige Versuchung, auf alles Einfluß zu nehmen. Er gehört zu den Personen, die die Entscheidungen des Präsidenten maßgebend beeinflussen. Das wird im Kreml von niemand bestritten.«[68]

Korschakow überwachte jedoch nicht nur die »Sportstiftung«, sondern auch den Energiekonzern Rostopliwo und den staatlichen Waffenexportkonzern Roswooruschenije, der das Monopol für russische Rüstungsexporte hat. Für bestimmte Kräfte politisch und finanziell besonders ergiebig war diese Gründung der Roswooruschenije durch Präsidentenerlaß vom 18. November 1993. Unter dem schützenden

Dach des neuen staatlichen Konzerns sollten alle russischen Rüstungsfirmen vereint werden, um ihnen auf dem internationalen Waffenmarkt zur Konkurrenzfähigkeit zu verhelfen. In dem Dekret von Boris Jelzin heißt es: »Die Gründung der Roswooruschenije unter der juristischen Leistung der Regierung der Russischen Föderation dient dem Schutz des Staatsmonopols beim Im- und Export von Waffen und Rüstungsgütern für die Russische Föderation.«[69]

Es war eine Goldgrube. Weil es bei Rüstungsgeschäften um harte Dollars geht, waren bestimmte Politiker, Bürokraten, Mittelsmänner und Lobbyisten daran interessiert, möglichst großen Einfluß auf den Staatskonzern auszuüben. Die Most-Finanzgruppe wurde einer der wichtigsten involvierten Banken, obwohl sie bislang überhaupt keine Erfahrungen im Waffengeschäft hatte. Vollkommen unerfahren, aber treuer Paladin des inzwischen wegen Korruptionsverdachts zurückgetretenen Verteidigungsministers Grawtschow, wurde Wiktor Samojlow Direktor des neuen Konzerns. Die zentrale Kontrolle wurde General Korschakow übertragen.

Kurze Zeit nach Gründung des neuen Staatsunternehmens tauchte in Rußland die spannende Frage auf, wohin eigentlich das viele Geld fließe, das durch die Waffenverkäufe auf die Konten der Roswooruschenije überwiesen wurde. Denn während die an den Rüstungsverkäufen Beteiligten riesige Vermögen anlegen konnten, schien der Rücklauf in die Staatskassen eher limitiert zu sein. »Ros-wor« wurde schließlich das Staatsunternehmen in Anlehnung an die *worij*, die Diebe im Gesetz, genannt.

Multitalent General Korschakow »war darüber hinaus tief in den staatlichen Verkauf von Metallen und Juwelen, insbesondere Gold und Diamanten, verwickelt. Profite aus diesen Geschäften wurden unter anderem für den Wahlkampf von Boris Jelzin investiert, für dessen Sieg Korschakow schon aus eigenem Überlebensinteresse alles tat.«[70]

Am 22. Juni 1996 meldete dpa: »In Rußland ist erneut ein Anschlag auf einen Bankmanager verübt worden. Wie die russische Nachrichtenagenturen meldeten, wurde Boris Fjodorow, Chef der Bank Nationalny Kredit, am späten Abend in Moskau schwer verletzt. Ein Unbekannter schoß ihm nach Polizeiangaben in den Bauch und verletzte ihn mit mehreren

Messerstichen. Fjodorow leitete bis vor kurzem den Nationalen Sportfonds, eine Organisation, die geschaffen wurde, um Sportprojekte zu fördern. Er war im Mai dieses Postens enthoben worden, nachdem er von Beamten des Inlandsgeheimdienstes FSB wegen Drogenbesitzes festgenommen worden war. Gegen den 37jährigen wurde jedoch keine Anklage erhoben. Er wurde wieder auf freien Fuß gesetzt.«

Nach seiner Genesung meldete er sich am 6. Oktober 1996 in der Magazinsendung »Itogie« zu Wort und erklärt, man habe von ihm 40 Millionen Dollar, zehn Millionen davon in bar, erpressen wollen. Das Geld sollte nach seinen Worten der Finanzierung von Jelzins Präsidentschaftswahlkampf dienen.

Bei den Erpressern handelte sich um den inzwischen entlassenen Sportminister Schamil Tarpischtschew, Jelzins Tennislehrer, sowie um den Vizechef der Sportstiftung.

Drahtzieher jedoch, meldeten die Nachrichtenagenturen, sei General Alexander Korschakow gewesen, der bis zum 20. Juni 1996 Jelzins prominentester Leibwächter war. Beide hatten, nach Auskunft von Fjodorow, enge Beziehungen zu Mafiagrößen. Und hier laufen wieder die Fäden zum kriminellen Multi Solnzewskaja und Sergej Michailow zusammen. Er soll unter dem Patronat von Korschakow gestanden haben, verlautet aus seinem Bekanntenkreis. Eine heikle Verbindung. Denn: »Dort, unsichtbar über den Wolken, befinden sich die Politiker der Kriminalität, jene, die Verbrechen planen und die sozioökonomischen Bedingungen für das Wirken der Kriminalität schaffen.«[71]

Und damit ist man wieder am Anfang der Geschichte, bei Michailows Verhaftung im Oktober 1996 in Genf und mitten im System der Mafiokratie. Kennzeichen dieses Systems sind: 1. Eine korrupte Regierung und Justiz dienen kriminellen Organisationen als Handlanger, und 2. die politischen Entscheidungsträger sind unfähig oder nicht willens, gegen das organisierte Verbrechen und die Korruption zu kämpfen.

Als die Genfer Kantonspolizei bei der Moskauer Generalstaatsanwaltschaft nachfragte, was in Rußland über Michailow bekannt sei, erhielt sie am 5. November 1996 eine überraschende Antwort: »Aufgrund Ihrer Anfrage vom 31. Oktober

1996 teilen wir Ihnen mit, daß es hier keinerlei Hinweise auf einem Mikhailov Sergej Anatolievitch, wohnhaft Moskau, Novoperedelkinskaya 8, App. 20, gibt. Es liegen weder bei der Generalstaatsanwaltschaft, beim Föderativen Sicherheitsdienst (FSB), der Polizei, noch beim Innenministerium irgendwelche Erkenntnisse über kriminelle Aktivitäten des Herrn Mikhailov vor.«[72]

Später stellte sich heraus, daß der Verfasser des Schreibens auf der Lohnliste von Michailow gestanden hatte.

In diesen Zusammenhang paßt die Enthüllung über den Justizminister Rußlands, die das Moskauer Skandalblatt *Sowerschenno Sekretno* (Streng Geheim) im Juni 1997 brachte: Fotos des 53jährigen Rechtsprofessors und Justizministers Walentin Kowaljow. Sie zeigen ihn nackt in Gesellschaft von drei Prostituierten in der Sauna eines Nachtklubs, der im Besitz von Michailows Konzern Solnzewskaja ist. Zeitgleich wurde ein Video über diese seltsame Begegnung veröffentlicht. Weitaus belastender als die vergnüglichen Erlebnisse des Ministers in der Sauna ist jedoch eine Liste, die bei dem 35jährigen Bankier Arkadij Angelewitsch gefunden wurde. Der sitzt seit dem 17. April 1997 in Untersuchungshaft und gilt als enger Mitarbeiter und Vertrauter von Sergej Michailow, war dessen Moskauer Finanzberater. Ihm wurde vorgeworfen, er habe aus seiner Bank sieben Millionen Dollar gezogen, bei zwei anderen Kreditinstituten verschwanden 200 Millionen Dollar. Um wieder aus der Untersuchungshaft herauszukommen, schaltete Angelewitsch »nicht nur fünf Anwälte ein, sondern hinterlegte in seinem Tresor auch Videokassetten mit den Sexaufnahmen des Justizministers, ferner eine Liste mit Personen, die ihm aus der Patsche helfen sollten. Außer Kowaljow werden ein Dutzend Duma-Abgeordneter, Ermittler beim Innenministerium und der Generalstaatsanwaltschaft sowie Kreml-Verwaltungschef Pawel Borodin genannt.«[73]

Angelewitsch gehörte dem öffentlichen Beirat der Moskauer Polizeiverwaltung an und trug zudem stets den Ausweis eines Wirtschaftsberaters des Justizministers bei sich, in dieser Eigenschaft zählt er zu den Mitgliedern des präsidialen Sicherheitsrates, der mitverantwortlich für den Kampf gegen das organisierte Verbrechen war. Was die Liste angeht, so ist nicht sicher, ob es sich um eine Auflistung von möglichen

Kontaktleuten für den Notfall handelte oder um eine Beste-chungsliste. Nummer eins in dieser Aufstellung ist Justizmini-ster Kowaljow, der im übrigen in Deutschland kein Unbe-kannter ist.

An ihn erinnern sich jedenfalls Teilnehmer einer Podiumsdis-kussion, die im Oktober 1996 in Bonn stattfand. An der vom Deutsch-Russischen-Forum veranstalteten Diskussion nah-men auf russischer Seite der Justizminister und auf deutscher Seite unter anderem der Staatssekretär im Bonner Innen-ministerium, Kurt Schelter, sowie der Geschäftsführer der Arbeitsgemeinschaft für Sicherheit der Wirtschaft, Josef Kar-kowsky, teil. Während der Diskussion beklagten die deut-schen Teilnehmer vehement, daß die organisierte Kriminali-tät jegliches seriöse wirtschaftliche Engagement in Rußland verhindere. Als Bedingung für ein gutes Investitionsklima wurden Privatbesitz von Grund und Boden, Gewerbe- und Niederlassungsfreiheit und freie Gewinnausfuhr genannt. Kowaljow hörte insbesondere den Ausführungen Josef Kar-kowskys von der Arbeitsgemeinschaft für Sicherheit der Wirtschaft aufmerksam zu. Karkowsky kritisierte, daß deut-sche Unternehmen in Rußland weiterhin hohe Schutzgeld-summen bezahlen müssen und vor allem Kleinunternehmen organisierten Verbrechersyndikaten hilflos ausgeliefert seien. Hinzu kommen, so Karkowsky, verstärkte Aktivitäten seitens russischer Geheimdienste gegen ausländische Unternehmen. Deren Tätigkeit sei oftmals von der organisierten Kriminali-tät nicht mehr zu unterscheiden. Vom russischen Justizmini-ster erntete er mehrfaches zustimmendes Nicken.

Als der an der Reihe war, versuchte er den Eindruck zu ver-mitteln, daß seit der Annahme der neuen Verfassung im De-zember 1993 in Rußland politische Stabilität herrsche, die Kriminalitätsrate für schwere Verbrechen zurückgegangen sei. Er räumte allerdings ein, die Aufklärungsrate bei Auf-tragsmorden sei erheblich niedriger. Was die anwesenden deutschen Unternehmer nicht gerade optimistisch stimmte. Heftigen Beifall spendeten sie jedoch, als der Justizminister erklärte, daß in Zukunft Wirtschaftsverbrechen, wie die Gründung von Scheinfirmen, Geldwäsche, Krediterschlei-chung, illegale Informationsbeschaffung über Geschäftsgeheimnisse und fiktiver Konkurs schwer bestraft würden. Genauso positiv wurde seine Versicherung, daß nun verstärkt gegen korrupte Staatsbeamte vorgegangen werde, aufgenommen.

Zur damaligen Zeit hätten sie sich nicht vorstellen können, daß sich dieser Justizminister wenige Monate später als einer der vielen Politiker entpuppen würde, der zu einer der größten Mafiaorganisationen, eben der Solnzewskaja, ein Verhältnis der besonderen Art unterhalten haben dürfte.

Für die engagierte Genfer Staatsanwaltschaft und Kantonspolizei wird Michailow nun zum Präzedenzfall dafür, ob es überhaupt möglich sein wird, solche mächtigen Tycoone verurteilen zu können.

Wahrscheinlich ist Sergej Michailow nur ein Einzelfall für erfolgreiche Polizeiermittlungen, der von seinen bislang mächtigen Gönnern in Moskau fallengelassen wurde, zumal sein Nachfolger bereits inthronisiert ist.

Bislang hat die Genfer Anklagekammer alle Gesuche von Michailows Anwälten um die Entlassung ihres Mandanten aus der Untersuchungshaft abgelehnt. Selbst eine Verwaltungsgerichtsbeschwerde war vergeblich. Am 1. Juli 1997 lehnte das von seinen Anwälten angerufene Bundesgericht in Bern ab, Michailow aus der Untersuchungshaft zu entlassen. »Es seien genügend ernsthafte Indizien vorhanden, welche die neunmonatige Untersuchungshaft rechtfertigen.«[74]

Einen Monat vor dieser Entscheidung des Bundesgerichts geschah in Brüssel etwas Merkwürdiges. Bei dem Journalisten Alain Lallemand von der Zeitung *Le Soir* rief ein Abgeordneter des rechtsextremen Front National, Philippe Rozenberg, an. Er bat den Journalisten in ein Kaffeehaus zu kommen, weil er ihm etwas Wichtiges mitzuteilen habe. »Ich bin ein rechter Abgeordneter«, stellte er sich bei dem Zusammentreffen vor. »Ich muß Ihnen mitteilen, daß ich ein Opfer der Russenmafia bin und von ihr bedroht werde. Aus sicherer Quelle weiß ich, daß auch gegen Sie etwas unternommen werden soll.«

Der 36jährige Rozenberg, Mitglied des Parlaments der Region Brüssel, war einst Fraktionsgeschäftsführer der Liberalen Partei in einer Kleinstadt in der Nähe Brüssels und eng mit dem belgischen Finanzminister befreundet. 1993 verläßt er die Liberalen und schließt sich dem rechtsradikalen Front National an. Während er als Abgeordneter und Fraktionschef des Front National im Brüsseler Regionalparlament politische Karriere machte, liefen seine Geschäfte weniger gut. Als Besitzer zweier Public-Relations-Firmen mußte er Konkurs anmelden. Deshalb wurde er wegen Steuerhinterziehung, betrügerischem Bankrott und Hochstapelei von der Justiz verfolgt. Bislang schützte ihn seine parlamentarische Immunität. Während eines Aufenthaltes in Thailand lernte er Van der Weghe kennen, eine suspekte Person, die sowohl als Informant für belgische Polizeibehörden wie auch für die US-Zollbehörde tätig war. Die sahen eine günstige Gelegenheit, die Russenmafia auf internationale Ebene zu infiltrieren. Und Rozenberg wurde nun ohne sein Wissen von Van der Weghe an bestimmte Personen der Russenmafia herangebracht, indem dieser ihn mit Michailows belgischem Anwalt zusammenbrachte. Der wiederum stellte einen Kontakt zur Organisation von Michailow her.

Anfang 1997 schloß Rozenberg daraufhin mit Michailows Kumpanen zwei Verträge. In dem einen Vertrag verpflichtete er sich, beim Europäischen Parlament und beim Europäischen Gerichtshof als Lobbyist für Michailows schnelle Haftentlassung tätig zu werden. Für diese Bemühungen erhielt er zwei Millionen Belgische Francs, Geld, das explizit für Rozenbergs Wahlkampagne bestimmt war.

In einem zweiten Vertrag sollte er sich als Lobbyist in der belgischen Politik für »vermögende Russen« stark machen, die in Belgien investieren wollten und Kontakte suchten. Dafür wurden ihm drei Millionen Belgische Francs überwiesen. Hier, wie im ersten Kontrakt, war Rozenberg bereit, für das Geld auch etwas zu tun. So lud er einige dubiuose Russen zu einem Dinner ins Brüsseler Parlament ein.

Einem von Michailows Männern half er beim Kauf einer Villa, Wert 80 Millionen Belgische Francs. Diese Immobilie, eine Mischung aus Schloß und Bunker, gehörte zuvor einem hohen Nato-General. Gleichzeitig sollte er alles daransetzen, damit dubiose Russen aus dem Umfeld von Michailow die belgische Staatsangehörigkeit erhielten. Als Rozenberg endlich merkte, daß er sich total in die Fänge der Russenmafia begeben hatte, versuchte er einen Teil der fünf Millionen an

Michailow über dessen Rechtsanwalt, Xavier Magnée, zurückzuzahlen. Doch der lehnte ab, wollte auf einmal mit der ganzen Angelegenheit nichts mehr zu tun haben. Jetzt geriet Rozenberg mächtig unter Druck.

Da nutzte es wenig, daß er als »Abgeordneter heftig für die sofortige Freilassung von Sergej Michailows intervenierte«[75] und sogar nach Genf reiste, um sich für Michailow einzusetzen. Die Mafia hatte wohl mehr erwartet. Aus Angst vor der Justiz, die seine Verbindungen zu Michailow bereits untersuchte, schlüpfte er nun von der Rolle des Täters in die des Opfers. Insofern war sein Gespräch mit dem Journalisten von *Le Soir* ein taktisches Manöver. Er wisse, so die wilde Geschichte des rechtsradikalen Rozenberg, davon, daß wichtige Personen der Russenmafia sich in Paris getroffen und einen Vertrag abgeschlossen hatten, wonach er, Rozenberg, und der Journalist beide krankenhausreif geschlagen werden sollen. Er selbst kenne den Mann, der den Kontrakt erfüllen soll, einen ehemaligen belgischen Polizisten.

Jetzt wird der Abgeordnete, der sich von der Michailow-Organisation kaufen ließ, mit einem Strafverfahren zu rechnen haben. Es ist ein Fall in Europa, der bekanntgeworden ist, sicher kein Einzelfall.

Derweil sitzt Michailow weiter in Untersuchungshaft und beteuert vehement seine Unschuld. Sein bislang inhaltsreichster Kommentar zu den Vorwürfen gegen ihn ist von geradezu naiver Bescheidenheit: »Ich habe doch soviel Geld in der Schweiz investiert.« Das wird wohl niemand bestreiten.

3. KAPITEL

Der mysteriöse Tycoon aus Budapest

Am 21. März 1996, um 10.30 Uhr, landete auf dem Berliner Flughafen Schönefeld eine Maschine aus Moskau. Unerkannt entstieg ihr Sergej Donzow, Leiter der Dienststelle für organisiertes Verbrechen der Stadtregierung Moskaus. Der agile Kripoboß war in einer heiklen Mission unterwegs, die eigentlich so gar nichts mit seinen beruflichen Pflichten zu tun hatte, im Gegenteil.

Sergej Donzow, dessen Moskauer Dienstzimmer Fahnen, Plaketten und Auszeichnungen vieler europäischer Polizeidienststellen schmücken, war bislang gerngesehener Gast bei den Berliner Polizeibehörden, die geradezu freudig erregt waren, wenn sie – was selten genug vorkam – seriöse Informationen über das verschlungene kriminelle System der osteuropäischen organisierten Kriminalität direkt aus erster Hand in Moskau erhielten. Diesmal traf er unerwartet und unangemeldet ein. Das hing wahrscheinlich mit seiner Mission zusammen und natürlich seinem Begleiter, einem in Kiew geborenen Multimillionär, der seit einigen Jahren in Budapest lebt.

Während Donzow sich ins Kaffeehaus des Interconti setzte, verzog sich der Mann aus Budapest in seine Suite. Wenig später sah man Donzow aufstehen und zwei Männer herzlichst umarmen. Der eine war A. Pronjitschkow, Leiter der Wirtschaftsabteilung an der russischen Botschaft in Berlin, der andere, S. Scharapow, kam aus Bonn. Er stellte sich als Vertreter des *Federal'naya sluzbabbezopasnosti* (Föderativer Sicherheitsdienst FSB) vor, der Nachfolgeorganisation des KGB.

Zum Schluß begrüßte Donzow zwei Kripobeamte des Berliner LKA. Die beiden Kripobeamten rätselten darüber, was Donzow eigentlich wollte. Zu Beginn des Gesprächs, bei Kaffee und Tee, erzählte Donzow ein wenig von den aktuellsten Entwicklungen bei jenen kriminellen Syndikaten, die sich in Berlin ausgebreitet hatten. Zum Beispiel über den einst in Berlin ansässigen, jetzt in Antwerpen lebenden B.

»B. betreibt zur Zeit Schmuggelgeschäfte über die baltischen Staaten nach Rußland. Es geht um Drogen. Von Rußland aus werden die Drogen dann über die Vertriebswege des Alkoholhandels des B. nach Europa geliefert.« Die Beamten schrieben eifrig mit. B., den kannten sie bestens, obwohl sie ihm bislang nichts Strafbares nachweisen konnten. Auch diese Angaben aus Moskau halfen ihnen nicht weiter, zumal sie wußten, daß B. ein gewiefter Boß der sogenannten Russenmafia ist, der gerne mit seinen Kontakten zu hohen russischen Generälen prahlt und über einen Berliner Rechtsanwalt verlauten läßt, er sei nur ein schlichter Geschäftsmann.

Abrupt wechselte Donzow das Thema. Er werde nicht mehr lange bei der Moskauer Polizei arbeiten, sondern als Sicherheitsberater zum Stab des Staatspräsidenten Jelzin gehören. »Das ist gar nicht so schlecht«, sagte daraufhin einer der Beamten. »Vielleicht sind die Informationen, die aus Moskau über die kriminellen Herrschaften kommen, etwas konkreter, und wir können hier etwas damit anfangen.« Ein kühner Traum der biederen Beamten, die mit dem politischen Ränkespiel in Moskau, in dem nur Wahrsager wissen, wer nicht ins kriminelle Milieu verstrickt ist, wenig Erfahrung haben. Nach diesem Vorgeplänkel steuerte Donzow zum eigentlichen Ziel seines Berlinaufenthalts.

»Ich bin nach Berlin gekommen, um mich hier mit Semjon Mogilewitsch zu treffen. In Rußland ist es unmöglich, sich mit ihm unbelästigt sehen zu lassen, und in Ungarn ist es aus Sicherheitsgründen nicht möglich. Als neutralen Ort haben wir daher Berlin gewählt.«

Die Kripobeamten verstanden die Welt nicht mehr. Eine besonders undurchsichtige Figur, über die sie in ihren Akten einiges gelesen hatten, sitzt fröhlich, nur ein paar Meter von ihnen entfernt, im Hotel, und Moskaus einflußreicher Mafiabekämpfer trifft sich in Berlin mit dem Mann. Was kann das bedeuten? Donzow lieferte die Antwort.

»Ich weiß«, erzählte er, »daß bei den deutschen Dienststellen Erkenntnisse vorliegen, wonach Mogilewitsch ein sogenannter Dieb im Gesetz sei und als sehr hochrangige Person des organisierten Verbrechens der internationalen russischen Szene angesehen wird.

Außerdem liegen ja bei der Frankfurter Polizei Hinweise auf Beziehungen zum Frankfurter Bordellmord mit insgesamt sechs Ermordeten vor.«

»Donzow gab an«, notierten die beiden LKA-Beamten, »daß er bereit sei, für die deutsche Polizei Fragen an Herrn Mogilewitsch weiterzuleiten.« Am nächsten Morgen traf man sich beim Frühstück. Einige Fragen hatten die Beamten inzwischen aufgeschrieben, an deren Beantwortung sie brennend interessiert waren: »Gehört Mogilewitsch zur Russenmafia? Was hat er mit dem ermordeten Inhaber des Bordells im Frankfurter Kettenhofweg zu tun?«

Aber Donzow wollte in diesem Augenblick mit den Antworten von Mogilewitsch nicht herausrücken. Er erzählte vielmehr, er habe bis spät in die Nacht mit Mogilewitsch geredet, und charakterisierte ihn als äußerst seriösen Unternehmer.

»Herr Mogilewitsch wird in der Öffentlichkeit vollkommen falsch dargestellt. Er ist ein guter Geschäftsmann, der in der Ukraine neun Wodkafabriken besitzt, außerdem ist er Besitzer der Petrow-Bank in Moskau, die nur legale Geschäfte durchführt.«

Verstört schüttelten die Beamten den Kopf, und als sie Donzow endlich fragen konnten, was Mogilewitsch in Deutschland eigentlich wolle, antwortete der: »Das kann ich Ihnen nicht sagen. Aber ich weiß, daß er hier in Deutschland und in Berlin nur legale Geschäfte macht und sich den deutschen Markt nicht durch kriminelle Geschäfte zerstören will.« Im gleichen Atemzug erwähnte Donzow dann, daß Mogilewitsch die Größen des organisierten Verbrechens in Europa kenne und mehrfach mit ihnen zusammengetroffen sei. Der Widerspruch in seiner Aussage, daß Mogilewitsch einerseits ein angesehener Geschäftsmann sei und andererseits alle Größen der Russenmafia kenne, der fiel ihm nicht auf. Vielleicht ist es ja überhaupt kein Widerspruch, sondern nur die Wiedergabe der gesellschaftlichen Realität, die in Europa niemand so recht versteht?

Als die Beamten Donzow auf die etwas umständlichen Kommunikationswege ansprachen, versprach dieser, daß beim nächsten Treffen, in zirka drei bis vier Wochen, ein Vertreter von Mogilewitsch der Polizei die Antworten auf ihre Fragen persönlich übergeben werde.[76]

Was genau Mogilewitsch in Berlin erreichen wollte, weshalb er vom Moskauer Polizeichef vehement verteidigt, warum der Wirtschaftsattaché der russischen Botschaft und der Vertreter des Föderativen Sicherheitsdienstes beim Berliner Treffen anwesend waren – für die Polizei ist es bis heute ein Rätsel geblieben. Den Grund für den Besuch des russischen Mafiabekämpfers Donzow kann man sich vorstellen. Für seinen neuen Job im Präsidentenpalast können bestimmte Kontakte ins Milieu der geschmierten Begünstigungen durchaus hilfreich sein. Ich erinnere mich noch gut an ein Gespräch, das ich im Herbst 1993 mit ihm in Moskau führte, bei dem mich besonders ein Satz von ihm aufhorchen ließ: »Die Mafia ist in den Staatsapparat eingedrungen.«

Über Mogilewitsch ist bekannt, daß er in Berlin unternehmerisch aktiv werden und unter Umständen tatsächlich legale Geschäfte abwickeln will. Unkontrollierbare Machtkämpfe zwischen rivalisierenden Gangs aus Osteuropa stören zwangsläufig reibungslose Geschäfte. Da er nun mal, aus welchen Gründen auch immer, über großen Einfluß verfügt, könne er für Ruhe an der kriminellen Front sorgen, damit die Investitionen ungestört plaziert werden können. Das erklärt nicht, warum Repräsentanten der russischen Botschaft, und zwar der Wirtschaftsabteilung und des Nachrichtendienstes, an dem Treffen teilnahmen. Vielleicht, weil Mogilewitsch in bestimmten politischen Kreisen Moskaus ein überaus angesehener Unternehmer ist? Ist er das wirklich? Wer ist dieser mächtige Mann, auf dessen Geheiß einflußreiche Repräsentanten von Polizei, Wirtschaft und Nachrichtendienst des mächtigen Rußlands nach Berlin gekommen sind?

Ziemlich unverfroren unterbreitete Semjon Mogilewitsch vor einiger Zeit der ungarischen Polizei ein durchaus überzeugendes Angebot. Um die blutigen Konflikte zwischen Mafiagangs in Budapest zu beenden, wäre er bereit, seinen Einfluß geltend zu machen. Dafür solle man jedoch seine weitläufigen unternehmerischen Aktivitäten und Investitionen nicht behindern oder mißtrauisch beäugen. Lajos Liktor vom ungarischen Landespolizeihauptkommissariat ist ein gewichtiger Mann. Als Ungarn noch in den Ostblock eingebunden war, sammelte er als ungarischer Nachrichtenoffizier Erfahrungen bei einer Donauschiffahrtsgesellschaft in Wien. Nach dem Fall des Eisernen Vorhangs wurde er einer der wichtigsten Männer im Kampf gegen das organisierte Verbrechen. In dieser Eigenschaft erhielt er vom merkwürdigen Angebot des Unternehmers Kenntnis und erinnert sich ziemlich genau an dessen Vorschlag.

»Er hat Kontakte mit der Polizei gesucht, wollte seine Dienste anbieten, wie er es genannt hat. Wenn die Polizei nichts gegen seine Tätigkeiten unternehme, ihn ungestört wirken lasse, dann könne er die Abrechnungskonflikte im russischen Milieu in Budapest verhindern. Er hat nie im Leben gesagt, daß diese Angelegenheiten von ihm befohlen wurden. Er hat gesagt, daß er diese Angelegenheiten verhindern kann. Außerdem hat er angeboten, er könne der Polizei Informationen über die anderen kriminellen Organisationen geben, und zudem sei er in der Lage, einen gewissen Einfluß auf die Entwicklung der kriminellen Organisationen in Europa auszuüben. Er hat also ein sehr schönes Angebot unterbreitet, das wir aber, Gott sei Dank, nicht akzeptiert haben.«[77]

Wahrheit und Dichtung – Das Umfeld des Herrn Mogilewitsch

Sex ist eine Industrie, und in Budapest boomt sie. Männliche Touristen, vorrangig aus Deutschland und Österreich, können hier im wahrsten Sinne des Wortes billig Mädchen kaufen. Die Profiteure sind die Finanziers der Bordelle und Bars. In ihnen arbeiten überwiegend Mädchen und Frauen aus osteuropäischen Ländern, teils mit Gewalt dazu gepreßt, teils freiwillig, um ihren ärmlichen Lebensverhältnissen zu entkommen. »Frischfleisch« werden sie genannt, weil der unersättlich scheinende Markt ständig mit Nachschub beliefert wird. Das ist der Hintergrund eines blutigen Kampfes um Einfluß im kriminellen Geschäft, bei dem es nicht nur um den Mädchenhandel, sondern auch um Ölgeschäfte geht. Kaum eine Woche vergeht, ohne daß die Polizei neue Leichen findet, Anschläge mit Handgranaten oder sogar Granatwerfern die Polizei alarmieren. Mehr oder weniger ohnmächtig kann die Polizei allenfalls die Opfer aufsammeln. Liquidiert wurde unter anderem ein Joszef Presztas, einer der Paten der ungarischen Mafia. Sein Geschäftsbereich waren Erpressung und Schlägereien. Einer seiner Kumpane, Csaba Lakatos, überlebte fünf Anschläge, bis auch ihn die tödlichen Kugeln trafen. Sowohl Presztas wie Lakatos waren tief in den illegalen Ölhandel verstrickt. In diesem Markt breiten sich einflußreiche russische und ukrainische Kriminelle aus. Im Juni 1997 meldete Ungarns liberaler Innenminister Gabor Kuncze erstmals Erfolge. Zweihundert Haftbefehle wurden vollstreckt und 150 Schwarzhandelsunternehmen der Mafia dichtgemacht.

Die Polizei geht davon aus, daß Newcomer aus Rußland und der Ukraine um ihren Einfluß kämpfen. »Ob das eine Mafia ist oder nicht«, sagte mir Polizeipräsident Atilla Berta Anfang 1997, »darüber lassen sich vorerst noch keine eindeutigen Aussagen machen. Wir wissen aber, daß es in Ungarn russische Bürger gibt, die Kriminelle sind, und unter dem Vorwand ehrlicher Geschäfte versuchen, die illegal erwirtschafteten Gelder zu waschen.« Im Juli 1997 erklärte er hingegen, daß die Mafia sich bereits direkt in den Polizeiämtern eingenistet habe.

Ende 1996 wurde in Budapest die gesamte Polizeiführung ausgewechselt. Ihr sei es nicht gelungen, so die dürftige Erklärung aus dem Innenministerium, die blutigen Machtkämpfe zwischen rivalisierenden Banden zu beenden. Neuer Polizeipräsident von Budapest ist nun Atilla Berta, der vor seinem Amtsantritt in der ungarischen Provinz an leitender Stelle der Polizei tätig war. »In Ungarn haben wir momentan eine Periode, in der die Fronten in der organisierten Kriminalität neu abgesteckt werden, so wie es bereits längst in anderen entwickelten bürgerlichen Demokratien geschehen ist. Der Hintergrund der Attentate mit Handgranaten, insbesondere in Budapest, ist mit großer Sicherheit ein Kampf um die Marktverteilung.«[78]

Bei so manchem mächtigen Tycoonen ist es ein Lotteriespiel, daß heißt eigentlich aussichtslos, Informationen über die wundersame Quelle ihres plötzlichen Reichtums zu erhalten. Müßig zu erwarten, daß die betreffende Person selbst Auskunft gibt, sich gar halbwegs offen zeigt. Mit einer unüberwindbaren Mauer sucht man die Vergangenheit vor allzu neugierigen Blicken zu schützen. Ist Semjon Mogilewitsch etwa nur ein Phantom, das allenfalls in den Verschwörungstheorien seiner Gegner herumgeistert? Gehen internationale Polizeibehörden aufgrund haltloser Verdächtigungen davon aus, daß Mogilewitsch einer der ganz Großen ist?

Das alles sind ausreichend Gründe, um mit Mogilewitsch selbst zu sprechen. Andernfalls bleibt zuviel Raum für Phantasien und Spekulationen, in dem Wahrheiten, Halbwahrheiten und gezielte Desinformationen nicht mehr voneinander zu trennen sind. Andererseits ist es demokratische Pflicht aufzuklären, diese Mauer zu überwinden zu suchen, um Einblicke in eine vielleicht gar nicht so fremde Welt zu erhalten. Das trifft allemal auf Semjon Mogilewitsch zu. Insbesondere auch deshalb, weil sein Name und sein Imperium in Europa eine bedeutende Rolle spielen und er bereits im Zusammenhang mit dem Weltkonzern Solnzewskaja mehrmals genannt wurde.

Unzählige Male hatte ich versucht, mit ihm zu sprechen. Mehrmals über seinen persönlichen Vertrauten, den im Dokument des Berliner Landeskriminalamt erwähnten Leon Rabinowitsch, nichts.

Dann über die jüdische Gemeinde in Budapest. Nichts.

Schließlich über Peter Vajda, Nachrichtenchef der angesehenen Budapester Tageszeitung *Nepszabadsag*. Wieder nichts.

Die Informationen über ihn, die ich verwandt habe, stammen aus einer Vielzahl Gesprächen und internen Dokumenten, darunter auch von Polizeibehörden. Zum Beispiel von der tschechischen Polizei (BIS), Interviews mit hochrangigen Beamten der ungarischen Nationalen Polizei (HNP), dem ukrainischen Sicherheitsdienst (SBU), der italienischen DIA, dem amerikanischen FBI, der israelischen Polizei, der österreichischen Sicherheitspolizei, dem Bundesamt für Polizeiwesen in Bern, dem Bundeskriminalamt in Wiesbaden sowie von Europol in Den Haag.

Die Erwähnung dieser Dienststellen zeigt, daß Mogilewitsch ein durchaus einschlägig bekannter Tycoon sein muß, also kein Phantom.

Semjon Judkowitsch Mogilewitsch wurde am 30. Juni 1946 in Kiew geboren. Heute lebt er in Budapest in einer geschichtsträchtigen prächtigen Villa, 300 Meter von der russischen Botschaft entfernt. In dem Gebäude residierte einst ein ungarischer Regierungschef. Wert des Objekts heute: 200 Millionen Forint. Jetzt ist sie Stammsitz von Mogilewitsch und einiger seiner Firmen. Das Anwesen ist von einer hohen Mauer umgeben, und man muß schon in eines der gegenüberliegenden Häuser gehen, um unbehindert Einblick in das Gelände nehmen zu können.

Man blickt auf ein stabiles großes Tor und eine ziemlich neue Wachstube am Eingang. Das Häuschen stört ein wenig die barocke Architektur der Villa, die zwanzig Schritte vom Eingang entfernt steht. Geschützt wird das Anwesen durch furchteinflößende junge Männer: muskulöse Körper, ausdruckslose Gesichter. Mindestens zwei Gorillas patrouillieren auf dem Gelände. Zusätzlich laufen zwei scharfe Schäferhunde frei herum. »Wer in die Villa will, wird von den Bodyguards begleitet – alleine dort hinzugehen ist unmöglich«, erzählt ein Nachbar. Im Hof stehen unter ausladenden Bäumen die obligatorischen Luxuslimousinen: Cadillac, Mercedes 600, Range Rover.

Verläßt Mogilewitsch seine Villa, herrscht höchste Alarmstimmung. In einem Fahrzeugpulk verläßt er das Gelände. In welchem Wagen er chauffiert wird, wissen nur seine Sicherheitsleute.

Hundert Kilometer östlich von Budapest liegt die Kleinstadt Miskolc, beherrscht von dem ehemaligen staatlichen Stahlkonzern Diosgyori Gépgyár (DIGEP). Auf einem Schornstein der Industrieruine hängt schlaff eine schwarze Fahne. Im Zuge der durch den Macht- und Systemwechsel in ganz Ungarn durchgeführten Privatisierung sollte im Jahr 1990 dieser Konzern private Käufer finden. Aber für das marode Werk fand sich kein privater Investor. 2400 Arbeitsplätze wurden zerstört. Nur die profitable Abteilung für die Produktion von Rüstungsgütern fand einen Interessenten.

Am 30. Oktober 1993 meldete die ungarische Zeitung *NAPI*: »Eine Person russischer Nationalität leitet die Firma Army-Coop. Ein Großteil der Waffen wird nach Rußland verkauft. Auch die Produktionstechnologie und die Lizenzen kommen aus Rußland, und die russischen Teilhaber haben die notwendigen Absatzchancen.«

Am Stadtrand von Miskolc, in einem Waldgebiet, führt eine schmale Straße an einem versteckt liegenden Gebäudekomplex vorbei. Auf den Mauern rostet der Stacheldraht, und die Wachtürme fallen langsam in sich zusammen. Hinter den Mauern erkennt man von außen langgestreckte Fabrikhallen, deren Fenster zerschlagen sind. Trotzdem ist der Haupteingang streng bewacht. Er führt zur Außenstelle der DIGEP. Jetzt heißt das Unternehmen Army-Coop. In der Blütezeit des Unternehmens, während des Iran-Irak-Krieges, wurden in der Fabrik Granaten und Munition hergestellt. Im Jahr 1997 arbeiten allenfalls noch vierzig Arbeiter in der Produktion. Was und wofür – das ist ein Geheimnis. In der Redaktion der kleinen Tageszeitung von Miskolc weiß der Chefredakteur zwar, daß auf dem Gelände Waffen produziert wurden und ein neuer »arroganter« Besitzer aus Rußland jetzt da sei. »Der hat jedoch niemals versucht, gesellschaftliche Kontakte mit den Menschen zu suchen.«

Einmal, bei Betriebseröffnung, durften Journalisten auf das Gelände, aber ohne Fotoausrüstung. Seitdem ist die Firma tabu, und niemand redet darüber, was genau auf dem Werksgelände geschieht und wer die lichtscheuen Figuren sind, die sich dort bewegen.

Ich habe versucht, mit einem amtierenden Direktor des Unternehmens, Josef Bernat, zu sprechen. »Wir verschließen uns grundsätzlich nicht der Presse«, sagte er mir am Telefon. »Aber es gibt in der letzten Zeit Dinge, die nicht so gut laufen, daher muß ich zuvor mit dem Inhaber der Firma sprechen.«

Einen Tag später rufe ich ihn erneut an. »Die Antwort ist nein. Ich beantworte grundsätzlich keine Fragen«, und damit war das kurze Gespräch zu Ende.

Verständlich; denn hinter dem geheimnisvollen Rüstungsunternehmen steht Semjon Mogilewitsch. Und damit ist es, glaubt man dem von internationalen Polizeibehörden geäußerten Verdacht, der Mafia erstmals gelungen, einen europäischen Rüstungskonzern aufzukaufen.

Semjon Mogilewitsch scheint, was Waffengeschäfte angeht, durchaus Erfahrung zu haben, steht in einem Bericht des amerikanischen FBI.

»Berichtet wird außerdem, daß Semjon Mogilewitsch in den Diebstahl von Militärausrüstung der russischen Streitkräfte in Westdeutschland im Wert von 20 Millionen Dollar verstrickt sei. Und zwar durch Bestechung von hochgestellten russischen Militärangehörigen. Das überschüssige Material sollte offiziell von der russischen Regierung an einen unbekannten Staat geliefert werden.«

Dieses Stadium anrüchiger illegaler Waffendeals hat Mogilewitsch mit dem legalen Kauf eines Rüstungsunternehmens inzwischen überwunden.

Für Mogilewitsch und seine Partner war die Investition in ein Rüstungsunternehmen noch aus einem anderen Grund interessant, meint Simon Tamas, Leiter der Hauptabteilung für Kriminalität am Landespolizeipräsidium Ungarn: »Nach unseren Gesetzen erhält ein Ausländer Pässe und Einreisebewilligungen, wenn er Besitzer einer Firma ist. Besonders wichtig sind Firmen, die offiziell im Waffenhandel tätig sind und auf grund dessen alle Lizenzen bekommen. Wer in Ungarn eine Lizenz für die Waffenherstellung besitzt, hat eine gute geschäftliche Basis.«

Und über den erfolgreichen Geschäftsmann kann man in einem Bericht der israelischen Nationalen Polizei folgendes lesen: »Mogilevich wurde einer von Ungarns Waffenhersteller für Luftabwehrrakten und Mörsern, indem er zwei ungarische Waffenfirmen kaufte, unter anderem Army-Coop. Dadurch soll er auch eine Lizenz für den Waffenhandel erhalten haben.« Daß es überhaupt dazu kommen konnte, ist ein typisches Beispiel für die überstürzte Privatisierung im einstigen Reich des »Gulaschkommunismus«. Eine Privatisierung um jeden Preis hatte es ermöglicht, daß sich clevere Geschäftsleute sogar in die strategische Industrie einkaufen konnten.

Mogilewitsch beziehungsweise seine Mitarbeiter gingen dabei überaus geschickt vor. Sie bedienten sich für ihr Vorhaben der Firma Army-Coop, eines 1991 gegründeten Unternehmens. Firmengründer waren zwei ungarische Staatsbürger, die bereits in der Rüstungsindustrie gearbeitet hatten und sich nun selbständig machen wollten. Das einzige, was ihnen fehlte, war das notwendige Kapitel. Auf der Suche nach kapitalkräftigen Partnern trafen sie Semjon Mogilewitsch, und der kaufte im Mai 1993 90 Prozent des Unternehmens über seine

Firma Arigon auf, die eine tragende Rolle in seinem Firmenimperium spielt. Manager von Army-Coop wurde der Russe
Sergej Maximow. Maximow war gleichzeitig einer der Manager des Unternehmens Baltschuk (Balchug) und Direktions-
mitglied der Firmengruppe Magnex – alles Unternehmen, die
zum Firmengestrüpp der Mogilewitsch-Organisation gehörten. Nun besaß man einen Firmenmantel, eben die Army-
Coop, und konnte den nächsten Schritt tun. Das war der Kauf
des zur Privatisierung anstehenden Staatsunternehmens
DIGEP. Laut ungarischen Zeitungsmeldungen investierte
Mogilewitsch dafür 14 Millionen Mark.

»Die Gesellschaft produziert verschiedene Arten von Munition und suchte einen Käufer. Mogilewitsch kaufte die
Gesellschaft mit einem Kredit der Firma Balchug, einer Gesellschaft, die ebenfalls von ihm kontrolliert wird.«[79]

Erhärtet werden diese Erkenntnisse durch die amerikanische Bundespolizei FBI. In einem Report des US-Innen-
ministeriums heißt es: »Army-Coop wurde benutzt, um die
staatliche Firma DIGEP zu privatisieren. Diese Transaktion
ermöglichte Mogilevich, direkter Eigentümer der ungarischen Rüstungsindustrie zu werden.«[80]

Damit war Mogilewitsch und die von ihm vertretene Kapi-
talgruppe direkter Eigentümer eines Rüstungswerkes, das
unter anderem Minenwerfer sowie Flugabwehrraketen her-
stellte. Dadurch könnte er über andere Rüstungsfirmen weitere Waffengeschäfte laufen lassen – ganz legal.

Eine Untersuchung der ungarischen Landespolizei spürte
diese Kapitaltransaktion auf. Demnach wurde das Geld für den
Kauf des ungarischen Rüstungsunternehmens über ein Konto
der Firma Baltschuk in London nach Budapest überwiesen.
Die Bürgschaft für den Kredit übernahm Victor Naichouller,
ein Bankier, der im Oktober 1993 in Moskau unter mysteriösen
Umständen ermordet wurde. Zufällig wurde bei der Festnahme dieses Victor Naichouller auf dem Budapester Flughafen Ferihegy belastendes Material gefunden. Naichouller war
wegen einer Zollordnungswidrigkeit aufgefallen. Bei den be-
schlagnahmten Rechnungen und Kontounterlagen stießen die
Ermittler auf den Namen der Firma Baltschuk in London. Aus
den Dokumenten entschlüsselten die Beamten, daß das Kapital für den Kauf der DIGEP über die Firma Baltschuk lief.

»In den letzten Tagen des Jahres 1993 wurden mehr als eine Million Dollar eingezahlt – und Sergej Maximow, der Generaldirektor der Army-Coop war und zur Zeit Mitglied des Direktionsrates Magnex ist, bot 3,8 Millionen Dollar auf, die nach Ungarn verbracht worden waren«, berichtet Zoltan Feher von der Dienststelle für organisiertes Verbrechen im Budapester Polizeipräsidium. Aufgrund der aufgefundenen Dokumente untersuchte der interministerielle Ausschuß für den Bereich der Rüstungsindustrie zwar die Möglichkeiten der Aufhebung des Privatisierungsvertrages – aber es wurde nichts dergleichen unternommen.

In dem bereits zitierten Bericht der israelischen Polizei steht über die weiteren Aktivitäten der Army-Coop: »Die Gesellschaft nahm sogar an einer Waffenausstellung in den USA teil, wo sie ihre Mörsergeschütze präsentierte, in die zahlreiche israelische Modifikationen eingebaut waren.«

Das könnte ein Beispiel sein für die neue Macht umstrittener Unternehmer, die bestehende Gesetze eines Landes legal ausnutzen, um sich in die sensiblen Bereiche der Industrie einzukaufen. Wer sich in diesem Geschäft tummeln kann – und es ist eine exquisite Klasse –, dem stehen nicht nur wirtschaftlich, sondern auch politisch alle Türen offen.

Der hat Zugang zu geheimsten Materialien und ist – ob gewollt oder nicht – Spielball politischer Interessen, aber eminent bedeutsam. Gleichzeitig läßt sich die insbesondere von italienischen Untersuchungsrichtern aufgestellte These erstmals erhärten, daß das organisierte Verbrechen inzwischen überhaupt keine illegalen Waffengeschäfte mehr tätigen muß – es besitzt ja, wie das Beispiel Ungarn deutlich macht, ganz legal Rüstungsfirmen. Neben den innenpolitischen Verwerfungen hat das Faktum auch eine außenpolitische Dimension. Rüstungsfirmen sind weltweit miteinander in Konkurrenz und gleichzeitig miteinander vernetzt. Sie sind Teil der großen Familie eines Industriebereichs, der sich seine Märkte weltweit aufteilt.

In Ungarn, sagt die Polizei, verhält sich Mogilewitsch jedenfalls vollkommen gesetzestreu. Auch seine Beteiligung an dem Rüstungsunternehmen ist natürlich eine legale Investition. Warum dann die Aufregung? Mogilewitsch kann sich zumindest in Ungarn zufrieden zurücklehnen.

Lange ging es gut, und die ungarische Öffentlichkeit nahm von ihm überhaupt keine Notiz. Das änderte sich im September 1994. Genauer am 7. September 1994 berichten die ungarischen Zeitungen, es gebe einen Zusammenhang zwischen den Frankfurter Bordellmorden und Mogilewitsch. Im Frankfurter Kettenhofweg hatte die Polizei sechs Tote gefunden. Dabei handelte es sich um den ungarischen Bordellbesitzer Gabor Bartos und seine Ehefrau sowie vier Prostituierte. Der Mörder wurde kurz danach gefaßt und ist inzwischen in einem Indizienprozeß, Aktenzeichen 80 Js 32304.7/94, wegen mehrfachen Mordes verurteilt worden. Der Mörder selbst hat zu allen Vorwürfen bis zum heutigen Tag geschwiegen.

Der Name Mogilewitsch fiel unter anderem in der Hauptverhandlung. Im Schlußvortrag der Verteidigung in der öffentlichen Hauptverhandlung wies die Rechtsanwältin des Beschuldigten auf Ungereimtheiten bei den Ermittlungen hin. Sie trug vor: »Der Polizeibeamte Hellmuth hat die Zeugin Chondinskaja zu einem von ihr gegebenen Interview telefonisch befragt. Damals hatte sie anonym Namen und auch die Verbindung zwischen Gabor Bartos und dem ›Sewa‹ genannt. Jetzt zog sie diese Angaben zurück. Sie sei angesprochen worden, warum sie so eine Aussage machen könne. Frau Chondinskaja kommt aus Angst nicht zur Hauptverhandlung.«

Demnach soll der Bordellbesitzer Gabor Bartos seine Prostituierten aus der ČR nach Frankfurt gebracht haben. Für die Vermittlung einer russischen oder ukrainischen Frau mußte er 5000 US-Dollar bezahlen. Mogilewitsch stritt diese Zusammenhänge in den wenigen Interviews, die er jemals gegeben hat, erbost ab und erklärte, er habe den ungarischen Bordellboß aus Frankfurt nie getroffen.

Nepszabadsag ist die größte ungarische Tageszeitung. 1994, als das Gerücht verbreitet wurde, daß Semjon Mogilewitsch mit den Morden in Frankfurt etwas zu tun habe, was bekanntlich nicht zutraf, ließ er sich von Peter Vajda interviewen, aber nicht fotografieren. Vajda konfrontierte ihn damals mit dem Vorwurf, er sei ein Pate, habe mit der Mafia zu tun. »Ich fragte ihn nach den behaupteten Verbindungen zur Mafia. Er gab damals eine sehr philosophische Antwort. Er sagte mir, daß niemand wisse, was die Mafia sei. Wenn sich zwei oder drei Russen treffen, könnte man sagen – das ist Mafia. Er erzählte mir, er habe nichts mit den Frankfurter Ereignissen zu tun, was wahr ist. Er stritt jegliche Verbindungen zum organisierten Verbrechen ab, wobei Sie und ich eine eigene Meinung haben, ob das nun wahr ist oder nicht.«

Auf der Suche nach weiteren Eindrücken über diese schillernde Person befragte ich Budapests Polizeipräsidenten Atilla Berta. »Über Semjon Mogilewitsch als vermutlichen internationalen Mafiaboß kann ich mich nicht äußern.« Was insofern etwas befremdlich wirkt, da in seiner Abteilung für organisiertes Verbrechen genügend Informationen über Mogilewitsch vorliegen dürften.

Überhaupt stößt man in Budapest auf eine Mauer des Schweigens, wenn es darum geht, mehr über Mogilewitsch zu erfahren. Einen wesentlichen Grund nannte mir Peter Vajda, der Nachrichtenchef von *Nepszabadsag*: »Er verstößt ja gegen keine ungarischen Gesetze. Es ist für die ungarischen Behörden wirklich schwierig, ihn zur unerwünschten Person zu erklären. Er hat hier Besitztümer, er zahlt seine Steuern. Ich wäre nicht überrascht, wenn die Polizei häufiger nach ihm schaut als nach den normalen Bürgern. Aber es ist sehr schwierig, irgend etwas gegen ihn zu unternehmen.«

Internationale Polizeibehörden, ob das amerikanische FBI, die israelische Polizei oder das Bundeskriminalamt in Wiesbaden, sehen in ihm dagegen einen der bedeutsamsten Paten der Russenmafia in Europa. In einem Bericht des amerikanischen FBI vom August 1996 über die »Semion Mogilevich Organization Eurasian Organized Crime« heißt es:

»Im November 1994 traf sich in Moskau eine internationale Arbeitsgruppe, um über das eurasische organisierte Verbrechen und die Gefahren dieser kriminellen Organisationen zu diskutieren. Die Arbeitsgruppe, in der Polizeibehörden aus Rußland, Deutschland, Italien und den USA vertreten waren, wiesen fünf kriminelle Organisationen nach. Eine dieser Gruppen ist die Semion Mogilevich Organization mit Sitz in Budapest. Die wichtigsten Aktivitäten der Organisation sind: Waffenhandel, Handel mit nuklearen Materialien, Prostitution, Drogenhandel und Geldwäsche.« Ein schwerer Vorwurf.

Den erhebt auch das Wiesbadener Bundeskriminalamt. Im Lagebericht 1995, Thema: »Strukturerkenntnisse zu russisch-eurasischen kriminellen Vereinigungen in der ehemaligen Sowjetunion«, wird folgendes behauptet:»Bei der Mogilewitsch-Organisation handelt es sich um eine von dem israelischen Staatsangehörigen Semjon Mogilewitsch, einer herausragenden Führungspersönlichkeit innerhalb der russisch-eurasischen organisierten Kriminalität, etwa 1990/1991 mit Hauptsitz in Budapest gegründeten und geleiteten, ca. 250–300 Mitglieder zählende und hierarchisch strukturierte multinationale kriminelle Vereinigung. Die Organisation operiert in ganz Mitteleuropa mit Schwerpunkt in Budapest, Prag, Wien und Moskau. Ihre Aktivitäten und Verbindungen reichen bis in die Vereinigten Staaten von Amerika und in die Ukraine sowie nach Großbritannien, Israel und Deutschland.«

Zahlreiche Informationen über Mogilewitsch, Spitzname »Sewa«, liegen auch dem Wiener Innenministerium vor, nachdem er sich in Wien mehrmals mit dem Konzernchef der Solnzewskaja, Sergej Michailow, getroffen hatte, berichtete Michael Sika, Generaldirektor für öffentliche Sicherheit im Innenministerium. Ich wollte von ihm Aufklärung über den Widerspruch, daß Mogilewitsch einerseits von der Polizei als mächtiger Pate bezeichnet wird, er andererseits unbehindert in Budapest leben und ebenso unbehindert reisen kann. Seine Erklärung:»Die Schwierigkeit liegt darin, und das ist ja die Stärke der organisierten Kriminalität, daß eine große Zahl von Firmen, die Mogilewitsch besitzt, tatsächlich sauber sind und korrekt arbeiten. Das heißt, die Infiltration der Wirtschaft, von der die Polizeiexperten immer sprechen, hat stattgefunden. Und es ist ein Schulbeispiel dafür, wie organisierte Kriminalität vorgeht.«

Lajos Liktor vom ungarischen Landespolizeihauptkommissariat über Mogilewitsch:»Es gibt keine negativen Berührungspunkte zwischen ihm und den Behörden. Daher fährt er auch kein Auto. Ihn kann man nicht einmal mit einem Strafzettel behelligen. Er trinkt fast nichts. Er macht keine Krawalle, und wenn man mit ihm redet und ihn fragt, warum er eine solche Macht hat, dann spielt er eine unheimlich schöne Rolle. Er sagt, daß er sich selbst darüber wundert, weil er diese Macht nie im Leben gewollt hatte. Aber vielleicht besitze er ein großes Charisma, daß er von den anderen so verehrt wird. Es hänge also nicht von ihm ab, sagt er, sondern von seinem Umfeld. Und wenn man die Frage gestellt hat, warum er mit seiner Macht verschiedenste Organisationen in Bewegung bringen kann, dann sagt er, das glaube ich nicht. Ich berate nur.«

Abschließend erzählt Liktor die Geschichte von einem ungarischen Schauspieler. Der habe eine Rolle gespielt, in der er zu seinem Partner gesagt hat: Ich bedrohe dich doch nur mit meinem Zeigefinger, so, als sei das harmlos. In Wirklichkeit lag der Zeigefinger auf einer Pistole. »So ist er«, resümiert Lajos Liktor.

Der folgende Vorgang könnte den Stoff für eine Legende hergeben. Er hat sich vor nicht allzulanger Zeit um eine illustre Versammlung in einem Budapest Nobelhotel abgespielt. Top secret war die Veranstaltung, zu der sich verschiedene hochrangige Repräsentanten internationaler Polizeibehörden im Hotel trafen. Ein Mann war zentraler Gegenstand der Tagung: Semjon Mogilewitsch. Doch der wußte bereits am zweiten Tag der Sitzung, wer sich da getroffen hatte und warum. Daraufhin mobilisierte er seine guten Kontakte zur Polizei. Schließlich dienen ihm ehemalige ungarische Polizeibeamte als Sicherheitsexperten seiner Organisation. Sie sind auf nachrichtendienstliche Operationen und in Gegenspionage trainiert, so daß Mogilewitsch stets rechtzeitig über Polizeioperationen informiert sein dürfte.

Einem Beamten der ungarischen Landespolizei übergab er freiwillig und mit einer gewissen Schadenfreude eine Mappe mit brisantem Inhalt. »In dieser Mappe«, erinnert sich Lajos Liktor, »lagen hochbrisante Informationen über Mogilewitsch in russischer Sprache. Sie stammten aus der Moskauer Zentrale für organisiertes Verbrechen.«

Wie Mogilewitsch in den Besitz der hochsensiblen Dokumente gekommen ist, weiß niemand. »Aber das Material«, so Liktor, »war absolut neu und absolut aktuell.«

»Wenn schon über ihn gesprochen werde«, habe Mogilewitsch nach den Worten von Liktor gesagt, »müssen die Delegierten doch richtig informiert sein. Und deshalb hat er uns die geheimen Informationen der russischen Polizei großzügig übergeben. Das ist leider Gottes keine Legende, das ist die Wahrheit.«

Die Karriereleiter

Was kann man eigentlich über seine Vergangenheit herausfinden? In den siebziger Jahren war er, glaubt man Polizeidokumenten, Mitglied einer kleinen, nicht unbedingt gesetzestreuen Organisation in Kiew. 1980 zog er nach Moskau um. Wenig später soll er bereits, was schwer zu verifizieren ist, aber das behauptet das FBI,»Angehöriger der Solnzewskaja gewesen sein«.

In dieser Phase beschäftigte er sich mit der Organisation der Ausreise von verfolgten jüdischen Sowjetbürgern nach Israel. Antisemitismus machte den Menschen jüdischen Glaubens in der UdSSR das Leben zur Hölle, und so gesehen war das, was Mogilewitsch tat, eine überaus verdienstvolle Tätigkeit.

Dieses schöne Bild erfährt eine Trübung durch den in Israel erhobenen Verdacht, daß er sich dabei ziemlich bereichert haben könnte.»Er kaufte den jüdischen Emigranten ihre Vermögenswerte ab, und nachdem er die Rubel in andere Währungen gewechselt hatte, deponierte er das Geld auf den Bankkonten der jüdischen Immigranten. Dadurch, daß die Juden die Sowjetunion in großer Hast verließen, konnte Mogilewitsch ihre Vermögenswerte billig kaufen und sie später zu ihrem realen Wert wieder verkaufen. Von dieser Situation profitierte er.«[81]

Während der achtziger Jahre brachte er es dadurch bereits zu einem gewissen Vermögen. Der clevere Jungunternehmer, dem Freund und Feind hohe Intelligenz bescheinigen, studierte an der Universität und beendete erfolgreich ein Studium der Wirtschaftswissenschaften.

Danach gründete er zusammen mit seinem Partner Anatolij Kulaschenko die Firma Arbat International, eine Firma, die zum tragenden Element seines späteren Firmenimperiums werden sollte.

Ende 1988 muß er sich, bedingt durch seine zahlreichen ausländischen Beziehungen und den daraus resultierenden wirtschaftlichen Möglichkeiten, entschlossen haben, die UdSSR zu verlassen. Zunächst lebte er ein Jahr in Polen, von wo aus er einige Abstecher nach Ungarn machte, sich in eine Ungarin verliebte und sie 1989 heiratete.

Nach der Heirat siedelte er zum Zweck der Familienzusammenführung nach Ungarn über. Es war seine zweite Ehe. Bis heute unterhält er zu seiner ersten Ehefrau und seinen beiden Kindern aus der ersten Ehe – einer verheirateten Tochter, die in den USA lebt, und seinem Sohn, der in London studiert – enge Verbindungen. Seine erste Frau ist Nutznießerin und Eigentümerin einer seiner Firmen, die auf den britischen Kanalinseln, auf Alderney, als Arigon AG eingetragen ist. Ihr Ehemann ist der Brite Adrian Churchward, zugleich Geschäftsführer und Rechtsberater einer von Mogilewitschs Firmen.

Über ihn weiß die Polizei folgendes zu berichten: »Im September 1995 wurde in England Adrian Churchward, Berater der Firma Arigon, verhaftet, verhört, und es wurden zahlreiche Dokumente in einem Büro beschlagnahmt. Diese Dokumente bewiesen den Ermittlungsbehörden, wie Churchward, im Auftrag von Mogilewitsch, Kundenkonten für Geldwäsche benutzte.« Soweit die Behauptung des FBI.

Eine Quelle des Reichtums – Die Privatisierung

Ende der achtziger, Anfang der neunziger Jahre, das ist die Zeit des politischen und wirtschaftlichen Umbruchs in den ehemaligen sowjetischen Satellitenstaaten. Doch das Erbe, das die Sowjetunion hinterlassen hatte, bestand nicht nur aus haßerfüllten oder nostalgisch wehmütigen Erinnerungen an die einstigen Besetzer. Die glorreiche Sowjetarmee verließ Ungarn, wo sie den Boden für kriminelle Organisationen bereitet hatte, die nun vom politischen und wirtschaftlichen Umbruch erneut profitierten. Und das kam so:

In den Zeiten der Verwaltung des kommunistischen Mangels besaß das sowjetische Militär jene Güter, die der Zivilbevölkerung fehlten oder die sie nur zu einem exorbitanten Preis erwerben konnte, zum Beispiel Brenn- oder Treibstoffe.

»Eine sowjetische Panzerdivision hatte sich keine Gedanken darüber gemacht«, erzählte mir ein ungarischer Unternehmer, »wie hoch der Preis für einen Tankwagen Brennstoff ist. Ein Tankwagen kann 10000 Liter Öl fassen. Mit der Auflösung der Sowjetunion erkannte man auch im Militär die verschiedensten Möglichkeiten, schnell viel Geld zu verdienen, zum Beispiel, indem das Öl aus den Lagerbeständen des Militärs auf dem Schwarzmarkt verkauft wurde.« Weil man ungarische Helfershelfer für die Abwicklung der Geschäfte benötigte, entstanden in kürzester Zeit feste Organisationen. Ein gutes Beispiel für die in den Zeiten der Besatzungstruppen entstandenen Beziehungsgeflechte betrifft die Abwicklung von Genehmigungsverfahren. Da wollte ein ehemaliger russischer Staatsangehöriger, der in Budapest eine Firma gegründet hatte, eine Genehmigung für den Import von Öl. Flugs ging er zu dem dafür zuständigen Amt. Der Mitarbeiter des Amtes, der über den notwendigen Stempel verfügte, dachte sich, wir haben vierzig gemeinsame Jahre erlebt. Wir sind befreundet. Und schon hatte der Unternehmer seine Genehmigung, während andere, ungarische Antragsteller, abschlägig beschieden wurden.

Nach der Auflösung der UdSSR und dem politischen Machtwechsel in Ungarn 1989 mußten die »Besatzungstruppen«, wie sie von den Ungarn genannt werden, das Land verlassen. Übrig blieben jene Kreise, die sich der finanzkräftigen Schmuggelorganisationen bedienten. Mit dem Kapitel, das sie mit dem Diebstahl des Öls erwirtschaftet hatten gründeten sie neue Firmen. »Mit Öl kann man äußerst profitable Geschäfte machen«, erklärte mir Bela Balla, Oberstleutnant im Polizeipräsidium Budapest. »Es ist durchaus legal, wenn diese ungarischen Unternehmen Gasöl oder Rohöl in Rußland oder der Ukraine kaufen. Pech nur, daß diese Lieferungen unterwegs verlorengehen. Wenn dann die Organisation sagt, sie wisse nicht, was mit Ihrem Öl unterwegs alles passieren kann, aber wir garantieren die Sicherung des Transports, dann fragt der Unternehmer nur: Was kostet es? Und so geht heute kein Öl mehr verloren.«

»Die Leute haben ihren Job während der Militärzeit gelernt. Sie sind militärisch organisiert, haben Verbindungen zu den Geheimdiensten«, ergänzte Ballas Kollege Istvan Makrai. »Aufgrund dieser Situation blieben Ende der achtziger und Anfang der neunziger Jahre bestimmte russische Staatsangehörige mit entsprechendem finanziellem Hintergrund in Ungarn. Zuerst gründeten sie eine private Firma. Dabei wurde durch diese Firmen das Geld gewaschen. Wir konnten verfolgen, daß durch diese Geldwäsche zwar bis zu 50 Prozent Verluste in den Büchern auftauchten. Doch es hat sich für sie immer noch rentiert.«

In kürzester Zeit haben sich die kriminellen Strukturen weiter verfestigt, und das viel schneller, als die ungarische Justiz überhaupt darauf hat reagieren können. Zugute kommt den neuen Unternehmen der ungarischen Schattenwirtschaft, daß der politische Wandel zu einer extrem liberalen Justizpraxis führte. Von der autoritären politisch abhängigen Justiz wollte das ungarische Volk zu Recht nichts mehr wissen. Und mit den neuen Phänomenen der organisierten Kriminalität wußten die ungarischen Politiker nichts anzufangen. Daher wurden der Polizei viele Befugnisse genommen.

Das Ergebnis für die ungarischen Ermittlungsbehörden: Organisierte Kriminalität, über die die Beamten zu jener Zeit allenfalls etwas in westlichen Zeitungen gelesen hatten, entstand in Ungarn anfänglich durch den illegalen Ölhandel, erst danach kamen andere kriminelle Industriezweige, wie der Mädchenhandel, hinzu.

In beiden Fällen handelt es sich um Barzahlungsgeschäfte, bei denen Millionen Dollar den Besitzer wechseln. Wer im Ölhandel mitmischen konnte, der kassierte in kürzester Zeit Millionen, ohne sich die Hände schmutzig zu machen, selbst dann, wenn er einen Teil seines Profits an die jeweiligen staatlichen Entscheidungsträger etwa in der Ukraine oder in Rußland abführen mußte, denn die mußten geschmiert werden, damit sie die Genehmigungen für den Ölexport erteilten.

Die Folgen? Durch ihre milliardenschweren Kapitalanlagen, die Bereitschaft der politischen Entscheidungsträger, sich bei der Privatisierung nicht so sehr um den Leumund der Investoren zu kümmern, konnten die dubiosen Unternehmer zu einem entscheidenden Machtfaktor in der ungarischen Wirtschaft werden.

Ein schöner Ausblick für die Integration des ungarischen Staates in die Europäische Gemeinschaft. Vielleicht erklärt diese Situation aber auch das Lohndumping in Ungarn, das deutsche wie andere europäische Unternehmer reizt, in Ungarn zu investieren.

Hier drängt sich die Frage auf, in welchem Umfang die ungarische Wirtschaft im Verlauf der Privatisierung von kriminellen Strukturen durchdrungen ist.

Auf meine diesbezügliche Frage an den Leiter der Hauptabteilung für Kriminalität im Landespolizeipräsidium Ungarn,

Simon Tamas, antwortet er mir: »Die schwarze Wirtschaft, die Schattenwirtschaft, hat in Ungarn eine große Bedeutung. Sie wird auf 30 bis 40 Prozent geschätzt, und zwar ohne die organisierte Kriminalität. Dazu kommt dann noch die OK.«

»Nein«, wirft der für organisiertes Verbrechen zuständige Staatsanwalt Zsombok György ein. »Nur ein Drittel des Landes befindet sich in den Händen der schwarzen Wirtschaft. Darin ist auch die organisierte Kriminalität enthalten. Inzwischen sind 70 Prozent der ungarischen Staatsbetriebe privatisiert, 20 Prozent davon sind durch kriminelle Strukturen erworben worden.«

In diesem heiklen ungarischen Privatisierungsprozeß bildete sich jedenfalls sehr schnell eine starke Gruppe heraus, die ihren marktbeherrschenden Einfluß geltend machte. Und damit ist man wieder bei Semjon Mogilewitsch.

»Bei Mogilewitsch«, so Oberstleutnant Balla, »sieht man diese Entwicklung. Seine Kapitalkraft und Investitionsstärke hatten es ihm vor zehn Jahren noch nicht erlaubt, Unmengen Geldes für die Privatisierung bei uns zu investieren.«

Das ist lange her. Sozusagen aus der Westentasche wollte er 54 Millionen Dollar bei einer Ausschreibung für ein Industrieprojekt in bar bezahlen. Es wurde in letzter Sekunde verhindert.

Anfang der neunziger Jahre ist Mogilewitsch ein global agierender Unternehmer, der von Budapest aus unterschiedlichste Geschäfte dirigiert. Besonders häufig reist er in die GUS-Staaten, nach Europa, Israel und in die USA.

»Während seiner Reisen benutzt er unterschiedliche Namen: Semion Mogilewitsch, Senior Mogilewitsch, Semion Mogeilegtin, Semion Mobileritsh, Seva Magalanksy und hat verschiedene Pässe. 1995 wurde er in der ČR zur ›persona non grata‹ erklärt und ihm zusammen mit elf weiteren Geschäftsleuten aus der GUS die Einreise verweigert. Andere Mitglieder seiner Organisation reisen frei herum, benutzen häufig gefälschte Pässe von ausgezeichneter Qualität.«[82]

Im Jahr 1991, notierte die israelische Polizei, fuhr Mogilewitsch in die USA, um in Los Angeles Repräsentanten der jüdischen Gemeinde zu treffen. »Aus israelischen Quellen wird darauf verwiesen, daß er im Auftrag der jüdischen Gemeinde Zürichs nach Los Angeles fuhr, um mit dem Bürger I. zu verhandeln. Demnach ging es um den Kauf von Gold im Wert von 62 Millionen Dollar.«

Wenig später gelang es ihm, aufgrund seiner ausgezeichneten Kontakte zur ukrainischen Staatsregierung, das Monopol für die Versicherung ungarischer Touristen zu bekommen, die in die Ukraine einreisen wollten. Mit der Einführung des Versicherungssystems hatte er eine zusätzliche Einkommensquelle, die beinahe unerschöpflich ist. Geschäfte mit der Ukraine sind überhaupt ein weites Betätigungsfeld von Mogilewitsch. Über seine Firma Arigon ist er sowohl in den Verkauf von Kleidung in die GUS-Staaten involviert wie auch für Öllieferungen für die ukrainische Eisenbahn. Mogilewitsch, so wird berichtet, ist geschäftlich mit dem ukrainischen Energieminister verbunden und ukrainischen Firmen, die mit Energie handeln.

»Das finanzielle Rückgrat der Organisation Mogilewitsch besteht aus drei Gesellschaften, die Niederlassungen in verschiedenen Ländern haben. Sie sind in unterschiedlichsten Unternehmensbereichen aktiv, vom Ölhandel bis hin zu Rüstungsgeschäften. Einige der Geschäfte sind illegal, andere wiederum ganz legal«, beschreibt die israelische Polizei die geschäftliche Aktivitäten dieses Unternehmers.

Warum, fragte ich mich, beschäftigt sich die israelische Polizei überhaupt mit Mogilewitsch? Mogilewitsch habe in den neunziger Jahren die israelische Staatsbürgerschaft angenommen und fliege von Zeit zu Zeit nach Israel, erklärte mir ein israelischer Polizeioffizier. Deshalb wohl das besondere Interesse der israelischen Sicherheitsbehörden an ihrem Staatsbürger, auch was seine Kontakte in Israel angeht.

Seine wichtigsten Kontaktpersonen in Israel sind nach Erkenntnissen der israelischen Polizei ein Anatolij K., Alexander T. und Alexander F. Alle drei sind israelische Staatsbürger, die aus der Sowjetunion ausgewandert sind. Der eine ist Inhaber eines Nachtklubs in Prag, der andere besitzt eine Firma in Israel. Und bei allen drei vermutet die israelische Polizei, daß sie in Geldwäsche und Drogengeschäfte verwickelt sind.

»Außerdem hat er Verbindungen zu Israelis, die als bekannte Kriminelle bei der Polizei aufgefallen sind. Dazu zählen Den Mor und Baruch Alon. Beide schmuggelten Drogen nach England. Mark G. ist ein bekannter russischer Krimineller, der in Eilat ein Kasinoschiff besitzt und in Prag ein Kasino managt«, hat die Tel Aviver Ermittlungsbehörde herausgefunden.

Anscheinend wegen dieser Verbindungen kommt die Israelische Nationale Polizei zu folgender Schlußfolgerung:»Mogilevich ist israelischer Staatsbürger. Das erlaubt ihm, hier zu leben und frei zu investieren. Nach unseren Informationen hat er versucht, einen Brückenkopf in Israel aufzubauen, den er zu einem späteren Zeitpunkt benutzen kann, um sich in Israel niederzulassen. Seine Verbindungen zu israelischen Kriminellen und Israel sollten in diesem Licht gesehen werden, denn er könnte eine potentielle Gefahr darstellen. Mogilevich ist nicht direkt in kriminelle Aktivitäten verwickelt. Aber er hat die Kontrolle über verschiedene gefährliche kriminelle Organisationen, die eine potentielle Bedrohung für Israels Wirtschaft und Gesellschaft darstellen können.« Unabhängig davon versuchte Mogilewitsch, in der jüdischen Gemeinde für seine Geschäfte zu werben.

Im Mai 1994 beispielsweise wollten Mogilewitschs Vertreter einen Kontakt zu dem Leiter der jüdischen Gemeinde der Klaus-Synagoge in Prag und zu Vertretern des jüdischen Museums aufbauen. Das Motiv, so wird berichtet, sei es, eine »angenehme Atmosphäre« für ein Treffen zwischen Katrich Anatolij und Alexander Alexei, bekannten Persönlichkeiten der jüdischen Gemeinde, herzustellen. Denn man wollte für israelische Touristen Cateringdienste in einem Restaurant anbieten, das zu Mogilewitschs Unternehmen gehört. Daneben sollte eine Reiseagentur gegründet werden. Sie sollte sicherstellen, daß die Touristen aus Israel direkt in das geplante Restaurant gebracht werden. Repräsentanten der Prager jüdischen Gemeinde erklärten, es habe zwar entsprechende Anfragen von Mogilewitsch gegeben, aber man sei nicht auf das Angebot eingegangen. Seitdem hat auch die israelische Botschaft in Prag die Verbindungen mit Mogilewitschs Abgesandten abgebrochen. Dort hatte man entdeckt, daß es sich bei Mogilewitschs Abgesandten nicht um »unschuldige« Geschäftsleute handelte. Es war wohl nur ein kleines Mißgeschick für Mogilewitschs Reputation.

Viele von Mogilewitschs führenden Mitarbeitern haben wie er selbst inzwischen die israelische Staatsbürgerschaft und besitzen daher auch israelische Pässe. Tatkräftig unterstützt wurden sie dabei von einem Unternehmer namens Schabtai Kalmanowitsch. Er hatte es erreicht, den Mitgliedern der Solnzewskaja und der Mogilewitsch-Organisation innerhalb kürzester Zeit israelische Pässe zu besorgen. Die amerikanischen Behörden vermuten, daß Kalmanowitsch »Verbindungen zur israelischen Regierung hat«.

Die Verbindungen zwischen Kalmanowitsch und Mogilewitsch werden auch in einem Dokument der Schweizer Bundespolizei erwähnt. Danach haben sich Schabtai Kalmanowitsch, Mogilewitsch und Sergej Michailow zum Jahresende 1994/95 in einem Tiroler Hotel getroffen. Die Rechnung für die Zimmer sei von Wiktor Awerin bezahlt worden.[83]

Die Erfolgsstory über Spionageaustausch und Mafia

Schabtai Kalmanowitsch, Geburtsdatum 14. Mai 1926, flüchtete Anfang der siebziger Jahre aus der Sowjetunion nach Israel und baute sich in wenigen Jahren ein wirtschaftliches Imperium auf – durchaus eine Erfolgsstory, diesmal mit politischen Implikationen.

Vom ersten Tag seines Aufenthalts in Israel an entwickelte er ein unglaubliches Talent, Kontakte zu hochrangigen Regierungsmitgliedern herzustellen. Der Erfolg blieb nicht aus. Er wurde Berater für »sowjetische Fragen« in der Arbeiterpartei (Mapai) der damaligen Premierministerin Golda Meir.

Mitte 1980 kontrollierte er den größten Teil des Handels mit Bophuthatswana und Sierra Leone. Auf dem Höhepunkt seines wirtschaftlichen und politischen Einflusses besaß er eine riesige Krokodilfarm in Bophuthatswana, diesem im Apartheidstaat Südafrika gelegenen schwarzen Homeland. Er verfügte über Gold- und Diamantenkonzessionen in Sierra Leone, nannte eine prächtige Villa in Cannes sein eigen und kutschierte in einem Rolls-Royce. Vorbesitzer der Edelkarosse war Rumäniens Diktator Nicolae Ceausescu. Und was für seine Geschäfte geradezu unabdingbar war, er war nicht nur erfolgreicher Geschäftsmann, sondern auch eine mysteriöse Figur im Kalten Krieg der siebziger Jahre.

1978 war er dabei, als Israel, die USA und die Sowjetunion unter strengster Geheimhaltung ihre Spione oder die der Spionage verdächtigten Personen austauschten. Einen besonders guten Kontakt unterhielt Kalmanowitsch dabei zu dem Ost-Berliner Anwalt Walter Vogel. Und damit war Kalmanowitsch zeitweise eine Schlüsselfigur sowohl für den israelischen Nachrichtendienst wie für das US-Außenministerium.

Zehn Jahre später, Anfang 1987, erlebte er jedoch einen Knick in seiner Karriere. Er wurde in den Vereinigten Staaten unter Anklage gestellt. Der Vorwurf: Zusammen mit einem Geschäftspartner habe Kalmanowitsch gefälschte Schecks im Wert von über zwei Millionen Dollar in Umlauf gebracht. Und am 23. Dezember 1987 wurde er in Israel unter dem Verdacht verhaftet, er sei ein sowjetischer Spion. Der damalige israelische Verteidigungsminister Jitzhak Rabin erklärte daraufhin, »er sei sicher, daß die Sowjets von Kalmanowitsch Informationen über Syrien und andere arabische Staaten erhalten haben«.[84] Kalmanowitsch bestritt die Spionagevorwürfe. Daß er für die Sowjets gearbeitet haben dürfte, belegt jedoch ein Brief. Den schmuggelte seine Ehefrau aus dem Gefängnis. Empfänger des Briefes war Rabbi Ronald Greenwald in New York, ein internationaler Broker, mit dem Kalmanowitsch und der Ost-Berliner Anwalt Vogel in vielen Austauschaktionen von Spionen zusammengearbeitet hatte. In dem Brief stand: »Spreche mit Vogel« und »bringe mich nach Hause«.

Als sein Freund Greenwald die Nachricht in Händen hielt, schickte er sofort eine persönliche Note an den Ost-Berliner Anwalt. Dessen Antwort ließ nicht lange auf sich warten.

Vogel fragte bei Greenwald nach, ob die israelische Regierung Kalmanowitsch nicht in ein Austauschprogramm für Spione aufnehmen könne. Die jedoch lehnte ab.

Greenwald traf Kalmanowitsch erstmals zu Beginn des Jahres 1978 in Israel. Er sollte ihm dabei helfen, einen Israeli, der in Mozambique wegen Spionageverdachts verhaftet wurde, gegen einen sowjetischen Spion auszutauschen, der in einem Gefängnis in Pennsylvania saß, sowie gegen den im März 1977 in Moskau festgenommenen Computerspezialisten Anatolij Schtscharanski. »Der Programmierer am Moskauer Institut für Erdöl- und Erdgasforschung hatte sich seit 1973 öffentlich für die jüdische Auswanderungsbewegung in der UdSSR eingesetzt. (...) Im Jahr 1975 verlor Schtscharanski seinen Arbeitsplatz, ein Jahr darauf schloß er sich dem gerade gegründeten Moskauer Helsinki-Komitee an, das die Einhaltung der Menschenrechte in der Sowjetunion nach der KSZE-Schlußakte beobachten wollte.«[85]

Um dessen Befreiung vorzubereiten – bislang ist das vollkommen unbekannt –, flogen Greenwald und Kalmanowitsch nach Ost-Berlin, um mit dem DDR-Anwalt Wolfgang Vogel die Bedingungen für den Austausch vorzubereiten. Nach dem Gespräch in Vogels Anwaltskanzlei jetteten Kalmanowitsch, Greenwald und Vogel gemeinsam nach Washington, um den Handel Freilassung eines Dissidenten gegen russische Spione im US-Außenministerium zum Abschluß zu bringen. »Kalmanowitsch wurde mir als ein privater Repräsentant der israelischen Regierung vorgestellt«, erinnert sich ein Beamter des State Department, der später zusammen mit Kalmanowitsch nach Ost-Berlin flog, um einen anderen sowjetischen Spion gegen einen amerikanischen Studenten auszutauschen. Der war verhaftet worden, als er versuchte, einen Arzt aus Ost-Berlin in den Westen zu schmuggeln.

Der geplante Austausch von Anatolij Schtscharanski platzte damals – noch war die Zeit nicht reif. In den darauffolgenden Jahren reiste Kalmanowitsch häufiger nach Ost-Berlin und verhandelte mehrmals mit DDR-Anwalt Vogel über Modalitäten der Freilassung von Schtscharanski. »Kalmanowitsch war«, erinnert sich ein Beamter des State Department, »ein wichtiger Mann, der sehr sensitive Kanäle öffnete, damit Schtscharanski dann endlich in Freiheit entlassen werden konnte.« Das sollte jedoch noch knapp acht Jahre dauern. Erst am 11. Februar 1986 wurde er im Rahmen eines Gefangenenaustauschs auf der Berliner Glienicker Brücke den wartenden amerikanischen Diplomaten übergeben.

Mit dem geheimen Austausch von Spionen war nicht unbedingt Geld zu verdienen, allenfalls förderte es seinen Einfluß. Und deshalb mußte Kalmanowitsch weiter seinen normalen Geschäften nachgehen. Dabei unterstützte ihn sein Freund Greenwald, der ihn im Mai 1980 bei Lucas Mangope, dem Präsidenten von Bophuthatswana, einem der vier sogenannten unabhängigen schwarzen Homelands, einführte.

Diese Verbindung machte ihn zum Multimillionär. Durch

eine neu gegründete Firma Liat gelang es ihm, das Fußballsta-
dion zu bauen, das er mit israelischen Spielern und Trainern
ausrüstete. Außerdem baute er ein Einkaufszentrum. Gleichzeitig brachte er israelische Spezialisten nach Bophuthatswana, die sowohl Polizei wie Sicherheitskräfte ausbildeten.
Daneben unterhielt er enge Geschäftsbeziehungen zu dem in
Frankfurt ansässigen Henry Landschaft. Dessen Telefonnummer ist identisch mit der des offiziellen Handelsbüros von Bophuthatswana. Landschaft wiederum ist ein enger Freund des
ehemaligen Frankfurter Oberbürgermeisters Walter Wallmann. Wallmann reiste mehrmals nach Bophuthatswana,
und als Oberbürgermeister von Frankfurt empfing er dessen
Präsidenten Mangope.
Israel war zur damaligen Zeit das einzige Land (außer Südafrika), das in den Homelands nennenswerte Investitionen
getätigt hat. »Wer heute Bophuthatswana besucht«, schrieb
Professor Benjamin Beit-Hallahmi in seinem 1988 erschiene-
nen Buch *Schmutzige Allianzen*, »wird dort auf israelische Sicherheitskräfte, israelische Fußballtrainer, israelische Geschäftsleute und Touristen treffen. Wer eines der Kasinos in
der Touristenstadt Sun City besucht, begegnet mit großer
Wahrscheinlichkeit israelischen Saalwächtern, die aufpassen,
daß niemand den Gästen den Spaß am Spiel verdirbt.«[86]
All das war Kalmanowitschs Verdienst. Seine Profite investierte er später in Sierra Leone. Interessant war das kleine
afrikanische Land, eine einstige Kolonie befreiter Sklaven aus
England und den USA, weniger wegen des Kaffees als wegen
der Diamantenvorkommen.
Wiederum gelang es ihm in kurzer Zeit, enge Bindungen
zum Präsidenten des Landes, Joseph Momoh, zu knüpfen.[87]
Er wurde Wirtschaftsberater der Regierung sowie Repräsentant der Europäischen Gemeinschaft und des osteuropäischen Comecon. Das reichte wahrscheinlich nicht aus, um seinen Ehrgeiz zu befriedigen. Gleichzeitig investierte er in den
Waffenhandel, berichtete die israelische Presse. Denn »als ein
Waffenhändler hatte er Zugang zu geheimen Informationen
über israelische Waffen und über Israels Waffennetzwerke«.[88]
Soweit könnte es eine Geschichte über Günstlingswirtschaft
im Halbdunkel von politischer Protektion und geheimnisumwitterten nachrichtendienstlichen Kontakten sein, die sich für

das Business bezahlt machen. Doch irgendwann muß er geradezu zwangsläufig mit jenen in Kontakt gekommen sein, die, offiziell zumindest, als nicht gerade Ehrenhafte gelten.

In New York kontaktierte Kalmanowitsch seine alten sowjetischen Emigrantenfreunde. Unter ihnen war Marat Balagula, der 1977 nach New York kam. Er war inzwischen ein mächtiger Mann geworden. Ebenfalls eine Erfolgsgeschichte, die so beginnt: In der UdSSR lernte Balagula bereits mit 22 Jahren die Wünsche der Apparatschiks zu erfüllen, die mit dem teuersten Fleisch und Luxusprodukten versorgt werden wollten. »Es war ein guter Job. Ich verdiente genügend Geld. Mein Gehalt wurde in Dollars und Rubeln ausbezahlt. Ich reiste nach Australien, Frankreich und Italien. Der KGB verschaffte mir Visa, kein Problem. Ich gehörte nicht zur Mittelklasse, sondern zur Oberklasse.«

1971 wurde er zum Manager der größten ukrainischen Lebensmittelkooperative ernannt. Bereits damals war er derart einflußreich, daß er zu seinem 30. Geburtstag die gesamte politische Prominenz in seine Datscha einlud, und alle kamen. Unter anderem machte damals ein junger regionaler Parteichef, Michail Gorbatschow, dem Mann der Schattenwirtschaft, seine Aufwartung. Eigentlich hätte Balagula in der UdSSR weiter Karriere machen können. Aber er kehrte seiner Heimat den Rücken, weil er, so erzählte er später, ständig davon hörte, wieviel angenehmer doch das Leben im »goldenen Westen« sei. Am 13. Januar 1977 packte er seine Koffer und verließ mit seiner Frau und seinen beiden Töchtern Moskau, um in New York eine neue Karriere zu beginnen. Es dauerte nicht lange und er wurde der »Big Man« beziehungsweise der »Georgier« genannt, als Boß der russischen Mafia berüchtigt.

Balagula das ist das Modell eines modernen Paten. Er galt als brillanter effizienter Geschäftsmann, dem es gelang, die träge exilsowjetische *Organisatsij* in den USA in ein milliardenschweres kriminelles Unternehmen umzubauen. Fast bewundernd meinte ein FBI-Agent: »John Gotti ist ein Chorknabe im Vergleich mit ihm.«

Und damit ist man wieder bei Kalmanowitsch. In dessen Villa in Sierra Leone lebte Balagula zwei Monate lang. Sie hatten viel gemeinsam, zum Beispiel die Kontakte zum KGB.

Beide engagierten sich gemeinsam in verschiedenen Geschäftsbereichen. »Einer ihrer Pläne war der Import von Benzin nach Sierra Leone über Kalmanowitschs Firma Liat. Doch das geplante Geschäft platzte, und es blieben nur Schulden übrig.«[89] Aber die in Sierra Leone geknüpften Beziehungen in den Machtapparat des kleinen afrikanischen Staates waren dafür um so fruchtbarer. Der Präsident von Sierra Leone, Joseph Momoh, erlaubte dem Mob aus der UdSSR, in Sierra Leone ein weltweites Schmuggel- und Geldwäschenetzwerk aufzubauen. Diamanten wurden aus Sierra Leone nach Thailand geschmuggelt, und im Gegenzug wurde Heroin geliefert, das anschließend in Europa verteilt wurde.

Auf jeden Fall wurde Kalmanowitsch, wissentlich oder nicht, in das kriminelle Netzwerk einer russisch beherrschten Mafiaorganisation in den USA eingebunden, aus dem er sich bis heute nicht mehr lösen konnte. 1988 urteilte ein interner Bericht der südafrikanischen Polizei, der dem hessischen Landeskriminalamt in Wiesbaden vorliegt, bereits folgendermaßen über Kalmanowitsch: »Sein Aufstieg zum Millionär wurde durch die Aufnahme in ein mächtiges Netzwerk des organisierten Verbrechens ermöglicht, ein Netzwerk, in dem Diamanten und Drogen eine entscheidende Rolle spielten.«
Der Umbruch in der Sowjetunion trieb Kalmanowitsch zu neuen unternehmerischen Höhenflügen. Jetzt konnte er seine gesamten Kontakte in der UdSSR benutzen, und er entschied sich, nach Moskau zurückzukehren. Als einen ersten Schritt verlegte Kalmanowitsch seine Firma Liat nach Moskau. Dort firmiert sie inzwischen unter dem Namen Liat-Nataly. Miteigentümer ist der bekannte Volkssänger Josef Kobson, der gleichfalls verdächtigt wird, einer der ganz Großen der Russenmafia zu sein. Ein Vorwurf, den Kobson entrüstet von sich weist. Deshalb darf er wohl weder nach Israel noch in die USA einreisen. War Kalmanowitsch in Zeiten des Kalten Krieges ein angesehener Geschäftsmann, urteilt das amerikanische FBI in einem Dokument heute über ihn:
»Shabtai Kalmanovich ist ein mächtiger Verbündeter der Solntsevskaya Organization, der in Budapest einen Stützpunkt hat. Er ist ein millionenschwerer russischer Emigrant und israelischer Staatsbürger mit Verbindungen zu ehemali-

gen KGB-Agenten und hochrangingen Russen, Israelis und anderen politisch Verantwortlichen in der gesamten Welt. In Sierra Leone managte er die Geschäfte des Führers der russischen OK, Marat Balagula, des ehemaligen Leiters der Organizatsiy in New York. Zu Kalmanovich's Besitztümern gehört die Firma Liat-Nataly, die exklusive Rechte für den Import von Pharmazie- und Medizinprodukten aus Ungarn nach Rußland besitzt. Dadurch nimmt er pro Monat ca. 5 Millionen US-Dollar ein. Kalmanovich's Verbündete in diesem lukrativen Geschäft sind Josef Kobson und der bekannte Vyacheslaw Ivankov. Israelische Pässe wurden von Kalmanovich für Mitglieder der Solntsevskaya und der Mogilevich Organization beschafft. Trotzdem hat er auch noch Verbindungen zur israelischen Regierung.«

Die Frankfurt-Connection

Der Name Kalmanowitsch findet sich auch in Akten der Frankfurter Staatsanwaltschaft. Dort lief unter dem Aktenzeichen 74 Js 42134.2/94 ein Ermittlungsverfahren unter anderem gegen einen Frankfurter Unternehmer wegen Scheckdiebstahls. Gesamtwert der vier in der Bundesrepublik gestohlenen Schecks, die bei der Parekss-Bank in Riga eingelöst wurden: 1 400 000 Mark. Geschäftspartner des Frankfurter Kaufmanns in Vilnius war, das ergaben die Ermittlungen der Frankfurter Staatsanwaltschaft, Schabtai Kalmanowitsch. Dessen Visitenkarte, Kalmanowitsch schrieb als Titel Baron unter sein Wappen, fand die Polizei bei dem Frankfurter Kaufmann. Somit führt von Frankfurt die Spur zu einer der gefürchtetsten kriminellen Organisationen, der Vilnius-Brigade. In Frankfurt ist sie für die illegale Vermittlung von Arbeitskräften aus Litauen, Estland und Rußland verantwortlich.

Der Frankfurter Unternehmer gilt als Repräsentant der Vilnius-Brigade, die weltweit agiert. »K. gab an, Geschäftsbeziehungen zu dem Igor Tjomkin zu unterhalten«, steht in den Akten der Staatsanwaltschaft. Und weiter: »Tjomkin ist nach mitgeteilten Erkenntnissen der litauischen Strafverfolgungsbehörden Mitglied der Vilnius-Brigade und steht im Verdacht, Auftraggeber des Mordes an dem Redakteur der litauischen Tageszeitung *Res Publika*, dem Vitas Lingis, gewesen zu sein.« Während seiner polizeilichen Vernehmung räumte der Frankfurter Unternehmer K. ein, seit »geraumer Zeit mit dem in der JVA Düsseldorf einsitzenden Igor Geschäftsbeziehungen unterhalten zu haben. Konkret will er Igor aus der Bundesrepublik mit Spielautomaten, Billiardtischen und Flippergeräten beliefert haben.«

Über diese Vilnius-Brigade schrieb der Bundesnachrichtendienst in einem nur für den Dienstgebrauch bestimmten Dokument, Kennziffer AUI 11A-0140/95 VS-NfD:

»Die Vilnius-Brigade entstand Mitte 1984 aus einer jüdisch-polnisch-russischen Jugendgruppierung und beschäftigte sich zunächst mit Betrug, Eintreibung von Spielschulden, Diebstahl und Raub. Ab etwa 1987 galt Boris Dekandidze als einer ihrer Anführer. Bereits 1989 nahm die Vilnius-Brigade in der litauischen Kriminalstatistik den ersten Platz ein. 1990 begann die Vilnius-Brigade verschiedene Firmen zu gründen. Damit wurden vorrangig drei Ziele verfolgt: das erwirtschaftete Kapital zu investieren, Gelder kriminellen Ursprungs zu waschen und Möglichkeiten zu schaffen, den Rauschgiftvertrieb in die östlichen Märkte zu legendieren. So gewann die Vilnius-Brigade immer mehr an Macht und Einfluß im kriminellen Milieu; sie übernahm die Kontrolle über andere verbrecherische Gruppierungen wie etwa die Sportininku, Selionije, Ogurzi oder Malieschi.«

Experten schätzen, daß die organisierte Kriminalität allein in Vilnius monatlich bis zu einer Million Dollar einnimmt. Ein weiteres Beispiel für die internationale Vernetzung der kriminellen Organisationen, in denen, wie eine fette Spinne, nur ganz bestimmte Persönlichkeiten sitzen. Sie gelten als die »Unangreifbaren«. Und damit ist man wieder bei Mogilewitsch in Budapest.

Das Geschäftsimperium

Die israelische Polizei benennt drei Unternehmen von Mogilewitsch, die sie als die »bedeutendsten« beschreibt. Das ist zum einen das Unternehmen Arigon, das, wie es sich ziemt, in einem Steuerparadies registriert ist, und zwar auf der Kanalinsel Alderney. Nach dem British Companies Register besteht die Gesellschaft aus sieben Teilhabern. Jeder der Teilhaber hält 14 Prozent Anteile, und die verbleibenden zwei Prozent werden von kleinen Anteilnehmern gehalten. Jeder der Teilhaber kaufte einen Anteil in Höhe von einem Pfund Sterling. Arigon unterhält Filialen in Budapest, Kiew und Los Angeles. Zeitweise gab es auch eine Filiale in Tel Aviv. Unter der Adresse in Tel Aviv, Petach Tikve-Straße, fanden sich einst zahlreiche Firmen, die ebenso wie Arigon plötzlich und unerklärlich zu existieren aufhörten.

Die Budapester Filiale wird nach Polizeierkenntnissen von der Ehefrau Sergej Michailows mit geführt, jene in Los Angeles von dem israelischen Staatsbürger Igor Fisherman. Bei ihren Ermittlungen stieß das FBI auf zahlreiche Geldtransfers zwischen Arigon Ltd. und Firmen in Los Angeles und San Diego in Kalifornien. Bei vielen dieser Transaktionen geht es jedoch nur um kleine Beträge, die an Einzelpersonen geschickt wurden, damit diese eine geschäftliche Fassade aufrechterhalten können.

In der Ukraine ist Arigon im Ölgeschäft aktiv. Wichtigster Kunde ist die Ukrainian Train Co. Das Geschäft floriert, was mit den persönlichen Beziehungen zu einem der Direktoren der Ukrainian Train in Zusammenhang stehen dürfte. Es handelt sich um einen Vachtang U., einen Freund und Partner Mogilewitschs. Beide kennen sich bereits seit den siebziger Jahren aus der damaligen Sowjetrepublik Ukraine und waren, so behauptet die israelische Polizei, in Erpressung und Betrug verstrickt. Vahtang U. ist in dem staatlichen Unternehmen für den Zahlungsverkehr verantwortlich, also auch dafür, daß das von Arigon gelieferte Öl bezahlt wird. Daneben ist er Arigons Repräsentant in der Ukraine und noch Manager seiner eigenen Firma. Ein nachsowjetisches Multitalent. Über diesen hochrangigen Staatsangestellten weiß das FBI folgendes zu berichten: »Vahtang U. reiste in die USA, um Öl- und Gasgeschäfte abzuschließen. Der ukrainische Sicherheitsdienst (SBU) verdächtigt ihn, in den USA einen langjährigen Vertrauten von Mogilewitsch, Monya, getroffen zu haben. Monya ist in Kiew geboren und ist ein Führer der Russenmafia in Brooklyn. Vahtang U. hat sich außerdem mit dem bekannten Mafiaführer

Alexander Roudavski alias Rezany in Philadelphia getroffen.« Schöne Freunde, könnte man dazu anmerken.

Zweites Standbein von Mogilewitschs Imperium ist die Firma Arbat International. Sie ist gleichfalls auf den britischen Kanalinseln registriert, beschäftigt sich im Import- und Export, besonders im Petroleumgeschäft. Es gibt zwei Filialen, eine in Moskau und die andere in Budapest. Nach Angaben der israelischen Polizei sind die »Repräsentanten der Solntsevskaya und der Yaponchik Organization Partner in diesem Unternehmen, über das Geld gewaschen wird.« Und das amerikanische FBI ergänzt zu den Partnern: »Diese Firma gehört zu 50 Prozent Mogilevich, zu 25 Prozent Vyacheslav Ivankov und zu 25 Prozent den bekannten Mikhailov und Averine.«

Das dritte Standbein seines Imperiums ist die etwas außerhalb von Budapest gelegene Firma Magnex. Die Firma wurde 1992 gegründet und ist im Magnesiumgeschäft aktiv. Magnex unterhält Filialen in den USA und der Ukraine. Eine Untergesellschaft, die Y. B. M. Magnex, wurde 1993 gegründet und von Mogilewitschs Partner in der Firma Arbat, Anatolij Kalschenko, geleitet. Das Unternehmen setzt pro Jahr über 50 Millionen Dollar um. Seine Präsenz in den USA läßt sich in zwei Städten nachvollziehen. Da gibt es eine »FJN-Trade Management« in Los Angeles und die »Magnex« in Newton, Pennsylvania. In beiden Städten wurden zuerst *front companies* eröffnet, danach wurde Geld über die Firma Arigon in diese Unternehmen gepumpt, was bekanntlich nicht strafbar ist, wie auch das FBI bestätigt: »Die amerikanischen Behörden konnten in diesem Zusammenhang keinerlei kriminelle Aktivitäten feststellen.«

Die geschäftlichen Aktivitäten sind demnach weit gestreut. Es bestehen enge Verbindungen zur A. C.-Bank in Kiew, genauso wie zur Alpha-Financial Group in Pennsylvania, der Firma Aosides in Liechtenstein oder der Arbat International in Moskau. Insgesamt zählt das FBI über 50 Firmen im In- und Ausland auf, die mehr oder weniger eng mit Mogilewitsch liiert sein sollen. Dazu gehören bulgarische Ölfirmen, die Firma Empire Band in Tel Aviv, an der er zusammen mit Michailow und Awerin beteiligt ist; eine britische Firma, die als internationaler Trader für Öl und Petroleumprodukte bekannt ist. Das Unternehmen ist für den größten Teil des russischen Erdölexportgeschäfts zuständig. All das dokumentiert sein unternehmerisches Geschick, das ihn innerhalb weniger Jahre zum Multimillionär machte – eine Erfolgsgeschichte.

Viele Unternehmen haben in ihrer Struktur etwas gemeinsam. Es ist fast wie bei den italienischen Clans. Die höchsten Positionen in den Unternehmen werden von Mogilewitschs Verwandtschaft besetzt. Mogilewitsch ist der Direktor der Gesellschaft, seine ehemalige Frau ebenfalls Managerin, und ihr jetziger Ehemann, ein britischer Staatsbürger, dient der Gesellschaft als Berater. In den letzten Jahren änderte sich der Kreis der sogenannten zweitrangigen Verbrecher, die zu Sewa Kontakt hielten. Zu seinem bedeutendsten Mitarbeiter gehört Alexander V. Ihn beschreibt die Polizei als den »modernen Mafiakriminellen«: »Ingenieur, Ökonom, intelligent, verhandlungsfähiger und geschickter Geschäftsmann.«

Bevor er bei Mogilewitsch seine unternehmerische Karriere begann, war er Direktor eines sowjetisch-deutschen Gemeinschaftsunternehmens. Alexander erhält jene Aufträge, die diplomatisches Geschick erfordern. So wurde er von Sewa nach Prag geschickt, als in seinem Nachtlokal die dort tätigen russischen Prostituierten von einer neuen russischen Mafiagruppe belästigt wurden. Er löste das Problem, ohne daß Blut fließen mußte.

Seine Angestellten sind für alle geschäftlichen Aktivitäten selbst verantwortlich, so daß Mogilewitsch stets saubere Hände hat und dementsprechend auch in keine direkten kriminellen Aktivitäten verstrickt ist. Mitte der neunziger Jahre hatte die Mogilewitsch-Organisation ein Netzwerk von Gesellschaften in Europa, dem Nahen Osten und den Vereinigten Staaten aufgebaut, die durchaus seriös arbeiten.

Aber neben legalen Geschäften, die er abwickelt, wird seine Organisation, vom FBI als »Semion Mogilevich Organization« beschrieben, für verschiedenste kriminelle Aktivitäten wie »Erpressung, Prostitution, Mord, Geldwäsche, Korruption, Betrug« verantwortlich gemacht. US-Ermittler vom FBI behaupten: »Ziel der Semion Mogilevich Organization in den Vereinigten Staaten ist die Geldwäsche.« Konkrete Beweise fehlen jedoch.

Die israelische Polizei meint zu Mogilewitschs Erfolgsstory: »Ein Teil von Mogilevich's Aktivitäten sind zweifellos legal, andere wiederum gelten als illegal. Wir können die Trennungslinie nicht erkennen. Beim Waffenhandel zum Beispiel kontrolliert er verschiedene Gesellschaften, und der unerklärliche Tod zwei seiner wichtigsten Mitarbeiter läßt die Vermutung zu, daß er in illegalen Handel verwickelt ist. Andererseits besitzt er eine Lizenz für den Waffenverkauf, und die Aktivitäten sind legal. Um das Geld zu waschen, ist ein Netzwerk von Gesellschaften gegründet worden, die über die ganze Welt verteilt sind. Sie werden von Mogilevich's Organisation benutzt, um große Geldsummen von einer zur anderen Firma zu transferieren. Kuriere transportieren große Summen Bargeld, um die Herkunft der Gelder zu verwischen. Einige der illegalen Einkünfte werden in Tschechien über ein Restaurant gewaschen. Das Restaurant wird auch als Treffpunkt für Mitglieder der Organisation in Prag benutzt und gilt als Zentrum der Geldwäsche.«

Tatsächlich trifft man in Mogilewitschs Erfolgsgeschichte immer wieder auf dubiose Geschäfsbeziehungen, und die sind es wohl, die ihn zum Ziel internationaler Polizeibehörden machen.

Die geheimen Verbindungen des Semjon Mogilewitsch

Dem Mossad und der israelischen Polizei entgeht wenig von dem, was sich in Israel tut. »Mogilevich nahm an den verschiedensten Treffen mit Führern von OK-Gruppen teil, die an den verschiedensten Plätzen der Welt stattgefunden haben. Im November 1994 traf er sich in Tel Aviv mit Leonid Bilounov, Alimzan Tochtachunov und Josef Kobson, ebenso mit Repräsentanten der Solntsevskaya, Leonid Bilounov (alias Macintosh) ist ein bekannter Krimineller in den GUS-Staaten und hat verschiedene Identitäten. Er ist auch israelischer Staatsbürger. Tochtachunov ist ein wichtiger Krimineller, der im Prostitutionsbereich aktiv ist.« Zu Totschtatschunow ist ergänzend zu sagen, daß er bis Ende 1993 in Köln lebte und als einer der Paten der Russenmafia gilt. Derzeit lebt er unbehindert, aber vom französischen Geheimdienst genau beobachtet, in Paris, im XVI. Arrondissement. Das Appartement, in dem er wohnt, hat er für 5 700 000 Francs gekauft und bar bezahlt. Als er noch in Deutschland lebte, bezog er Sozialhilfe.

Die israelischen Sicherheitsbehörden erfuhren auch sehr schnell, daß ein Jahr später, am 19. Oktober 1995, ein Treffen russischer roter Tycoone mit polizeibekannter Vita in Tel Aviv stattfand. Teilnehmer waren unter anderen Sergej Michailow, Wiktor Awerin, Boris Birschtein, Wadim Rabinowitsch, Leonid Bilunow und Arnold Tamm – alles sogenannte Ehrenwerte. Über Arnold Tamm, der einen israelischen Paß hat, erzählt man sich, er bekreuzige sich bei Turbulenzen im Flugzeug.

Man traf sich im Büro von Boris Birschtein, das direkt im Diamantenzentrum von Tel Aviv liegt. Zweck des Treffens war die Markt- und Interessenaufteilung in der Ukraine. »Sie entschieden sich, einen Chemiekonzern mit dem Namen Ukrachimia aufzubauen, um ihn für Geldwäsche zu benutzen«, fanden die israelischen Ermittler schnell heraus.

Diese Verbindungen, Beziehungen, das internationale Netzwerk, in das Mogilewitsch verstrickt zu sein scheint, macht ihn, das geht zumindest aus den verschiedensten Polizeiberichten hervor, zwangsläufig suspekt.

Dazu zählt insbesondere sein Verhältnis zu dem großen Boß der amerikanischen Russenmafia, Iwankow. Mogilewitsch gilt als einer derjenigen, die dafür gesorgt haben sollen, daß Iwankow 1991 frühzeitig aus dem Gefängnis entlassen wurde. Er traf ihn mehrmals sowohl in Europa wie in den USA. Iwankow investierte in den Black & White-Nachtklub (von dem sich Mogilewitsch inzwischen getrennt hat). Und es fanden in Wien Treffen statt, bei denen es um Geldwäscheoperationen ging. Mogilewitsch sei, so die Auskunft des Wiener Innenministeriums, »anwesend« gewesen.

»Yaponchik [Iwankow] und Mogilevich sind enge Freunde und Geschäftspartner in verschiedenen Geschäftsbereichen gewesen, wie in Arbat International und Ritual [einer Beerdigungsfirma in Moskau]. Die beiden benutzen manchmal die gleichen ›Mittelsmänner‹ oder ›Angestellten‹, wie Boris Kandov und Tzigan«, heißt es im Ermittlungsbericht der israelischen Polizei über Mogilewitsch.

Die US-Ermittlungsbehörden glauben sogar, daß nach der Verhaftung Iwankows in New York im Juni 1995 die Mogilewitsch-Organisation einen bedeutsamen Platz in der eurasischen organisierten Kriminalität eingenommen habe.

Ein weiteres Indiz dieser suspekten Verbindungen sind zweifellos die engen Beziehungen zu Sergej Michailow und Wiktor Awerin. Die kann er auch nach den Ermittlungen des Genfer Untersuchungsrichters Zecchin nicht ableugnen, zumal es Fotos gibt, auf denen alle drei in trauter Runde abgelichtet sind. Vielleicht kennt man sich auch nur, wer weiß?

Anfang 1995 organisierten Michailow und Awerin ein besonderes Geschäft mit Mogilewitsch. Es könnte ein Drehbuch für einen spannenden Thriller sein, der in Hollywood zum Kassenschlager würde. Ihr Plan sah folgendermaßen aus:

Im ersten Stadium wollte man zehn Millionen Dollar in den Aufbau eines Juwelen- und Antiquitätenhandels investieren. Dazu sollte ein Joint-venture gegründet werden, um als offizielles und seriöses Geschäft in Moskau und Budapest operieren zu können.

Offizielle Fassade: Verkaufsbüro von Juwelen, Antiquitäten und Kunstgegenständen. Diese Wertobjekte sollten jedoch zuvor von der Solnzewskaja in russischen Kirchen und Museen gestohlen werden. 1995 hatte die Solnzewskaja bereits Antiquitäten im Wert von vier Millionen Dollar in Rußland gestohlen und über London verkauft, zuletzt im Oktober 1995. Ein Geschäft, das auszubauen sich allemal lohnen würde.

Um den wahren Zweck des Unternehmens zu verschleiern, kaufte die Solnzewskaja eine kleine Juwelenfabrik in Budapest auf. Das Joint-venture mit dem symbolhaften Namen Zoloty Dom (Goldenes Haus) hatte ein Büro und einen Ausstellungsraum nahe der Moskauer Metrostation Sportsiwnaja. Direktor des Unternehmens wurde Boris L., der unter dem Schutz von Michail Kudin (Mikhail Koudine), Spitzname »Kwakin«, arbeitet. Kudin gilt bei der Moskauer Polizei als »Abteilungsleiter« der Solnzewskaja.

Neben dem Diebstahl kostbarer Kunstschätze war auch eine Fälscherwerkstatt geplant. Die restaurationsbedürftigen Objekte, wie beispielsweise die berühmten Fabergé-Eier, sollten offiziell in das Budapester Werk versandt und dort »restauriert« werden. Während die echten Kunstobjekte nach London gebracht und im Auktionshaus Sotheby's verkauft werden sollten, würden die inzwischen angefertigten Fälschungen wieder an ihren Ursprungsort, überwiegend Museen in Rußland, zurückgebracht werden.

Der kriminelle Geschäftszweig

Der folgende Auszug aus einem Bericht des amerikanischen FBI faßt nun die Erkenntnisse und Informationen zusammen, die die US-Bundespolizei über Mogilewitsch zusammengetragen hat, die sich der Autor nicht zu eigen macht.

»Die Mogilevich Organization ist eine multinationale kriminelle Organisation, die in ganz Europa agiert. Ihre Tentakel haben Nordamerika, den Nahen Osten, die Karibik und Südamerika erreicht. Die Organisation hat eine Kommandozentrale in Budapest, von der aus die verschiedenen kriminellen Aktivitäten überwacht werden. Ausgewählte Persönlichkeiten innerhalb der Gruppe sind für das Management spezifischer Aktivitäten verantwortlich, zum Beispiel Waffenhandel und Prostitution. Quellen berichten, daß die Organisation von den hochrangingen OK-Mitgliedern respektiert werde und Gewalt nur das letzte aller Mittel ist. Mogilevich ist bekannt dafür, daß er seine Untergebenen anweist, ›den Kopf zu benutzen, um eine Lösung zu finden, bevor die Pistolen sprechen‹. Gewalttätige Aktionen sind die Domäne von jungen Mitgliedern der Organisation, häufig unter 20 Jahre alt. Bekannte Vertragskiller werden von russischen Veteranen aus dem Afghanistankrieg trainiert. In Prag sind sie für ihr ausgezeichnetes körperliches Training und ihre Brutalität bekannt. Ihre Opfer, so wird berichtet, werden nicht erschossen, sondern gefoltert und zu Tode geschlagen. Doch seine Mitglieder in der Organisation stehen nicht immer unter seiner Kontrolle, manchmal agieren sie recht eigenwillig. Es ist bekannt, daß sie in illegale kleine Waffengeschäfte verwickelt sind.«

Glaubt man diesen Berichten, so hatte auch diese Karriere in Ungarn begonnen. Demnach war eine seiner ersten »unternehmerischen Investitionen« der anderen Art der Kauf eines Nachtklubs, der Bar Black & White. Klubs mit diesem Namen wurden später in Riga und Kiew eröffnet sowie in Prag das

Restaurant U Holubu. Es handelte sich um Etablissements, von denen aus der florierende Mädchenhandel europaweit organisiert wurde – ein durchaus ertragreiches Geschäftsunternehmen. Bedenklich seine Partner, meint die israelische Polizei: »Er traf sich mit seinen Partnern von der Solntsevskaya und Yaponchik Organization im Laufe des Jahres 1992 in Budapest, um für sie gemeinsam im Mädchenhandel zu investieren.« Damaliger Treffpunkt mit bekannten Größen der Russenmafia war das Atrium-Hotel in Budapest. Es ging um Investitionen in Höhe von vier Millionen Dollar in der Bar Black & White. Von dort aus wurde, so sieht es das FBI, »das Prostitutionsgeschäft dirigiert und von Mogilevich kontrolliert«. An dem Treffen teilgenommen haben demnach Sergej Michailow und Wiktor Awerin von der Organisation Solnzewskaja sowie der in Wien lebende Eduard Iwankow, der seinen Vater Wjatscheslaw vertrat, und ein Mann namens Zigan (Tzigan).

Zigan, alias Gypsi, ist in den Augen des FBI, »ein wichtiger Kontakt aus Los Angeles zwischen Ivankov und seinem stillen Partner Mogilevich. Es ist bekannt, daß Mogilevich mehrmals von Budapest nach Los Angeles reiste, um Tzigan zu treffen.« Zigan wiederum ist die rechte Hand von Monja Elson, und der ist eine überaus prominente Figur der Russenmafia in den Vereinigten Staaten. In den achtziger Jahren war er Bodyguard von Marat Balagula, dem Gottvater der Russenmafia in den USA. Ein Mann mit vielen Betätigungen: Erpressung, Drogenhandel und Morde. Monja Elson galt als der wichtigste Mann bei der Kontrolle des Exports von Diamanten und Gold von den Vereinigten Staaten nach Rußland. Ein Karat Diamanten kostet in New York 1500 Dollar und wird in Moskau für 10000 Dollar verkauft – ein riesiger Gewinn. Elson kassierte von jedem Gold- oder Diamantenverkauf 20 Prozent Provision. Bereits 1992 hatte er mit Sergej Michailow und Wiktor Awerin in Florida ein gemeinsames Geschäft gegründet, trennte sich jedoch wenig später von ihnen. Grund war der Streit bei der Privatisierung des Hotel Kosmos, eines Unternehmens, an dem die Solnzewskaja, Otarij Kwantrischwili und Iwankow beteiligt waren. Als ihn daraufhin ein »Volksgericht« der russischen Führer von OK-Gruppen zum Tode verurteilte, floh er mit Hilfe von Mogilewitsch nach Italien.

Im Januar 1996 traf sich Mogilewitsch in New York mit einem Sascha Resanij, der durch ein Messerattentat schwer verletzt wurde. Hinter »Sascha« verbirgt sich ein Alexander Rudawski, der als bekannte russische OK-Person beschrieben wird und Mogilewitschs Teilhaber in Philadelphia war.

In welche direkten kriminellen Aktivitäten soll Mogilewitsch – sieht man von seinen Kontakten ins Rotlichtmilieu Anfang der neunziger Jahre und zu Führern anderer Mafiaorganisationen einmal ab – nun eigentlich verwickelt sein? Zum Beispiel Schutzgelderpressung, diese unerschöpfliche Quelle schnellen Vermögenszuwachses, die sich zu einem prosperierenden Industriezweig nicht nur in der ehemaligen Sowjetunion entwickelt hat.

Semjon Mogilewitsch wurde vorgeworfen, an mehreren Erpressungsversuchen beteiligt gewesen zu sein. Unter anderem soll der österreichische Lebensmittelkonzern Julius Meinl von der Organisation erpreßt worden sein. Nach FBI-Quellen habe »Julius Meinl 50 000 Dollar pro Monat an die Solntsevskaya Organization gezahlt. Der Gewinn soll dann zwischen Ivankov, Mogilevich und Mikhailov aufgeteilt worden sein.«

Im August 1993, so behauptet die ungarisches Landespolizei, sollen er und die Solnzewskaja-Organisation an einer Erpressung des Andrej Mochin (Andre Mokhin) beteiligt gewesen sein. Ein Betrag in Höhe von 375 000 Dollar wurde von Berlin auf die Budapester Kommerzbank überwiesen. Während Andrej Mochin in Moskau weilte, überwies seine Frau Maria das Geld auf ein Budapester Bankkonto. Als das Geld eingetroffen war, durfte sie mit ihrem Mann in Moskau telefonieren. Kurz danach rief Sergej Michailow Frau Mochin an und erzählte ihr, daß das Geld wichtigen Leuten gehöre. Maria Mochin transferierte danach, so die ungarische Polizei, das Geld an Mogilewitsch. Doch da blieb es nicht, sondern es wurde an Michailow, Awerin, Arnold Tamm und Ljustarnow übergeben. Für Mogilewitsch blieb jedoch ein erklecklicher Betrag übrig.

Wenn das alles stimmt, fragte ich Lajos Liktor vom ungarischen Innenministerium, warum wurde dann nichts gegen ihn unternommen? Liktor lachte nur und sagte dann: »Wer Schutzgeld zahlt, schweigt. Diese Angst der Bedrohten erschwert beziehungsweise verhindert den Nachweis des psychischen Drucks auf die Geschädigten.«

Manchmal geht es ja auch ganz »friedlich« bei der Erpressung zu. Da wird zum Beispiel einem potentiellen Opfer auf einer Party in freundschaftlicher Stimmung vorgeschlagen, es könne mit der Zahlung einer kleinen Summe – zwischen 30 000 und 50 000 Dollar – oder durch die Beteiligung an irgendeinem Geschäft Mitglied der »großen Familie« werden, was naturgemäß auch den notwendigen Schutz gegen die gefürchteten Tschetschenen und andere Verbrecher beinhalte. Und wer sagt da schon nein?

Das Salz der illegalen und legalen Geschäfte in seiner Organisation ist, wie sollte es anders sein, die Korruption: Sie ist, so sieht es das FBI, geradezu der »modus operandi der Mogilevich Organization«. Erwähnt werden in einem FBI-Bericht zwei hohe Militärs von Jelzins Sicherheitsdienst, Gennadij Lawrjenko und Iwan Nikolajewitsch. Beide reisten unter einem geschäftlichen Vorwand nach Ungarn und trafen dort Mogilewitsch. Die hochstehenden Mitarbeiter im Präsidentenpalast wollten von ihm Informationen, die sie für den anstehenden Wahlkampf in Moskau zu verwenden beabsichtigten. Aus Israel ist folgende Ergänzung bekannt: »Ein israelischer Mitarbeiter von Mogilevich, Vladimir Romanyuha, traf die beiden und lieferte entsprechende Informationen über die Firma N. in Wien und über Zahlungen an den russischen Premierminister Viktor Chernomyrdine.«[90]

Die israelische Polizei listet weitere Fälle auf. »Bestechung von Behördenvertretern ist einer der Wege, wie die Organisation operiert. Ein Beispiel ist die Bestechung von russischen Beamten, damit Yaponchik [Iwankow] vor dem Ende seiner Gefängnisstrafe Moskau verlassen konnte. Ein anderes Beispiel ist die Bestechung von Militärangehörigen, die für den Verkauf von Rüstungsgütern verantwortlich sind. Es ist bekannt, daß Mogilevich enge Kontakte zu ungarischen Behördenvertretern hat, die er aus den verschiedensten Gründen besticht.«[91]

Wie seine Rolle dabei nun genau zu gewichten ist, das ist selbst für die Ermittlungsbehörden schwer nachzuvollziehen. Sicher dürfte allerdings sein, weil es in den unterschiedlichsten Polizeiberichten immer erwähnt wird, daß Mogilewitsch bei der Geldwäsche eine außerordentliche wichtige Rolle gespielt haben könnte. Darüber hinaus wird berichtet, er habe Beziehungen zu weltweit agierenden kriminellen Syndikaten, wie etwa zur japanischen Yakuza. Gestützt wird diese Erkenntnis auf einen Vorfall, der sich laut israelischer Polizei 1993 abgespielt haben soll. Damals ging es um die Verschiffung von »Hemden« von Kiew nach Liverpool. Statt auf dem Landweg reiste die Ware per Schiff über China, Japan, die Philippinen und Australien, bevor sie endlich in Liverpool eintraf. Die Polizei nimmt an, daß es sich bei der Fracht nicht um Hemden, wie in den Ladungsbriefen stand, sondern um eine »andere Ware« gehandelt hat.

Daß die Ladung nach China und Japan versandt wurde, hatte, so glaubt die israelische Polizei, »etwas mit den Verbindungen von Mogilevich zur Yakuza Organization zu tun«.

Delikat sind die von der Polizei vermuteten Verbindungen zwischen Mogilewitsch und einem Salvatore de Falco. Der ist ein bekanntes Mitglied der neapolitanischen Camorra. Das FBI bewertet dies als »eine drohende Verschmelzung zwischen italienischen und eurasischen OK-Gruppen«.

Die italienischen DIA (Direzione Investigative Antimafia) bestätigt, daß Camorramitglieder in Tschechien operieren, und zwar in Kooperation mit eurasischen OK-Gruppen, erwähnt jedoch nicht Mogilewitsch. Kooperiert wird dennoch in den Bereichen Waffenhandel und Geldwäsche.

Ein weiterer Bereich, mit dem Polizeibehörden den Namen Mogilewitsch in Zusammenhang bringen, ist der Drogenhandel. Inwieweit Mogilewitsch selbst in den Drogenhandel verwickelt sein könnte, darüber gibt es unterschiedliche Einschätzungen. Die israelische Polizei behauptet:

»Es gibt kaum Informationen über Mogilevich's Verwicklung in Drogengeschäfte. Die meisten Informationen der israelischen Polizei betreffen Mogilevich's Kontakte zu israelischen Kriminellen, die im Drogenhandel verwickelt sind. Entsprechend uns vorliegenden Informationen kaufte Mogilevich die Georgian Airlines für Millionen Dollar in bar. Die Gesellschaft stand vor dem Bankrott, und Mogilevich zahlte die Schulden. Vermutet wurde, daß die Flugzeuge benutzt werden könnten, um Drogen vom Goldenen Dreieck nach Europa zu transportieren.«

Amerikanische Abhörspezialisten zeichneten Telefonge-
spräche auf, die Semjon Mogilewitsch im Februar 1994 während eines Aufenthalts in Warschau mit einem Anschluß in
Wien führte. Bei der Überprüfung der Telefonnummern
stellte sich heraus, daß sie einem Jaramillo Villegas und Tulio
Ocampo Caballero gehörten. Beide sind bekannt als Drogen-
schmuggler des Medellin- beziehungsweise Cali-Kartells.

1995 mietete Mogilewitsch eine Villa im israelischen Her-
zliyya Pituach für zwei Monate. Der Besitzer der Villa, ein
Yaacov Cohen, ist ein bekannter Drogendealer. Mogilewitsch
hielt sich demnach zwischen dem Juni und August 1995 in der
Villa auf, nachdem er aus Tschechien ausgewiesen worden
war. Behauptungen, die sich der Autor nicht zu eigen macht.

Schlußfolgerungen zu Mogilewitsch aus polizeilicher Sicht

»In Israel legt Mogilevich Wert darauf, keine direkten Kontakte zu Kriminellen zu haben. Er sieht Israel vielmehr als
den Ort, wo er sich frei bewegen und ausruhen kann. Mogilevich besitzt Gesellschaften in Ungarn, die Waffen und
Munition herstellen. Es ist möglich, daß das benutzt wird,
um Waffen an die Mitglieder seiner Organisation und andere bekannte Personen zu liefern. Unsere Informationen
bestätigen, daß die Organisation in der Hauptsache in den
Bereichen Erpressung, Waffenhandel, Prostitution und der
Geldwäsche aktiv ist. Die Verwicklung in den Drogenhandel
ist wahrscheinlich nicht die wichtigste Quelle seines Einkommen, obwohl es den Anschein hat, daß seine Organisation
einige Drogengeschäfte abgeschlossen hat.« Das ist das Fazit
der israelischen Polizei.

Ähnlich sehen es auch alle anderen Polizeiorganisationen.
Doch da er in die gemeinen Tagesgeschäfte nicht mehr verstrickt ist, er sich in Ungarn durchaus – wie übereinstimmend
alle Polizeibehörden aussagen – gesetzestreu verhält, kann er
weiterhin sicher und unbehelligt allen Arten von Geschäften
nachgehen. In schriftstellerischer Freiheit würde man sagen,
er ist ein klassischer Pate. Die Männer im auserwählten Zirkel
der Ehrenwerten machen sich die Hände bekanntlich nicht

mehr schmutzig. Sie werden angesehene Bürger der Gesellschaft. Das ist ihr Lebensziel. Semjon Mogilewitsch hat es
erreicht. Und da er einflußreich und mächtig ist, kann er auch
der Polizei anbieten, dafür Sorge zu tragen, daß in seinem
Einflußbereich Ruhe herrscht. Die einzige Gefahr, die ihm
droht, kommt nicht von den Polizeibehörden, die haufenweise Akten über ihn gesammelt haben. Sie könnte von denjenigen kommen, mit denen er so enge persönliche Beziehungen gepflegt hatte, den anderen Führern der kriminellen
Organisation. Es gibt jedoch auch eine andere Erklärung für
seine Macht und damit für seine Gefährdung: Er verfüge über
beste Kontakte zu dem russischen Nachrichtendienst, heißt
es, und der hält schützend seine Hände über Mogilewitsch.
Aber die gleichen schützenden Hände könnten ihn jederzeit
fallenlassen.

4. KAPITEL

Der unaufhaltsame Aufstieg eines Ex-KGB-Unternehmens in Deutschland

Im verträumten Koblenz schlief in den siebziger und bis Ende der achtziger Jahre eine kleine einsame Firma, bis sie nach der Wende geweckt wurde. Dieses Unternehmen, die Firma D., war bei den westlichen Nachrichtendiensten als ein Unternehmen des damals besonders rührigen KGB, bekannt. Den Behörden erschien es nicht bedeutungsvoll genug, um irgend etwas dagegen unternehmen zu müssen. Bis Anfang der neunziger Jahre hörte und sah man wenig von dem Ein-Mann-Büro, bis es unerwartet aus Koblenz verschwand. Unter gleichem Namen, aber anderer Adresse tauchte die Firma D. Anfang der neunziger Jahre in der Finanzmetropole Frankfurt auf. Und siehe da, die kleine Firmenklitsche hatte sich plötzlich zum weltweit agierenden Unternehmen gemausert. Ein Teil der Geschäfte und finanziellen Transaktionen war sicher legal. Bei anderen Aktivitäten dagegen hatte das organisierte Verbrechen inzwischen seine Spuren hinterlassen. Was an der Entwicklung des Unternehmens deutlich wird, ist der glatte Übergang von einem KGB-Betrieb in ein weltweit agierendes Unternehmen, das kriminellen osteuropäischen Syndikaten diente und wahrscheinlich immer noch unter dem schützenden Dach, diesmal der Nachfolgeorganisation des KGB steht.

Der Polizei, die bis zum heutigen Tag wenig Erfahrung mit nachrichtendienstlich geführten verdächtigen Unternehmen hat, fiel die Firma erstmals 1993 auf. Da verschickte ein Direktor des Frankfurter Unternehmens Einladungsschreiben nach Moskau. Eingeladen wurden hübsche junge Frauen, denen man optimale Betreuung in Deutschland versprach. Die bestand, wie sich später herausstellte, darin, daß die jungen Frauen aus den baltischen Staaten oder Rußland in Bordellen verschwanden. In den Unterlagen des Unternehmens findet sich ein Schreiben der deutschen Botschaft in Tallin, der Hauptstadt von Estland. Mit Schreiben vom 31. August 1992 (Az: 516 SE) heißt es über das Unternehmen: »Die hiesige Botschaft hat in den letzten Monaten eine auffällig hohe Anzahl von Geschäftseinladungen der o. g. Firma erhalten. Da wegen der Vielzahl der Einladungen der Verdacht besteht, daß diese Einladungen gewerbsmäßig erteilt werden bzw. daß die Eingeladenen (häufig sind es junge Frauen) in Deutschland illegal erwerbstätig werden, hat die Botschaft um Überprüfung der Bonität gebeten.«

Als nächsten Beleg für die Erweiterung der Geschäftsaktivitäten legt die deutsche Botschaft in Moskau ein Schreiben des Unternehmens vor: »Unsere Firma hat enge Beziehungen zu der Firma aus Moskau aufgebaut. Aus diesem Grund sollen ihre Mitarbeiter zu geschäftlichen Besprechungen sowie dem Abschluß eines Vertrages nach Deutschland kommen, deshalb bitten wir, folgenden Personen ein Visum zu erteilen.« Im Anschluß daran sind die Namen aufgeführt.

Der Sprung ins freie marktwirtschaftliche Leben war geglückt. Das Leben der Firmeninhaber in Frankfurt prägte nun der Luxus. Einer der Direktoren mietete sich ein Appartement im Frankfurter Westend, für das er im Monat 15 000 Mark hinblätterte. Und im Frankfurter Messeturm, auch kein billiges Pflaster, bezogen die Herren eine halbe Etage. Dort waren unter den Namen der immer gleichen Inhaber verschiedenste Firmen registriert. Unter anderem eine Grundbesitz GmbH, Finanz- und Wirtschaftsberatungs GmbH, Rohstoffhandels GmbH, Holding GmbH und Import-Export GmbH. Ob Briefkastenfirma in der Zürcher Kirchgasse, Vermögensverwaltung am internationalen Bankenplatz Luxemburg, Adressen in den USA, in Berlin, Betriebe in Estland, Moskau, St. Petersburg oder Vilnius – man war plötzlich wer im internationalen Handelsgeschäft. »Häufig«, erinnert sich der Pförtner im Messeturm, kamen »merkwürdige Gestalten mit Leibwächtern«. Einer fiel besonders auf. Er hatte ein vollkommen goldenes Gebiß.

In Wirklichkeit war das Frankfurter Unternehmen ein kleiner Ableger eines Unternehmens in Moskau, der Firma D. Einer der Bosse dort, Usman Masajew, genießt höchste politische Protektion, obwohl sein Unternehmenskonglomerat während des Krieges in Tschetschenien die dortigen Rebellen tatkräftig unterstützt haben soll.

Während die Polizei vergeblich ermittelte, gelang dem Frankfurter Zollfahndungsamt 1995 ein folgenschwerer Zugriff. Die Büros und Wohnungen der Firmeninhaber wurden durchsucht und massenhaft Akten beschlagnahmt. Und siehe da, es fand sich eine Vielzahl von Ungereimtheiten in den Geschäftstätigkeiten.

Neben dem illegalen Handel mit radioaktiven Stoffen hatte sich in Deutschland seit 1990 ein krimineller Markt im Zusammenhang mit »seltenen Erden« wie Scandium entwickelt. In diesem Markt fällt auf, daß die gleichen Personen und Firmen auch Verbindungen zum illegalen Handel mit radioaktiven Stoffen haben.

Scandium eignet sich aufgrund der uneingeschränkten Einfuhr- und Handelstätigkeit sowie wegen seines hohen Verkaufspreises – selbst wenn nur geringe Mengen verkauft werden – hauptsächlich zu Schmuggel- und Betrugszwecken, um durch Spekulationsgeschäfte harte Währungen in die schwarzen Kassen der beteiligten osteuropäischen Firmen umzuleiten. Schließlich liegt der Handelswert bei einem Kilo Scandium, je nach Reinheitsgrad, zwischen 100000 und 200000 Mark.

Am 7. Dezember 1993 ließ die Firma eine Ladung Scandium im Fresenius-Institut analysieren, vergaß jedoch, die bei Einfuhr nach Deutschland fällige Abgabe in Höhe von 22100 Mark zu bezahlen. Das legte den Verdacht nahe, daß das Metall nach Deutschland geschmuggelt wurde. Wieviel Scandium überhaupt gedealt wurde, ist bislang nicht ermittelt worden. Geschätzt werden sechs Kilo. Eigentlich eine mickrige Ladung. Weiß man aber, daß der Jahresverbrauch in den USA nur bei etwa 20 Kilogramm liegt, ist es schon wieder eine andere Handelsdimension.

Bei den weiteren Recherchen stieß die Zollbehörde darauf, daß das Unternehmen auch in den Zigarettenschmuggel verstrickt ist. Damit nicht genug. »So geht aus den sichergestellten Beweismitteln weiterhin hervor, daß der beschuldigte S. Kapitalanleger dazu veranlaßt haben muß, hohe Geldbeträge an die Firma zu zahlen. Die angelegten Gelder wurden jedoch offensichtlich nicht zu dem mit den Anlegern vereinbarten Zweck verwendet. Sowohl Renditen als auch die angelegten Geldbeträge kamen nicht zur Auszahlung. Weiterhin wurden gefälschte oder verfälschte Bankgarantien aufgefunden.«[92] Trickreich – was auf gutes ökonomisches Wissen schließen läßt – war die sogenannte Unterfakturierung von Waren, die aus den GUS-Staaten exportiert wurden. So bezog das Frankfurter Unternehmen 1992 große Mengen Metallschrott aus den GUS-Staaten, der an deutsche Metallunternehmen weiterverkauft wurde. »Hierbei«, so das Zollfahndungsamt, »soll es sich größtenteils um hochwertige Metalle, mit hohen Einkaufspreisen gehandelt haben.« Tatsächlich hatte das Unternehmen diese hochwertigen Metalle nach Deutschland eingeführt und soll sie dann gegenüber den Zollbehörden als »Metallschrott« deklariert haben. Unter Metallschrott lassen sich auch andere Güter verstecken. Da erinnert sich der Lagerarbeiter einer Spedition, daß er im September 1992 eine Partie mit insgesamt 1000 Kilogramm Barren Silber im Auftrag des Unternehmens vom anliefernden LKW in einen Kleintransporter umgeladen hatte. Das Silber war unter einer Metallsendung versteckt gewesen. Was mit den Silberbarren, die natürlich bei der Einfuhr nach Deutschland nicht angemeldet und versteuert wurden, geschehen ist, weiß niemand. All das wäre nichts Sensationelles, Schlagzeilenträchtiges. Es ist die normale Wirtschaftskriminalität, mit der sich die kriminellen Syndikate auch eine goldene Nase verdienen.

Die Würzburg-Connection

Die weiteren Ermittlungen des Zolls im Zusammenhang mit dem Ex-KGB-Unternehmen in Frankfurt führten jedoch zu weiteren in- und ausländischen Firmen und zu einem Rechtsanwalt in Würzburg. Der hochbegabte Jurist hatte sich nach seinem Studium und der Gründung einer Anwaltskanzlei durch Immobilienkäufe hoch verschuldet. Als plötzlich der Eiserne Vorhang fiel, sah er seine große Chance, wie viele andere auch, im Osthandel viel Geld zu verdienen. Er schließt sich mit zwei Finanzexperten zusammen, die im Kapitalanlagegeschäft besonders rührig sind, den Brüdern Bruno, einem ehemaligen Polizist, und Dieter, gelerntem Dreher. Beide kommen aus einem kleinen Ort bei Würzburg und haben sich in einem Orden »ordo militaris teutonicis« zusammengefunden. Über diesen Orden wurden Diplomatenpässe der Hutt River Principality/Australien zum Preis von 10000 DM vertrieben.

Insbesondere Dieter machte regen Gebrauch von seinem Diplomatenpaß, der mit Stempeln von Sierra Leone, Polen und anderen Ländern geschmückt war. Bei dem Hutt-River-Fürstentum handelt es sich um ein Landstück in Westaustralien, das der Eigentümer, ein George Casley, am 21. April 1970 für eine vom Commonwealth von Australien unabhängige Provinz erklärte. Die Pässe sind reine Phantasieprodukte. Doch damit kann man offenbar nicht nur angeben, sondern auch nach Sierra Leone und Polen reisen oder Anlegern hohe Renditen zusichern: Zinssätze von bis zu zehn Prozent pro Monat. Finanziell potente Geschäftsleute sahen eine Chance, Schwarzgeld zu waschen und ihr Vermögen zu mehren. Im Laufe der Jahre hatten die Gebrüder sich ein kleines Firmenimperium aufgebaut.

Bei dem Rechtsanwalt wurden, als alles aufflog, 320 Bankkonten bei 21 Banken in Deutschland und der Schweiz festgestellt, über die rund 710 Millionen Mark flossen, davon allein zirka 50 Millionen Mark Barverfügungen. Ungeklärt ist bis heute der Verbleib von weiteren 110 Millionen Mark.

Ein wichtiger Geschäftszweig war der Zigarettenschmuggel. Als freier Unternehmer ist man chancenlos, es sei denn, man arbeitet mit den entsprechenden Organisationen zusammen, die das Geschäft in den Händen haben. Und damit ist man geradewegs bei der Vilnius-Brigade, jener großen und mächtigen Mafiaorganisation aus Litauen (vgl. S. 175f).

Mit der kooperierten die Würzburger sowie das Ex-KGB-Unternehmen aus Frankfurt. Insbesondere einer von ihnen verfügte über beste Beziehungen zu dieser Mafiaorganisation. Gemeinsam besprach man schon einmal Waffengeschäfte. Unter anderem ging es um den Verkauf von fünf Hubschraubern, die für Sierra Leone bestimmt waren, oder auch Maschinenpistolen in der Größenordnung »von mindestens 10000 Stück«, erinnert sich ein Partner.

Zur Verschleierung von 119 LKW-Ladungen Zigaretten, wie der Zoll feststellen konnte, wurden insgesamt zwölf Firmen in Polen, Irland, der Schweiz und Deutschland gegründet. Der Rechtsanwalt gestand gegenüber den Ermittlern, in diesem Verbund als »Mittelsmann« für die fingierte Buchhaltung im deutsch-schweizerischen Raum zuständig gewesen zu sein.

In einem anderen Fall gründeten die Organisatoren des Zigarettenschmuggels Firmen in Tschechien, für die der Rechtsanwalt das Bindeglied zu einer polnischen Mafiaorganisation war. Damit ist man beim Kern fragwürdiger polnischer Geschäftsleute, die das Geschäft dirigieren. Boß einer solchen Organisation ist Krzysztof Borkowski, am 28. Juni 1954 in Zary/Polen geboren. Nach umfangreichen Ermittlungen internationaler Polizeibehörden traten bereits im Sommer 1992 der Pole Borkowski und der Tscheche Mikula als länderübergreifende Zigarettenschmuggler an den Rechtsanwalt heran, um ihr System auszuweiten. In Tschechien wurden Scheinfirmen gegründet, die als Zielort für Zigarettencontainer gedacht waren. Darüber hinaus wurde in Würzburg die Firma Artox gegründet, die auch in Zug eine Adresse hatte. Sie diente dazu, fingierte Lieferscheine, Rechnungen und Buchhaltungsbelege zu erstellen. Der Rechtsanwalt schoß der Organisation zu Beginn 1,5 Millionen Mark für die Errichtung eines schwerbewachten und mit umfangreichen Sicherheitssystemen ausgestatteten Lagers in Tschechien zu. Außerdem wurden aus dieser Summe Bestechungsgelder für tschechische Beamte bezahlt. Über eine Firma Berotex in Köln sowie weitere Firmen wurden die durch kriminelle Handlungen erzielten Gelder gewaschen. Sofort nach dem Eintreffen der Waren und bevor die Zollabgaben bezahlt wurden, meldeten die Betriebe Konkurs an. Eine dieser Scheinfirmen war die Firma J. S. in Tschechien. Als der Inhaber der Firma glaubte, der »Organisation« 150000 Mark entziehen zu können, wurde er kurze Zeit später auf Anweisung des Chefs der Organisation kurzerhand liquidiert. Rauhe Sitten herrschen in dem Gewerbe, wenn man sich nicht an Abmachungen hält. Schließlich dreht es sich um gewaltige Summen, die im Zigarettenschmuggel zu verdienen sind. Pro Container eine Million Mark.

»Die Handels- und Finanzgeschäfte der Organisation erzielen Milliardenumsätze«, umschrieb die Würzburger Staatsanwaltschaft die Dimensionen, über die sie seit 1995 ermittelte. Eine der im Zigarettenschmuggel beteiligter Firmen ist die Ekobusiness.

»Ermittlungen über Europol«, meldete der Zoll, »haben ergeben, daß die Firma Ekobusiness nicht existent ist. Bei dem Geschäftsführer soll es sich um alias Personalien des Tudor K. handeln, der nach internationalen Ermittlungserkenntnissen im Bereich der organisierten Kriminalität anzusiedeln ist, deren Aktionsgebiet sich u. a. auch über Süddeutschland erstreckt.«

Die Würzburger Ermittler fanden heraus, daß solche riesigen Geschäfte ohne Helfershelfer gar nicht durchzuführen sind. »Das wichtigste sei es für die Zigarettenschmuggler gewesen«, erklärte einer bei seiner Vernehmung, »genau zum richtigen Zeitpunkt an der richtigen Grenzstelle zu sein.«

Dort sorgten korrupte deutsche und tschechische Beamte dafür, daß die Transporte reibungslos die Grenzen passieren konnten.

Ganze LKW-Ladungen von Markenzigaretten, meist auf den britischen Kanalinseln eingekauft, wurden über bestimmte Grenzübergänge von und nach Dänemark, Polen und Tschechien geschmuggelt.

Auch Banken beziehungsweise Bankangestellte spielten mit. In einer bekannten Bank in Würzburg, die eine Schlüsselposition bei den dubiosen Geschäften einnahm, initiierte und überwachte ein leitender Mitarbeiter die Überweisungen, Akkreditive, Geldwäsche-Operationen und Devisentransfers. Der leitende Bankangestellte verursachte gleichzeitig mit Wertpapiergeschäften, die er für den Rechtsanwalt abwickelte, seiner Bank einen Schaden in Höhe von 1,6 Millionen Mark. Der Rechtsanwalt war auf ihn gestoßen, nachdem die Dresdner Bank die dubiosen Zigarettengeschäfte rigoros abgelehnt hatte. Also ist der Rechtsanwalt, so erzählte er mir, zu dem leitenden Angestellten der Bank gegangen. »Ich habe ihm mein Problem geschildert und ihm gesagt, daß da einiges für ihn abfallen werde.« Und so hat der Bankangestellte, dem der Rechtsanwalt einen Urlaub in den USA bezahlte, sicher nicht ohne Wissen der Verantwortlichen, dicke Provisionen kassiert. Doch damit ist die Affäre nicht zu Ende. Nach Angaben des Anwalts hat die Bank bewußt die schwarzen Summen aus dem Zigarettengeschäft mit Tschechien gewaschen. Teilweise wurde, nach seinen Schilderungen, das Geld bar abgeholt und dann in Tschechien unter die Leute gebracht. Besonders aufschlußreich ist, daß im Haus der Bank ein besonderes Büro war, in dem zweimal in der Woche ein Vertreter der schweizerischen Korrespondenzbank Sprechstunden abhielt. Besonders gute Bankkunden suchten ihn dann auf, und er erklärte ihnen, wie Gelder in die Schweiz transferiert werden konnten. Teilweise hat er große Summen Bargeld mit in die Schweiz genommen. Und hier beginnt eine der vielen Merkwürdigkeiten. Denn bis heute ist dieser Sachverhalt von der Staatsanwaltschaft nicht verfolgt worden. Wohl ein Kavaliersdelikt.

Als durch Aussagen des Rechtsanwalts bei der Polizei wenigstens ein Teil der dubiosen Banktransaktionen bekanntwurden, wollte die betroffene Bank den Schaden wiedergutmachen und verstrickte sich in weitere kriminelle Machenschaften. »Deshalb wirkten sie entscheidend an nicht korrekten Geldtransaktionen in Höhe von zehn Millionen Mark mit. Der Bankangestellte ging darüber hinaus sogar so weit, daß er unter Ausnutzung seiner Verbindungen die Gründung einer Scheinfirma in Prag unterstützte«, so das Ergebnis der Würzburger Staatsanwaltschaft. Delikat ist, daß diese Firma als tschechischer Stützpunkt für den Zigarettenschmuggel der Organisation benutzt wurde.

Als der Rechtsanwalt und seine Komplizen bereits tief ins kriminelle Geschäft eingetaucht waren, widmeten sie sich weiteren Transaktionen. Sierra Leone bot sich an – das wußte man aus einschlägigen KGB-Erfahrungen.

Im Sommer 1994 wurden aus dem vom Bürgerkrieg gezeichneten Land 145 Rohdiamanten und zwölf Kilo Gold über den Flughafen Frankfurt nach Deutschland eingeführt, über eine Firma, die wiederum mit dem Ex-KGB-Unternehmen in enger Verbindung stand. »Die Firma C. T. O. Handelgesellschaft wurde zur Durchführung des Schmuggels und der Einbuchung in den Wirtschaftskreislauf zur Tarnung benutzt«, erzählten mir Zollfahnder. Diese Firma diente auch zur Tarnung anderer dunkler Geschäfte, beispielsweise bei der internationalen Kraftfahrzeugverschiebung. Über sie wurden in Kanada gestohlene Fahrzeuge nach Deutschland eingeführt. Viel Geld versprach man sich anscheinend auch vom Waffenhandel, und da bot sich Sierra Leone an, ein Staat, zu dem insbesondere Bruno beste Beziehungen unterhielt. Und so reisten der Rechtsanwalt und der Finanzexperte Bruno nach Moskau und letzterer dann weiter zur Schwarzmeerflotte in Sewastopol.

In Moskau führte Bruno, unterstützt von einer Dolmetscherin, mit dem Oberbefehlshaber der Marine von Sierra Leone entsprechende Verhandlungen im russischen Verteidigungsministerium.

Hier spielt nun wieder das Frankfurter Ex-KGB-Unternehmen, die Industrie Trading GmbH, eine bedeutende Rolle, über deren Moskauer Zentrale das Geschäft abgewickelt wurde.

Der Rechtsanwalt erinnert sich noch gut an die damaligen Begegnungen mit dem Unternehmen D. in Moskau, die ihm wie ein irrealer Krimi vorkamen. »Wir wurden vom Flughafen abgeholt, ohne daß wir unsere Pässe vorweisen mußten. Dann sind wir mit Polizeiautos und Blaulicht ins Hotel Savoy, den Stützpunkt der Firma D., gefahren worden. Als ich das erste Mal deren Boß getroffen habe, hat er erwähnt, was sie alles besorgen können. Metall, Baumwolle, Öl und alles, was zur Sowjetarmee gehört.«

Später erfuhr er mehr über das Unternehmen D. in Moskau: über dessen direkten Zugang zu bestimmten Ministerien, über die Mitarbeit von ehemaligen KGB-Leuten und engen Verbindungen nach Tschetschenien. »Da kam mir der Verdacht, daß da staatliche Verbindungen bestehen.« Zwangsläufig lernte er auch die Büros kennen. »Das war ein zweistöckiger Bürokomplex. In ihm ging es wie in einem Bienenschwarm zu. Dann hatten sie noch eine Privatwohnung, die ebenfalls als Büro benutzt wurde, und außerhalb von Moskau eine Datscha.« Die Wohnung von Masajew am Petrowski-Rasumowskij-Prospekt durften sie jedoch nicht sehen, so weit ging die Freundschaft wiederum nicht. Die Verhandlungen über den Kauf eines Schiffes für Sierra Leone konkretisierten sich sehr schnell. Verkauft wurde ein Marineschnellboot der sogenannten Antares-Klasse inklusive Maschinengewehr- und Kanonenbewaffnung im Wert von zirka zwölf Millionen Mark. Der Reingewinn für die zwischengeschalteten Firmen, unter anderem das Unternehmen D. in Moskau, die ukrainische Staatsfirma Progress und natürlich das Unternehmen der Deutschen, die C. T. O., sollte satte sechs Millionen Dollar betragen.

Wer sich so tief ins kriminelle Geschäft verstrickt, muß früher oder später mit erheblichen Schwierigkeiten unzufriedener Geschäftspartner rechnen. Das erfuhr zu seinem Leidwesen auch der Rechtsanwalt. »Zigarettenhehlerei und Geldwäsche stehen offenbar in engem Zusammenhang mit Forderungen der Russen- und Polenmafia«, meldete eine Würzburger Zeitung.[93] Folglich mußte der Jurist mit Prädikatsexamen monatlich über 100 000 Mark an die Hintermänner der Organisation bezahlen, sozusagen als Vermittlungsprovision, um unbehindert leben zu können. Als er mit 500 000 Mark in Rückstand geriet, drohte ihm die Mafia das Leben schwerzumachen. Tatsächlich erschienen drei Personen, unter ihnen der Pole Borkowski, in seiner Kanzlei, wo die bereits alarmierte Polizei wartete. Die Anwälte der daraufhin Verhafteten erklärten demgegenüber, das Trio habe bei dem Anwalt nur rund 500 000 Mark Außenstände aus normalen Geschäften einfordern wollen. Zu diesem Zweck hatten sie dem Rechtsanwalt erklärt, »wenn du nicht bezahlst, dann passiert dir das, was auch den anderen geschehen ist«. Und der Anwalt kannte sowohl das Schicksal des Unternehmers in Tschechien, der sich 1992 aus der gemeinsamen Kasse bedient hatte und daraufhin liquidiert worden war, als auch das des Geschäftsführers der Hamburger Firma Adamex, der aus dem Fenster gefallen ist, weil er der Organisation 100 000 Dollar schuldete und sie nicht zurückzahlen konnte oder wollte.

Als ein Nebenprodukt dieser Ermittlungen wurde bekannt, daß die Firma des Polen in Köln als Scheinfirma für den internationalen Zigarettenschmuggel diente. Einer der Beschuldigten ordnete in einem abgefangenen Brief sogar noch aus der Haft heraus an, die Firma in den Konkurs zu treiben.

Lange Zeit, beklagte sich die Polizei bereits im September 1995, habe die Würzburger Justiz ihre Hände schützend über den Rechtsanwalt gehalten.[94] Wiederholt habe es in den vergangenen Jahren Ermittlungen gegen ihn gegeben, die jedoch alle von der Staatsanwaltschaft eingestellt worden seien, obwohl die Arbeit der Polizeibeamten noch nicht abgeschlossen war. Das legt die Vermutung nahe, daß die Würzburger Staatsanwaltschaft den gesamten Fall mit einem unverständlichen Schlendrian behandelte und insbesondere die Komplizen bis zum heutigen Tag frei herumlaufen läßt.

Hingegen wollte sie an dem Anwalt anscheinend ein Exempel statuieren, um den wichtigsten Teil der kriminellen Vereinigung aus den Ermittlungen zu tilgen. Vielleicht ist die Würzburger Staatsanwaltschaft mit komplexen Verfahren, in dem es um internationale Verwicklungen geht, ja auch einfach überfordert.

Als gutes Indiz dafür, daß die im September 1995 bekanntgewordenen Klagen der Polizei nicht unberechtigt waren, ist eine Gerichtsverhandlung vor dem Zivilgericht in Würzburg anzusehen. Auf die Frage des Vorsitzenden Richters hin, was denn mit den Millionen aus den Straftaten des Rechtsanwalts geschehen ist, mußte der Gutachter bekennen, daß er von der Staatsanwaltschaft nicht den Auftrag erhalten hatte nachzuforschen. Im Gerichtssaal reagierte man mit großem Unverständnis. Mancher stellte sich die Frage, warum die Staatsanwaltschaft sich hinter der Auffassung versteckte, keine Handhabe zu haben, das Geld einzuziehen. Angebracht wäre, daß die Beamten weitere Durchsuchungen in Banken vornehmen – doch das wollte die »engagierte« Oberstaatsanwältin anscheinend nicht. Sie war sowieso nicht gut auf den Ermittlungseifer der Beamten zu sprechen und blockte Ermittlungsgesuche empört ab, behaupten zumindest die Ermittler.

Besonders pikant sind diese Ermittlungsbarrieren gewesen, als bekanntwurde, daß die Vilnius-Brigade enge Verbindungen zu Firmen der Würzburger Gruppe unterhalten habe. »Jetzt lassen sie mal die Ermittlungen nicht ausufern«, beschied die pflichtbewußte Oberstaatsanwältin den Beamten. Die Akte konnte geschlossen werden, und übrig blieben frustrierte Ermittler von Polizei und Zoll und ein lädiertes Rechtsverständnis.

Während des Prozesses im Mai 1996 schilderte die Verteidi-

gung ihren Mandanten, den Rechtsanwalt, als naiven Sunny-
boy, der sich nur einen gehobenen Lebensstil geleistet hatte.
Der Richter hingegen sah in ihm einen von maßlosem Ehrgeiz
getriebenen Mann und verurteilte ihn zu fünfeinhalb Jahren
Gefängnis. Die Ermittlungen gegen das Frankfurter Unternehmen reduzieren sich inzwischen auf Steuerhinterziehung,
weitere Ermittlungen wurden gestoppt. »Man muß ja einmal
zu einem Ende kommen«, bekamen die Zollfahnder zu hören, und »außerdem kommen ja aus Moskau keine belastenden Informationen.«

Die Kommentatoren in den regionalen Zeitungen sprachen
nach dem Urteil von einem Deal, der das Ansehen der Justiz
lädiert habe, oder sie zitierten die zynische Lebensweisheit,
daß man die Kleinen hängt und die Großen laufen läßt. Denn
dafür, daß sich der Bogen der Ermittlungen von Untreue über
Betrug und Menschenhandel bis hin zum Verstoß gegen das
Kriegswaffenkontrollgesetz spannte, ist er glimpflich davon-
gekommen. Verurteilt wurde der rührige Anwalt wegen Betrugs in 19 und Untreue in 24 Fällen. Niemand fragte jedoch
nach, warum seine Komplizen bislang ungeschoren wegge-
kommen sind, obwohl sie nicht weniger schuldhaft gehandelt
haben dürften als der Rechtsanwalt.

Vielleicht hängt das damit zusammen, daß sie bis zum heuti-
gen Tag im nebulösen Anlagegeschäft tätig sind und im
Direktorium einer ihrer Firmen bis vor kurzem ein hoher
Würzburger SPD-Politiker saß.

Wenig, nein, überhaupt nichts, wurde gegen die an Geldwäscheoperationen beteiligten Banken und gegen die verantwortlichen Angestellten unternommen. Zwar wurde ein leitender Mitarbeiter einer deutschen Bank entlassen, und die
Bank wird in Zukunft wahrscheinlich die Hände vom Zigaret-
tenschmuggelgeschäft lassen. Doch der Angestellte arbeitet
inzwischen bei einer kleinen Privatbank, und die ist im dubiosen Anlagengeschäft aktiv. Ein Geschäft, bei dem es immer
noch enge Bindungen zu russischen kriminellen Strukturen
gibt.

Unverständlich ist das Verhalten der Staatsanwaltschaft
auch hier. Denn nach seiner ersten Verhaftung schilderte der
Rechtsanwalt gegenüber der Polizei detailliert, wo die Gelder
und Vermögenswerte aus den Anlagebetrugsgeschäften lie-

gen. Die Staatsanwaltschaft hielt es nicht für nötig, diese Vermögenswerte zu beschlagnahmen. Inzwischen sind sie nicht mehr auffindbar.

Einen allzulange Gefängnisaufenthalt mußte auch der Chef der Zigarettenschmuggel-Organisation, der Pole Borkowski, nicht befürchten. Nach seiner Verhaftung sprach ihn ein Würzburger Schöffengericht vom Vorwurf der Erpressung und Bedrohung frei. Mit ein Grund war sicherlich, daß der Anwalt, nachdem er im Gefängnis massiv bedroht wurde, damals keine ihn belastenden Aussagen machte. Ein anderer und wesentlich gravierender Grund liegt darin, daß es massive Einflußnahme von politischen Regierungskreisen gab, Borkowski freizulassen. Ständig mußte die Staatsanwaltschaft, was ganz ungewöhnlich ist, Sachverhaltsberichte an das Auswärtige Amt schicken, und das wirkte sich natürlich auf das Verfahren positiv aus.

Hier endet die Geschichte einer einst kleinen KGB-Klitsche, die sich zu einem großen Mafiaunternehmen mauserte, und deren Verbindungen zu einem Rechtsanwalt und finanziellen Hintermännern in Würzburg. Eine Geschichte, die – was die Ermittlungen und die, will man es positiv sehen, eher aus Unfähigkeit genährte sträfliche Blockade von Polizeiermittlungen in Würzburg betrifft – so durchaus auch in Moskau hätte enden können. Dort weiß man aber, daß die Justiz und die Strafverfolgungsbehörden durch und durch korrupt sind. In Deutschland erwartet der Bürger – noch – etwas anderes, selbst wenn Würzburg von vielen Weingütern umgeben ist.

5. KAPITEL

Mafia und KGB – Ausgeburt des Kalten Krieges?

Die Metamorphose des Frankfurter Unternehmens mit Stammsitz in Moskau ist kein Sonderfall. Sie ist vielmehr symptomatisch für die Verquickung von kriminellen Machtzentren mit einflußreichen staatlichen Einrichtungen, ob Miliz oder Nachrichtendienst. Diese Verfilzung macht es für die europäischen Sicherheitsbehörden aussichtslos, die russische organisierte Kriminalität effektiv zu bekämpfen.

Im privaten Gespräch seufzen sie verzweifelt, daß sie keine oder nur unzureichende Informationen über zwielichtige oder kriminelle Machenschaften roter Bosse aus den Ländern der ehemaligen Sowjetunion erhalten, zumal ein Fakt eindeutig ist: »Die derzeit größte Bedrohung stellen die enormen Gelder der GUS-Staaten dar, die über eigens gegründete Handelsgesellschaften in das heimische Bankwesen einfließen. Die Herkunft der Gelder ist meist nicht eruierbar, die Zusammenarbeit mit Polizeibehörden dieser Länder ist praktisch null.«[95]

Die Zurückhaltung bei oder gar Sabotage von Ermittlungen in den ehemaligen Ostblockstaaten hat viele Ursachen. Einmal hängt es mit miserabel bezahlten und vollkommen überlasteten Milizangehörigen zusammen, die keinen rechten Sinn mehr darin erkennen, Informationen über ihnen bekannte kriminelle Strukturen den westlichen Ermittlungsbehörden weiterzugeben. Nicht zuletzt deshalb, weil sie nie wissen, ob das politisch gerade opportun erscheint oder womöglich disziplinarische Folgen hat. Die Machenschaften von Jelzins Leibwächter waren lange bekannt – ohne daß sie von den Strafverfolgungsbehörden in Moskau unterbunden oder gar juristisch geahndet wurden. Hemmschuh für eine ansatzweise erfolgreiche Bekämpfung der Krake ist die Korruption in den Sicherheitsbehörden, die sich harmonisch in das allgemeine korrupte System einfügt. Nicht ohne Grund steht Rußland auf der Hitliste der korrupten Staaten dieser Erde auf Platz 49, noch hinter Mexiko und Pakistan und nur gefolgt von Kolumbien, Bolivien und Nigeria.[96]

Es ist überaus schwierig, Beamte der russischen Regierung zu nennen, die nicht schon einmal öffentlich der Korruption beschuldigt wurden. Aber inzwischen werden diese Anschuldigungen nicht mehr offiziell kommentiert, geschweige denn amtlich untersucht. Die politische Realität im heutigen Rußland (das gilt natürlich für die anderen ehemaligen Sowjetrepubliken genauso) schließt die Wahrscheinlichkeit der Existenz eines nicht korrupten Regierungsbeamten praktisch aus. Bestechlichkeit und/oder Zugehörigkeit zu einer mächtigen Gruppe des organisierten Verbrechens ist eine Voraussetzung für alle »attraktiven« Regierungsposten sowohl auf lokaler wie auf nationaler Ebene, denn in einem korrupten Regierungsgefüge werden Ämter von korrupten Beamten vergeben und besetzt, die bei der Ausübung ihres Rechts zur Ernennung und Entlassung Nachgeordneter ihrem Eigeninteresse dienen.

Eine korrupte Regierung neigt zur Ausstoßung jedes nicht korrupten Beamten, denn

- ein Beamter, der nicht in korrupte Praktiken verwickelt ist, wird von seinen korrupten Kollegen und Vorgesetzten als potentiell gefährlich betrachtet, wohingegen es eher unwahrscheinlich ist, daß ein Komplize Aussagen über Korruption macht. Sicherheit ist wichtig für korrupte Beamte: Während Korruption in Rußland unverrückbar ist, muß das System gelegentlich einige Sündenböcke für die Strafverfolgung auswählen, um soziale Spannungen abzubauen.

- Ein Beamter, der nicht in korrupte Praktiken verwickelt ist, gilt bei den korrupten russischen Regierungsbeamten als genauso »fremd« und verdächtig wie ein Abstinenzler in einer russischen Trinkerrunde. Solche Sonderlinge werden entfernt, um das psychologische Wohlbefinden der anderen zu wahren.

- Wird ein nicht korrupter Beamter durch einen korrupten ersetzt, so sichert sich der Vorgesetzte eine Bestechungssumme und/oder laufende Zahlungen des Ernannten, der diese als Gegenleistung für die Möglichkeit betrachtet, illegalen Profit zu machen.

Der Versuch, in einer solchen Regierung zum nicht korrupten Einzelgänger zu werden, hat meistens viele Nachteile – Ausnahmen gibt es trotzdem.

- Die nicht korrupten Einzelgänger sind gezwungen, mit dem offiziellen Gehalt von monatlich 100 bis 200 Dollar für sich und ihre Familie auszukommen;
- In dem Land, in dem 70 Jahre kommunistischer Herrschaft jede moralisch und religiös motivierte Zurückhaltung zerstört haben und Diebstahl so etwas wie ein Nationalsport geworden ist, gibt es nicht viele Menschen, die bereit sind, die extreme Mühsal eines hoffnungslosen Kampfes gegen die Korruption auf sich zu nehmen; außerdem würden andere einen solchen Kampf weder gutheißen noch an ihn glauben.
- Die meisten russischen Bürokraten haben schon im Kommunismus als Beamte gedient, wo bekanntermaßen Korruption der *modus operandi* gewesen ist.

Wann immer die Mafia Interesse daran hat, daß ein Beamter eine bestimmte Entscheidung trifft, steht dieser vor der Wahl »Silber oder Blei«. Fast 100 Prozent entscheiden sich für Silber, denn es gibt keine polizeiliche Organisation, die fähig oder willens wäre, vor der allgewaltigen und gnadenlosen Mafia Schutz zu bieten.

Die oben genannten Gründe erklären, was die Regierungsbeamten davon abhält, sich der Korruption zu widersetzen, doch fast immer ist die Korruption der russischen Beamten freiwillig, nicht erzwungen. In dem armen Land, wo das durchschnittliche Jahreseinkommen unter 2000 Dollar liegt, ist Bestechlichkeit eine der lukrativsten Möglichkeiten für ein gutes Leben. Selbst die höchsten Staatsbeamten, an die ebenfalls ein Anteil der illegalen Einkünfte hinaufgereicht wird, nehmen dergestalt große Mengen Geldes ein. Und für die Regierung ist es viel einfacher, korrupte Beamten zu kontrollieren, die sie, falls sie nicht gehorchen, »wegen Korruption« ins Gefängnis schicken kann. Kritiker von Boris Jelzin sagen, daß er während seiner langjährigen Karriere als hochrangiger kommunistischer Parteifunktionär gelernt habe, mit einem auf Korruption basierenden Machtsystem umzugehen. Die meisten Regierungsbeamten sind mit den größeren kriminellen Vereinigungen verbunden, denn solche Partnerschaften sind der effektivste Weg für die Beamten, ihre Macht zu Geld zu machen und ihre persönliche Stellung zu stärken. Die Mafia ihrerseits hat auf diese Weise Kontrolle über die Regierung einschließlich der Strafverfolgungsbehörden und erhöht damit wiederum die eigene Macht, Sicherheit und das Einkommen. Soweit ein erstes Fazit.

Das System der Korruption und die Sicherheitsbehörden

Bereits im Jahr 1994 kam eine im Auftrag des russischen Präsidenten Jelzin erstellte Studie des Föderativen Sicherheitsdienstes zu dem Schluß, daß die kriminellen Organisationen überall Informanten haben: bei der Miliz, der Verkehrspolizei und in den Banken. Wladimir Tschechanow, ein bekannter Moskauer Mafiaexperte, verknüpfte daher die Entwicklung des organisierten Verbrechens mit dem Anwachsen der Korruption in den Regierungsinstitutionen und der Verwaltung sowie bei den Strafverfolgungsbehörden.

Im März 1995 wurde eine Vielzahl von Korruptionsfällen in der Miliz, im Büro des Generalstaatsanwalts und in der Justiz bekannt, doch nur wenige Fälle wurden geahndet. Sogar die martialischen Spezialeinheiten der Polizei, die gegen die Mafia eingesetzt wurden, sind inzwischen von kriminellen Syndikaten korrumpiert worden. Dazu gehören die Sondereinheit OMON und die Truppen des Innenministeriums. Letztere, die in Tschetschenien verheizt wurden, haben mehr Verbrechen begangen, als sie ihrem Auftrag gemäß eigentlich hätten verhindern sollen. In den ersten vier Monaten des Jahres 1994 haben die Truppen des Innenministeriums 400 Straftaten begangen, während sie noch 1993 300 Straftaten aufklärten beziehungsweise verhinderten.

Ein Fall von vielen, der die besondere Kooperation zwischen Sicherheitskräften und der Mafia dokumentiert, wurde Ende

Januar 1997 bekannt. Damals wurde ein bekannter Mafioso in Moskau erschossen. Seine Leibwächter waren Mitglieder einer Moskauer Polizeisondereinheit, die das Attentat nicht verhindern konnten. Nach dem Mord an ihrem Arbeitgeber wandten sie sich an die Öffentlichkeit mit der bewegenden Klage, daß ihre Vorgesetzten Millionen gescheffelt hätten, während sie mit Kopeken abgespeist worden seien.

Ähnlich ist die Entwicklung bei der 1993 neu gegründeten Steuerpolizei. Deren Personal – Ende 1995 hatte sie 40000 Beschäftigte – besteht überwiegend aus ehemaligen Offizieren der Streitkräfte, die nun einen besonders riskanten Job übernommen haben. Sie sollen Steuern bei jenen Unternehmen eintreiben, die keine oder zuwenig Steuern bezahlen – also die meisten Unternehmen, unter ihnen viele, die von der Mafia kontrolliert werden. Peter Filippow, der ehemalige Wirtschaftsberater von Boris Jelzin, erzählt Journalisten gerne folgende Geschichte. Vom Gewinn einer Wodkafabrik fordert die Steuerbehörde 80 Prozent, daher gibt der Besitzer nur einen Produktionsoutput von 20 Prozent an. Ein Mafiasyndikat infiltriert mit einigen seiner Männer die Fabrik und weiß in kürzester Zeit, wieviel tatsächlich produziert wird. Daraufhin sucht die »Organisation« den Besitzer auf und macht ihn auf die Gefahr aufmerksam, daß man ja den Behörden die richtige Produktionszahl melden könne. Freiwillig zahlt der Fabrikbesitzer 50 Prozent an die »Organisation«, was immer noch besser ist, als 80 Prozent an die Regierung. Für die Steuerfahndung ist es folglich ein fast aussichtsloses Begehren, die exorbitant hohen Steuern einzufordern. Da vermag die Maßnahme, daß die Steuerpolizei nur 25 Prozent ihrer Ausgaben aus den Mitteln der öffentlichen Hand erhält, während der Rest aus den Erfolgen der Steuerfahndung resultieren muß, schwerlich die erhoffte Motivation zu bewirken.

So gesehen überrascht es kaum, daß die Beamten der Steuerpolizei sehr schnell Ziel gewalttätiger Anschläge wurden, genauso wie sie selbst an Straftaten beteiligt beziehungsweise in Korruptionsaffären verwickelt wurden. Führende Mitarbeiter der Steuerpolizei, so ein Beamter des Föderativen Sicherheitsdienstes, FSB, haben direkte Kontakte zu kriminellen Strukturen, führen ihre Aufträge aus, liefern ihnen offizielle Informationen und helfen privaten Unternehmen, ihre Steuern zu verschleiern. Als Gegenleistung kassieren sie enorme Summen Bestechungsgelder. Das geht so weit, daß selbst die wenigen ehrlichen Steuerzahler bedroht und aufgefordert werden, Bestechungsgelder an die Beamten zu zahlen.

Gleichgültig, wer in Rußland oder in den anderen ehemaligen sozialistischen Republiken Geschäfte machen will, er braucht Schutz, ein »Dach«. Mit diesem Wort werden eigentlich die kriminellen Organisationen umschrieben, die ihre Klienten vor allerlei Schwierigkeiten bewahren. Demgegenüber wird die Polizei als »das rote Dach« bezeichnet, das heißt, auch die Milizeinheiten schützen gegen Entgelt, überprüfen auf Bestellung Geschäftspartner und Konkurrenten, überwachen diese, hören Telefone ab, schlagen Überfälle von Fremdorganisationen auf die eigenen Klienten zurück. Wieweit diese Erscheinung verbreitet ist, zeigt eine vertrauliche Umfrage des Wochenjournals *Itogi*. Von 43 Geschäftsleuten erklärten acht, daß sie unter dem Schutz des »roten Daches« arbeiten.[97]

All das blieb nicht ohne Folgen. Bedingt durch die allgegenwärtige Korruption im staatlichen Sicherheitsapparat, formierte sich ein neuer mächtiger Industriezweig, »Das weiße Dach«. Es ist die private Sicherheitsindustrie, deren Mitarbeiter sich überwiegend aus den Reihen des Innenministeriums und des KGB rekrutieren.

Der Grund dafür ist eigentlich einleuchtend. So verlor beispielsweise der KGB nach den von Präsident Jelzin durchgeführten Reformen rund 50 Prozent seines Kaderbestandes. Gefeuert wurden hochqualifizierte Offiziere mit einem jahrelangen Studium, einer exzellenten Ausbildung in Ökonomie und mit mehr Auslandserfahrung, als sie jeder andere Sowjetbürger aufweisen kann. Nach offiziellen Schätzungen sind heute zirka 50 Prozent der leitenden Angestellten von privaten Sicherheitsdiensten frühere Mitarbeiter des Innenministeriums und des KGB. Der Rest kam aus der Hauptverwaltung Aufklärung und der Armee. Allein in der russischen Sicherheitsindustrie gibt es 2000 verschiedene Firmen, die etwa eine Million Mitarbeiter beschäftigen. Es ist eine Privatisierung des Rechtsstaates eingetreten, in der die Mafia das Sagen hat.

Das Unternehmen Gasprom, das führende russische Unternehmen der Energiewirtschaft, hat eine 20 000 Mann starke Sicherheitsbehörde, darunter 500 in der Zentrale. »So schützt die Sicherheitsbehörde die Interessen des Staates auch im nichtstaatlichen Sektor. Private Schutzdienste beziehungsweise deren Service wird von solch gewichtigen Mitspielern der hiesigen Wirtschaft wie der Sber-Bank, Promstroj-Bank und Wneschekonom-Bank in Anspruch genommen und auch von den führenden Ölfirmen sowie Finanzkonzernen und -gruppen. Sie sind mit dem sicheren Schutz ihres Büros zufrieden wie auch mit dem Schutz ihrer Konten, Überweisungsdaten und -ziele, auf die die Mafia scharf ist, um sie erpressen zu können.«[98]

Die Most-Bank, eines der mächtigsten und bestbewachten privaten Finanzinstitute Moskaus, leistet sich 900 Männer, die für die Sicherheit der 5000 Bankangestellten zuständig sind. Die Most-Finanzgruppe selbst wird von Dutzenden ehemaliger KGB-Agenten geführt, einschließlich Filip Bubkow, des ehemaligen Stellvertreters des KGB-Vorsitzenden Wladimir Krjutschkow.[99] Geschätzt wird, daß allein im Analysezentrum der Most-Gruppe 60 KGB-Angehörige arbeiten. Kritiker bezeichnen die Finanzgruppe als das größte und einflußreichste Zentrum der Tschekisten. Der Begriff Tschekisten leitet sich von Tscheka ab, einer Abkürzung für »Kommission zum Kampf gegen Konterrevolution und Sabotage«, die nach der Oktoberrevolution von 1917 bis 1922 existierte.[100] Ein Vorwurf, gegen den sich die Most-Bank natürlich vehement zur Wehr setzt. Chef des Sicherheitsdienstes der Most-Gruppe ist Dimitrij Garbatschuk. »Wir sind von amtlichen Diensten als Profis anerkannt. Wir rufen sie in 60 Prozent der Fälle, aber sie rufen uns manchmal auch für Sondereinsätze oder um Begleitschutz. Die meisten unserer Jungs sind alte Polizisten, Mitglieder des früheren KGB oder Soldaten. Sie suchen eine besser bezahlte Arbeit, die sie auch mehr zufriedenstellt.«

Alle Sicherheitsunternehmen versprechen, daß sie die Versuche von Mafiaorganisationen, Einfluß zu nehmen, unterbinden können und dafür den entsprechenden Schutz bieten. Auf einige mag das sicher zutreffen.

Sergej Minajew, Direktor des sogenannten Special Informations Sevice (SIS), war früher KGB-Angehöriger, wie übrigens die meisten Angestellten seiner Firma. Der SIS, erzählt Minajew, könne die Bilanz eines russischen Unternehmers »analysieren«, Lebensläufe der Firmenleitung erstellen und ihre Verbindungen zu anfechtbaren Polizeibeamten oder kriminellen Vereinigungen aufspüren. Dafür wird natürlich bezahlt, denn, so Minajew, »der einzige Käse, der nichts kostet, steckt in einer Mausefalle«. Das heißt, ohne Bestechung läuft nichts. Ein Teufelskreis.

Gerade die Banken haben mächtige Sicherheitsdienste eingerichtet. Einige Beispiele: Witalij Sidorow, Exekutivdirektor der Assoziation russischer Banken in Sicherheitsfragen, war Stellvertretender Innenminister der UdSSR. Michail Schestopalow, Leiter des Sicherheitsdienstes der Menatep-Bank, war Leiter der Verwaltung für den Kampf mit der Wirtschaftskriminalität in Moskau. Wladimir Sajtzew, Leiter des Sicherheitsdienstes der Stolitschnij-Bank, war Leiter der Spezialeinheit »Alfa« beim KGB. Michail Gurbunow, Leiter des Sicherheitsdienstes der Inkom-Bank, war verantwortlicher Mitarbeiter der Aufklärungsabteilung des KGB.[101]

Von 1992 an wurden über 100 Anschläge auf das Leben von Bankleitern und -mitarbeitern verübt. Im Ergebnis kamen 59 Menschen ums Leben.[102]

Wenn man aber bedenkt, daß sich ein großer Teil der Banken, selbst nach Angaben des russischen Innenministeriums, fest in den Händen mafioser Strukturen befindet, beleuchtet das den enormen Einfluß auch von Ex-KGB-Kräften, bei denen nicht immer sicher ist, ob sie wirklich aus dem aktiven Dienst ausgeschieden sind oder für wen sie arbeiten.

Daher sind diese, im übrigen kostspieligen Dienste von Sicherheitsfirmen, die von sich behaupten, sie stellten einen unüberwindbaren Schutzwall gegen die Mafia dar, grundsätzlich mit großer Skepsis zu betrachten.

Auch der Banker Konstantin Borowoj, einer der reichsten Männer Rußlands, spricht von einer »Mafia-Penetration« der Banken und Unternehmen und meint damit die Kooperation zwischen KGB und kriminellen Syndikaten. Laut seinen Angaben erfolgten nach den von Ministerien getätigten Überweisungen großer Mengen staatlicher Gelder an Börsenspekulanten und Banken regelmäßig Besuche des KGB oder von Gangstern. »Der KGB hat die kriminelle Banden während der sowjetischen Zeit häufig benutzt, um Geld von den Ko-operativen zu erpressen. Warum sollte sich daran etwas geän-dert haben. Organisiertes Verbrechen wäre heute nichts ohne die Unterstützung des KGB.«[103]

Wenn diese Aussage stimmt, dann hat das auch für den We-sten weitreichende Folgen. Es geht also um die Verbindungen zwischen ehemaligen KGB-Offizieren und Mafiapaten bezie-hungsweise deren Konzerne.

Die KGB-Mafia-Connection

»Die russische Mafia hat nicht die Rolle des KGB und ande-rer Kräfte des ehemaligen sowjetischen Establishments über-nommen. Vielmehr hat das KGB die Mafia unterstützt, um eine neue Machtstruktur aufzubauen.«[104]

In Deutschland wird das Thema tunlichst unter den Teppich gekehrt. Vielleicht deshalb, weil Nachrichtendienste ein schwer durchschaubares Netzwerk aufgebaut haben und zu-dem keiner genau weiß, ob er gezielten Desinformationen oder Verschwörungstheorien aufsitzt, wenn es um den KGB geht.

Der KGB, einst das Schwert der allmächtigen KPdSU, war bereits in Zeiten des Kalten Krieges eine politische Gummi-wand, an der sich die kalten Krieger im Westen ausgiebig aus-toben konnten. Einige dieser unverbesserlichen Kalten Krie-ger benutzen das Thema russische Mafia, um weiterhin an ihrem naiv-ideologischen monokausalen Denken festhalten zu können.

Einer von ihnen ist der ehemalige Bundestagsabgeordnete Hans Graf Huyn, der seit Jahrzehnten von einer allmächtigen kommunistischen Weltverschwörung überzeugt ist. In einer weit rechts anzusiedelnden Zeitschrift schrieb er: »Es ist ein Verdienst von *Criticón*, als eine der ersten Publikationen darauf hingewiesen zu haben, daß die im Westen so sehr bewunderte Perestroika nicht etwa eine Art spontaner Libe-ralisierungspolitik Gorbatschows gewesen ist, sondern eine offensive sowjetische Strategie, die bereits in den siebziger Jahren von dem langjährigen KGB-Chef und späteren Gene-ralsekretär Andropow eingeleitet worden ist (...) Innerhalb der drei Säulen sowjetischer Macht – KPdSU, KGB und Militär – stützte sich der seit seiner Jugend dem KGB eng verbundene Gorbatschow auf seine Hausmacht KGB, um die verknöcherten Strukturen der verkalkten und korrupten Partei zu zerschlagen (...), um ihr die Möglichkeit der Erneuerung zu geben.« Dann kommt er zu dem abenteuerlichen Schluß: »Gorbatschow und Jelzin verfolgen also die alten sowjetischen Ziele. Sie tun dies lediglich mit anderen Mitteln. Was Stalin mit militärischer Gewalt versucht und Breschnew mit Subversion und Infiltration sowie Stellvertreterkriegen angestrebt hat, bemühen sich Gorbatschow und Jelzin mit Mitteln der strategischen Desinformation zu erreichen.«[105]

Deshalb könnte es durchaus politische Zweckpropaganda sein, daß der KGB heute für alles, was nicht erklärbar ist, die Verantwortung übernehmen muß, obwohl es den klassischen KGB überhaupt nicht mehr gibt, und er bereits zu Zeiten der Perestroika wie heute zwei Seiten abdeckt: zum einen die Partizipation an der Macht und in mafiosen Strukturen, zum anderen die Aufklärung und der Kampf gegen Kriminalität und Korruption.

Der KGB, der maßgeblich am Putsch gegen Gorbatschow beteiligt war, wurde danach nicht, wie die demokratischen Kräfte Rußlands eigentlich erwartet hatten, grundlegend reformiert, sondern lediglich neu organisiert. Aus der ehemaligen Dachorganisation für innere Sicherheit und nachrichtendienstliche Belange, dem KGB, gingen fünf neue Zweige hervor. Nach der Liquidierung des KGB entstand zunächst ein Ministerium für Sicherheit und Inneres, das nach kurzer Zeit von einem Sicherheitsministerium abgelöst wurde. Zwei Jahre später wurde ein Föderaler Abwehrdienst (FSK) ins Leben gerufen. Ein Oberst im heutigen Föderativen Sicherheitsdienst, FSB, beklagt sich bitter: »Die Effektivität unserer Arbeit verringerte sich spürbar. Wir verloren unendlich viele Spezialisten aus der Gegenaufklärung und Profis, die mit operativer Arbeit in konkreten Bereichen der Verbrechensbekämpfung befaßt waren. Im Ergebnis haben Rußlands Kriminelle nicht nur erheblichen Auftrieb bekommen, sondern auch vermocht, kolossale Mittel zu akkumulieren, die es ihnen heute ermöglichen, derart unverschämt und erfolgreich zu agieren.«[106]

Dagegen beklagen demokratische Kräfte, daß allein der Sicherheitsdienst des Präsidenten inzwischen mehr Macht hat als der einstige KGB. »Und der KGB umgab sich mit ›Tochterfirmen‹: der Hauptverwaltung Schutz der Russischen Föderation und dem Sicherheitsdienst des Präsidenten, SB, in die aufgrund höherer Löhne, des professionellen Standards und sozialer Privilegien nicht die schlechtesten Tschekisten aus der Lubjanka abwanderten. Der einflußreiche Chef des SB und Jelzin-Vertraute Korschakow versorgte den präsidialen Sicherheitsdienst innerhalb von drei Jahren mit ›Freiheiten‹, wie es sie für eine derartige Machtstruktur bis dato nicht gegeben hatte. Er wurde praktisch unkontrollierbar.«[107]

Nun gibt es sowohl in der Ex-UdSSR wie in den USA und in Europa derart viele Hinweise aus ganz unterschiedlichen Quellen, daß der KGB beziehungsweise heute der Bundessicherheitsdienst FSB und der Auslandsnachrichtendienst SVR sowie insbesondere der Sicherheitsdienst des Präsidenten, SB, aktiv im mafiosen Geschäft mitmischen, daß der Verdacht einer Kooperation zwischen kriminellen Syndikaten und dem einstigen KGB nicht aus der Luft gegriffen scheint.

Unzweifelhaft ist, daß ein Teil des alten Agentennetzwerkes des KGB bis zum heutigen Tag existiert und die nachrichtendienstlichen Aktivitäten des KGB – zum Beispiel bei der Wirtschaftsspionage – munter fortgesetzt werden.

Das ergibt sich aus einer durchaus ehrenwerten Quelle, nämlich dem Bundeskriminalamt. Nach der Wiedervereinigung Deutschlands und dem Zusammenbruch der Sowjetunion untersuchte es die Spionagetätigkeit der sowjetischen Geheimdienste KGB und GRU (militärischer Nachrichtendienst). Die Studie kam zu dem Ergebnis, daß die Aktivitäten des KGB nicht wesentlich eingeschränkt wurden.

»Unter Berücksichtigung der aufgezeigten Beispiele im Zusammenhang mit der geheimdienstlichen Tätigkeit der sowjetischen bzw. jetzt vor allem russischen Geheimdienste ist davon auszugehen, daß diese Geheimdienste ihre aktiven Agentennetze unter Anpassung an die veränderte Situation (Überprüfung und Selektion der nachrichtendienstlichen Verbindungen) weiter nutzen werden, ihre Reservenetze und konservierten Agenten aktivieren, früherer Kontakte zu ehemaligen MfS-Mitarbeitern wiederaufnehmen werden bzw.

bereits aufgenommen haben, um sie für ihre Mitarbeit bzw. Übergabe von Informellen Mitarbeitern zu gewinnen, weiterhin versuchen werden, neue Agenten anzuwerben.« Fazit der BKA-Untersuchung: »Die Bundesrepublik wird auch weiterhin ein bedeutendes Ziel russischer Nachrichtendienste sein.«[108]

Wenn die Behauptung richtig ist, daß nicht nur die ehemaligen KGB-Agenten eng mit kriminellen Strukturen zusammenarbeiten, sondern sogar der KGB beziehungsweise dessen Nachfolgeorganisationen direkte Verbindungen zu kriminellen Organisationen unterhalten, dann ist eine gefährliche Lage für die innere Sicherheit jedes europäischen Staates entstanden. Über diese Verflechtungen hat bislang weder das Bundeskriminalamt viel der Öffentlichkeit mitgeteilt noch der Pullacher Bundesnachrichtendienst. Warum das so ist, erklärt Eike Bleibtreu, der Vorsitzende des Bundes Deutscher Kriminalbeamter, folgendermaßen: »Die Erkenntnisse, die vorhanden sind, sind offensichtlich so gravierend, daß man gut daran tut, in der Öffentlichkeit nicht darüber zu diskutieren. Man will die Bevölkerung nicht erschrecken.«[109]

In anderen europäischen Ländern redet man dafür um so offener. Die Quelle ist zwar mit einer gewissen Vorsicht zu genießen, doch es war Algirdas Katkus, Ministerpräsident von Litauen, der sagte: »Im Westen glaubt man, daß die Mafia ein Produkt des Postkommunismus ist. In Wirklichkeit wird sie vom KGB organisiert, ausgerüstet und kontrolliert.«[110]

In Wien erzählte mir Michael Sika, der Generaldirektor für öffentliche Sicherheit: »Die östlichen Nachrichtendienste spielen eine ganz entscheidende Rolle. Wir haben festgestellt, daß in der russischen Botschaft derzeit mehr Leute arbeiten als zur Zeit des Kalten Krieges. Einmal wird Wirtschaftsspionage auf breiter Front betrieben. Und es gibt auch die Kontakte zur Mafia. Wobei ein Teil der Leute, die 1989/1990 ihren Posten verloren haben, jetzt mit den Strukturen der organisierten Kriminalität zusammenarbeiten. Wir haben durchaus Hinweise darauf, daß es diese Kontakte gibt.«

Spricht man mit ungarischen Polizeiexperten, wundern die sich, daß eine solch naive Frage nach dem Zusammenhang von KGB und kriminellen Syndikaten überhaupt gestellt wird.

Oberstleutnant Bela Balla vom Budapester Polizeipräsidium ist davon überzeugt, daß Teile der Russenmafia »vom Geld verschiedener Geheimdienste unterstützt werden«. Und er geht davon aus, daß »auf der mittleren Ebene der kriminellen Organisationen bestens ausgebildete Geheimdienstler oder Spezialkommandos mitarbeiten, die einen reichen Erfahrungsschatz über operative Arbeit haben. Aufgrund dieser Erfahrungen und mit dem Geld der Geheimdienste wurde eine hierarisch-militärische Struktur geschaffen, deren Taktik es den Polizeibehörden fast unmöglich macht, etwas dagegen zu unternehmen.«

Dieser Erfahrung schließt sich sein Kollege Simon Tamas an. »Die Kriminellen, insbesondere im Bereich der Wirtschaftskriminalität oder der organisierten Kriminalität, waren früher in Machtpositionen der Dienste. Kenntnisse und Beziehungen helfen ihnen heute.«[111]

Was die Verwicklung sowohl von KGB wie der Miliz im Machtgefüge der Mafia angeht, gibt es offensichtlich drei verschiedene Ebenen.

Zum einen geht es darum, daß ehemalige KGB-Mitarbeiter als Geldwäscher, Kommunikationsspezialisten und in anderer Eigenschaft direkt für kriminelle Organisationen arbeiten. Zum anderen darum, daß KGB-Angehörige eine neue Arbeit in der Industrie, insbesondere der Sicherheitsindustrie, gefunden haben, dort zwangsläufig in kriminelle Strukturen verwickelt werden, und drittens um die erschreckende Variante, daß zumindest Teile der Nachfolgeorganisation des KGB steuernd oder kontrollierend in der organisierten Kriminalität mitwirken.

Für die erste Variante gibt es unzählige Beispiele. Die Rolle von Filip Bubkow, dem ehemaligen Ersten Stellvertretenden Vorsitzenden des KGB, ist ein besonders krasser Fall für die direkte Kooperation zwischen Ex-KGB-Angehörigen und der Mafia – ein Zusammenhang, der heute auch in Moskau von niemandem mehr bestritten wird. Bubkow wurde wegen seiner Rolle während des blutigen KGB-*Spetnaz*-Angriffes auf die nach Unabhängigkeit strebende litauische Bevölkerung in Vilnius entlassen. Als »privater Bürger« bot der daraufhin seine Dienste verschiedenen westlichen Investoren an und übernahm in kurzer Zeit die Kontrolle einer Bankengruppe in Moskau. Er beschäftigte ehemalige KGB-Veteranen, die in Birma, Kambodscha, Laos und Korea stationiert waren. Das war der *nucleus* dessen, was später als »Moskau-Drogengruppe« bekanntwurde, die die Drogengeschäfte in Rumänien, Kolumbien, Peru und Kuba koordinierte. Der wichtigste Stützpunkt war die russische Marinebasis in Cam Ranh Bay in Vietnam.

Ex-KGB und die Atomsprengköpfe

Fieberhaft ermitteln seit Oktober 1996 amerikanische und deutsche Zollbehörden gegen einen deutschen Rechtsanwalt aus Hannover und den Direktor einer deutschen Automobilfirma in Kiew. Sie wollten hochmoderne Panzer, Uran und Atomsprengköpfe aus russischen Lagerbeständen an den Iran liefern. Den Deal vermitteln sollte der in London lebende iranische Waffenhändler Cyrus Hashemi.

Liefern sollten die Panzer und die Atomsprengköpfe Ex-KGB-Angehörige aus der Ukraine mit besten Beziehungen zu korrupten Militärs.

Es ist nicht gerade eine sensationelle Neuigkeit, daß hohe Offiziere der russischen Armee und ehemaligen KGB-Agenten versuchen, selbst hochmoderne Waffensysteme weltweit dem Meistbietenden zu verkaufen. Einen solchen Deal wollten sich auch dieser deutsche Rechtsanwalt und der Unternehmer, der in Kiew ein führendes deutsches Autohaus vertritt, nicht entgehen lassen. Gerade der deutsche Geschäftsmann aus der Ukraine rühmte sich bester Beziehungen zu ehemaligen KGB-Agenten. Über einen in Norddeutschland lebenden renommierten Anwalt bot er unter anderem 150 T-72- und 50 hochmoderne T-80-Panzer und atomare Sprengköpfe an.

In London lebt in einer luxuriösen Wohnung der iranische Waffenhändler Cyrus Hashemi. Er wurde im Oktober 1995 von dem Hannoveraner Anwalt angesprochen, mit dem er bereits mehrere erfolgreiche Geschäfte für das iranische Verteidigungsministerium tätigte, ein seriöser Partner also.

In einem Schreiben der deutschen Botschaft in London vom 2. Dezember 1996 an Hashemis Anwalt geht hervor, daß sich die deutsche Staatsanwaltschaft zwar bemüht, mit dem Waffenhändler in Kontakt zu treten, um die merkwürdigen Verbindungen zwischen den beteiligten Deutschen und den KGB-Anbietern juristisch aufzuarbeiten. Bislang vergeblich. Zu einem geplanten Treffen in der Botschaft kam es nicht. Dabei hätte Hashemi einiges zu erzählen. Im Interview erzählte er mir, wie das Geschäft von dem Mann aus Kiew ins Rollen gebracht wurde.

»›Ich kann alles verkaufen‹, sagte er. Ich fragte ihn, was heißt das? ›Ich kann atomare Sprengköpfe verkaufen.‹ Sprengköpfe? Wie können Sie das tun? Es ist ja keine Schokolade, die man in der Tasche aufbewahren kann.«

Ein weiteres Gespräch fand am 12. Oktober 1995 in Hamburg statt.

»Ich traf ihn im Hotel Interconti in Hamburg. Er war mit zehn Ukrainern da.

›Ja, wir können liefern‹, sagten sie. Wie, fragte ich. Die Männer, die ihn begleiteten, seien vom KGB und gute Freunde. Ich glaubte es nicht, wollte Spezifikation. Es ging um Atomsprengköpfe. ›Sie sind gerade dabei, sie abzubauen.‹ Der Verkaufspreis war 50 Millionen Dollar pro Sprengkopf. Daraufhin sagte ich, beim nächsten Mal bringe ich Spezialisten für die Verschiffung mit, und informierte gleichzeitig die US-Zollbehörde.«

Inzwischen laufen bei der Staatsanwaltschaft Hannover und beim Zollkriminalamt in Köln die Untersuchungen sowohl gegen den deutschen Rechtsanwalt wie gegen den in Kiew lebenden deutschen Geschäftsmann.

In einer Studie des Washingtoner Zentrums für strategische und internationale Studien heißt es übrigens: »Ein gut unterrichteter Russe hat ausgesagt, daß seines Erachtens nach die Buchhaltungsverfahren so unzureichend sind, daß ein Offizier mit Zugang zu den Raketendepots einen Sprengkopf durch eine fertig vorhandene Ausbildungsattrappe ersetzen kann, und die Behörden würden es über Monate nicht entdecken.« Andererseits gibt es die Aussage des Direktors der Hessischen Stiftung für Friedensforschung. Er sagt: »In der Ukraine lagern keine Atomsprengköpfe mehr. Die sind alle nach Rußland abgezogen worden. Man muß unterscheiden zwischen denjenigen Waffen, die frühzeitig abgezogen worden sind, dazu zählen die von Hashemi genannten SS-22-Sprengköpfe, dazu zählen SS-21-Sprengköpfe. Diese hat man privilegiert gelagert, das heißt in dafür vorgesehenen Einrichtungen, deren Bewachung einfach ist, die auch technisch gut ausgerüstet sind. Eine Reihe anderer Systeme, taktische Sprengköpfe, die man im Jahr 1991 in sehr großer Hast abgezogen hat, wurden teilweise in ganz normalen Munitionsbunkern gelagert, wo nur die Wache eine Garantie dafür bot, daß nichts wegkommt. Wir wissen aus jüngerer Zeit, daß Disziplinprobleme einschleifen, und da muß man Sorge haben, daß ein Sprengkopf durch Bestechung der Wachmannschaft entwendet werden kann. Das ist durchaus ernst zu nehmen.«

Die Mafia, der KGB und die Privatwirtschaft

Moskau ist das Herz der Mafia, der Nomenklatura und damit des KGB, eine unselige Komplizenschaft, die sich an den verschiedensten Beispielen aufzeigen läßt.

Tatsache ist, daß bereits Anfang der neunziger Jahre die Mafia die Moskauer Wirtschaft unter ihrer Kontrolle hatte. »Nach Auskunft von Gewährsleuten, die die Bedingungen der Anonymität stellten, hat die Mafia bereits jetzt zwischen 50 und 80 Prozent aller Läden, Lagerhäuser, Hotels und Dienstleistungsunternehmen in Moskau privatisiert, darunter große Unternehmen, die eine grundlegende Funktion für das Leben der Stadt haben.«[112]

Die Moskauer Wirtschaft, so heißt es, ging für nur 200 Millionen Rubel über den Tisch – den achten Teil der Summe, mit der die Stadt gerechnet hatte.[113]

Auf die Frage von Journalisten an den Vorsitzenden des Privatisierungsausschusses des Moskauer Stadtrats, wie er diesen anrüchigen Vorgang einschätze, antwortete er lapidar: »Warum nicht? Wenn die Mafia Recht und Ordnung garantiert, Lebensmittel in die Geschäfte bringt und für geschrubbte Fußböden sorgt, dann bin ich für die Mafia.« Als diese zynische Bemerkung in den Moskauer Zeitungen publiziert wurde, gab es keinerlei Protest vom damaligen Bürgermeister Moskaus, Gawril Popow. Der wußte wohl, warum er schwieg. Hatte er doch im November 1991 einen ganzen Bezirk von Moskau einem französisch-russischen Gemeinschaftsunternehmen übereignet, an dem er und sein Wirtschaftsdezernent einen Anteil hielten. Der Gesamtwert des Areals wird auf 30 Milliarden Dollar geschätzt. Das Gemeinschaftsunternehmen soll, so berichtet die Journalistin Claire Sterling, für zehn Dollar jährlich auf 99 Jahre gepachtet worden sein.[114] Moskau, das im September 1997 seinen 850. Geburtstag mit großem Pomp feierte, ist für alle Immobiliengeschäfte eine wahre Goldgrube, wobei bei der Geburtstagsprunkfeier nicht darüber gesprochen wurde, daß die Privatisierung der Immobilien durch die Mafia dramatische Ausmaße angenommen hat. »Achttausend Moskauer Bürger werden zur Zeit vermißt, weil sie der Privatisierung durch die Mafia im Wege standen. Für die Privatisierung gibt es verschiedene Techniken. Am einfachsten läuft es bei Rentnern und Alkoholikern. Notorische Säufer mit schönen Wohnungen werden von professionellen Trinkern in die Vorstadt gelockt, wo sie dafür sorgen, daß der Säufer ein bis zwei Wochen im Vollsuff bleibt. Schlafen sie dann endlich ihren Rausch aus, ist ihre Wohnung verkauft. Rentnern bieten Jurijs Mitarbeiter eine Art Lebensversicherung an – ein junges Paar verspricht, sich um sie zu kümmern, Essen zu kochen, sie bei Krankheit zu pflegen, wenn sie ihnen nach ihrem Tod das Anrecht auf ihre Wohnung überlassen. Die Alten unterschreiben. Am nächsten Tag sind sie tot.«[115]

Und damit ist man bei der spannenden Frage, ob neben der Mafia auch der KGB als staatliches Machtinstrument die gesamte Wirtschaft infiltriert hat und welche Zusammenhänge es zwischen KGB und organisiertem Verbrechen gibt. Ein kurzer Rückblick. Konstantin Simis, ein ehemaliger sowjetischer Strafverteidiger, hatte in den achtziger Jahren führende Köpfe der Untergrundwirtschaft verteidigt. Er weiß aufgrund seiner Erfahrungen zu berichten, daß die Korruption in den siebziger und Anfang der achtziger Jahre Sekretäre und Parteivorsitzende der KPdSU in den jeweiligen Distrikten, den KGB auf Bezirksebene, die Milizkommandanten, demnach alle Bereiche der Sicherheitsinstitutionen und der Partei durchdrungen hatte. Sie waren der Motor, der die Untergrundwirtschaft überhaupt funktionieren ließ. Wenn die kriminellen Aktivitäten einer lokalen Mafiagruppe trotzdem an höhere Stellen weitergemeldet wurden, sei in der Regel kein Versuch unternommen worden, dem kriminellen Treiben ein Ende zu bereiten. Das heißt, daß der KGB in Sachen kriminelle Strukturen die bestinformierte Einrichtung der Sowjetunion war, allein deshalb, weil er dabei immer mitgewirkt hatte. Yevgenia Albats nannte den KGB »einen Staat im Staat«.[116]

Auf der anderen Seite waren die Mafiosi die einzigen, die im Kommunismus Kapital mit verbotener Hartwährung ansammeln konnten, abgesehen vom KGB.

Alle Autoren, die sich mit dieser Problematik beschäftigen, gehen davon aus, daß der russische Mob in der Vergangenheit entweder von führenden Kadern der Kommunistischen Partei oder des KGB kontrolliert wurde. Denn keine andere sowjetische Organisation hatte die Möglichkeiten oder das Recht, Firmen im Ausland zu gründen, und selbst im Landesinneren wußte der KGB über alle wirtschaftlichen Aktivitäten bestens Bescheid. »Das geheime Netzwerk des KGB aus Informanten und einer prall gefüllten geheimen Schatzkammer«, schreibt Stephen Handelman, »hat den KGB dadurch, daß das Geld in verschiedene Tarnorganisationen, Banken und Unternehmen investiert wurde, zu einem einflußreichen Spieler im neuen Rußland gemacht.«

Der Einfluß des KGB auf die verschiedensten Wirtschaftsunternehmen zeigt sich besonders deutlich im Zusammenhang mit der unter Gorbatschow eingeleiteten Privatisierung der Staatswirtschaft, von der fast nur die alte Nomenklatura profitiert.

»Im Rahmen der Privatisierungspolitik hatte die ehemalige Nomenklatur noch weitere Möglichkeiten zur Selbstbereicherung, die sich vor allem aus dem symbiotischen Verhältnis zwischen den staatlichen Repräsentanten und den Mitgliedern der organisierten Verbrechergruppen ergeben: So existierten diverse Möglichkeiten, die Bewertung der zu übernehmenden Unternehmen zu manipulieren und somit den zu erbringenden Kaufpreis zu drücken. Darüber hinaus ist mit einem geschickten vertikalen Zusammenschluß bestimmter Unternehmungen möglich, eine marktmächtige Stellung aufzubauen, die in der Folge gleichsam Monopoleinnahmen garantiert. Und angesichts der Größenstrukturen der sozialistischen Wirtschaft, die vor allem aus industriellen Großunternehmungen mit mehr als 500 Arbeitern besteht, war die große Mehrheit der Bevölkerung schon von vornherein von einer möglichen Beteiligung an der Privatisierung ausgeschlossen und somit der Kreis der möglichen Bewerber überschaubar.«[117]

Auf dem Zweiten Kongreß der Volksdeputierten im Dezember 1989 wiesen Abgeordnete erstmals auf das organisierte Verbrechen hin. Der damalige Innenminister der UdSSR, Bakatin, und Generalstaatsanwalt Sutscharjow sprachen zu den Deputierten. »Das organisierte Verbrechen«, so der Generalstaatsanwalt, »ist in unserem Land auf der Grundlage der Symbiose der kriminogenen Schicht der Schattenwirtschaft und der Korruption entstanden. Mehr noch, es nimmt zu und wird zur realen Gefahr für die Gesellschaft und die Perestroika«, und der Innenminister und KGB-Chef Wadim Bakatin ergänzte: »Wir können von einem System des Wirkens und der Reproduktion illegalen Kapitals sprechen, das seinen Vertretern den Durchbruch zu den Hebeln der politischen Macht ermöglichen will.«[118] Seine Befürchtungen stießen damals bei den meisten Abgeordneten auf heftigen Widerstand. »Sprich nicht darüber, denn organisiertes Verbrechen existiert in unserem Land nicht. Das ist ein kapitalistisches Konzept. Wir haben Rowdys, aber wir haben keine Banditen.« Bereits damals wußte Bakatin, daß Milliarden von Dollar ins westliche Ausland transferiert wurden.

Im übrigen ist er heute noch davon überzeugt, daß es nicht falsch sei, wenn der KGB in Geschäfte involviert ist. Denn der KGB weiß alles über das Geld. Es sind Leute von der Partei. Und es ist selbstverständlich, daß diese Leute Direktoren von Firmen und Handelshäusern werden. »Sie sind diejenigen, die unser Land zum Wohlstand führen.«

Die mafiosen Organisationen waren bis Ende der achtziger Jahre auf das Innenleben der Sowjetunion beschränkt. Was die wirtschaftlichen Außenbeziehungen angeht, so hatte fast ausschließlich der KGB die dafür notwendige Infrastruktur. Er war die Basis für die meisten im Ausland gegründeten großen Unternehmenskonzerne der Ex-UdSSR und damit letztendlich für die Expansion der Mafia nach außen.

In einem Handbuch für das KGB-Training aus dem Jahre 1989 wird auf die neue positive Ausgangslage für KGB-Mitarbeiter eingegangen. »Aktive Reserveoffiziere oder operative Reserveoffiziere müssen nicht länger ihre Identität verleugnen, wenn sie Kontakte zu Ausländern knüpfen.«

Im Gegenteil. Jetzt konnte es nur von Nutzen sein, bei geschäftlichen Kontakten ins Ausland seine KGB-Zugehörigkeit zu erwähnen. Denn die westlichen Unternehmer waren so naiv zu glauben, daß diese am besten für ihre Sicherheit garantieren können.

Unabhängig davon begann im Herbst 1990 der KGB mit dem Aufbau eines Untergrundnetzes im Ausland, um wirtschaftliche Betätigungsfelder zu entwickeln, die ein breites Spektrum von Möglichkeiten für die Eroberung internationaler Märkte boten. Nach glaubhaften Schätzungen wurden zwei Jahre später, 1992, 80 Prozent aller Joint-ventures in der Russischen Föderation vom KGB entweder kontrolliert oder waren von ihm infiltriert.

Nachdem sie bereits ihr politisches Monopol in Rußland verloren hatte, führte die noch existierende KPdSU die gleichen Maßnahmen des Kapitaltransfers und zur Gründung von Auslandsunternehmen weiter durch. Am 23. August 1990 veröffentlichte Nikolaij Krutschin ein Dokument mit dem Titel »Notstandsmaßnahmen zur Organisation geschäftlicher und ausländischer Wirtschaftsaktivitäten der Partei«. Nach diesem Dokument sollten anonyme Firmen vertraulich benutzt werden, um die direkte Verbindungen zur KPdSU zu verheimlichen. Das Endziel sollte die Schaffung einer unsichtbaren eigenen Parteiökonomie sein.

So gehörte bereits Anfang der neunziger Jahre die Schweizer Transatlantik Handels AG, genauso wie die Genfer C. L. C., zu einem Netz diskreter Tarnfirmen, die der sowjetische Geheimdienst KGB bereits vor dem Kollaps der UdSSR im Ausland zu installieren begann. Kontrolliert wurden die beiden Geschäftsstellen von einer Stiftung in Vaduz. Kopf der Liechtensteiner Firma war der bekannte KGB-Agent Michail P.

Bei einer mysteriösen Spekulation gegen die russische Währung bei der von Helsinki aus Rubelnoten in handelbaren Mengen von jeweils einigen hundert Millionen zum diskreten

Wiederverkauf im Ausland angeboten wurden, war ihr Unternehmen führend. Die im Umlauf befindlichen Rubelscheine wurden dann gegen Schwarzmarkt-Dollar eingetauscht. Michail Ps. Spekulationseinsatz betrug damals gelegentlich bis zu 20 Milliarden Rubel, das entsprach zum damaligen offiziellen Kurs rund zwei Milliarden US-Dollar. Michail P. pflegte daneben gute Beziehungen zu dem KGB-Oberst Alexander K. Dessen K.-Group-International beanspruchte laut einem Firmenprospekt »eine aktive Rolle im Prozeß der Konversion der sowjetischen Rüstungsindustrie auf zivile Produkte« und soll im Westen angeblich über Dutzende von geheimen Ablegern verfügen. K. verkaufte nicht nur konventionelle Waffen aus allen Teilen Osteuropas, wie Kalaschnikows, Mörser, Panzer oder Hubschrauber, sondern lieferte auch »beträchtliche Mengen äußerst brisanter radioaktiver Materialien in Länder des Nahen Ostens und des nördlichen Afrika«, wie die italienischen Strafverfolgungsbehörden das Polizeikommando von Lugano im April 1992 in einem vertraulichen Bericht aufklärten. Danach wurde Alexander K. in der Schweiz verhaftet und nach Österreich abgeschoben.[119]

Im Falle der Rubelmilliarden ist nach wie vor nicht klar, welche Interessen der KGB verfolgte. Möglicherweise lag ihm daran – durch Anheizen einer galoppierenden Inflation, durch das Schüren von Unzufriedenheit, durch Druck auf Michail Gorbatschow –, den Rubel zu schwächen, um die radikalen Reformer der Sowjetwirtschaft scheitern zu lassen. Vielleicht aber wollten die »Sowjet-Geheimdienstler kurz vor Torschluß nur Geschäfte machen und an billige Rubel kommen, um die natürlichen Ressourcen Rußlands aufkaufen zu können – so wie es die russische Mafia und ihre internationalen Partner dann taten«.[120] Russische demokratische Politiker gehen sogar so weit zu behaupten, daß Versuche des Parlaments, die außer Landes transferierten Milliardenbeträge von Partei und KGB aufzuspüren, systematisch behindert wurden. »Es war Primakow [der heutige Außenminister], der Leiter des externen Nachrichtendienstes des KGB, der ihre Untersuchungen unterdrückt hat. Er hat verhindert, daß die durch das Tandem von ehemaligem KGB und organisiertem Verbrechen außer Landes gebrachten Vermögenswerte verfolgt werden. Wir transferierten zehn Milliarden Dollar der ehemaligen Sowjetunion in diesem Jahr, und ich habe den Eindruck, daß mehr als zehn Milliarden Dollar von der russischen Mafia, dem ehemaligen sowjetischen KGB, verschoben wurden. Die Regierung in Rußland ist unfähig, das zu untersuchen und die Vermögenswerte, die in Off-shore-Staaten transferiert wurden, zurückzuschaffen, Milliarden von Dollar, wie wir während eines Hearings in der Bankenkommission erfuhren.«[121]

Der KGB und der Banker – Ein Krimi aus Moskau und Washington

Wie eng KGB und Mafia zusammenarbeiten und wie schwer es für Ermittlungsbehörden im Westen ist, diese Verflechtungen überhaupt zu durchschauen, und wie sie selbst zum Spielball politischen Klüngels in Moskau werden, belegen die Erlebnisse eines russischen Bankers und Multimillionärs.

Spätsommer 1996. Bewacht von zwei Beamten, wird jeden Morgen ein 29jähriger Russe vom Clarke-Frederick-Gefängnis in Winchester, Virginia, in den düsteren Gerichtssaal der US-Einwanderungsbehörde in Arlington gefahren. Auf den Beobachter wirkt er anfangs ziemlich arrogant mit dieser Attitüde des verächtlich auf das Geschehen blickenden Neureichen. Sein Name: Alexander P. Konanijchin (Konanykhine), russischer Staatsbürger, der seit 1992 in den Vereinigten Staaten lebt und nun damit rechnen muß, nach Rußland ausgeliefert zu werden. Die russische Militärstaatsanwaltschaft beschuldigt ihn, Millionen Dollar von seiner Moskauer Bank gestohlen zu haben.

Nach seiner Ankunft in den USA mietete er sich standesgemäß eine mondäne Apartmentwohnung im Washingtoner Watergatekomplex, Miete 300 000 Dollar pro Jahr, wo er zusammen mit seiner Frau Elena lebt. Er hat prominente Nachbarn, unter anderem den Parteiführer der US-Republikaner, Senator Bob Dole. Von seinem Büro nahe dem Weißen Haus aus führte er die amerikanische Niederlassung der Firma Greatis, eine der größten Werbeagenturen Rußlands. Alexander Konanijchin gehört zur Washingtoner Elite.

Jetzt stand er aber wegen eines vergleichsweise harmlosen

Delikts vor den Schranken des Gerichts. Der Vorwurf: Er habe falsche Angaben in seinem Visumsantrag gemacht. Deshalb wurde er am 27. Januar 1996 von zehn Beamten der Einwanderungsbehörde verhaftet. Er ist ein »exotischer Fall«, melden amerikanische Zeitungen, weil sich schnell herausstellt, daß die Verletzung der Einwanderungsbestimmungen nur ein vorgeschobenes Motiv ist, um ihn ohne viel Federlesens nach Moskau ausliefern zu können.

Die US-Einwanderungsbehörde hatte sich nämlich mit Material der Moskauer Militärstaatsanwaltschaft munitionieren lassen, wonach der Russe ein brillanter internationaler Steuerbetrüger sei, der acht Millionen Dollar von seiner eigenen Moskauer Bank gestohlen habe und nun mit allen Mitteln der Justiz zu entkommen suche. Sein wichtigster Ankläger ist der Moskauer Militärstaatsanwalt Oberstleutnant Wolewods (Volevodz), der ihm seit drei Jahren auf den Fersen ist.

Die Verteidiger von Alexander Konanijchin wiederum schildern ihren Mandanten als ehrenwerten Geschäftsmann, der von russischen Gangstern mit Unterstützung korrupter Regierungsbeamten verfolgt werde. Und nachdem sie ihm sein Geschäftsimperium gestohlen hätten, wollten sie ihn nun liquidieren lassen. Eine Verschwörungsgeschichte?

Die Geschichte dieses jungen Russen, der es plötzlich zu großem Reichtum brachte, hört sich wieder einmal wie ein Märchen aus Tausendundeiner Nacht an.

Von 1983 bis 1986 war Alexander Pawlowitsch Konanijchin Student an dem angesehenen Moskauer Institut für Physik und Technik. Jeder, der ihn kannte, rechnete damit, daß er ein hervorragender Wissenschaftler werden würde. Doch als Michail Gorbatschow das freie Unternehmertum ausrief, brach er sein Studium ab und begann sich als junger Unternehmer der neuen Zeit anzupassen. Zuerst gründete er eine studentische Baukooperative, wechselte aber bald in andere Geschäftszweige einschließlich Banken, Börsen und Immobilien. Glaubt man seinen Aussagen vor dem Gericht in Arlington, »wurde er ein außerordentlich erfolgreicher Unternehmer im neuen sowjetischen Kapitalismus«.

Mit einem Instinkt für neue Märkte hatte er bereits im Alter von 25 Jahren ein Imperium von mehr als 100 Firmen aufgebaut, darunter eine der größten Banken, die Russische Wechselbank. 1992, so behauptet Konanijchin, waren seine Gesellschaften über 300 Millionen Dollar wert. Der erfolgreiche Geschäftsmann war bei Präsident Jelzin hoch angesehen. Als Mitglied der offiziellen Delegation reiste er mit ihm im Juni 1992 sogar nach Washington.

Es war jene Zeit, in der die Mafia immer stärker wurde und selbst unschuldige Unternehmer damit rechnen mußten, in das kriminelle System einbezogen zu werden. Um sie von seinen Firmen fernzuhalten, engagierte und finanzierte er den Russischen Nationalen Wirtschaftssicherheitsdienst und eine russische Detektei, die ihn und seine Unternehmen vor dem Einfluß des organisierten Verbrechens beschützen sollten. Hundertfünfzig ehemalige KGB-Agenten gehörten ebenfalls zu seiner Schutztruppe, insbesondere in seiner All Exchange Bank.

Damit begann das Unheil. Alexander Konanijchin wurde von einigen seiner Mitarbeiter erpreßt, insbesondere von jenen KGB-Agenten, die er angestellt hatte, um die Mafia von seinen Betrieben fernzuhalten. Sie forderten mehr Geld und wollten am Geschäft beteiligt werden. Das hört sich aus seinem Mund überzeugend an, dürfte jedoch einen kleinen Haken haben. Wer derart schnell so viel Geld macht, kann es auf legalem Wege schwerlich erwirtschaftet haben und wird folglich auf die eine oder andere Weise erpreßbar. Und genau das scheint ihm widerfahren zu sein. Aus dem Mitwisser wurde ein Opfer.

Das wird auch später ein ehemaliger KGB-Agent vor einem amerikanischen Gericht aussagen. Denn die Bank, die er zu besitzen glaubte, war in Wirklichkeit eine KGB-Bank. »Der KGB kontrollierte seine Gesellschaften und die Bank. Das ist absolut klar. Ich erzählte der Einwanderungsbehörde, daß das, was Alexander Konanijchin über sich selbst glaubt, und was seine Rolle in dieser Angelegenheit angeht, weit entfernt von der Realität ist.

Es handelt sich um eine klassische KGB-Operation für Tarnorganisationen. Wenn sie eine Tarnorganisation aufbauen, wählen sie ein Individuum aus, einen potentiellen Sündenbock, der keine Grundsatzentscheidungen übernimmt, der nicht in die wichtigsten Funktionen der Organisation involviert ist, der jedoch für alle negativen Konsequenzen verantwortlich gemacht werden kann, wenn irgend etwas herauskommen sollte. Und exakt das war die Rolle, die Alexander Konanijchin für den KGB spielte.«[122]

Da Alexander Konanijchin sich in Moskau nicht mehr sicher fühlte, ging er nach Ungarn und führte von dort aus seine Geschäfte weiter – bis zum 2. September 1992. Als er an diesem Abend mit seiner Ehefrau im Hotel dinierte, wurde er von einer Gruppe bewaffneter Männer überfallen, die sich selbst als Mitglieder der ungarischen Geheimpolizei ausgaben. In Wirklichkeit waren es Mafiamitglieder mit engen Beziehungen zum KGB. Sie zwangen ihn, mit ihnen in ein fremdes Haus zu gehen. Hier warteten bereits Männer, die er kannte, einige seiner leitenden Bankdirektoren. Ultimativ forderten sie ihn auf, bestimmte Schriftstücke zu unterschreiben. Mit seiner Unterschrift hätte er seine Bank und sein gesamtes Vermögen an sie übertragen. Unmißverständlich soll man ihm zu verstehen gegeben haben, falls er sich weigere, würden sie ihn so lange foltern, bis er freiwillig unterschriebe. Die Moskauer Banken haben inzwischen geschlossen, mit diesem Argument konnte er seine Kidnapper überzeugen, die ihn daraufhin bis zum nächsten Morgen in sein Hotel zurückgehen ließen. Kaum in seinem Hotel angekommen, flüchtete er mit seiner Frau in einem bereitstehenden Wagen in die Tschechoslowakei, um am nächsten Morgen nach New York weiterzufliegen.

Die Version von Alexander Konanijchin ist ziemlich dürftig. Hätte es sich wirklich um eine professionelle Entführung gehandelt, hätten ihn Profis mit 100prozentiger Sicherheit nirgendwohin laufen lassen oder ihn zumindest so gut bewacht, daß er keine Chance gehabt hätte zu entkommen.

Nach einigen Tagen in einem Hotel in Manhattan begann er jedenfalls Brandbriefe an die Moskauer Presse, an den Bürgermeister der russischen Metropole, den Premierminister und den russischen Vizepräsidenten zu schreiben, in denen er gegen seine Entführung protestierte. »Ich schrieb ihnen, um sie auf eine drohende politische Gefahr aufmerksam zu machen: die Beschlagnahme großer wirtschaftlicher Unternehmen durch die Mafia.« Antwort erhielt er keine. In einer Moskauer Zeitung schrieb er in einem Artikel: »Ich bin müde, immer von Männern mit Maschinenpistolen bewacht zu werden«, und kritisierte die Regierung, nichts gegen das organisierte Verbrechen zu unternehmen.[123] Im Oktober 1992 schrieb eine andere Zeitung: »Der ehemalige Präsident der All Russian Exchange Bank klagt den KGB an.«[124] Als alles nichts half, appellierte er in einem Schreiben an Präsident Boris Jelzin. Endlich geschah etwas. Innerhalb weniger Tage erhielt er eine Nachricht aus dem Büro des Militärstaatsanwalts in Moskau, das nach weiteren Informationen fragte. Damals, so Alexander Konanijchin, begannen die Militärstaatsanwaltschaft und das Sicherheitsministerium die organisierten kriminellen Gruppen zu untersuchen, die Banken und Firmen in Besitz genommen hatten. Er beantwortete die Anfragen aus Moskau mit einem langen Memorandum, in dem er darlegte, wie er die Beträge von seiner Bank auf private Konten transferiert habe, damit sie nicht der Mafia in die Hände fielen, seine ehemaligen Angestellten beschrieb er als Teil einer kriminellen Konspiration, um ihn auszuschalten.

Das hätte er besser unterlassen sollen. Anstatt seinen Anschuldigungen nachzugehen, begann Oberstleutnant Alexander Wolewods von der russischen Militärstaatsanwaltschaft, gegen Alexander Konanijchin selbst zu ermitteln. Warum eigentlich die Militärstaatsanwaltschaft?

Die russische Militärstaatsanwaltschaft hat drei Aufgabenbereiche. Zum einen ist sie für die Streitkräfte zuständig, zum andern für die Staatssicherheit und schließlich für die Aktivitäten von KGB-Offizieren oder KGB-Interessen. Das läßt einzig den Schluß zu, daß die Ermittlungen der Militärstaatsanwaltschaft in diesem Fall KGB-Interessen berühren oder daß KGB-Offiziere in den von Konanijchin beklagten Vorgang involviert sind. Nun beschuldigte der Militärstaatsanwalt Alexander Konanijchin, illegal 8,1 Millionen Dollar von der All Russian Exchange Bank auf seine persönlichen Konten ins Ausland überwiesen zu haben. Mehrmals eilte Wolewods in die USA, um Druck auf die Ermittlungsbehörden auszuüben, den »kriminellen« Unternehmer nach Moskau auszuliefern. Er gab auch eine Erklärung zu den Vorgängen in Budapest ab. Demnach seien leitende Bankangestellte nach Budapest geflogen, um Konanijchin mit den Vorwürfen zu konfrontieren. Doch dieser habe sich dem Gespräch durch Flucht entzogen. Nach Konanijchins Ansicht hingegen ist der

Militärstaatsanwalt Wolewods »ein korrupter Bürokrat, der sowohl von der Mafia als auch vom KGB bezahlt wurde, um ihn zu diskreditieren und auszuliefern«.

Moskau verstärkte unterdessen seinen Druck und beantragte offiziell, Konanijchin nach Moskau auszuliefern.

Die amerikanische Staatsanwaltschaft und insbesondere das FBI, das gerade ein Büro in Moskau eröffnet hatte, waren an guten Beziehungen zu den Moskauer Behörden interessiert und versicherten, sie würden ihr Bestes tun, um das Gesuch zu unterstützen.

Sicherheitshalber stellte Konanijchin nun erst einmal einen Asylantrag. In dem Antrag behauptete auch sein Anwalt, Michael Maggio, daß Wolewods, wie viele andere seiner Kollegen, korrupt sei und von der russischen organisierten Kriminalität beeinflußt würde.

Für Konanijchins Behauptungen spricht einiges. Immerhin sind seit 1991 46 Banker ermordet worden, und FBI-Chef James E. Moody erklärte bei einer Anhörung im US-Senat, die Banken seien die lukrativsten Zielobjekte der Mafia, und der Sicherheitsapparat sei durch und durch korrupt. Ein Problem, das den Behörden in Moskau durchaus bekannt sein dürfte. Es war immerhin Alexander Wolewods höchster Vorgesetzter, der russische Sicherheitsminister, der zugeben mußte, daß 500 seiner Beamten wegen Bestechung und wegen Zusammenarbeit mit der Mafia angeklagt worden sind. Viel wichtiger war jedoch, daß das FBI die Behauptungen von Konanijchin stützte, der ihn belastende Militärstaatsanwalt genieße einen durchaus zweifelhaften Ruf, und es gebe einen Kontrakt der Russenmafia in New York, wonach Konanijchin im Auftrag der gleichen Mafiagruppe, die ihn in Budapest bedroht hatte, liquidiert werden solle. Hinter der Entführung in Budapest, so stellte sich heraus, stand die Organisation Solnzewskaja. Und die Gruppierung in New York, die den Mordauftrag erfüllen sollte, wurde von Iwankow, dem Boß der Russenmafia in den USA, geleitet. Auch die Entführung in Budapest, so kurios sie klingen mag, wurde von dem FBI-Agenten Robert Levinson bestätigt. Die Kooperation zwischen dem KGB beziehungsweise dem Ministerium für Sicherheit und einer der größten Mafiaorganisationen, der Solnzewskaja, war bislang niemandem bekannt.

Auf die fragwürdige Rolle des Militärstaatsanwalts hatte ein ehemaliger KGB-Agent die Einwanderungsbehörde sehr früh hingewiesen. Er sagte, Wolewods führe eine verdeckte KGB-Operation mit dem Ziel, Konanijchin zu eliminieren, um den Diebstahl von 100 Millionen Dollar der Verantwortlichen des KGB zu verschleiern.

Als Reaktion auf die kritische Distanz des FBI zu dem Vorgehen der Militärstaatsanwaltschaft beschuldigte Wolewods am 15. Dezember 1995 das FBI und das US-Justizministerium »der Beihilfe für einen Kriminellen, der vor der Justiz flüchtet«. Und er drohte den USA mit der Beendigung jeglicher Unterstützung für die US-Strafverfolgungsbehörden, sollte Konanijchin nicht nach Rußland ausgeliefert werden.

Schützenhilfe für seine Forderung erhielt Wolewods vom Generalstaatsanwalt, der zu dieser Zeit noch nicht wegen Korruption angeklagt war. Inzwischen ist der Generalstaatsanwalt abgesetzt. Um das politische Dilemma für die Amerikaner zu umschiffen, zumal es kein Rechtshilfeabkommen zwischen den USA und Rußland gab, unterbreitete die amerikanische Botschaft in Moskau den höchst zweifelhaften russischen Partnern den Vorschlag, daß Konanijchin als Gegenleistung der russischen Staatsanwaltschaft für die künftige Unterstützung der US-Behörden von der Einwanderungsbehörde (INS), unter dem Vorwand der Verletzung von Einwanderungsbestimmungen verhaftet und anschließend ausgewiesen werden würde. Die Erpressung schien erfolgreich zu sein.

Am 27. Juni 1996 kam es zu der bereits erwähnten Verhaftung. Auf der anschließenden Pressekonferenz mit der Einwanderungsbehörde und Oberstleutnant Wolewods wurde die Festnahme als Beispiel dafür gewürdigt, daß auch die Einwanderungsbehörde die Möglichkeit hat, die internationalen Strafverfolgungsbehörden zu unterstützen. Dazu war am 29. Juni 1996 in der *Washington Post* zu lesen: »Die Kooperation zwischen der INS und der russischen Staatsanwaltschaft, eine Person unter dem Vorwand der Verletzung der Einwanderungsgesetze festzunehmen, die wegen krimineller Delikte außerhalb der USA verfolgt wird, ist höchst ungewöhnlich.«

Gegenüber der Presse erklärte Konanijchin, daß er trotz aller Schwierigkeiten keine Ressentiments gegen die amerikanischen Behörden hege, er sei dem FBI dankbar, das ihn vor einem Mordkomplott der Mafia gewarnt habe. Und so lang es gehe, wolle er Gast der USA sein. Denn, so Konanijchin gegenüber dem Autor: »Wenn es ihnen gelingt, mich zu eliminieren, ist das ein wichtiger Sieg für die Mafia. Dann haben sie die Chance der realen Kontrolle über Rußland.« Er weiß, wovon er spricht: »Zum Beispiel managt der Generaldirektor einer russischen Wertpapierbank, nachdem diese von der Solnzewskaja im September 1992 übernommen wurde, Geldwäsche, Unterschlagungen und andere kriminellen Unternehmungen. Die Buchhalter der Bank sind praktisch Mafiaangestellte, sie müssen auf Anweisung des Generaldirektors die Bilanzen der Bank manipulieren und andere illegale Dinge tun, genauso, wie es die meisten Buchhalter während des Kommunismus tun mußten.« Ein bitteres Fazit des ehemaligen Bankers, der versuchte, gegen die Mafia zu kämpfen.

Der Prozeß vor dem Bundesgericht in Arlington in der Sache Konanijchin gegen die US-Einwanderungsbehörde brachte auf beiden Seiten viele Merkwürdigkeiten zutage. Ein wichtiger Zeuge, Nikolaj Mentschukow, Geschäftspartner von Konanijchin, war bei seiner Zeugenvernehmung so nervös, daß er seine eigene Telefonnummer vergaß und vor lauter Angst anfangs überhaupt keine Angaben machte. Sein Streß war verständlich. Während der Verhandlung hatte er erfahren, daß der Militärstaatsanwalt Wolewods seine Schwiegermutter angerufen und ihr mitgeteilt hatte, daß sein Büro ruiniert sei und seine Angestellten zu ängstlich seien, um weiter für ihn zu arbeiten. Trotzdem machte er seine Aussage zugunsten von Konanijchin und erklärte: »In Rußland regiert heute das gleiche Terrorsystem wie in den alten Tagen, nur mit anderen Personen. Heute ist es nicht der Kommunismus, sondern die Mafia.« Seiner Aussage zufolge wurde sein Neffe, der mit ihm den Betrieb in Moskau führte, niedergeschossen. Auch andere Zeugen, die für Konanijchin aussagen wollten, wurden sowohl in Washington wie in Moskau massiv unter Druck gesetzt. Ein Zeuge wurde verhaftet, ein anderer mit Arrest bedroht, der Verwandte eines Zeugen wurde niedergeschossen, seine Familienmitglieder mit Verhaftung bedroht, ein Zeuge wurde in der Militärstaatsanwaltschaft den ganzen Tag verhört.

Eine der Anwältinnen der Einwanderungsbehörde, Antoinette J. Rizzi, gab unter Eid folgende Erklärung ab, die den Moskauer Militärstaatsanwalt ebenfalls in einem trüben Licht erscheinen ließ. »Mir erzählte Agent Trent, daß Oberstleutnant Wolewods einige Mitarbeiter in Moskau angerufen und damit beauftragt habe, zur Firma Greatis Moskau zu gehen und sicherzustellen, daß der Präsident von Greatis Moskau über Konanijchin keine Aussagen macht.«

Besonders auffällig war die Einstellung des leitenden Ermittlers der Einwanderungsbehörde gegenüber Konanijchin. Auf die kritische Frage, warum eigentlich ein Militärstaatsanwalt mit dem Fall befaßt sei, erklärte er: »Die Typen, mit denen Konanijchin zusammengearbeitet hat, waren ehemalige KGB-Angehörige. Sie waren wie er in die kriminellen Machenschaften verwickelt. Dafür ist der Militärstaatsanwalt zuständig.« Was trotzdem falsch ist, denn der Beschuldigte Konanijchin hat mit dem KGB nichts zu tun, und von Rechts wegen wäre die normale Staatsanwaltschaft in dieser Sache zuständig. Doch für solche Erklärungen interessierte sich der Ermittler der US-Einwanderungsbehörde nicht. Und über die russische Mafia hat er seine eigene Meinung. »Es gibt keine russische Mafia. Sie ist genauso wie andere Gruppen. Es sind Gruppen, es sind Gangs, es sind schlechte Leute. Sie wissen, bevor sie mich erschießen, schieße ich. Nimmst du meinen Aktenkoffer mit Geld, dann komme ich und breche dir dein Knie – dergleichen Dinge. Es ist unorganisierte Kriminalität und keine organisierte Kriminalität. *Yeah, desorganized crime.*« Erstaunlich ist diese These deshalb, weil die amerikanische Presse ausführlich über ein Hearing im US-Senat über die Russenmafia im April 1996 berichtete und auch eine Untersuchung des Justizministeriums von Kalifornien über die russische organisierte Kriminalität vorlag. »Die bekanntesten kriminellen Unternehmen, die von der russischen organisierten Kriminalität beherrscht werden, sind in den Bereichen Betrug aktiv. Außerdem kommen Erpressung, Drogenhandel, Autodiebstahl, Prostitution, Kreditkartenfälschung, Geldwäsche und Morde hinzu. (...) Die russischen organisierten Gruppen sind nicht nur in Kalifornien aktiv, sondern operieren in New York, Boston, Chicago, Miami, Cleveland, Philadelphia und Seattle.«[125] Es ist unwahrscheinlich, daß dieser Bericht der US-Einwanderungsbehörde nicht bekannt gewesen sein sollte.

Unzweifelhaft war für die Einwanderungsbehörden, daß Konanjchin bei seinem Visumantrag gelogen hatte. Er gab an, der US-Repräsentant von Mentschukows-Firma zu sein, der Werbeagentur Greatis Russia (Rußland ist groß). Konanijchin besaß zwei russische Pässe und einen uruguayischen Paß. Außerdem konnte die Einwanderungsbehörde nachweisen, daß Greatis keine ausländischen Filialen und keine feste Adresse hat. Sie präsentierte Beweise, daß ihn seine Gesellschaft in den USA nicht beschäftigt hatte, und legte Dokumente vor, wonach er verschiedene Adressen und Telefonnummern in Washington zur gleichen Zeit benutzt hatte. Außerdem gab es Beweise, daß Konanijchin mehr getan hatte, als Kunden für die Werbeagentur zu akquirieren. 1994 versuchte er, eine Off-shore-Bank auf den Bahamas zu gründen, und er verkaufte Pässe aus Uruguay an russische Investoren, Sachverhalte, die zwangsläufig verdächtig sind. Wegen dieser Aktivitäten hatten ihn bereits mehrere US-Behörden im Visier. Konanijchin hat allerdings Argumente, die für ihn sprechen. Dem Gericht präsentierte er Beweisstücke, wonach seine Firma Greatis USA bereits 1992 in Delaware mit ihm als Präsidenten eingetragen war. Andere Dokumente beweisen, daß er auf der Lohnliste des Unternehmens stand, Einkommensteuer bezahlt und prominente Wirtschaftsanwälte angeheuert hatte. Für jeden Verdacht der Einwanderungsbehörde hatte er eine angemessene Erklärung.

Demgegenüber waren die Vertreter der Anklage, Beamte der Einwanderungsbehörde INS, »vollkommen überzeugt, daß alle Aktionen gegen Konanijchin legal und die vorgelegten Dokumente glaubwürdig sind«.

Genau das bezweifeln Konanijchin und seine Anwälte, und sie dürften, wenn man alle Akten und Gerichtsverfahren berücksichtigt, im Recht sein.

Sie gehen davon aus, daß die Einwanderungsbehörde von der russischen Militärstaatsanwaltschaft benutzt wurde und die über 1000 von Moskau gelieferten Dokumente teilweise gefälscht worden sind.

Ein Ex-KGB-Agent packt vor Richter T. S. Ellis III. aus
Eine dramatische Wendung nahm das Gerichtsverfahren gegen Konanijchin, als am 22. Juli 1997 ein ehemaliger KGB-Agent vor dem Distriktgericht in Alexandria unter Eid aussagte. Der Zeuge war der 44jährige Juri V. Shvets, der in den USA Asyl erhalten hat. Juri V. Shvets blickt auf eine lupenreine KGB-Karriere zurück.

Nach dem erfolgreichen Abschluß seines Studiums der englischen und französischen Sprache an der Patrice-Lumumba-Universität in Moskau, 1980, wurde er direkt vom KGB übernommen. Anfangs studierte er zwei Jahre am »Institut für ausländische Nachrichten« des KGB. Danach beschäftigte er sich in der Lubjanka, dem KGB-Hauptquartier in Moskau, mit Nachrichtenanalysen, Schwerpunkt: USA, insbesondere die Auswertung und Überprüfung von Dokumenten. Das ist insofern von Bedeutung, als er später im Fall Konanijchin von der US-Einwanderungsbehörde beauftragt wurde, Dokumente, die die Moskauer Militärstaatsanwaltschaft den amerikanischen Behörden übergeben hatte, auf ihre Echtheit zu überprüfen. Bis 1985 arbeitete Shvets im KGB-Hauptquartier. Sein anschließender erster Auslandseinsatz war Washington, D. C. Einsatzaufgabe war die Kontrolle der KGB-Operationen in den Vereinigten Staaten und Kanada. Zwei Jahre blieb er in den USA, danach wurde er wieder in Moskaus KGB-Zentrum zurückbeordert, wo er diesmal als Chefanalytiker arbeitete. Am 12. September 1990 schied er aus dem aktiven KGB-Dienst aus. Der Grund dafür ist höchst aufschlußreich.

Er war nicht damit einverstanden, erzählte er dem Gericht, daß sich der Auslandsnachrichtendienst in die inneren Angelegenheiten der Sowjetunion einmischte. »Wir mußten 1989 einen Auftrag unseres KGB-Vorsitzenden ausführen, der 1991 an dem Staatsstreich gegen Gorbatschow mitgewirkt hat.« Die Aufgabe bestand darin, Informationen über die wichtigsten Probleme der Sowjetunion zu beschaffen und sie so zu präparieren, daß der KGB-Vorsitzende damit das Zentralkomitee der Partei davon überzeugen konnte, daß Gorbatschow der falsche Mann an der Spitze der UdSSR sei. »All diese Informationen waren dazu bestimmt, den Staatsstreich gegen Gorbatschow 1991 zu rechtfertigen.« Im September

1993 verließ der Ex-KGB-Agent Moskau, ging in die USA und erhielt dort politisches Asyl.

Im Kreuzverhör wurde er auf die Umstände des Falles Konanijchin angesprochen. »In diesem Fall weiß ich, daß der KGB den Fall gewinnen will und jeder, der Konanijchin unterstützt, große Probleme bekommt. Als ich die Dokumente las, war mir klar, daß es in Wirklichkeit nicht um eine Straftat Alexander Konanijchins geht. Es handelt sich vielmehr um eine verdeckte KGB-Operation, bei der wahrscheinlich Hunderte Millionen Dollar vom KGB aus Rußland geschmuggelt und auf geheimen Konten im Westen deponiert wurden. Nachdem Alexander Konanijchin aus Rußland geflohen ist und er Petitionen an die verschiedenen russischen Institutionen gesandt hat, entschied der KGB, zusammen mit dem Militärstaatsanwalt eine verdeckte Operation durchzuführen. Konanijchin schickte auch einen Brief an Jelzin. Das war für den KGB höchst gefährlich. Wenn der KGB tatsächlich Hunderte Millionen Dollar dem Land entzogen hat und entsprechende Untersuchungen durchgeführt worden wären, hätte das den KGB in große Schwierigkeiten gebracht. Damals war der Staatssäckel leer, es gab keine harten Währungen in den Kassen. Und zur gleichen Zeit schmuggelte der KGB Hunderte Millionen Dollar aus dem Land. Diese Leute sind tödlich erschrocken, als Konanijchin seinen Brief an Jelzin schrieb, und mußten deshalb reagieren.«

Richter T. S. Ellis III. wollte nun genaueres wissen.

»*Well*, ich möchte es richtig verstehen. Wissen Sie, das alles aus Ihren eigenen Quellen, daß der KGB ein Schema entwickelt hat, um Millionen aus Rußland zu schmuggeln?«

»Nein, ich habe keine direkten Informationen. Ich habe aber aus erster Hand Kenntnis von einer ähnlichen Operation, die der KGB durchgeführt hat. Es war vier Monate vor dem Staatsstreich im August 1991. Ich wurde von den Top-Leuten des Zentralkomitees der Kommunistischen Partei angesprochen; sie boten mir einen Job an. Sie hatten ein Schema entwickelt, um Parteigelder zu waschen. Sie sagten mir: ‹Wir geben dir einen Koffer mit Dollar. Du überquerst die Straße und gehst zur nächsten Bank. Der Wechselkurs Dollar für Rubel beträgt dort eins zu 23. [Der offizielle Wechselkurs lag im Jahr 1991 bei 1 Dollar = 1,18 Rubel.] Wir wollen den Wechselkurs eins zu

17. Du verdienst pro Dollar sechs Rubel. Du wechselst das Geld und bringst uns die Rubel zurück. Wir geben dir auch mehr. Wir werden dir soviel geben, wie du willst. Wir haben einen Mann der Partei in der Ukraine, der einen großen Lagerbestand an Marmor hat. Du gehst mit dem Geld zu ihm und wirst soviel Marmor wie möglich kaufen. Wir kennen eine kuwaitische Firma in Zentralasien. Die suchen genau diesen schwarzen Marmor, um den Palast für einen Emir in Kuwait zu bauen. Du lieferst den Marmor an diese Firma und wirst dafür entsprechend bezahlt werden. Und dann werden wir die ganze Aktion wiederholen.« Die perfekte Geldwäsche.

»Einer meiner Kollegen, wir arbeiteten in der gleichen Abteilung, Major Wesselowski, hat das gleiche getan. Das ist der Mann, der Dollars in großen Koffern von Rußland auf Schweizer Bankkonten schmuggelte. Er schmuggelte mehrere Koffer voll, und der KGB partizipierte davon. Manchmal holte er die Koffer in den KGB-Residenzen ab und brachte sie außer Landes. Aber mit dem letzten Koffer flüchtete er nach Israel, und dort ist er bis zum heutigen Tag.«

Auch im Kreuzverhör der Anwälte der Einwanderungsbehörde konnte seine Aussage und Glaubwürdigkeit nicht erschüttert werden. Nicht anders verhielt es sich mit seinen Aussagen über die Aktenmanipulationen.

Die Einwanderungsbehörde hatte den Experten für KGB-Angelegenheiten bestellt und mit der Analyse von russischen Dokumenten und dem Gutachten über das russische Rechtssystem beauftragt. »Teile der Dokumente des Militärstaatsanwalts sind gefälscht, insbesondere Unterschriften, gleichzeitig fehlten in den Unterlagen die Aussagen von Konanijchin.«

Auf die Frage von Richter Ellis III., ob er den Anwälten der Einwanderungsbehörde erzählt habe, welche Konsequenzen es für Konanijchin hätte, wenn er nach Rußland ausgewiesen würde, antwortete Zeuge Juri V. Shvets: »Ich sagte ihnen, sie würden ihn mundtot machen, zweitens würden sie anderen Personen, die in einer ähnlichen Position wie Konanijchin sind, die Nachricht übermitteln, daß es ihnen genauso ergehe, wenn sie seinem Vorbild folgten. Die wahrscheinlichste Methode wäre, daß sie ihn, wenn sie ihn zurückhaben, öffentlich ‹kreuzigen›. Sein Fall würde hinter verschlossenen Türen verhandelt und er verurteilt und im Gefängnis verrotten. Ich sagte ihnen, daß sie im Gefängnis für ihn ein solches Klima schaffen, daß er jede Minute seines Lebens davon träumen würde, erschossen zu werden.«

Nach der Verhandlung vor dem Bundesgericht wurde Konanijchin unter der Auflage des Tragens eines elektronischen Melders am Fußgelenk aus der Untersuchungshaft entlassen. Seitdem lebt er wieder in seinem Apartment. Außerdem erklärte sich das Justizministerium bereit, 100 000 Dollar Kompensation an die Anwälte von Konanjchin zu bezahlen. Und am 26. August 1997 ordnete der Richter eine Untersuchung über die Praktiken der Einwanderungsbehörde im Fall Alexander Konanijchin an. Es war ein böses Erwachen für die Einwanderungsbehörde, die sich so naiv auf die Informationen der Militärstaatsanwaltschaft in Moskau verlassen hatte.

Hinter diesem Skandal verbirgt sich mehr als die unheimliche Komplizenschaft zwischen anrüchigen Behörden in Moskau und einer Dienststelle der US-Behörden. Sichtbar wird vielmehr, wie eng mächtige kriminelle Mafiasyndikate mit den russischen Sicherheitsbehörden, im vorliegenden Fall der Militärstaatsanwaltschaft, zusammenarbeiten – ein weiteres Beispiel für die beherrschende Mafiokratie in Rußland.

Ein führendes Mitglied der georgischen Mafia, das sich dem Reporter Adrian Kreye nur mit dem Vornamen Jurij vorstellte, bringt die Machtverhältnisse auf den Punkt: »Die Regierung ist längst Teil dieser Entwicklung. Sicherlich, der Präsident erläßt das eine oder andere Gesetz, es gibt sogar eine Sondereinheit gegen das organisierte Verbrechen. Aber damit kratzt man immer nur an der Oberfläche und erwischt nur die Stümper, die zu offensichtlich arbeiten. Die maßgeblichen Strukturen existierten im verborgenen. Und die Kontakte zwischen Mafia und Regierungsstellen sind längst gefestigt, denn ohne Verbindungen zur Regierung kann niemand operieren. Das Interessante daran ist, daß es immer die Regierungskreise waren, die die Initiative ergriffen haben.«[126]

Wie weit dabei westliche Unternehmen involviert sind, wird seit geraumer Zeit in der ehemaligen sozialistischen Republik, dem heutigen unabhängigen Staat Georgien demonstriert. Dort, wo der ehemalige, international hochgeschätzte sowjetische Außenminister Eduard Schewardnadse als Staatschef regiert.

6. KAPITEL

Teile und herrsche –
Die georgischen Paten

Ein kurzer geschichtlicher Rückblick ist notwendig, um verstehen zu können, warum und in welchem Umfang die traditionellen Paten der Mafia, Diebe im Gesetz, in Georgien (russisch Grusinien), dem Geburtsland Stalins, bis in die höchsten Spitzen des Staatsapparates aufsteigen konnten.

Von Bedeutung ist dabei, daß es zwischen den russischen und den georgischen Dieben im Gesetz erhebliche Unterschiede gibt. Obwohl die russischen Diebe im Gesetz ihren Kode seit dem Zweiten Weltkrieg mehrmals verändert hatten, folgten sie bestimmten Regeln. Eine Regel war, daß es keine Zusammenarbeit mit staatlichen Autoritäten gibt, das Ritual der »Krönung« eines Diebes sich kaum veränderte.

Georgische Diebe, die knapp ein Drittel der sowjetischen *worij w sakone* ausmachten, haben sich seit den siebziger Jahren diesen Gesetzen immer weniger unterworfen, was auch daran lag, daß sie sich unter anderen sozialen und kulturellen Verhältnissen entwickelten als die russischen Diebe. Ihre wichtigste soziale und kulturelle Klammer war die Verankerung in der Familie beziehungsweise im Clan, die Verbundenheit durch Blutsverwandtschaft oder enge Freundschaften.

Hinzu kommt, daß unter den georgischen *worij* bei der Ernennung zu einem Dieb im Gesetz das Geld eine weitaus größere Rolle spielte als bei den russischen Gangsterbossen. Die Angehörigen der georgischen kriminellen Welt kauften sich den Titel, während es unter den Russen eine direkte Beziehung zwischen der Dauer des Gefängnisaufenthaltes und dem damit verbundenen Respekt in der kriminellen Gesellschaft gab. Im Gegensatz dazu verkürzten die georgischen Diebe ihren Gefängnisaufenthalt, indem sie die Justiz mit Geld korrumpierten, und wurden gerade deshalb angesehene Führer der Kriminellen.

Im Jahre 1982 fand in Tiflis, der georgischen Metropole, ein *skodka* statt, das Treffen des Rats aller sowjetischen Diebe im Gesetz. Zum erstenmal diskutierten sie darüber, ob sie sich aktiver als bisher an der politischen Macht beteiligen sollten, obwohl es wegen der engen Verbindung zwischen der kriminellen Welt und der Staatsbürokratie bereits genügend Möglichkeiten gab, ihre Expansionsgelüste zu verwirklichen. Insbesondere die kaukasischen Diebe im Gesetz hatten bereits in den regionalen Regierungsorganen großen Einfluß. Damals, 1982, konnte sich der Rat der Diebe im Gesetz nicht auf eine gemeinsame Vorgehensweise einigen.

Vier Jahre später war das gleiche Thema, bei einem weiteren *skodka*, erneut wichtigster Tagesordnungspunkt.

»Wir sollten uns an unsere Regeln halten«, sagte damals der Dieb Waska Brilliant stellvertretend für viele russische Diebe, wonach sich die kriminellen Führer niemals direkt in die Politik einmischen. Heftigen Widerspruch erntete er daraufhin von den Dieben aus der Kaukasusregion und von den georgischen Dieben, die darauf bestanden, Einfluß in die Politik zu nehmen.

1985 forderte das Zentralkomitee der georgischen KPdSU von den Sicherheitskräften, die Diebe im Gesetz hinter Gitter zu bringen. Um der Bedeutung dieser politischen Forderung Nachdruck zu verleihen, erklärte das ZK, daß diejenigen, die diese Maßnahme nicht unterstützen, selbst als Gesetzesbrecher verfolgt würden. Bis Mitte 1986 wurden daraufhin 52 Diebe im Gesetz verhaftet und vor Gericht gebracht.

Vier Diebe erhielten Bewährungsstrafen, neun wurden wegen Vagabundierens und anderer Formen des »parasitären Lebensstils«, 14 wegen illegalen Besitzes von Waffen und Munition, 19 wegen Drogenhandels und sechs aufgrund verschiedener illegaler Aktivitäten verurteilt.

Keiner wurde wegen seiner hohen Stellung in dem Rat der Diebe im Gesetz verurteilt. Fast immer verhängten die Gerichte vergleichsweise milde Strafen. Ob die Richter die Sinnlosigkeit der Bestrafung der Diebe erkannten, zumal das Gesetz keinen Straftatbestand gegen Diebe im Gesetz kennt, oder wegen der Pressionen aus der kriminellen Szene beziehungsweise weil die Diebe im Gesetz vom Parteiapparat geschützt wurden, ist nicht klar.

Ein Dieb im Gesetz als mächtiger Politiker

Einer der wichtigsten Diebe im Gesetz, der den Sprung in die Politik geschafft hat, ist Dschaba Josseliani (Ioseliani), Anführer des Meschdroni-Syndikats. 1934 in Georgien geboren, wurde er als Jugendlicher unter Stalin wegen Wohnungseinbruchs zu fünf Jahren Lagerhaft verurteilt. Nach unterschiedlich langen Lageraufenthalten wurde er schließlich von seinen Mithäftlingen zum Dieb im Gesetz gekürt. Als er im Zuge einer Amnestie im Jahr 1965 aus dem Gefängnis entlassen wurde, begann er ein scheinbar seriöses bürgerliches Leben. Er studierte in Moskau Mathematik und Theaterwissenschaften, promovierte, habilitierte sich, schrieb Bücher und drehte preisgekrönte Filme. Einer seiner Filme, »Die Briganden«, handelt von dem König Wano, Herrscher über ein kleines Gebiet, das sich die mächtigen Nachbarn einverleiben wollen. Es ist ein Film über Krieg und den Kampf um Unabhängigkeit, ein Spiegelbild Georgiens. Gleichzeitig war der berühmte Filmemacher einer der wichtigsten Männer der Schattenwirtschaft. Ende der achtziger Jahre baute er eine paramilitärische Truppe auf, die Meschdroni (Reiter). 1990 übernahm die nationale Opposition im Wege demokratischer freier Wahlen die Macht in Georgien. Präsident wurde Swijad Gamsachurdija. Am 14. November 1990 verabschiedete das Parlament ein Gesetz, in dem sich die Republik Georgien nach einer Übergangsperiode für die nationale Unabhängigkeit aussprach. Die Präsidentschaft von Gamsachurdija war durch innere Repression, Wirtschaftschaos und ethnische Konflikte mit Minderheiten gekennzeichnet. Das Land wurde zunehmend isoliert. Moskau bestrafte das Beharren auf Eigenstaatlichkeit mit einem Wirtschaftsboykott, und der Westen kritisierte, daß sich Gamsachurdija mit diktatorischen Vollmachten ausstatten und seine politischen Gegner verhaften ließ. Gleichzeitig verschärfte sich der Streit zwischen dem Präsidenten und der einstigen nationalen Opposition. Ein wichtiger Gegenspieler wurde jetzt Dschaba Josseliani. In

Georgien kam es zu blutigen Auseinandersetzungen, und am 2. Januar 1992 wurde Präsident Gamsachurdija abgesetzt. Nach der Machtübernahme bildete die Opposition einen Militärrat mit Dschaba Josseliani an der Spitze. Um das Land nicht in die totale Anarchie sinken zu lassen, wurde der ehemalige sowjetische Außenminister und bekannteste Georgier, Eduard Schewardnadse, aufgefordert, die politische Führung zu übernehmen. »Schewardnadse wurde zum Präsidenten eines neu geschaffenen 38köpfigen Staatsrats berufen, der anstelle des Konsultativsrates als Übergangsparlament fungieren sollte. Das eigentliche Machtorgan war jedoch das Präsidium des Staatsrates, dem neben Schewardnadse u. a. wieder Dschaba Josseliani angehörte.«[127] Josseliani, der Schewardnadse mit an die Macht gebracht hatte, errichtete nun ein kriminelles Schreckensregime, terrorisierte die Bevölkerung, raubte und mordete. Er und seine Anhänger übernahmen die wichtigsten Wirtschaftszweige Georgiens. In dieser politischen Umbruchsphase versuchte die Bevölkerung von Abchasien und Westgeorgien, sich von Georgien unabhängig zu machen. Präsident Schewardnadse hatte keine Alternative, als den Notstand auszurufen, zumal die Abtrünnigen Waffenhilfe aus Moskau erhielten. An der Spitze des von ihm ausgerufenen Staatlichen Notstandskomitees stand wieder Dschaba Josseliani. Erst 1995, nachdem Schewardnadse seine Macht festigen konnte, ging er gegen seinen bisherigen Verbündeten im Machtkampf und zweitmächtigsten Mann in Georgien vor. Seine paramilitärische Organisation wurde aufgelöst: Josseliani wandelte die Meschdroni in eine politische Partei um und gründete die gesellschaftspolitische Organisation Artschewnebi (Wahlen).

Ein Dieb im Gesetz als zweitwichtigster Mann von Georgien, das ist nicht nur einmalig, sondern hat auch Auswirkungen auf die Entwicklung der kriminellen Clans und ihre Ausbreitung nach Europa. Denn die georgische Mafia zählt inzwischen in den GUS-Staaten wie auch in Deutschland, Österreich und der Schweiz zu den einflußreichsten Mafiasyndikaten überhaupt.

Clans und Paten

Die georgische organisierte Kriminalität wird von den Ermittlungsbehörden in drei Gruppen eingeteilt: zum einen die Gruppe jener Georgier, die anderen, zum Teil größeren OK-Gruppierungen, hauptsächlich in Moskau, angehören. Dann gibt es die rein georgischen Gruppen, die nach Regionen in Georgien benannt sind, und schließlich nach Israel emigrierte Georgier, die später unter anderem in Berlin und Wien ansässig geworden sind. Ihre Geschäfte reichen von Geldwäsche, Betrug, Schutzgelderpressung, Drogenhandel, Autodiebstahl und -verschiebung bis zum Mädchenhandel in Europa.

Bei den rein georgischen Organisationen spielt der Kutajsij- oder Kutajskaja-Clan eine bedeutende Rolle. Führer des Clans ist Tariel Oniani, ein Dieb im Gesetz. Unter ihm arbeiten etwa 50 »Autoritäten« in einer 500 Mann starken Gruppe. Oniani selbst hielt sich in den letzten Jahren vorwiegend in Europa und Moskau auf. 1994 lebte er kurzfristig mit seiner Ehefrau in Österreich, wurde dann jedoch, im Februar 1995, wegen des Verdachts der Zugehörigkeit zu einer kriminellen Organisation und wegen versuchter Entführung in Belgien verhaftet und nach Frankreich ausgeliefert. Dort sitzt er bis zum heutigen Tag.

Hintergrund der geplanten Entführung war die »Veruntreuung« von 15 Millionen US-Dollar. Durch Ausgabe von Coupons hatte er zusammen mit einem georgischen Banker die georgische Bevölkerung um 15 Millionen Dollar betrogen und wollte nun das geraubte Geld investieren. Es wurde deshalb über einen Dawid Tschichatschwili auf westliche Banken transferiert. Doch Tschichatschwili leitete das Geld statt an den Betrüger, an Iwankow, den Chef der Russenmafia in den USA, weiter. Hintergrund der Auseinandersetzung war die Rivalität zwischen Oniani und Iwankow. Nun kommt eine weitere wichtige Person ins kriminelle Spielgeschehen. Denn aus abgehörten Telefongesprächen erfuhren die polizeilichen Lauscher, daß in diesem Streit der Unternehmer Dawid Sanikidse verwickelt war. Er war wie Dawid Tschichatschwili maßgeblich daran beteiligt, daß das veruntreute Geld nicht dem Kutajsij-Clan, sondern Iwankow zugute kam. Um über verschiedenes, auch über die »fehlgeleiteten« 15 Millionen

Dollar, zu sprechen, trafen sich deshalb die Vertreter beider Organisationen am 7. Januar 1995 im Wiener Marriott-Hotel.

Vom Kutajsij-Clan waren unter anderem Tariel Oniani und der Banker Oleg Petrowitsch gekommen, die Mafiaorganisation von Iwankow war durch Guran und Amiram vertreten, ferner waren Angehörige der Meschdroni-Gruppe und Dawid Sanikidse anwesend. Während der Verhandlungen kam es zu heftigen Auseinandersetzungen, weil sich Iwankows-Leute weigerten, das Geld zurückzuzahlen. Plötzlich stand ein Mann des Kutajsij-Clans auf und bedrohte mit der Pistole in der Hand den Georgier Sanikidse.

Nachdem die direkten Verhandlungen und die Einberufung des Rates der Diebe im Gesetz Tariel Oniani keinen Erfolg brachten, beschloß dieser, mit vier seiner Freunde Tschichatschwili zu entführen. Bevor sie die Tat vollenden konnten, wurden sie in der Nacht vom 22. zum 23. Februar 1995 von den belgischen Behörden verhaftet und nach Frankreich ausgeliefert.

Führer eines Mafiaclans in Tiflis ist Pata Tschlaidse (Chlaidze), Pata der Große genannt. Seine Organisation umfaßt zirka 250 Personen. Ein anderer Clan aus Tiflis ist der Mingreskaja-Clan. Dessen Führer Kakatschija wurde bekanntlich am 11. August 1996 in Berlin ermordet (vgl. S. 63 f). Die wichtigste kriminelle Organisation ist jedoch der Clan von Josseliani und seine »Soldaten«, die Meschdroni. Er ist mehr als eine rein kriminelle Organisation, weil der Clan im Gegensatz zu anderen Mafiaorganisationen über Zugriff zu allen staatlichen Behörden bis in die Regierungsspitze verfügt. Dem Clan gehören mehrere Autoritäten an, die früher Regierungsmitglieder beziehungsweise KGB-Agenten waren und teilweise noch sind. Großen Einfluß in dieser Gruppe hatte auch Dawid Sanikidse, der sich seine Bodyguards aus diesen Reihen rekrutierte. Die Clans verbindet eine besondere Beziehung, behauptet ein Lagebericht der österreichischen Polizei: »Eine nicht unbedeutende Rolle in bezug auf organisierte Kriminalität dürfte Eduard Schewardnadse, Präsident der Republik Georgien, spielen. Dieser Zusammenhang wird zu einem späteren Zeitpunkt ausführlich erläutert.«[128] Eine kühne Behauptung.

Ein Vorwurf, der viele Fragen aufwirft, zum Beispiel die, ob hier die Polizei einem Phantom nachjagt. An der langen Zusammenarbeit mit Josseliani jedenfalls gibt es überhaupt keinen Zweifel, sie ist Teil der jüngeren georgischen Geschichte.

Der Freund vieler Politiker

Schauplatz ist das brodelnde Geschäftsleben in Europa. Nach Erkenntnissen der für organisiertes Verbrechen im Wiener Innenministerium zuständigen Polizeidienststelle EDOK werden fast »ausnahmslos alle österreichischen und westlichen Firmen, die mit Rußland Geschäfte machen, von Mafiagruppen zu Schutzgeldzahlungen in Höhe von ein bis zwei Prozent des Umsatzes gezwungen«. Es fließt aber nicht nur Bargeld, häufig müssen die Firmen bei fiktiven Institutionen »Versicherungen« abschließen. Als Beleg für das Finanzamt erhalten sie steuerabzugsfähige Scheinpolicen. Inzwischen lebt der überwiegende Teil etablierter westlicher Unternehmer in einer Erpressungssituation, der vielfach nachgegeben wird. Unterschieden wird zwischen Low-Grade-Criminal-Gang, der kleinen Erpressung, zum Beispiel auf offener Straße oder im Büro, mit dem Angebot, dafür Sicherheitsschutz zu erhalten, Middle-Grade-Criminal-Gang, das sind brutale Erpresser, und der High-Grade-Criminal-Gang, Erpressungen durch »wohlerzogene« kriminelle Banden, die eng mit Funktionären des alten Parteiapparates und der Sowjetbürokratie kooperieren.

Für westliche Unternehmen ist die Schutzgelderpressung eines Joint-venture-Partners von besonderer Tragweite. »Hier können zwei Grundformen unterschieden werden. Zum einen kommt es vor, daß sich der Partner in Wirklichkeit als eine kriminelle Gruppierung offenbart. Zum anderen gibt es Fälle, in denen der ursprünglich ehrenhafte Geschäftspartner unbemerkt von einer Mafiaorganisation aufgekauft wurde. Wie die Erpressung eines ausländischen Unternehmens im Rahmen eines Joint-venture-Geschäftes im einzelnen ablaufen kann, zeigt das folgende Beispiel: 1. Bruch der Vertragsbeziehungen durch die russischen Geschäftspartner unter Angabe von offensichtlich fadenscheinigen Begründungen. 2. Forderung, zwei Millionen US-Dollar ›Kompensation‹ zu zahlen.

3. Morddrohungen gegen den westlichen Managing Direktor. 4. Evakuierung des Schlüsselpersonals. 5. Einladung der Russen in die Konzernzentrale in das westliche Ausland. 6. Wiederholung der erpresserischen Forderung und Morddrohung gegen den Generalmanager. 7. Einschaltung des KGB. 8. Einschaltung der Botschaft und der russischen Zentralbank mit dem Ergebnis einer scheinbaren Beilegung des Konflikts und schließlich 9. Verschärfung der Erpressung.«[129]

Im Februar 1996 meldete der an der Börse notierte österreichische Baukonzern Maculan für das Jahr 1995 einen Umsatz von 1,2 Milliarden Schilling. Unter den prominenten Bauprojekten des Konzerns, der nicht nur in Deutschland sehr aktiv war, sondern auch eine Filiale in Moskau unterhielt, finden sich Gebäude für die Westdeutsche Landesbank sowie für die Berliner Bank. Bei weitem größter Auftrag war der Bau eines Büro- und Wohnhauskomplexes der Most-Bank sowie ein Freizeit- und Erholungszentrum. In Vorbereitung waren zudem zwei Bürohochhäuser im Wert von jeweils mehr als 100 Millionen Schilling. Der Baukonzern schien gut im Geschäft zu sein.

Am 2. Juli 1996 meldete die österreichische Presseagentur APA: »Maculan-Moskau-Repräsentant Franz Heissenberger ortet eine regelrechte Gründerzeit in Moskau. Projekte, deren Rendite unter 4 oder 5 Prozent liegen, würden nicht in Angriff genommen. Es gibt hier 4000 Projekte, die sofort begonnen werden könnten, wenn man nur 20 Prozent Finanzierung mitbringt.«

Bereits drei Monate nach diesen Erfolgsmeldungen mußte die Maculan International, die die Ostgeschäfte der Maculan-Gruppe abgewickelt hat, Konkurs anmelden. »Als Insolvenzursache wurde ein hoher Wertberichtigungsbedarf durch Verluste im Osten angegeben, der zu einer Überschuldung des Unternehmens geführt hatte.«[130] Nach siebzig Jahren erfolgreicher Tätigkeit wurde dann am 5. August 1996 der Totalkonkurs mit Betriebsstillegungen über die verbliebene Masse der Holding eröffnet.

In seinen Memoiren beschäftigt sich der Firmengründer Alexander Maculan ausführlich mit den Schwierigkeiten im Ostgeschäft, wobei er sein Hauptaugenmerk auf die Situation in den neuen deutschen Bundesländern richtet. Denn nach dem Fall der Mauer wurde unter dem Dach der Maculan-Holding eine Maculan-Holding Deutschland gegründet, mit 17 weiteren Firmen im Bundesgebiet. Auch die mußten Konkurs anmelden, Tausende Arbeitsplätze gingen verloren. Alexander Maculan, der erfolgreiche Bauunternehmer, schreibt in seinen Erinnerungen viel über seinen Aufstieg und Fall.[131] In seiner Biographie erwähnt Alexander Maculan den Bau der Soldatenwohnungen von Irkutsk oder im ukrainischen Kriwoj Rog, insgesamt 3000 Wohnungen für Soldaten der russischen Armee, die aus Ostdeutschland abgezogen wurden. Mit keiner Silbe erwähnt er einen bestimmten Vorgang. Der ist deshalb von großem Interesse auch für die deutsche Wirtschaft, weil sich die Frage stellen wird, ob ein österreichisches oder deutsches Unternehmen in der ehemaligen UdSSR überhaupt Geschäfte machen kann, ohne mit der Mafia konfrontiert zu werden, und wie weit diese zwangsläufige Kooperation geht.

Im Juli 1994 besuchte Dawid Sanikidse den späteren Niederlassungsleiter der Firma Maculan-Moskau im Wiener Hotel Marriott. Er versuchte, so steht es in einem Polizeiprotokoll, die Firma Maculan-Holding zur Zahlung von Schutzgeld zu erpressen, indem er ihr einen »Versicherungsvertrag« anbot. Die Prämie sollte zwei Prozent des Gesamtumsatzes betragen und in Österreich eingezahlt werden.

An einem weiteren Treffen im Hotel, am 12. Dezember 1994, nahmen jetzt nicht nur der spätere Niederlassungsleiter von Maculan-Moskau teil, sondern zwei weitere leitende Mitarbeiter der Maculan-Holding, unter anderem Alim Omerow, ein Vertrauter des Unternehmens. Auf der anderen Verhandlungsseite saßen Dawid Sanikidse sowie ein Eldar B., der eng mit der Russenmafia liiert ist.

Der Mann von Maculan, Alim Omerow, konnten seinen guten persönlichen Kontakt zu Eldar B. nutzen, so daß Sanikidse von seinem Vorhaben der Schutzgelderpressung Abstand nahm. Als Gegenleistung wurde vom Maculan-Konzern keine Strafanzeige erstattet, zumal man in der Firmenleitung befürchtete, daß bei Bekanntwerden des Erpressungsversuchs die Aktionäre unruhig werden würden und der Konzern in Schwierigkeiten kommen könnte.

Im Verlauf dieser merkwürdigen Verhandlungen kontaktierten Angestellte von Maculan einen anderen österreichischen Unternehmer, der ebenfalls im Baugeschäft aktiv ist: Leopold Bausbek, Inhaber des Firmenkonsortiums Allgemeine Bauten-Vertriebs GmbH, ABV. Jetzt wird es spannend. Denn anders als das Unternehmen Maculan schien man bei der Firma ABV diese Art der Versicherung bereits gut zu kennen und sich auf einen solchen Versicherungsvertrag eingelassen zu haben.

Dabei konnte die Polizei ermitteln, daß Leopold Bausbek mit Sicherheit an eine nicht bekannte Mafiaorganisation, die von Dawid Sanikidse in Österreich vertreten wird, Schutzgeldzahlungen leistet, heißt es in einem internen Bericht der EDOK. »Durch diese Erhebungen konnten auch Verbindungen von Dawid Sanikidse zu anderen russischen Mafiaorganisationen hergestellt werden, zum Beispiel zu Viktor Averine und Sergej Mikhailov. Nach den vorliegenden Polizeiinformationen zahlte Leopold Bausbek bereits seit einiger Zeit in einer Form von Versicherung Schutzgeld an David Sanikidze. Es soll sich um einen Betrag von vier bis fünf Prozent des Umsatzes handeln. Genaue Summen konnten nicht in Erfahrung gebracht werden«, stellte die Polizei lapidar fest. Was festgestellt werden konnte, war, daß die Summen über das Konto einer österreichischen Bank bezahlt wurden, von dem Sanikidse seinen Obulus immer monatlich bar abhob.

Am 30. April 1996 traf sich Dawid Sanikidse im noblen Wiener SAS-Hotel mit zwei Personen. Während des Treffens parkte vor dem Hotel ein Mercedes mit dem georgischen Kennzeichen ABB 147. Zugelassen war dieser Wagen auf einen Lewan M. Kurz vor dem Treffen betrat Leopold Bausbek das Hotel durch den Eingang von der Wiener Ringseite und hielt – so wurde beobachtet – ein großes Kuvert in der Hand, auf dem der Name Dawid Sanikidse deutlich zu lesen war. Einige Minuten später verließ Bausbek das Hotel wieder, ohne Kuvert. Ob er Sanikidse getroffen hat?

Nun war die Neugier der Wiener Ermittler geweckt. Und sie begannen sich mit dem Umfeld dieses rührigen georgischen Geschäftsmanns intensiver zu beschäftigen.

»Aus dem Aufenthalt konnten jedoch bereits bekannte wie auch bislang unbekannte Kontakte zu Personen und Firmen im In- und Ausland, hier besonders in die USA, nach Israel, Italien, Ungarn, Frankreich, Deutschland und Spanien, nachgewiesen werden.«

Dieser Dawid Sanikidse ist nicht irgendein Untcrnehmer, der sich einem besonders einträglichen Geschäftszweig verschrieben hat. Er ist einflußreich, verfügt über beste Kontakte zum Staatsoberhaupt der Republik Georgien, zu Eduard Schewardnadse. Das dürfte bei einer großen Investition hilfreich gewesen sein. Nach dem Zusammenbruch der Sowjetunion wurde die Fluglinie ORBI teilprivatisiert. Dabei handelte es sich um den georgischen Teil der Aeroflot, die nun von diversen Mafiagruppen und sonstigen Privatfirmen ungeordnet übernommen wurde. Präsident der Fluggesellschaft ORBI wurde Dawid Sanikidse.

Die österreichische Polizei weiß noch mehr über ihn zu berichten, insbesondere was seine politischen Kontakte betrifft. »Demnach bestehen seitens des Dawid Sanikidse nahe Verhältnisse zu Jegor Gaijdar, dem früheren russischen Ministerpräsidenten, sowie zu Anatolij Tschubais, Präsident im Komitee der Russischen Föderation, zu Wladislaw Malkewitsch, früher Präsident des Handels- und Innenministeriums, zu Alexander Jurjewitsch Dsachaparidse, Generaldirektor der Firma MD, und zu Eduard Schewardnadse, Präsident der Republik Georgien.« Auch das amerikanische FBI bestätigt, daß Dawid Sanikidse enge Beziehungen zur georgischen Führungsebene, insbesondere zu Eduard Schewardnadse, hatte.

Er ist also ein einflußreicher Geschäftsmann, dessen Unternehmen 1995 einen Jahresumsatz von umgerechnet knapp einer Milliarde Mark machten. Gute Kontakte bis in die Spitzen der russischen oder georgischen Politik bleiben da nicht aus.

Besonders stolz ist Sanikidse auf ein Foto, das ihn zusammen mit Boris Jelzin zeigt. Dabei ist es keines dieser Fotos, das irgendeinen Unternehmer bei einem Empfang zufällig zusammen mit Jelzin zeigt, ohne daß der Präsident weiß, wer an seiner Seite steht. Aufgenommen wurde das Foto während einer familiären Feier, bei der ein noch etwas jüngerer Boris Jelzin freundlich in die Kamera lächelte, während Dawid Sanikidse im Vordergrund zu sehen ist. Alle sind fröhlich, und auch der Wodka scheint bereits reichlich geflossen zu sein. Dawid Sanikidse hat jedoch nicht nur in Rußland oder Georgien gute

Freunde, sondern darf sich zudem bester Kontakte zu einflußreichen politischen Entscheidungsträgern in der Donaumetropole rühmen.

Wer ist dieser Dawid Sanikidse alias Dato, alias Malkasi, alias
Artimow, alias Tschitschow? Geboren wurde er am 13. Mai
1946 im georgischen Städtchen Batumi.

Sein Name taucht erstmals im Jahr 1989 als der eines Diebs
im Gesetz auf, also eine einflußreiche Persönlichkeit des organisierten Verbrechens. Zu dieser Zeit begann er westlichen
Hotelinvestoren in Moskau, St. Petersburg und Tiflis seine
Sicherheitsdienste anzubieten.

Das Muster ist immer das gleiche. Sanikidses »Unternehmen« stellt eine Schutzstaffel ab, damit die Hotels vor kriminellen Banden geschützt werden. Dazu wird mit den Hotel-
betreibern ein Versicherungsvertrag abgeschlossen. Die
Prämien für diesen Versicherungsvertrag sind extrem hoch,
betragen in der Regel zwei Prozent vom Umsatz. Bei einem
gut geführten Hotel vom Typ der Bausbek-Unternehmen
konnte er bis zu fünf Millionen Schillinge jährlich einnehmen.
Zusätzlich müssen die Hotels über Firmen, an denen die Mafiabosse beteiligt sind, ihre gesamten Einkäufe abwickeln.
Das läßt nochmals die Kassen der Mafia klingeln.

Ehemalige Geschäftspartner Sanikidses schildern ihn als einen im privaten Umgang charmanten und zuvorkommenden
Mann, der aber auch autoritär und unduldsam auftritt und in
geschäftlichen Belangen mit unglaublicher Brutalität vorgeht.
In Gesprächen gibt er sich so selbstsicher, als wäre er mit allen
denkbaren Vollmachten ausgestattet, und vergaß nie, auf
seine verwandtschaftlichen Beziehungen zu Schewardnadse
hinzuweisen. Ein Mitarbeiter der Wiener Firma ABV, der ihn
erlebt hatte, erinnert sich: »Anfangs wußten wir nicht, was
dieser Mann da tut. Nach einiger Zeit war klar, wer er war.
Als ich Bausbek auf Sanikidse ansprach, explodierte er nur
und warf mich aus dem Büro.«

An jenen Hotelprojekten, an denen Sanikidse beteiligt ist,
zeigt sich, wie gut der Schutz funktionierte. Am Eröffnungs-
tag des Metechi-Palace-Hotels in Tiflis, an der Bausbeks
Firma ABV beteiligt ist, gibt es den ersten Toten. Bei einer
Schießerei zwischen zwei Sicherheitsleuten von Sanikidse

wird ein Georgier erschossen. Der zweite Direktor des Hotels, ein Spanier, wird von der Schutztruppe Sanikidses in der Hotelhalle halb totgepügelt. Er hatte sich geweigert, von bestimmten Lieferanten seine Waren zu beziehen. Seinem Vorgänger, dem Schweizer Robert W., erging es ähnlich. 1993 stürmte die Schutztruppe nach einem Streit das Zimmer des Direktors und zerschoß das Inventar. Im gleichen Hotel hatte Sanikidse auch ein Waffenlager eingerichtet. »Im Keller des Hotels«, erinnert sich ein Mitarbeiter, »ist ein riesiges Waffenlager. Und seine Truppen, genannt die Hedronen, machten, was sie wollten.« Regelmäßig werden Hotelangestellte bis hinauf zum Direktor verprügelt und Kellnerinnen vergewaltigt – eine Form von Schutz, an die sich die ausländischen Investoren anscheinend gewöhnt haben.

Höhepunkt der Gewalt war ein Vorgang in Nowgorod. Vor den Augen der österreichischen Geschäftsführer der Marco-Polo-Hotelkette wurde im dortigen Hotel, wiederum ist das Unternehmen ABV daran beteiligt und der Schutz von Sanikidse garantiert, der dortige Sicherheitschef von Sanikidses Leuten zu Tode geprügelt. Soviel über Schutzmaßnahmen durch eine Mafiaorganisation. Aber Sanikidse war nicht nur im Bereich der Schutzgelderpressung erfolgreich.

Bereits 1991 reiste er in die USA, um dort mit einer georgischen Delegation über die wirtschaftliche Zusammenarbeit mit den USA zu sprechen. Es ging um die Gründung amerikanisch-russischer Joint-ventures. Gleichzeitig unterhielt er enge Kontakte zu dem Boß der Russenmafia in den USA, Iwankow. »Laut dem FBI war Sanikidse alleiniger Zeichnungsberechtigter für Iwankow-Konten, unter anderem in der Schweiz und in Liechtenstein. Wir reden dabei über mehrere Milliarden Dollar.«[132]

Kurz nach dessen Verhaftung in den USA setzte er sich vehement für dessen Freilassung ein und erklärte, daß alle Behauptungen, Iwankow habe etwas mit Kriminellen zu tun, nichts anderes als eine Intrige und Verschwörung darstellen würden. In Miami hatte das FBI bereits seit langem Ermittlungen gegen die sogenannte David Sanikidze Organization geführt und Sanikidse dazu gebracht, einen Teil seines Wissens über Iwankow auszuplaudern. Das Ergebnis der »Gespräche« war, daß Sanikidse anscheinend damit prahlte, Repräsentant der *obschtschak*, jenes gemeinsamen Geldfonds aller OK-Gruppen, zu sein, und sich in dieser Eigenschaft nach der Festnahme Iwankows zum Beispiel um die anwaltliche Betreuung des Inhaftierten gekümmert hatte.

Informationen des FBI zufolge hat Dawid Sanikidse später dem Sohn des verhafteten Wjatscheslaw Iwankow, Eduard alias Edik, geholfen, in Wien Fuß zu fassen. Hier war schließlich überhaupt ein Schwerpunkt seiner weiteren Aktivitäten. Seine ersten Kontakte in Wien liefen demnach über einen Tofik Asimow (Azimov), der gemeinsam mit Rusinow R. eine Firma ATKOM-Unternehmensberatung unterhielt.

Wie kommen die Ermittlungsbehörden zu dieser Feststellung? Zum einen sind telefonische Kontakte des Dawid Sanikidse zu Tofik Asimow bekannt, zum anderen zeichnet Tofik Asimow mit der Firma ATKOM für die erste Einladung Eduard Iwankows nach Österreich verantwortlich. Über diese Firma weiß das österreichische Innenministerium folgendes zu berichten: »Über diese Firma wurden führende Mitglieder der Organisation Solnzevskaia eingeladen. Die Firma hat außerdem Beteiligungen bei den Wiener Unternehmen AAT-Trading, Gablin-Vermögensverwaltung und MSS-Handels GmbH.«[133]

Eine wirklich heiße Spur von Sanikidse führt in die Wiener UN-City. Hier muß er einen guten Freund gehabt haben. Weilte er nämlich nicht in Wien, das wurde den Ermittlern zugetragen, habe ein Boris Z. Botschaften für ihn entgegengenommen. Beim Georgier Boris Z. handelt es sich um den Protokollchef der UNO-Arbeitsorganisation UNIDO in Wien, einen hohen georgischen Politiker, der mit dem Sohn des georgischen Staatspräsidenten Schewardnadse gemeinsam in Tiflis studiert hat. »Dawid ist kein Gangstertyp, sondern ein reicher Geschäftsmann«, sagt er, »ein Vegetarier, Nichtraucher, Antialkoholiker.« Ob Boris Z. selbst unschuldig ist, das ist zumindest für die österreichischen Sicherheitsbehörden fraglich.

Denn man fragt sich, wie die folgende Observation zu bewerten ist. Im Hotel Marriott haben an einem Treffen nicht nur die hinlänglich bekannten Wiktor Awerine, Sergej Michailow und Semjon Mogilewitsch teilgenommen, sondern auch Boris Z. Was sie besprochen hatten, weiß niemand.

Jedenfalls fuhr die Gruppe später weiter in ein Büro einer dubiosen Firma am Wiener Brahmsplatz. Die Liegenschaft, welch ein Zufall, gehört der österreichischen KPÖ. Ein leitender Mitarbeiter dieser Firma, Alexander S., war übrigens im diplomatischen Dienst in Österreich tätig und hatte die Genehmigung zum Export von nuklearen Materialien erhalten.[134] Und er hatte Verbindungen zum Chef des Mafiakonzerns Solnzewskaja.

Wien ist Moskau, könnte man unter diesen Umständen sagen. Auch eine andere Verbindung ist höchst aufschlußreich. Im Mai 1995 trafen sich in Wien drei Georgier, alle mit kriminellem Hintergrund. Bei der Besprechung ging es um Drogentransporte von Rußland in die USA, zu dem es aber nicht gekommen ist. Einer der Beteiligten, Rustan R., hielt sich im März 1996 erneut in Wien auf. Die Einladung erfolgte über die Firma ABV, ausgestellt von Dawid Sanikidse. Rustan R. ist ein bekannter Mann. In Kiew kontrolliert er einen Teil der dortigen Schutzgelderpressungen. Vielleicht tauschte man Geschäftserfahrungen aus. Daß sich Dawid Sanikidse in einem Hotel in Fischamend, einem kleinen Ort nahe dem Flughafen Schwechat, häufiger mit bekannten Mafiosi traf, ist fast schon Nebensache, wäre da nicht auch ein Georgi Oniani aufgetaucht, der für Dawid Sanikidse von schicksalhafter Bedeutung werden sollte. Alle diese Gäste im Hotel waren Angehörige der Meschdroni-Bande.

Diese Verbindungen zeigen eines: Sanikidse verfügte in der georgischen und russischen Szene Wiens über einschlägige Beziehungen. Alles ist weit entfernt, könnte man einwenden – solange sich die Mafiapaten nur in ihren Kreisen bewegen, muß es den normalen Bürger nicht stören. Ein grandioser Denkfehler. Denn die Paten fühlen sich bekanntlich hier nicht nur sicherer als in ihrer Heimat, sondern sie wollen auch die Wirtschaft und Gesellschaft infiltrieren, und in Österreich heißt das meist auch die Politik. Dazu später mehr. Anfang 1995 wurde Sanikidse beobachtet, wie er zusammen mit zwei Freunden nach Innsbruck fuhr. Aber nicht um das Goldene Dachl anzuschauen, sondern um sich ausgiebig mit der Besitzerin von zwei bekannten Nachtbars zu unterhalten. »Sie interessierten sich«, weiß die Besitzerin zu berichten, »für Prostituierte und wollten von den Prostituierten wissen, ob sie für sie arbeiten würden.« Auffällig ist, daß die Zimmer und Reiseaufwendungen für Sanikidse und seine Freunde von dem Unternehmen ABV-Hotel-Invest bezahlt wurden.

Im Herbst 1995 wurde Sanikidse endgültig in Wien seßhaft; er kaufte sich ein Penthouse. Im November hielt es ihn schon nicht mehr in seiner Wohnung, und er bezog die Suite 73 im Luxushotel SAS. »Aus Sicherheitsgründen«, erzählen seine Leibwächter. Von hier aus wickelte er nun seine Geschäfte ab, nicht wissend, daß sein Telefon abgehört wurde.

Seinen Aufenthalt in diesem Hotel unterbrachen lediglich Auslandsreisen, überwiegend in die USA, Frankreich und in die Schweiz. Hier traf er sich besonders gerne mit Sergej Michailow. Zuletzt festgestellt am 17. April 1996. Damals reiste er mit dem Swiss-Air-Flug SR 14 aus Zürich, von Genf kommend, nach Wien-Schwechat ein, legitimierte sich mit dem georgischen Reisepaß Nr. 0081992 und gab sich als Präsident der georgischen Fluggesellschaft ORBI aus.

Immer wieder tauchten nun das Unternehmen ABV und der österreichische Unternehmer Leopold Bausbek im Zusammenhang mit Sanikidse auf. Welche Bedeutung hat das eigentlich?

Bausbek regiert ein Firmenimperium mit Hunderten von Mitarbeitern, jongliert mit Milliardenbeträgen und ist freilich auch in Österreich mit den Mächtigen auf du und du: Kanzler Franz Vranitzky intervenierte für ihn bei der Kontrollbank, und mit Ex-Innenminister Karl Blecha ist er ebenso gut befreundet wie mit Dawid Sanikidse. »Herr Sanikidse wurde von mir im Rahmen der ABV im Jahr 1995 dafür eingesetzt, neue Hotelprojekte zu akquirieren. Ich vertraute auf seine politischen Kontakte zu Schewardnadse und anderen Regierungsmitgliedern. Tatsächlich ist daraus nichts geworden.«

Der ehemalige Landmaschinenverkäufer Bausbek war 1982 als Geschäftsführer der Allgemeinen Bauten Vertriebs GmbH, ABV, erstmals nach Georgien gekommen und schloß dort mit dem damaligen KP-Generalsekretär und heutigen Staatspräsidenten Eduard Schewardnadse Freundschaft. Drei Jahre später heiratete Bausbek seine georgische Dolmetscherin Meri und startete sein erstes Ostprojekt, den Umbau eines Armee-Erholungsheimes im georgischen Skigebiet Gudauri. Bausbek gehörte damals einer österreichischen Wirtschaftsdelegation an, die Georgien bereiste. Mitreisende erinnern sich, wie der für seine Impulsivität bekannte ABV-Chef mitten in der Einöde des Kaukasus plötzlich den Satz von sich gab. »Hier wird in zwei Jahren mein Hotel stehen.« Monate nach dieser Willenserklärung kreuzte Bausbek in der georgischen Hauptstadt Tiflis auf, wo er dem dortigen KP-Generalsekretär Eduard Schewardnadse detaillierte Hotelpläne unterbreitete. Der zeigte sich derart beeindruckt, daß er das Projekt des kaukasischen Skiressorts Gudauri gegen den Widerstand der Moskauer Zentralstellen durchdrückte. Seither sind beide dicke Freunde. Seinen engen Beziehungen zu Georgien verdankt Bausbeck auch seine Stellung als selbständiger Unternehmer. Bis 1991 stand die österreichische Firma ABV nämlich im Besitz der ebenfalls auf die Errichtung von Hotelanlagen in Osteuropa spezialisierten Warimpex-Gruppe des Wieners Franz Jurkowitsch, zu der später einiges zu sagen sein wird.

Der Mafiapate Sanikidse war ihm, so Bausbek, 1990 von Schewardnadse persönlich als »hervorragender Mann mit besten Kontakten« vorgestellt worden. »Sanikidse wurde mir durch den damaligen Stellvertretenden Premierminister Mgelads als politischer Funktionär vorgestellt. Seit diesem Zeitpunkt konnte ich ihn regelmäßig auf oberster Ebene im Regierungsbereich wahrnehmen. Er war aus meiner Sicht ein persönlicher Mitarbeiter des späteren georgischen Präsidenten Schewardnadse und hatte die Funktion eines Beraters.«

In der österreichischen Zeitschrift *WirtschaftsWoche* erzählt Bausbek weitere Einzelheiten über Sanikidse. »Er ist dann während des Krieges [Bürgerkrieg in Georgien] nach Moskau gegangen und hat Eduard Schewardnadse zur Rückkehr nach Georgien überredet. Sanikidse hat Schewardnadse später zur Augustin-Verleihung nach Wien begleitet, wo sie Parlamentspräsident Heinz Fischer getroffen haben. Er war ein enger Vertrauter und Berater von Schewardnadse und bei vielen offiziellen Staatsbesuchen dabei. Das hat mich beruhigt.« War es Blauäugigkeit, daß der clevere Unternehmer aus Österreich nicht erkannte, mit wem er es wirklich zu tun hatte, und daß er Dawid Sanikidse als Co-Geschäftsführer nach Wien holte?

Auffallend ist tatsächlich, daß Dawid Sanikidse bereits 1993 im Firmengeflecht der ABV, konkret, in der Wiener Handels Ost-West AG, HOWAG, auftauchte. Gemeinsam mit der Firma ABV, dem ehemaligen Innenminister Karl Blecha und Ex-Außenminister Leopold Gratz ist er im Firmenbuch als Teilhaber und Aktionär eingetragen gewesen. Seit Juli 1995 ist Sanikidse außerdem als Geschäftsführer in der ABV, Gruppe Hotel Investment, im Firmenbuch eingetragen. Bei der ABV-Leasing und Hotelinvest GmbH handelt es sich um einen Teilbereich der ABV, die mit der von ihm gekauften Marco-Polo-Hotelkette identisch ist. Zu dieser Hotelkette, immer sind es Joint-ventures, gehören eine Reihe Hotels und Firmen, unter anderem das Palace-Hotel in Kasachstan, Hotels in Tiflis, das Newski-Palace-Hotel in St. Petersburg, das Palace-Hotel in Moskau, ein Hotel in Alma Ata, eines in Minsk und in Kiew sowie die Sport-Hotelanlage in Georgien. Für jedes Hotelprojekt wurde eine eigene Joint-venture gegründet, an denen Bausbek mit unterschiedlichen Prozenten beteiligt ist. In Deutschland gehört eine Marco-Polo-Gruppe dazu und sogar die Beteiligung an der Zeitschrift *Westnik*, dem offiziellen Organ des russischen Außenministeriums.

Ein Mann, zu dessen Geschäft die Schutzgelderpressung gehört, als Teilhaber in einer Firma, die Hotels mit errichtet – das ist die von der Polizei beklagte Infiltration der Wirtschaft pur. Bausbek sieht es nüchtern: »Tatsache ist, daß Unternehmen in den Nachfolgestaaten gefährdet sind und sogenannte Versicherungen bezahlt werden. Dies ist eine Entscheidung der Eigentümer vor Ort. Auf meine Stimme kommt es hier nicht an. Soweit ich weiß, werden die Versicherungsprämien ins Ausland bezahlt.« Jedenfalls haben die Hotels, an denen Bausbek beteiligt ist beziehungsweise war, an den Mafiapaten Sanikidse mindestens 150 Millionen Schillinge Versicherungssumme bezahlt.

Reporter der Zeitschrift *News*, die den einflußreichen Wiener Unternehmer auf die doch verfänglichen Beziehungen ansprachen, hörten von Bausbek trotzdem nur Positives über den Geschäftspartner: »Sanikidse ist für mich bis heute ein ehrenwerter Geschäftsmann und hat mit der Mafia meines Wissens überhaupt nichts zu tun.«

Auf die Frage des Reporters, ob ihm jemals der Gedanke gekommen sei, sich aus dem Rußlandgeschäft zurückzuziehen, reagierte Bausbek ziemlich brüsk: »Wie stellen Sie sich das vor? Man kann nicht von heute auf morgen seine Investitionen zurücklassen. Dazu kommt, daß die Hotels von österreichischen Firmen mit österreichischen Exportkrediten erbaut wurden und ich gegenüber der Republik Österreich und den Banken eine entsprechende Verantwortung trage.«

Sanikidse erhielt wohl deshalb auch andere Hilfen in Österreich, weil Bausbek ihn als anständigen und insbesondere einflußreichen Geschäftsmann kennenlernte. In den Büroräumen der ABV in Wien ist auch das Büro der georgischen Fluglinie ORBI-Georgien Airways untergebracht. Die Buchhaltung der Fluglinie, so die EDOK, soll von einer Buchhalterin der Firma ABV mitgeführt werden. Die Fluglinie ORBI hat übrigens mehrere Standorte in Europa, zum Beispiel in Deutschland und Tschechien.

Die HOWAG wiederum, deren Büros unmittelbar über der Firma des Ex-Innenministers Blecha zu finden sind, wickelte für die vom Mafiaboß beschützten ABV-Hotels den gesamten Einkauf ab und erwirtschaftete trotzdem keine schwarzen Zahlen. Ende 1994 wurde die HOWAG liquidiert. Beteiligt an dieser HOWAG waren unter anderem Ex-Außenminister Gratz und Ex-Innenminister Blecha.

Unter der Überschrift »Verbindungen des David Sanikidze zur Politik« beschäftigt sich die EDOK mit dieser wundersamen Konstellation.

»In der Firma HOWAG, die im Firmenbereich ABV anzusiedeln ist, ist gleichzeitig mit dem ehemaligen Innenminister Karl Blecha und dem früheren Außenminister Leopold Gratz als Gesellschafter David Sanikidze eingetragen gewesen. In der heutigen Zusammenstellung der Firma ist Leopold Bausbek zu finden, nicht mehr die vorangeführten Personen.«

Und die EDOK warnt: »Die Kontakte zu hohen politischen Persönlichkeiten kann damit verdeutlicht werden, zumal beweisbar und bekannt ist, daß dieser Personenkreis auch heute noch großen Einfluß und Kontakte zu derzeitigen Regierungspolitikern hat.« Ein bitteres Fazit, wenn man bedenkt, daß derartige Vorgänge zwar bekannt sind, nichtsdestotrotz kein politisch Verantwortlicher in Österreich gedenkt, etwas dagegen zu unternehmen.

Heute erinnert sich Ex-Außenminister Gratz nur entfernt an

Sanikidse. »Sanikidse, der ja keine einzige Westsprache verstand und mit dem man sich nicht unterhalten konnte, ist ja stets als Begleiter von Schewardnadse dahergekommen. Er hat sich immer als ehrenhafter Mann dargestellt und wollte wirtschaftlich als asiatischer Brückenkopf in Europa dastehen.«

Und was sagt der in diesen Zusammenhängen häufig auftauchende Ex-Innenminister Karl Blecha: »Ich habe jahrelang Studien für den Bausbek gemacht. Wirtschaftlichkeitsrechnungen und solche Sachen. Eines Tages hat der Bausbek gesagt, er macht jetzt für seinen Hotelketten-Bedarf eine Firma, die Handels Ost-West AG, und hat mir eine 15prozentige Beteiligung angeboten. Der Poldi Gratz und ich sollten mit unseren Kontakten Handelsgeschäfte für die HOWAG einbringen, weil wir ja viele Leute kennen.«

»Geschäftlich«, sagt der ehemalige Innenminister Karl Blecha außerdem, »haben der Poldi Gratz und ich mit dem Sanikidse seither nie wieder etwas zu tun gehabt. Wir haben unsere Firmenanteile nie abgeholt. Das Unternehmen wurde von Bausbek gegründet, der auch unseren Kapitalanteil vorstreckte.«[135] Anscheinend ist das in Österreich etwas Normales.

Fest steht: Seit 1992, also zu jener Zeit, als die Maculan-Holding Erfahrungen mit Schutzgelderpressungen machen mußte, waren Ex-Innenminister Blecha und Ex-Außenminister Gratz (natürlich unwissend) gemeinsam mit dem Mafiaboß Sanikidse an einer Firma beteiligt, mit einem Mann, der für Schutzgelderpressung westlicher Investoren einer der Hauptverantwortlichen war. Zumindest moralisch ein politischer Skandal, der in anderen europäischen Demokratien zu Konsequenzen geführt hätte.

Die Wiener Osthilfe

Der Name des Paten und einiger anderer Beteiligter taucht auch in den Akten rund um die Wiener Osthilfe auf – ein finanzielles Debakel, das ebenfalls reich an prominenten Namen ist.

Am 21. Oktober 1992 ging bei der Wirtschaftspolizei der

Bundespolizeidirektion Wien eine anonyme Anzeige wegen Verdachts des schweren Betruges ein. Detailliert beschrieb der Anonymus unter anderem jene Hotels, die von der ABV finanziert wurden, und zwar mit Krediten der Stadt Wien. Beschuldigt wurden bestimmte Personen, Provisionszahlungen für die Vergabe von Krediten zur Finanzierung diverser Bauprojekte in Kasachstan, Georgien, Polen, Tschechien und der Slowakei erhalten oder einbehalten zu haben. Der anonyme Anzeiger war der Meinung, daß Hotelprojekte ohne Notwendigkeit und Auslastung geplant, finanziert und errichtet wurden. Die Garantie der Kreditrückzahlungen sei bereits im Planungsstadium nicht gewährleistet gewesen. Dazu zählten auch das Sportzentrum Gudauri und die ABV-Hotels in Nowgorod sowie das Metechi-Hotel in Tiflis. Nun begann die Wirtschaftspolizei, die in Österreich einen ausgezeichneten Ruf genießt, unter dem Aktenzeichen 9St 105.612/92 zu ermitteln, mußte aber bald feststellen, daß sie dabei auf Granit stieß.

Endlich, am 3. Juni 1994, also anderthalb Jahre nach dem Eingang der Anzeige, wurde vom Landgericht ein Beschlagnahmebeschluß zur Sicherstellung von Beweismaterial gegen zwei Banken, die die Kredite gewährten, erlassen. Am 12. Januar 1995 wurde den Beamten der Wirtschaftspolizei von der Rechtsabteilung der Österreichischen Kontrollbank AG die geforderten Bankunterlagen übergeben. Am 3. März 1995 wurde vom Landgericht Wien erneut ein sogenannter Bankkontoeröffnungsbeschluß gegen die Österreichische Kontrollbank »zur Öffnung und Übergabe sämtlicher Kontenunterlagen und anderer Dokumente ›betreffend der Objekte‹ Sportzentrum Gudauri, Hotel Nowgorod und Hotel Metechi der Firma ABV erlassen«.

Ein Ergebnis: »Das Hotelprojekt Metechi-Palace mit einer Kreditsumme von 900 Millionen Schilling wurde im Jahr 1991 fertiggestellt. Eigentümer und Schuldner ist ein Joint-venture, in welchem die Stadt Tiflis mit 90 Prozent und die Firma ABV mit 10 Prozent beteiligt sind. Die Stadt Tiflis und der Staat Georgien garantieren für dieses Projekt.« Die Forderungen wurden zwar von der Regierung anerkannt, dummerweise fehlen aber die nötigen Devisen zur Rückzahlung. Ein Millionenverlust für die Stadt Wien.

In der Anzeige des Anonymus hatte es geheißen: »Die Hotels in Georgien haben 10 Prozent Auslastung bei Zimmerpreisen von einigen hundert Schilling anstatt wie in der Wirtschaftlichkeitsrechnung angegebenen 70 Prozent Auslastung und Zimmerpreise von 2000 Schilling. Hotels sind gebaut worden, die niemand wirklich benötigt, außer als Geldmaschine für die Initiatoren.« Interessant ist, daß die Vermutung, staatliche Kredite für dubiose Investitionen seien bewußt zu Betrugszwecken in Anspruch genommen worden, auch von einem Gemeinderat der Stadt Wien geäußert wurde. Der gehört der rechtspopulistischen FPÖ an und hat leichtes Spiel. »Bei der Osthilfe zeigt sich wieder einmal, wie eine grundsätzlich gute Idee durch falsche Anwendung zum Debakel führt. Bekanntlich haftet die Stadt Wien mit etwa einer Milliarde Schilling für Wirtschaftsprojekte österreichischer Firmen im Osten.«

Ganz falsch kann der anonyme Anzeiger jedenfalls nicht gelegen haben. Bereits im Dezember 1993 meldete die *WirtschaftsWoche*: »Die J. Gesellschaft Hotelinvest hat auf einem rund 10 000 Quadratmeter großen Grundstück unmittelbar neben dem Hotel Panorama in den vergangenen drei Jahren nach eigenen Angaben genau 324,3 Millionen Schilling verbaut, ohne daß solche Bauaktivitäten auszumachen sind. Die Riesensumme stammt aus einem 450-Millionen-Schilling Kredit der CA und Bank Austria in Wien. (...) Trotz dieser Probleme und der offenkundigen Liquiditätskrise der Warimpex-Gruppe versuchten zwei hohe SPÖ-Politiker vehement, frisches Geld für Jurkowitsch zu beschaffen.« Soweit die Aussage der Zeitschrift.

Es ging bei den gewagten Krediten aus der Staatskasse nicht nur um Hotels in den GUS-Staaten, sondern auch in Polen und der Tschechischen Republik.

Und damit ist man wieder bei Leopold Bausbek. So meldet die österreichische Presseagentur APA am 15. Juli 1996: »Leopold Bausbek, Chef der ABV-Allgemeine Beteiligungsverwaltung, war bereits im Zusammenhang mit der Affäre um die Osthilfe in die Schlagzeilen geraten. Ein anonymer Anzeiger hatte laut *Salzburger Nachrichten* vom Dezember 1994 behauptet, für Ostgeschäfte würden Kredite erschwindelt, deren Rückzahlung von vornherein nicht gegeben sei. Dennoch gebe es dafür Haftungen der Stadt Wien und/oder der Kontrollbank. Dem Bericht zufolge waren die Warimpex-Gruppe von Franz Jurkowitsch, die IBG-Gruppe von Erich Schmidt und die ABV-Gruppe von Leopold Bausbek bei den Transaktionen die hauptbeteiligten Firmen. Tatsächlich scheinen enge Verbindungen zwischen Warimpexs und Bausbek zu bestehen. Und diese Firmen von Jurkowitsch sind in den Genuß der von der Stadt Wien initiierten Polen- und ČR-Milliarden gekommen. Summe etwa 450 Millionen Schilling.« Daß einer der Hauptaktionäre der Firma Warimpex gleichzeitig an dem Firmenkonglomerat eines Mannes beteiligt ist, der in der ehemaligen DDR Riesensummen abzockte und deshalb beim Berliner Landeskriminalamt als einer der »großen Wirtschaftskriminellen« der Ex-DDR bezeichnet wird, ist allenfalls eine Randnotiz.

Der Tod des Paten

Moskau. Bei der georgischen Botschaft, Visaabteilung, erscheinen zwei georgische Staatsbürger, der 25jährige Georgi Oniani und der gleichaltrige Akaki Jadse. Der Generalkonsul übergibt ihnen persönlich ihre Reisepässe auf die Aliasnamen Raul Tokadse und Alexander Popow. Noch am Nachmittag desselben Tages, gegen 15 Uhr, interveniert Alexej Papuswili von der georgischen Botschaft bei der österreichischen Botschaft in Moskau mit einer sogenannten Verbalnote, in der er darauf drängt, daß die beiden Personen nun ein Visum für Österreich erhalten. Als sich Papuswili persönlich für den Leumund der beiden verbürgt, erhalten beide Visa mit Gültigkeit ab 7. Juli 1996. Sie reisen per Flugzeug nach Wien und nehmen sich Zimmer im Hotel Atlanta in Wien.

Am Donnerstag, den 11. Juli 1996, traf Dawid Sanikidse, aus Paris kommend, in Wien ein. Sein Parisbesuch hatte Paata Schewardnadse, dem Sohn des georgischen Präsidenten, gegolten. Paata arbeitet als Programmspezialist bei der UNO-Kulturorganisation UNESCO, steigt bei Wienbesuchen gern im Hotel Ambassador ab und geht neben seiner Tätigkeit als UNO-Diplomat offenbar gewissen Nebengeschäften nach. »Er hat im Frühjahr dieses Jahres in München Verhandlungen über den Ankauf von Airbus-Flugzeugen für die halbstaatliche georgische Fluglinie ORBI geführt, gemeinsam mit Sanikidse, dem Gründer, Aktionär und Präsidenten von ORBI.«[136]

Ausgerechnet am Donnerstag, dem 11. Juli 1996, nach seiner Rückkehr in Wien, verzichtete Dawid Sanikidse auf seine ihn stets begleitenden Bodyguards. »Wir wußten, daß er kommt, weil er unbedingt zu den drei Tenören wollte«, erzählt der Chef seiner Leibwächter-Crew. Aber an diesem Donnerstag gab es überraschenderweise keine Anforderung von Sanikidse. Er wollte allein sein.

Es ist genau 21.16 Uhr, als er mit seiner Lebensgefährtin, von der Kärntnerstraße kommend, durch die Annagasse geht, verfolgt von mindestens zwei Männern. In Höhe des Hauses Annagasse 9 tritt einer der beiden, Akaki Jadse, von hinten an Sanikidse heran, setzt eine Pistole auf dessen Hinterkopf an und drückt zweimal ab.

Die Tatwaffe, eine Pistole Astra-Falcon 7,65 mm, sowie die Plastiktasche, in der die Waffe vom Täter bis zum Tatort transportiert wurde, bleiben am Tatort zurück. Dawid Sanikidse starb genau vor dem Eingang der Maculan-Zentrale. Schaurig genau beschreibt ein Reporter der Zeitschrift *Profil* den Tatort. »Es regnet leicht. Die Leiche des georgischen Mordopfers Dawid Sanikidse, 50, war, eingeschlagen in schwarze Plastikfolie, in einem silbrigen Zinksarg versorgt worden. Über das Granitpflaster der als Wiens schönstes Barockensemble berühmten Gasse zog sich eine eineinhalb Meter lange Blutlache.«[137]

Vier Tage lang schwiegen die Medien Georgiens über das Attentat. Dann trat Georgiens Innenminister in der allabendlichen Informationssendung des Fernsehens vor die Kamera und erklärte, daß Dawid Sanikidse persönlich für den am 29. August 1995 auf Präsident Schewardnadse verübten Anschlag verantwortlich gewesen sei. Er habe fünf Minuten vor dem Anschlag, als unter dem Geländewagen, in dem Schewardnadse saß, eine Autobombe mittels Fernzündung hochging, aus Wien telefonisch den Befehl zur Zündung gegeben. Ob das stimmt, sei dahingestellt, es sieht eher nach einem Propagandatrick aus. Tatsache ist jedoch, daß der Mafiapate, der so lange vollkommen unbehindert agieren konnte, prominente

Freunde in Georgien hatte. Deshalb konnte die georgische Regierung, schon aufgrund der außenpolitischen Reputation, kein Interesse daran haben, daß derartige skandalöse Beziehungen öffentlich werden.

Der Mörder und sein Komplize wurden bereits einen Tag nach dem Attentag per Zufall in Budapest verhaftet. Ein Budapester Kriminalbeamter hatte einen Hinweis erhalten, daß zwei Russen mit viel Geld protzen würden. Einen großen Teil ihres Killerlohnes, 100 000 Dollar, hatten sie noch bei sich. Bevor die beiden Georgier einen schon gebuchten Flug nach St. Petersburg antreten konnten, klickten die Handschellen.

Es waren jene beiden Männer, für die sich der georgische Botschafter in Moskau massiv eingesetzt hat, damit sie ein Visum für Österreich erhalten. Nach ihrer Festnahme wurde aus dem Präsidentenpalast in Tiflis auf die ungarischen Behörden massiver Druck ausgeübt und gleichzeitig für die beiden Festgenommenen die besten ungarischen Anwälte bestellt. Selbst ein Spezialist für internationales Auslieferungsrecht wurde zu Rate gezogen, um die drohende Abschiebung nach Österreich zu verhindern. Wer die teuren Advokaten finanzierte, bleibt ein Geheimnis. Jetzt erwartet sie in Wien der Prozeß.

Die Mordkommission des Sicherheitsbüros der Bundespolizeidirektion, die auch die Abteilung für organisiertes Verbrechen zur Aufklärung der Hintergründe heranzog, waren nach dem Mordanschlag zutiefst frustriert. »Wir bekommen nichts von der EDOK, keine Akteneinsicht, gar nichts. Wir müssen betteln«, erzählten sie mir. Die EDOK wiederum hatte bereits ausführliche Erkenntnisse über den Paten, blieb aber wie eine eifersüchtige Glucke auf ihren Unterlagen sitzen. Vielleicht wollte man auch nur verhindern, daß wie in Georgien die politischen Verwicklungen in Österreich offengelegt werden.

Und das Motiv des Mordes? Vordergründig wollte der Mörder Rache für seinen ermordeten Vater üben. Daß deshalb in Ungarn ebenso wie in Wien die besten Anwälte für sie bestellt wurden und sie 100 000 Mark Killerlohn erhielten, spricht eher dagegen. Die wahren Motive jedenfalls für den Mord an dem Paten aus Georgien wird auch der Prozeß in Wien nicht klären – Abrechnung zwischen Dieben im Gesetz, die um ihre Pfründe kämpfen.

Nach dem Mord an Dawid Sanikidse dauerte es übrigens nicht lange, bis sein Nachfolger ernannt wurde: Georgi alias Gia Tschawdia (Chavdija). Und weiter heißt es bei der österreichischen Polizei. »Nach Zusammenfassung der neuesten Erkenntnisse muß man davon ausgehen, daß Boris Z. in Österreich eine zentrale Position in der russischen OK einnimmt. Weitere Personen, die als Mitglied der russischen OK, möglicherweise im Umfeld des Boris Z., in Österreich eine wesentliche Rolle spielen, sind Mitglieder des georgischen Konsulats.«

Als Reaktion auf den Mord stellten Abgeordnete des Bundesrats am 25. Juli 1996 eine parlamentarische Anfrage an den Bundesminister für Inneres. Sie verlangten unter anderem Auskunft darüber, welche Maßnahmen ergriffen wurden, nachdem bereits 1993 Mitarbeiter der österreichischen Baufirma Maculan dem Innenminister mitgeteilt hätten, daß Sanikidse »beste Kontakte« zur Mafia habe. Die Antwort des Innenministers war mehr als ausweichend. »Von den Sicherheitsbehörden wurden im Rahmen der gesetzlichen Möglichkeiten Ermittlungen hinsichtlich des Verdachts des Bestehens von Kontakten zu kriminellen Kreisen durchgeführt. Dabei konnten aber keine ausreichenden Erkenntnisse bezüglich eines strafrechtlichen Sachverhaltes gewonnen werden.« Und auf die Frage, ob bei den Osthilfeprojekten des Bundes und der Länder, insbesondere Wiens, jeweils sicherheitsbehördliche Überprüfungen der Auftragsnehmer im Hinblick auf sicherheitsbehördliche Bedenken im Zusammenhang mit kriminellen Aktivitäten erfolgten, antwortete das Bundesministerium des Inneren: »Es wurden keine solchen Überprüfungen durchgeführt.«

Was bleibt übrig? »Wenn der eigene ausländische Geschäftspartner in Wien auf offener Straße von Profi-Killern ermordet wird, stellt sich die Frage nach der Zukunft des Unternehmens. Wenn aber dieser Geschäftspartner vier Jahre vorher freiwillig oder weniger freiwillig ins Unternehmen hereingenommen werden mußte, um überhaupt Geschäfte machen zu können – obwohl man wußte oder ahnte, daß er bestimmten ›Strukturen‹ des betreffenden Landes angehört –, dann stellt sich die Frage nach der Zukunft der Geschäfte in diesem Land.«[138] Diese Frage stellen sich vielleicht kritische Journalisten, aber keinesfalls die politischen Entscheidungsträger, die unter allen Umständen an dem Big Business in den Staaten der Ex-UdSSR festhalten wollen.

Leopold Bausbeks kreative Tätigkeiten führen übrigens noch zu einem Multimillionär mit höchst zweifelhaftem Ruf, einem der mächtigsten Tycoone der GUS-Staaten. Mit Datum vom 3. August 1992 schreibt dieser an Leopold Bausbek, betreffend »Mietvertag zwischen einem sogenannten Tamir Interinvestprojekt in Kasachstan und seinem Konzern und der Firma ABV«.

»Sehr geehrter Herr Bausbek«, schreibt der Tycoon. »Ich bin erfreut ihnen mitteilen zu können, daß morgen, am 4. August, wir unseren Anteil auf das Konto der Akbank in Istanbul überweisen werden.« Am 27. November 1992 wurde das Projekt anscheinend wieder aufgegeben. Denn jetzt bittet der Unternehmer in seinem Schreiben an den Vizepräsidenten der beteiligten Gesellschaft in Istanbul, »125 000 Dollar wieder auf das Konto bei der Erste Österreichische Spar-Cassa zurückzuüberweisen«.

Warum ist ein solch eher unbedeutendes Geschäft, bei dem man nicht einmal weiß ob es zustande gekommen ist, überhaupt erwähnenswert?

Weil der Tycoon sich in einer russischen Zeitschrift als eine Art Gottheit des neuen russischen Unternehmertums feiern läßt und er gleichzeitig in Verdacht steht, einer der mächtigsten Männer im System der Mafiokratie zu sein.

7. KAPITEL

Der »Admiral« oder wie man ein »Imperium« aufbaut

Die Mahlzeiten für die meist russischen Angestellten in seinem wunderschönen Palais, einst Sitz einer Botschaft und ausgestattet mit den feinsten elektronischen Sicherungsmaßnahmen, werden vom »Präsidentenbüro« ausgewählt. »Montag Karfiolcremesuppe, Champignonschnitzel mit Reis und Gemüse und für Vegetarier Dinkelbandnudeln mit Kräutersauce. Mittwoch Bohnensuppe, Hühnerbrust mit Petersilkartoffeln und Salat, Früchtecreme.« Der Patron, der sich derart fürsorglich um seine Mitarbeiter kümmert, philosophiert manchmal. In der Moskauer Zeitung *Literaturnaja Gaseta* wird er folgendermaßen zitiert: »Ich fordere von meinen Mitarbeitern zwar keine Kenntnisse im Schachspiel. Aber im übertragenen Sinne lehre ich sie, Schwarz und Weiß gleichzeitig zu spielen. Ich selbst tue es ständig.« Die Aussage hat hohen Symbolwert. Erwähnt man seinen Namen bei europäischen Polizeidienststellen, die sich mit dem organisierten Verbrechen beschäftigen, schrillen die Alarmglocken. »Ich kann Ihnen nicht zuviel sagen«, erzählt ein britischer Ermittler einem Journalisten, »aber Rußland wird von einer Gruppe Ex-Kommunisten ausgeraubt, die mit dem Westen zusammenarbeiten. Sie plündern den Staat und haben kriminelle Unternehmen gegründet. Die Gesellschaft, die Sie erwähnten, ist die einzige, die schneller wächst als Microsoft.« Entsteht ein Mythos, werden böse Gerüchte verbreitet? Und was sind das für Ängste, die bestimmte Leute hegen, wenn es um diesen Mann und sein »Imperium« geht?

Allein der Blick in ein einziges seiner unübersehbaren Konten, in Genf nämlich, macht die Dimensionen seiner wirtschaftlichen Macht deutlich. Einmal wird der Eingang von

137 420 153,76 US-Dollar verbucht, dann sind es 13 123 246,01 US-Dollar oder an einem anderen Tag insgesamt 16 607 855,27 Millionen US-Dollar.

Insgesamt wurden auf diesem Konto im Jahr 1993 Zahlungseingänge in Höhe von exakt 189 948 316,57 US-Dollar gebucht, eine unglaubliche Summe.

»Man nennt ihn das Genie der Businesskombinationen, der die neuen Russen in Europa personifiziert«, ließ er sich im Dezember 1993 in einer russischen Zeitschrift feiern.

In einer Firma seiner Holding – und das erklärt ansatzweise den Reichtum – sitzt immerhin ein Vizepremier der letzten sowjetischen Regierung. Der war einst ein angesehenes Mitglied der KPdSU-Nomenklatura. Heute ist er nicht nur für den Konzern von unschätzbarem Wert, sondern – was auch nicht schaden kann – persönlicher Berater des kasachischen Präsidenten Nursultan Nasarbaijew.

Im Adressenverzeichnis des Firmencomputers steht eigentlich jeder, der in der europäischen Wirtschaft und Politik Rang und Namen hat. Nur in Deutschland kann er nicht so auftreten, wie er will. Das liegt daran, daß der Bundesnachrichtendienst einen alarmierenden Lagebericht über den Tycoon an das Bundeskanzleramt geschickt hatte. Daß ein ehemaliger Geschäftsführer der österreichischen Sozialdemokraten ihm zu Diensten ist oder ein anderer Politiker der österreichischen Sozialdemokraten ihm juristischen Rat erteilte, ob ein israelischer Ex-Minister für ihn tätig war oder der ehemalige hohe Politiker der bulgarischen Kommunistischen Partei, all das paßt zu seinem Renommee. Um diese und andere Kontakte zu pflegen, muß er natürlich viel und weit reisen. Ein Auszug aus seinen Kreditkartenabbuchungen für das Jahr 1995, belegt die Reichweite seiner Aktivitäten. Am 1. Juli 1995 jettete er nach Kasachstan, am 16. Juli wurde das Ticket für einen Flug München–Frankfurt gebucht. Am 21. Juli flog er erneut nach Kasachstan, und am 20. August 1995 wurde für den Präsidenten ein Ticket München – Frankfurt – Almaty (Kasachstan) bezahlt, danach für den Flug von Frankfurt nach Paris. 27. August: Flug Malaga–Barcelona–Tel Aviv. Mitte September hielt er sich dann in Istanbul auf. Am 15. September dinierte er im noblen Istanbuler Restaurant Seaport und am 2. Oktober im Restaurant Tokyo in Moskau.

Manchmal, wenn er nach Kasachstan fliegt, befinden sich in seinem Gepäck Geschenke. Beim Edeljuwelier Wempe kaufte er im Dezember 1993 für 185 000 Schilling ein. Als »Geschenk für Reise nach Kasachstan und Rußland« wurde in den Buchungsunterlagen vermerkt.

Was ist das für ein Mann, oder was verbirgt sich hinter ihm? Eine Antwort darauf hat vielleicht Michael Sika, Generaldirektor für öffentliche Sicherheit im Wiener Innenministerium: »Ich glaube fast, daß er in einer gewissen Weise sogar ein Regierungsbeamter ist. Wir haben Hinweise darauf, daß es einige Kontakte gibt und daß er ganz einfach schützende Hände haben muß. Denn es geschieht ihm ja nichts. Daß ihm bei uns nichts geschieht, ist etwas anderes. Aber es geschieht ihm ja auch nichts, wenn er nach Moskau kommt. Er kann sich überall frei bewegen. Sein Kapital besteht ja aus Diebstahl. Er hat ja bekanntlich die Ölpipelines angezapft und das Öl verkauft und damit seine ersten Dollars gemacht. Er ist ein guter Makler seines Landes.«

Er ist also von großem öffentlichem Interesse, weil er ein Mann ist, der zu vielen Staatspräsidenten exzellente Kontakte aufgebaut hat und auf der anderen Seite, zumindest behaupten das die österreichischen Behörden in einem geheimen Lagebericht vom Dezember 1996, als »die Nummer eins des organisierten Verbrechens in Österreich« angeprangert wird. In dem betreffenden Lagebericht des österreichischen Innenministeriums heißt es jedenfalls. »Nach Auswertung der gewonnenen Information sind nachfolgend angeführte Personen als Schlüsselfiguren der russischen Mafia in Österreich anzusehen.« An erster Stelle steht der bewußte Tycoon mit Firmenstammsitz in Österreich, gefolgt von Sergej Michailow und Wiktor Awerin.

Vorbemerkung

Eigentlich müßte er ja eine Hauptrolle im Drama des politischen Intrigenspiels des Kremls spielen, ein Drama, in dem wenige Tycoone um noch mehr Macht und Einfluß kämpfen und dabei Milliarden Dollar hin und her schieben, deren Herkunft nicht immer zu klären ist.

Der Hauptdarsteller in diesem Drama begann, wie er selbst sagt, mit 3000 Rubel Schulden. Heute verbucht sein »Imperium« Milliardengewinne, zirka drei Milliarden US-Dollar. Hilfreich war dabei zweifellos die alte, auf Kapitalismus getrimmte kommunistische Nomenklatura. Ein Blick zurück. Ende der achtziger Jahre, hinter den Kulissen der Perestroika, sann die Parteinomenklatur, nachdem ihr die ideologische Macht endgültig entglitten war, darüber nach, wie sie wieder zu Macht gelangen könne. Wer seinen Sessel im Kreml retten wollte, hatte nur eine einzige Möglichkeit. Er mußte die wirtschaftliche Macht mit Hilfe des großen Geldes an sich reißen. Der Versuch, die KPdSU in einen transnationalen Wirtschaftsgiganten zu verwandeln, war gescheitert. Die Idee von der wirtschaftlichen Machtergreifung überlebte aber das Politbüro und fand unter der alten Wirtschaftselite neue Anhänger, in erster Linie bei den sowjetischen Unternehmern, die auf langjährige Geschäftserfahrungen auf den Weltmärkten zurückgreifen konnten. Wer und was gehört dazu? Das läßt sich feststellen, wenn man weiß, womit in Rußland ganz legal das schnelle Geld gemacht werden konnte: mit Waffenhandel und/oder Export von Rohstoffen. All das sind geeignete Methoden, derer sich der eine oder andere bediente, um zu Startkapital zu gelangen. Andere Funktionäre wiederum haben sich gesagt: Warum nicht gleich die effizientesten Bereiche der sozialistischen Wirtschaft als Ganzes in den Kapitalismus verpflanzen, um dort eine führende Stellung einzunehmen? Hat man das geschafft, kann man auch die Politik für sich arbeiten lassen. In dem herrschenden System der Mafiokratie ist das inzwischen alles realisiert worden. Einer, der dazugehört, ist der Mann in Österreich.

Der Tycoon sowie sein Konzern werden anonymisiert. Was nichts daran ändert, daß die Begebenheiten, Aussagen und Quellen nicht aus dem Labor einer westlich gesteuerten Desinformationskampagne stammen, obwohl es schwer ist, zwischen Fakten und Mutmaßungen zu unterscheiden. Anonymisiert wird sein Name deshalb, weil es zu Mißverständnissen kommen könnte und zu juristischen Auseinandersetzungen, die nicht zu gewinnen wären. Wer immer in den europäischen Medien in der Vergangenheit über die schwerwiegenden Verdachtsmomente gegen ihn veröffentlichte, wurde mit Klagen überzogen. Die juristischen Siege präsentierte er dann seinen Geschäftspartnern, um zu zeigen, daß er vollkommen zu Unrecht von einer wilden Journalistenmeute, die Handlanger dunkler Mächte ist, verleumdet wird. Juristisch verwertbare Beweise für die vielfältigen Vorwürfe gegen ihn gibt es bislang tatsächlich nicht. So, wie sie es gegen Sergej Michailow lange Zeit nicht gegeben hatte beziehungsweise keine Polizeidienststelle die Ermittlungsinitiative ergreifen wollte.

Der »Admiral«, so werde ich ihn nennen, hat bereits einen Platz im Olymp der Ehrenhaften. Dort ist man verständlicherweise daran interessiert, mit allen Mitteln seine persönliche Integrität zu schützen.

Natürlich stellt sich auch eine andere Frage. Ist er vielleicht aufgrund seines unendlichen wirtschaftlichen Reichtums und weil er eben aus der ehemaligen Sowjetunion kommt, zum Spielball der internationalen westlichen Konkurrenz geworden und bedient die sich dabei der Hilfe von Nachrichtendiensten, der Polizei und bezahlter Journalisten, um ihn zu diskreditieren? Er sieht es jedenfalls so.

Auf die Frage eines russischen Reporters, warum die westlichen Geheimdienste bereit sind, derart »verdammende Informationen über ihn zu verbreiten«, antwortet er: »Nach dem Ende des Kalten Krieges stellten alle Dienste fest, daß ihre Zeit verrann. Sie mußten eine neue Bedrohung erfinden, und diese neue Bedrohung ist die Kriminalität, die jetzt aus Rußland kommt.« Das könnte ja durchaus möglich sein, gäbe es da nicht so viele Widersprüche und wären es weniger die Nachrichtendienste als seriöse Polizeidienststellen, die fieberhaft, aber vergeblich gegen das »Imperium« ermitteln.

Der »Admiral« taucht beispielsweise beim Schweizer Bundesamt für Polizeiwesen auf. In einem Bericht vom 20. September 1996, »Crime Organisé Ex-URSS«, wird auf seine vielfältigen Aktivitäten in der Schweiz eingegangen, seine Beziehungen zu äußerst dubiosen Rechtsanwälten, zu Firmen, die von Mitgliedern der alten kommunistischen Nomenklatura geleitet werden und zu hochkarätigen Kriminellen.

Auch die österreichischen Sicherheitsbehörden verfolgen die Aktivitäten des »Admirals« und seines »Imperiums« mit großem Argwohn. In einem internen Bericht des Wiener Innenministeriums wird folgender schwerer Verdacht geäußert:

»Er ist permanent um gute Öffentlichkeitsarbeit sowie um Kontakte zur politischen Führungsschicht des jeweiligen Landes, in dem er geschäftlich präsent ist, bemüht. Zu diesem Zweck hat er eigens eine Public-Relations-Gesellschaft verpflichtet. Konkrete Verbindungen zu Kreisen der kriminellen Oberschicht, sowohl in den Ländern der ehemaligen Sowjetunion als auch in Österreich, sind feststellbar.« Ein böser Vorwurf. Man wagt sich als Journalist und Schriftsteller also nicht leichtfertig an eine solche Person heran, über die in Rußland – wenn überhaupt – nur noch zynisch zu verstehende Artikel geschrieben werden, Ergebnis der Ohnmacht gegenüber dieser neuen mächtigen Klasse.

»Das Auftauchen großer Herren ist im Prinzip unvermeidlich. Sie gibt es überall, und niemand klagt im allgemeinen darüber. Unsere großen Herren kommen im wesentlichen aus zwei Kategorien ehemaliger sowjetischer Bürger: roter Direktoren und mit ihnen verbundener ehemaliger Partei- und Sowjetarbeiter oder aus dem Kreis von Banditen und Gaunern. Die ersten nehmen das, was sie lange Zeit verwaltet haben, die zweiten nehmen einfach das, was ihnen gefällt. Weder die ersten noch die zweiten werden dabei vom Staat in irgendeiner Weise gestört. Danach beginnt man diese und jene im Fernsehen zu zeigen und in Gesetzgebungsorgane zu wählen. Und wir, die wir uns wünschen reich zu leben, ohne die Grundlagen dafür zu besitzen, wir, die wir nicht die Möglichkeit haben, Fabrik- oder Sowchosdirektor zu werden, schämen uns, sinnlos Jahre in Freiheit verlebt zu haben, ohne Vorstrafen und Tätowierungen an intimen Körperstellen aufzuweisen.«[139]

Tatsächlich hat der »Admiral« wenig mit der klassischen Mafia zu tun, wenn es denn nicht manche merkwürdige persönlichen oder geschäftlichen Kontakte zu Personen aus dem Milieu der Mafiokratie gäbe. Trotzdem oder vielleicht gerade deshalb ermitteln weltweit Polizeibehörden gegen ihn und sein Unternehmenskonglomerat, im folgenden als das »Imperium« umschrieben, beispielsweise wegen Geldwäsche. Die Palette der von ihm beeinflußten Aktivitäten soll sich allerdings, abgesehen von den ganz normalen wirtschaftlichen Betätigungen, nicht nur auf Geldwäsche reduzieren, sondern auch den internationalen Waffen- und Drogenhandel bis hin zu allen Formen der Wirtschaftskriminalität einschließen. Und im Hintergrund steht als ehernes Stützkorsett das Vermögen der ehemaligen KPdSU.

Aktion »Admiral«

»Das Netzwerk des ›Imperiums‹ stellt ein derzeit noch weitgehend latentes Gefahrenpotential dar, dessen bedrohlichen Charakters man sich aber weltweit anscheinend immer deutlicher bewußt wird«, kann man schwarz auf weiß in einem Dokument einer Interpol-Ermittlungsgruppe nachlesen.

Erkundigt man sich jedoch in Rußland nach seiner Person, gleichgültig, bei wem, erhält man bei der Nennung seines Namens entweder eine zurückhaltende Antwort oder, wie es europäische Ermittler ausdrücken, »keine verwertbaren Informationen«. Offensichtlich hat mittlerweile das Unternehmen unter der Führung des »Admirals« eine Eigendynamik entwickelt, die sich der Kontrolle der ursprünglichen Initiatoren entzogen hat. Nicht zuletzt daraus resultiert inzwischen das Interesse der Strafverfolgungsbehörden, vermerkt man bei Interpol, insbesondere jener aus der ehemaligen UdSSR, am gesamten Unternehmenskomplex. Das Interesse an diesbezüglichen zielführenden Maßnahmen dürfte allerdings nur bei einem Teil der dafür zuständigen Behörden vorhanden sein. »Der Admiral kann in Politiker- und Wirtschaftskreisen offenbar einen derart starken Einfluß geltend machen, daß eine erfolgversprechende Verfolgung der von ihm und seinem Konzern getätigten Aktivitäten nicht zustande kommt.«[140]

Für die verschiedensten europäischen Polizeidienststellen, die sich selbst bis Anfang 1995 nicht zu einem gemeinsamen Vorgehen gegen das »Imperium« entschließen konnten, ist diese mangelnde Kooperation in Moskau die wichtigste Barriere für ein erfolgreiches Vorgehen gegen den »Admiral«.

Ein erster Schritt war jedoch dann getan, als die Arbeitsgruppe FOPAC (Fonds Provenant d'Activités Criminelles) 1995 bei Interpol in Lyon gegründet wurde. Als ein Ergebnis des Treffens wurde entschieden, eine Studie über das »Imperium« zu erstellen. Seitdem wird dort das »Imperium« unter dem Codenamen »Operation Admiral« beobachtet. Ziel des

Projektes ist es, »den Admiral vor Gericht zu bringen und die illegalen Aktivitäten des Imperiums zu beenden«.[141]

An der Arbeitsgruppe waren anfangs Beamte aus Deutschland, Belgien, Kanada, Dänemark, Österreich, Italien, den Niederlanden, Großbritannien, der Ukraine und den USA beteiligt. Aufgrund der Ergebnisse der ersten Arbeitstagung am 26. Oktober 1995 ergab sich für die Ermittler bereits die Notwendigkeit, Beamte aus weiteren Ländern wie Australien, Neuseeland, Hongkong und der Schweiz ebenfalls in das Verfahren einzubeziehen. Denn überall dort hat das »Imperium« seine Spuren hinterlassen.

Am 2. September 1996 traf man sich erneut im französischen Lyon. Repräsentanten verschiedenster Polizeidienststellen waren im Interpol-Hauptquartier zusammengekommen. Zuerst diskutierten die Polizeiexperten einen Artikel, der im amerikanischen *Time-Magazin* erschienen ist und in dem ausführlich über das »Imperium« und den »Admiral« berichtet wurde. Verwundert waren die Beamten, daß die beiden Journalisten, die den Artikel verfaßt hatten, über ihr erstes Treffen, das doch eigentlich streng geheimgehalten wurde, informiert waren.

Ähnliche Gedanken machte sich übrigens nach dem Erscheinen des Artikels in den USA, der zudem im Internet weltweit gelesen werden konnte, auch der »Admiral«. An seine amerikanischen Anwälte schrieb er: »Aus welchem Grund haben sich die Journalisten für uns interessiert? Erhielten sie Informationen von der amerikanischen oder britischen Regierung? Wenn ja, von wem? Woher wußten sie von den Anschuldigungen wegen Waffenhandels und der Geldwäsche? Worauf basieren diese Beschuldigungen? Warum ist der Bürochef in Austin involviert, warum kein europäischer Bürochef der Zeitschrift?«

Während sich der »Admiral« überlegte, wie er gegen die beiden Journalisten in den USA juristisch vorgehen kann, diskutierte die auserwählte Runde bei Interpol, welche Informationen die einzelnen Länder eigentlich zur Verfügung haben.

»Viele von uns«, erzählt einer der Beamten, »haben zahlreiche unterschiedliche Informationen, die sowohl das »Imperium« betreffen wie die Person des »Admirals« und seiner Mitgesellschafter. Auf der anderen Seite wissen wir sehr gut, daß die meisten dieser Informationen nicht klassifiziert und schwierig zu bestätigen sind.«

Die Geburt eines Tycoons

Der »Admiral« wurde 1945 in Usbekistan als Sohn armer Eltern geboren. Sein Vater starb kurz nach dem Ende des Zweiten Weltkrieges, und seine Mutter mußte mit einer mageren Invalidenrente auskommen. Anfang der sechziger Jahre übersiedelte er nach Lettland und trat in den Komsomol ein. Er machte sehr schnell Karriere. Einem Dissidenten des kommunistischen Regimes wäre das wohl kaum möglich gewesen. Doch dann gab es ein einschneidendes Erlebnis.

1983 wurde er wegen Annahme von Bestechungsgeldern von aserbaidschanischen Studenten wegen Veruntreuung von Gesellschaftseigentum, Mißbrauchs der Amtsgewalt und Urkundenfälschung zu insgesamt sieben Jahren Freiheitsstrafe verurteilt. Dank massiver Intervention aus Parteikreisen wurde er nach zirka drei Jahren Haft in eine offene Anstalt (Kolchose) verlegt. Dort verbüßte er den restlichen Teil seiner Strafe. Während der Strafverbüßung auf der Kolchose wurde er, so glauben die Polizeiexperten zu wissen, für den lettischen KGB angeworben. In dieser Zeit knüpfte er Kontakte zu namhaften Funktionären und Wirtschaftsvertretern aus der Erdölindustrie. Nachdem er, den Angaben von Interpol Riga zufolge, im Jahr 1987 auf Bewährung freigelassen worden war und in den darauffolgenden fünf Jahren nicht mehr straffällig wurde, gilt er nach lettischem Recht als nicht vorbestraft. 1988 stellte er einen Ausreiseantrag nach Israel, der auch bewilligt wurde. Inzwischen ist er im Besitz eines israelischen Reisepasses. Soweit die gesammelten Ermittlungsergebnisse der Interpol Arbeitsgruppe »Admiral«.

Der »Admiral« läßt seine Biographie folgendermaßen schreiben: Er wuchs in bescheidenen Verhältnissen bei seiner Mutter in Lettland auf. Dort studierte er Wirtschaftswissenschaften. Während der Studienzeit engagierte er sich an dem sozialen Experiment der studentischen Arbeitsbrigaden, einer Bewegung, die an den verrosteten wirtschaftlichen Strukturen des Staates kratzte. Mitte der siebziger Jahre, kaum 30

Jahre alt, promovierte er an der Staatlichen Lettischen Universität. Seine Fähigkeiten als Manager wurden schnell erkannt, und Anfang 1980 wurde er in den Ural geschickt, um dort eines der größten sowjetischen Industrieunternehmen zu leiten, wo schwere Maschinen und Panzer gebaut wurden. Er galt als eine Art Wirtschaftsgenie und war eine auffallende Erscheinung. Damit wurde er zur Zielscheibe und das Opfer einer vom damaligen Chef der lettischen Staatssicherheit angelegten politischen Intrige. Er wurde beschattet, und als dabei nichts herauskam, wurde die Buchhaltung kontrolliert. Es gab Unstimmigkeiten in der Größenordnung von rund 2000 Rubel. »Unterschlagung im besonders großen Ausmaß waren zwei Sessel und ein Sofa, die nach Toljatti abgeschickt wurden (damit wir eine höhere Quote für Lada-PKW bekommen könnten), ein ungewöhnlicher Telefonapparat (er wurde von der Uni als Geburtstagsgeschenk für einen Stellvertreter des Ministers für Hochschulbildung der UdSSR gekauft und vom lettischen Minister eigenhändig übergeben, auch dafür wurde ich verurteilt) sowie Geschirr (Abschiedsgeschenke für Lehrkräfte, die in den Ruhestand gingen). Ein weiterer Punkt meiner Straftaten: Ich erlaubte den Professoren und Dozenten der Uni, während der Ferienzeit in den Sommerhäusern TV-Geräte und Kühlschränke zu benutzen.«

1987 wurde er aus der Haft entlassen, und das war der Beginn seines unaufhaltsamen Aufstiegs. Unmittelbar nachdem er aus dem Gefängnis gekommen war, rief bei ihm der Leiter des berühmten Agrarunternehmens A. an und ernannte ihn zu seinem Stellvertreter. Wie schrieb doch die Moskauer Zeitschrift *Sowerschenno sekretno*: »Das Gefängnis ist ein unerläßlicher Punkt in der Biographie vieler zeitgenössischer russischer Unternehmer und politischer Funktionäre. Jene, die nicht vorbestraft sind, dürften nicht mit einem guten Posten im Business und in der Politik rechnen.«

In diesem Zusammenhang läßt sich der »Admiral« folgendermaßen beschreiben: »Er ist kein Engel. Viele Jahre in der Hölle, die weltweit unter dem Namen Gulag bekannt ist, werden kaum aus einem Menschen Engel machen können. Doch die Gefangenen werden da zu solchen Menschen geformt, die nie vergessen werden, daß sie ihr Schicksal in die eigene Hand nehmen müssen.« Das schreibt ein Journalist in der *Literatur-*

naja Gaseta, der ähnliche Artikel über den »Admiral« in der *Iswestija* veröffentlicht, beide angesehene russische Zeitungen.

Der widersprüchliche Werdegang geht weiter, wenn es um die Expansion ins westliche Ausland geht. Auf Initiative des »Admirals« entstand nun das »Imperium«. Es war das erste russische Gemeinschaftsunternehmen außerhalb der Sowjetunion. Das »Imperium« wurde 1990 mit Abschluß des Gesellschaftervertrages und Eintragung ins Handelsregister beim Handelsgericht in Österreich gegründet.

Damals fungierten eine Internationale Trading in Zürich und ein lettischer Agrarkonzern als Gründungsmitglieder. Der Direktor dieses baltischen Großkonzerns war Mitglied des sowjetischen Präsidentschaftsrates. Das Stammkapital in Höhe von drei Millionen Schilling wurde durch Überweisung der Gründungsgesellschafter auf ein Konto bei der Ersten Österreichischen Spar-Cassa bar eingezahlt. Warum ist er nach Österreich gekommen? »Ich habe sofort die strategische Lage von Österreich als dem Zentrum des Handels zwischen Ost und West erkannt«, läßt er sich bedenkenlos zitieren und philosophiert: »Nicht die schnelle Mark ist für den Unternehmer die Triebfeder seiner Handlungen und Leistungen, sondern der Bau eines großen, stabilen Hauses, das man nicht verläßt, wenn es steht, sondern in dem man arbeitet und lebt. Ich akzeptiere den westlichen Markt als Lebensweise. Ich bin in der Pflicht zu helfen, die Staatswirtschaft in den Ländern der ehemaligen Sowjetunion in die westliche Marktwirtschaft zu führen.«

Wie gesagt, ein Mann will aus dem Nichts ein »Imperium« geschaffen haben, und das innerhalb von wenigen Jahren. Denn sein »Imperium« hat inzwischen eine Größe und einen Einfluß erreicht, die, so meint er, »viele eifersüchtig machen«. Etwa 40 Unternehmen im Westen und etwa 100 Unternehmen im Osten gehören mit knapp 8000 Beschäftigten derweil zu seinem »Imperium«.

Wie aber kam es, fragen sich übereinstimmend die Polizeiexperten bei Interpol, zu der Gründung des »Imperiums«? Denn mit Genialität alleine ließ sich zur damaligen Zeit, Ende der achtziger Jahre, nichts in der UdSSR bewegen, wissen die Polizeiexperten: »Was die Geschichte angeht, so besuchte im Jahr 1989 Gorbatschow eine Firma A. in Lettland, und nach diesem Besuch gab Gorbatschow dem ›Admiral‹ den Auftrag, seine unternehmerischen Vorstellungen in ganz Rußland zu verbreiten. Der ›Admiral‹ erhielt die Erlaubnis, eine Organisation für den Außenhandel zu etablieren. Dieser Schritt erlaubte ihm, legal den im Überfluß vorhandenen Dünger, der deshalb sehr billig war, in den Westen zu verkaufen.«

Als sich gegen Ende der achtziger Jahre der Niedergang des sowjetischen Systems abzuzeichnen begann, initiierte man zum Zweck des Außenhandels und in weiterer Folge der Erwirtschaftung von Devisen für den KGB die Gründung einer Reihe von Unternehmen im Ausland. Die Notwendigkeit der Firmengründung wurde durch das immer wahrscheinlich werdende Ende der KPdSU noch verstärkt. Das bedeutete, daß zusätzliche Finanzmittel von enormer Höhe ins Ausland transferiert wurden, dort gewaschen und den Initiatoren dieser Aktivitäten zur Verfügung gestellt werden mußten. Ende 1990 gab KGB-Chef Wladimir Krjutschkow dann konkrete Anweisungen. Mit der Gründung einer Vielzahl von Firmen sollte einerseits Parteifunktionären für den Ernstfall Unterschlupf geboten werden, andererseits sollten die Unternehmen Gelder für den Kampf gegen die neuen Machthaber beschaffen. »In der Folge sind«, behauptet die CIA, »400 Millionen Rubel in die Gründung von 600 derartigen Unternehmen investiert worden.« Die Methode war relativ simpel. Die im Westen residierenden Firmen kauften bei russischen Partnern Waren zu extrem niedrigen Preisen, setzten diese dann wesentlich teurer im Westen ab und deponierten die Differenzbeträge auf Bankkonten in der Schweiz oder in Österreich. Der »Admiral« wurde allem Anschein nach als einer dieser Unternehmergründer eingesetzt. Ihm kam seine Fähigkeit zugute, große Unternehmensnetze aufzubauen und effektiv zu betreiben. Das betriebswirtschaftliche Know-how dürfte er zum Teil mit der Arbeit in der Kolchose während des zweiten Teiles seiner Strafverbüßung und seiner späteren Tätigkeit im Kolchosenbereich erworben haben.

Fragt man den »Admiral« nach seinen Kontakten zum KGB, streitet er diese Verbindung empört ab: »Ach was, genau das Gegenteil war der Fall. Der Chef des Gefängnisses hatte Anweisung vom lettischen KGB-Chef Boris Pago, einem der späteren Augustputschisten, mich nicht einen einzigen Tag früher aus der Haft zu entlassen, als vorgesehen. Sonst hätten die Leute selbst Schwierigkeiten bekommen. Es gibt Listen mit allen KGB-Agenten in Lettland. Dort stehe ich nicht drauf. Ich hasse diese Leute.« Boris Pago kann sich dazu nicht mehr äußern. Nach dem mißglückten Augustputsch gegen Gorbatschow schoß er sich eine Kugel in den Mund.

Die Firmengründung

Es waren wohl seine guten Kontakte zum damaligen Präsidenten Michail Gorbatschow und dessen Frau Raissa, die dem »Admiral« vieles ermöglichten. Eine Konsequenz dieser Kontakte war die Überantwortung umfangreicher Vollmachten bei der Abwicklung von Geschäften mit Agrarprodukten.

Als sich der Zusammenbruch der Sowjetunion endgültig abzeichnete, wurde er mit der Aufgabe betraut, unter Einsatz seiner persönlichen Verbindungen und seines Organisationstalents Teile des Vermögens der KPdSU ins Ausland zu transferieren und dort anzulegen. Weil diese Gelder zum Großteil vor ihrer Veranlagung gewaschen werden mußten, war es erforderlich, ein internationales Firmennetz aufzubauen. Damit hätte man die Möglichkeit, durch ständiges Transferieren auf dem internationalen Geldmarkt die Herkunft dieser Mittel wirkungsvoll zu verschleiern, so glaubt zumindest die EDOK zu wissen, wobei davon ausgegangen werden kann, daß diese Erkenntnisse von westlichen Nachrichtendiensten stammen und daher wohl mit einiger Vorsicht zu behandeln sind.

Heute ist das »Imperium« jedenfalls im internationalen Handel mit Rohöl und Ölprodukten, Metallen, Agrarrohstoffen und -produkten, Düngemitteln sowie verschiedenen Materialien und Gütern im Kompensations- und Bartergeschäft aktiv. Handelspartner sind überwiegend Unternehmer in den GUS-Staaten, insbesondere in Rußland, der Ukraine und in Kasachstan, die sich mit der Lieferung von Rohöl, Metallen und anderen Rohstoffen an Handelspartner in Europa und Asien, aber auch in den GUS-Staaten selbst befassen. Diese Lieferungen werden zum Teil mit Gegenlieferungen aus Europa, Asien, den USA sowie aus GUS-Staaten bezahlt. Im »Imperium« sammelten sich viele bewährte Kräfte. »Zusammen mit der ›alten Garde‹ kamen auch andere kluge Köpfe aus den Staatsstrukturen der ehemaligen UdSSR in die Firma. Es sind hochqualifizierte Fachleute und Trader, die auch als Sowjetstaatsbedienstete nicht zu gehorsamen Ausführenden fremder Befehle entartet sind. Der ›Admiral‹ konnte sie rechtzeitig ausfindig machen und für die Firma gewinnen.« Das darf man jedenfalls über den »Admiral« unwidersprochen sagen, stammt dieser Bericht doch aus der Feder eines Journalisten, der in dem Artikel den »Admiral« geradezu verherrlichte und deshalb auch im Firmencomputer des Unternehmens abgespeichert ist.

In den ersten drei Jahren entwickelte das Unternehmen beachtliche Aktivitäten auf dem Markt der ehemaligen UdSSR genauso wie im Westen, so daß sich der Umsatz verzehnfachte. Eine derart turbulente Expansion führte zur Gründung einer Holding in Zürich mit einem Stammkapital von einer Million Schweizer Franken. Sie ist an mehr als 30 Jointventures innerhalb der GUS beteiligt und 100prozentiger Eigentümer verschiedener Handelsgesellschaften in Europa. Die Holding selbst hat keinerlei Handelstätigkeiten. Sie managt ausschließlich die Aktivitäten ihrer verschiedenen Tochterfirmen. Der Gesamtumsatz, den die Holding im Jahr 1992 erzielt hat, belief sich auf 1,5 Milliarden US-Dollar, im Jahr 1995 bereits auf drei Milliarden US-Dollar.

Der Hauptteil der erzielten Gewinne wird in die Partnergesellschaften in der GUS reinvestiert, was einerseits die Position der Holding festigt und andererseits die Möglichkeit bietet, neue Partner zu finden und mit ihnen weitere Jointventures zu gründen.

Inzwischen hat sich die Holding in eine private Stiftung verwandelt. In Österreich benutzt man dieses Modell, um Steuern zu sparen. Auf die Idee der Steuerersparnis verfiel ein dafür bekannter Schweizer Anwalt aus Zug. Über 100 Verwaltungsratsmandate zieren seine Auftragsbücher. Der Anwalt gilt als der Mann für alle Fälle, für verschwiegene Briefkastenfirmen in Zug und Vaduz. Er schreibt nun in einem Memorandum an den österreichischen Anwalt des »Imperiums«, wie man vorzugehen habe. Und der österreichische

Anwalt, mit engen Beziehungen zur SPÖ, informiert sofort seinen Auftraggeber, den »Admiral«.

»Durch den Transfer der Anteile der Holding Corporation an eine private Stiftung in Österreich wäre das Einkommen steuerfrei. Die optimale Art einer privaten Stiftung verlangt folgende Schritte. 1. Gründung einer privaten österreichischen Stiftung, 2. Gründung einer österreichischen Holding Corporation, 3. Transfer der Gewinne der Holding des ›Admirals‹ in die österreichische Holding Corporation. 4. Danach werden die Gewinne der österreichischen Holding in die Stiftung eingebracht.« Und so geschah es auch.

Ohne seine Verbindungen bis in höchste Politikerkreise hinein, unter anderem zu Spitzenpolitikern in Rußland, wäre sein Aufstieg wohl nicht möglich gewesen. Der Moskauer Bürgermeister und Ministerpräsident Tschernomyrdin zählen zu seinen guten Bekannten. Der Ministerpräsident soll ihm beachtliche Steuervergünstigungen eingeräumt haben, während ein Stellvertretender Premierminister sich massiv für den »Admiral« bei Stahlgeschäften in Kasachstan einsetzte. Verbindungen gibt es auch zum Vizepremier der letzten Regierung der Kommunistischen Partei in der Sowjetunion. Einen Monat bevor der Politiker zurücktrat, etablierte er schnell eine »International Foundation für Privatisierung« in Österreich und der Schweiz. »Wir sind Freunde«, sagte der »Admiral«. »Ich gab ihm das Startkapital.« Der Freund wiederum zeigte sich erkenntlich, indem er ihm half, seine Kontakte zu höchsten Politikern weiter auszubauen. Der Freund taucht übrigens mehrmals in vertraulichen Dossiers des Schweizer Bundesamts für Polizeiwesen auf. Und zwar immer unter der Überschrift »Organisiertes Verbrechen aus der Ex-UdSSR«. Besonders hervorgehoben wird seine Beziehung zu einer äußerst prominenten Moskauer Bank, mit der auch deutsche Banken partnerschaftlich verbunden sind. »Die Bank wird von der Mafia kontrolliert«[142], steht kurz und bündig in dem Bericht der Schweizer Bundespolizei. Das hindert die westlichen Banken nicht daran, mit der Mafiabank zu kooperieren.

Beziehungsgeflechte, insbesondere die aus alten Tagen, sind für die Mächtigen heute eine kostbare Vermögensanlage. »In Moskau habe ich gute Beziehungen zu vielen Leuten«, sagt der »Admiral« selbst. »Mancher Beamte glaubt, daß er mir einen Gefallen tut, indem er mir gegenüber wohlwollend ist. Warum? Da ich reich bin und er der Meinung ist, daß auf diese Weise mir manche Unannehmlichkeiten erspart bleiben. Ich bedanke mich bei diesen Leuten, doch ich sollte ja überhaupt keine Probleme haben, da ich kein einziges Gesetz verletzte. Ich sollte mich doch wie Gott in Frankreich fühlen. Gegen Gesetze Rußlands kann ich überhaupt nicht verstoßen, da ich ein österreichisches Unternehmen repräsentiere und die Bestimmungen der Gesetzgebung der Republik Österreich zu befolgen habe.«

Und so sieht es die Interpol-Arbeitsgruppe: »Der Unternehmer versuchte intensiv, seinen politischen Einfluß zu vergrößern. Es ist bekannt, daß er diesen Einfluß in den verschiedensten Ländern der ehemaligen UdSSR hat und nach Israel. Er hat enge Kontakte zu Anatoly Sharansky, dem Führer der Neuen Einwandererpartei. Der Unternehmer benutzte seine Kontakte zu Sharansky, um das politische System in Israel zu penetrieren. 1995 wurde ein ehemaliger israelischer Finanzminister im Hauptquartier des Unternehmens beschäftigt.« Der hat inzwischen aber einen Rückzieher gemacht.

Ungereimtheiten ergeben sich vielmehr aus den Beziehungen zu einem anderen dubiosen Geschäftsmann. Sein Name: Marc Rich. Wir haben nichts mit Marc Rich zu tun, kennen ihn nicht, sagt der »Admiral«. In einer eidesstattlichen Versicherung erklärt der »Admiral« sogar, daß es »niemals ein Joint-venture, weder in der Vergangenheit noch in der Gegenwart, gegeben habe, keine Gespräche über Beteiligungen des Marc Rich oder von Marc Rich persönlich an Unternehmen meiner Gruppe«. Die Firmenunterlagen sagen wieder einmal etwas anderes aus. In einem internen Memorandum vom 20. Juli 1994 schrieb der »Admiral« an seinen Stellvertreter im gleichen Haus:

»Beachten Sie den Artikel über Marc Rich. Jetzt ist die Zeit, daß wir mit ihm einiges zusammen unternehmen können. Ich würde ein Treffen vorschlagen.« Auch ansonsten taucht der Name Marc Rich, mit dem der »Admiral«, wie er sagen läßt, nie etwas zu tun gehabt habe, häufig im Firmencomputer auf. Zum Beispiel am 7. Juli 1993. Unter der Referenznummer 101-92-11795-s geht es um einen Vertrag in Krasnuralsk.

»Während unseres Treffens in Spanien wurde vereinbart, keine weiteren Zahlungen zu leisten, bevor die Nickel-Forderung geklärt ist. With Regards, der ›Admiral‹.« Oder, so des »Admirals« Stellvertreter an die Marc Rich and Co. AG am 11. August 1993: »Dear Paul. Ich habe erfahren, daß ich morgen das Vergnügen habe, mich mit Ihnen zu treffen.« Und dann folgen verschiedene gemeinsame Projekte. Warum leugnet der »Admiral« die Beziehungen zum Unternehmen Marc Rich?

Marc Rich gilt als der berühmteste Schwindler in der Geschichte der USA. Dort ist er wegen Betrugs, Hinterziehung von Steuern für verschwiegene Einkünfte in Höhe von 100 Millionen Dollar und Handels mit einem Feindstaat (dem Iran in der Zeit der Geiselkrise) in 51 Anklagepunkten zu insgesamt 325 Jahren Freiheitsstrafe in Abwesenheit verurteilt worden.[143]

Seine großen Geschäfte betrieb er mit der in der Auflösung begriffenen UdSSR. Damals stieg er in eine Firma ein, ein von Rußlands erstem Rubel-Millionär gegründetes Joint-venture-Unternehmen. »Die Istok als Warenbeschafferin benutzend, lieferte Rich 1990 vier Millionen Tonnen Erdöl nach Westeuropa und sackte dabei rund eine halbe Milliarde Dollar Gewinn ein. Mit seinen Geschäften in den Ländern der ehemaligen Sowjetunion wird Rich 1993 einen Umsatz von etwa drei Milliarden Dollar machen; nur ein Zehntel des Geldes bleibt in den ehemaligen Sowjetrepubliken hängen.«[144] Die Ausplünderung blieb bis zum heutigen Tag folgenlos, und Marc Rich genießt derweil in der Schweiz seinen geschäftlichen Erfolg.

Der Fall Ukraine oder wie man schnell viel Geld verdient

In der Ukraine gilt der »Admiral« bis heute als der Retter der Nation. Das hängt mit folgendem Ereignis zusammen. 1993 drohte wegen eines Erdölembargos, das Rußland über die Ukraine verhängt hatte, ein Katastrophenwinter. Doch da schaltete sich der »Admiral« ein. Er organisierte ungeachtet des Embargos die Lieferung von 2,3 Millionen Tonnen russischem Erdöl für die unabhängige Republik Ukraine. Der Umfang des Deals: 220 Millionen US-Dollar.

Der »Admiral« erinnert sich an diese Zeit, als er von der katastrophalen Lage informiert wurde: »Die ganze Nacht blieb ich wach. Früh am Morgen konnte ich Simonenko, einen der engsten Mitarbeiter von Leonid Krawtschuk, erreichen und sagte ihm folgendes: Ich werde russisches Erdöl kaufen und an die Ukraine weiterverkaufen. Dazu werde ich 100 Millionen Dollar auftreiben, doch ich brauche Ihre Garantien.«

»Was für Garantien?«

»Das Wort des Präsidenten der Ukraine.« Wenige Tage später, so die Geschichte des »Admirals«, traf er sich mit dem verzweifelten Leonid Krawtschuk. Der war mit der Idee und der vorgeschlagenen Vorgehensweise einverstanden. Es wurden im Herbst an die Ukraine 2,3 Millionen Tonnen Erdöl, bezahlt vom »Admiral«, geliefert. Das ermöglichte vielen Betrieben weiterzuproduzieren und den Bauern die Ernte einzubringen.

Auf die Frage eines Reporters, ob er rein philanthropisch 100 Millionen US-Dollar investiert habe, antworter der »Admiral« im Brustton der Überzeugung: »Keine Philanthropie. Es war eine nüchterne Kalkulation, die ich als strategische Geschäftsführung bezeichnen kann. Es wird heute keinen Gewinn geben, doch es bringt unzählige Vorteile morgen. Und das nicht nur für mich.«

Die ukrainischen Polizeibehörden sehen es ähnlich, wenngleich mit einem kleinen Unterschied. Das Geschäft war auf Barterbasis aufgebaut, das heißt, die Ukraine sollte als Bezahlung für das Öl Sonnenblumenprodukte und Kunstdünger liefern. »Als Grundlage für die Geschäfte benutzte der ›Admiral‹ damals seine guten Verbindungen einerseits zum Premierminister Tschernomyrdin, andererseits zum damaligen Präsidenten der Ukraine, Leonid Krawtschuk. In dieser Zeit wurde der ›Admiral‹ in der Ukraine wie ein Staatsgast behandelt.« Im Zuge der Abwicklung des Geschäfts müssen sich jedoch Unstimmigkeiten ergeben haben. Zum einen verklagte er den Staat Ukraine wegen der Nichtbezahlung von 100 Millionen US-Dollar. Die Ukraine wiederum beschuldigte ihn, er habe die Ressourcen des Landes zu einem deutlich niedrigen Preis außer Landes gebracht und sich damit auf Kosten der Ukraine bereichert. Mit der Abwicklung des Kompensationsgeschäfts hatte der »Admiral« den Chef der Ukragrotechservice und Abgeordneten des ukrainischen Parlaments Wladimir Bortnik beauftragt.

Morde und Banker

Im Abkommen vom 11. September 1993 zwischen dem Staatskomitee für Erdöl und Erdgas der Ukraine, dem Konzern Ukragrotechservice des Ministeriums für Landwirtschaft und dem »Imperium«, wurde das große und umstrittene Erdölgeschäft besiegelt. Im Mai 1994 wurde Bortnik mitten in Kiew niedergeschossen. Telefonisch alarmiert, ließ der »Admiral« einen Privatjet mieten und holte den schwerverletzten Ukrainer nach Österreich. »Es waren Gegner meines Konzerns«, weiß der »Admiral« zu dem Vorfall zu berichten. Bortnik selbst, der in Wien von der Polizei vernommen wurde, schwieg zu den Hintergründen des Anschlags. Er ist ein reicher Mann, verfügt über drei Bankkonten in der Schweiz, und nach Angaben der Schweizer Behörden wurden »hohe Beträge von der Cyprus-Bank auf Konten von Bortnik und dem ›Imperium‹ überwiesen«. Am 11. November 1995 soll er immerhin zwölf Millionen US-Dollar auf seinen Schweizer Bankkonten als Guthaben zur Verfügung gehabt haben. Ein Teil davon wurde nach Deutschland transferiert, um Grundstücke aufzukaufen.

Ein anderer Mann, der über Hintergründe des bemerkenswerten Öl-Deals Aufschluß geben könnte, der Vizechef der Handelsbank Jugorski, wurde am 10. April 1995 ebenfalls von unbekannten Killern niedergeschossen. Der Banker und sein Leibwächter starben – eines von vielen russischen Schicksalen. Anfang August 1995 wurde Oleg Kantor, dem Präsidenten der Jugorski-Bank, die Kehle durchschnitten. Recherchen des Wirtschaftsmagazins *Kommersant* haben Unregelmäßigkeiten in der Bank festgestellt, die auf Konkurrenzkämpfe zwischen rivalisierenden Banken hinweisen. Wenige Monate vor seiner Ermordung hielt sich Oleg Kantor in Österreich auf. Im Bericht der EDOK heißt es dazu: »Seine paßrechtlichen Formalitäten wurden im Sondergastraum des Flughafens abgewickelt. Die Bestellung des Sondergastraumes für diese Abfertigung wurde vom ›Imperium‹ veranlaßt.«

Am 23. Januar 1996 übersandte Interpol Kiew ein aufschlußreiches Dokument an Interpol Wien. In diesem Schreiben wird mitgeteilt, daß die ukrainischen Justizbehörden nach Einleitung eines Strafverfahren gegen den »Admiral« und außerdem gegen Wadim R. ein offizielles Rechtshilfeersuchen an die österreichischen Behörden stellen wollten. »Die ukrainischen Sicherheitsbehörden erheben bezüglich einiger Geschäfte der beiden Unternehmer. Sie gehen davon aus, daß diese Geschäfte krimineller Natur sind und der Wirtschaft großen Schaden zufügen. In diesem Zusammenhang sollten die österreichischen Behörden eine Buchprüfung bei jenen Firmen durchführen, die mit dem ›Imperium‹ Geschäfte abgeschlossen haben.« Sinn des Unternehmens war es, den vermeintlichen Schaden und den Grad der Verwicklung der beiden Personen in kriminelle Aktivitäten festzustellen.

Bei dem Vertrag ging es um die Lieferung von 200 000 Tonnen Metallprodukte über einen ukrainischen Seehafen. Hier soll das Unternehmen den vereinbarten Preis um 30 bis 35 Prozent verringert haben. Zu diesem Zweck hatte das Unternehmen von der österreichischen Service International eigens eine Expertise über die Qualität der Metallprodukte erstellen lassen, die den Stahl als qualitativ minderwertig deklarierte, um den Kaufpreis unverhältnismäßig niedrig halten zu können. Schaden für den ukrainischen Staat: satte 50 Millionen US-Dollar.

Bei einem anderen Geschäft kaufte das »Imperium« 1994 ein Flugzeug der Marke ANT-124-100, das später einem in Kiew registrierten Joint-venture zur Verwendung im Charterverkehr überlassen wurde. Laut eigenen Dokumenten des Unternehmens ist Eigner der Antonow 124-100 das »Imperium«. Gebaut wurde es von der Kiew Aircraft, danach ist es an das Unternehmen Aerotrek weitervermietet worden mit dem Recht zur kommerziellen Nutzung. »Das monatliche Nettoeinkommen für die Benutzung der Antonow wird je nach Flugstunden auf 500 000 Dollar geschätzt«, steht in einem Bericht des »Imperiums«. Später wurde die Maschine der bulgarischen Fluggesellschaft Air Sofia vermietet. Der vereinbarte Kaufpreis sei jedoch nur zum Teil bezahlt worden, beklagt sich die ukrainische Staatsanwaltschaft, 15 Millionen US-Dollar stünden noch aus.

Mit diesem Flugzeug hat es eine besondere Bewandtnis. 1991 sollten damit Scud-Raketen an Saddam Hussein geliefert worden sein. Gegenüber einer israelischen Zeitung wies der »Admiral« zuerst einmal vehement alle Anspielungen auf irgendein Fehlverhalten zurück. Zu den Scud-Raketen sagte er, das betreffende Flugzeug sei von einer privaten Firma gechartert worden; er würde natürlich niemals eine solche heiße Fracht befördern. Seinen Angaben zufolge hat die ukrainische Regierung als eine Art Gegenleistung für den ihm geschuldeten Betrag von 100 Millionen US-Dollar dem »Imperium« das Flugzeug angeboten. Die Anteile an der Antonow wurden daraufhin von der Firma in eine neue Chartergesellschaft eingebracht, an der das regierungseigene Unternehmen Ukraviaprom beteiligt war. Danach wurde die Antonow von der Air Sofia gechartert. Air Sofia wiederum vermietete die Antonow an die Iran Air. Daraufhin protestierte die US-Botschaft bei der bulgarischen Regierung, die US-Regierung besitze Informationen, daß das Flugzeug Scud-Raketen transportieren würde. Sowohl die bulgarische Regierung wie Air Sofia dementierten jedoch. Und Iran Air erklärte, sie hätten »Lastfahrzeuge« transportiert. Auch die ukrainische Regierung als Mehrheitsaktionär an der Gesellschaft und das »Imperium« wiesen jeden Verdacht strikt von sich.

Die andere Frage, die man sich mißtrauisch in den USA stellte, steht mit diesem Transport irgendwie in Verbindung. Hat der Unternehmer außerdem nukleare Teile aus russischen Laboratorien nach Nordkorea und in den Iran geliefert?

Ende 1993 und Anfang 1994 soll die National Security Agency jedenfalls Hinweise gefunden haben, daß das Unternehmen an einem solchen Deal beteiligt war. »Es gibt keine Zweifel daran«, bestätigt ein Mitarbeiter der US-Administration gegenüber einer bekannten amerikanischen Wochenzeitschrift. Und noch ein anderes Geschäft erregt Verdacht.

In einem weiteren, am 21. Oktober 1994 zwischen dem »Imperium« und dem ukrainischen Konzern Ukragrotechservice abgeschlossenen Vertrag wurde die Lieferung von 2,1 Millionen Tonnen Rohöl an die Ukraine vereinbart. Durch Betrug und Mißbrauch der ukrainischen Vertragspartner soll es dem »Imperium« gelungen sein, zirka 20 Millionen US-Dollar zum Nachteil des ukrainischen Staates für sich abzuzweigen. Nach

Ansicht der ukrainischen Behörden soll das Geld auf ein österreichisches Konto des Unternehmens geflossen sein. Die Fahnder in Wien fanden jedenfalls 20 Millionen US-Dollar auf einem Konto bei der Ersten Österreichischen Spar-Cassa. Danach konnte der weitere Geldfluß nicht mehr ermittelt werden.

Die Ukraine ist natürlich ein Land, in dem die Korruption die Politik bestimmt und das Amalgam für alle Geschäfte ist. Von Interesse für die belgischen Ermittlungsbehörden ist in diesem Zusammenhang ein Wirtschaftsfachmann. Der persönliche Berater für Wirtschaftsfragen des derzeitigen ukrainischen Staatspräsidenten, Alexander W., genießt, wenn er nach Wien kommt, die besondere Betreuung durch das »Imperium«. Alexander W. ist aber nicht nur uneigennütziger Berater des ukrainischen Präsidenten, sondern besitzt diverse Firmen und Konten im Ausland. Niemand weiß, wie er zu dem Geld gekommen ist oder für wen er diese Gelder aus der Ukraine ins europäische Ausland transferiert. In Belgien wurden inzwischen die Konten des Wirtschaftsberaters eingefroren, umgerechnet knapp 4,1 Millionen Mark. Eng verbunden ist er mit dem bekannten Unternehmen Seabeco. Mafiose Verfilzungen, wohin man schaut. Das gilt auch für die Beziehung zwischen dem »Admiral« und dem ukrainischen Millionär Wadim R. Der »Admiral« und Wadim R. bemühten sich sogar, kommerzielle Fernsehstationen in der Ukraine aufzubauen. Wadim R. gab in der letzten Zeit zwar häufig Erklärungen ab, daß er sich von dem »Imperium« distanziert habe. In Wirklichkeit aber ist alles nur ein Täuschungsmanöver.
Grund für diese Trennung sei das widerrechtliche Geschäftsgebaren der Firma gewesen. Nun plane er die Gründung einer israelisch-ukrainischen Handelskammer. Inzwischen will er eine Art Konkurrenzunternehmen zu dem »Imperium« aufgebaut haben. Laut Interpol Lyon wird behauptet, »daß die Firma O. in Genf gegründet wurde, nachdem sich Wadim R. von dem Unternehmen trennte. O. ist eine unabhängige Firma, die nun in Rußland und der Ukraine aktiv ist. Die Aktivitäten sind ähnlich denen des ›Imperiums‹. Die von O. ausgehandelten Deals werden meistens über das ›Imperium‹ durchgeführt. Wir haben Informationen, daß O. im Waffenge-

schäft zwischen der Ukraine und Rumänien verwickelt ist mit der Zustimmung von dem ›Admiral‹.«

Kasachstan und das »Imperium«

»Vieles haben wir dem ›Imperium‹ zu verdanken. Mit Hilfe dieser Firma kann unsere Republik eine breite Palette an Geschäften in Europa abwickeln«, sagte der Ministerpräsident der Republik Kasachstan. Zweifellos hat das »Imperium« eine eigene Strategie entwickelt, um unter Ausnutzung der bestehenden wirtschaftlichen und politischen Lage in Kasachstan eine möglichst einflußreiche Ausgangsposition einnehmen zu können und diese in ihrem Sinne weiter auszubauen und zu festigen. Zu diesem Zweck wurde der Umstand, daß in Kasachstan die Infrastruktur für Außenhandelsbeziehungen und alle damit in Verbindung stehenden Erfordernisse noch so gut wie nicht vorhanden sind, ausgenutzt. Einerseits erwächst der Holding des »Imperiums« daraus ein enormer wirtschaftlicher Vorteil, andererseits wird ihr Einfluß in allen wichtigen Wirtschaftszweigen an der Wurzel festgelegt, um an dem zu erwartenden Wachstum entsprechend zu partizipieren. Von politischer Seite bietet das hinlänglich bekannte gute Verhältnis zwischen dem »Admiral« und dem Präsidenten Kasachstans die beste Ausgangsposition. Deshalb hat die Holding ein elementares Interesse an der Wiederwahl des Präsidenten und unterstützt ihn massiv. Diese Unterstützung wiederum verpflichtet den Präsidenten von Kasachstan zur Dankbarkeit.

Ein Ölgeschäft, bei dem die guten Kontakte zur Regierung sicher dienlich waren, sei hier erwähnt. Da gibt es ein Telefax aus dem »Imperium« vom 15. Dezember 1993 an eine Firma in den USA. »Dear Alan. Wir haben ein interessantes Angebot. Wir haben 600 000 mt. Öl zu einem Preis von ca. 60 Dollar per mt. gekauft. Das Öl ist noch in der Pipeline. Nach unserem kalkulierten Preis kostet ein mt. 87 Dollar. Das Rohöl wird in der Raffinerie Tschimkent verarbeitet und an die Regierung von Kasachstan zu einem Preis von 105 Dollar per mt. verkauft. Der Profit beträgt daher 18 Dollar per mt.« Wie kommt es, daß das »Imperium« so gute Preise von der Regierung in Kasachstan eingeräumt bekommt?

Des »Admirals« guter Freund, Nursultan Nasarbaijew, Präsident von Kasachstan, war lange Zeit der Darling der westlichen Geschäftswelt. Zwar wußte man, daß er wie fast alle GUS-Staatschefs ein ehemaliger kommunistischer Führer war. Der immerhin seit 1986 amtierende KP-Chef Kasachstans war nicht eben prädestiniert für eine Karriere in einem demokratischen Staat. Der Westen blickte vornehm darüber hinweg. Das fiel ihm um so leichter, als Kasachstan extrem reich an Rohstoffen ist und Nasarbaijew den westlichen Ölfirmen, denen bei der Zusammenarbeit mit Entwicklungsstaaten nichts wichtiger ist als Stabilität, eine gewisse Kontinuität garantierte. Dieser moderne mittelasiatische Khan hat natürlich mit freien demokratischen Wahlen wenig im Sinn. Bei den Parlamentswahlen 1994 ist es, so internationale Wahlbeobachter, zu schwerwiegenden Unregelmäßigkeiten gekommen. »In zahlreichen Fällen haben nach Angaben der Beobachter Personen auch gleich noch die Wahlzettel anderer ausgefüllt. Gemessen an westlichen Kriterien sei es bei den Wahlen in Kasachstan zu einer großen Menge von krassen Verletzungen des Rechts auf freie Meinungsäußerung gekommen.«[145]

Die Verbindungen in und nach Deutschland

Auffällig in diesem Zusammenhang ist, daß die Republik Kasachstan ein Angebot an die bundesdeutsche Treuhandanstalt machte. Sie erklärte sich bereit, das zu privatisierende ostdeutsche Stahlwerk Eko-Stahl aufzukaufen. »So sichern die Kasachen den Bau der fehlenden Warmwalzstufe zu und gehen von einem Investitionsbedarf von etwas mehr als einer Milliarde DM aus«[146] meldeten stolz die Zeitungen, und die von Entlassung bedrohten Arbeitnehmer jubelten. Es war aber nicht die Republik Kasachstan, die hinter diesem Angebot stand, sondern das »Imperium«, das über einen Münchner Anwalt viele Briefe an die Treuhand schrieb, um Eko-Stahl zu kaufen. Der Deal klappte nicht, vielleicht weil die Sicherheitsbehörden letztlich intervenierten. Denn auch in Deutschland ist das »Imperium« natürlich bekannt und nicht nur beim Bundeskriminalamt.

In einem Schreiben vom 21. August 1995 beschäftigt sich das Bundeskriminalamt mit dem »Imperium«. Darin wird auf ein Treffen zwischen Beamten des Bundeskriminalamtes mit dem Verbindungsbeamten des SIS (Secret Intelligence Service), dem früheren MI 6, Bezug genommen.

»In der Arbeitsgruppe Home Office Operation Group werden unter anderem Analysen zur internationalen tätigen Firma ›Unternehmen‹ angefertigt. Diese Firma soll im internationalen Ost-West-Im- und Exportgeschäft tätig sein. Dabei soll sie legale mit illegalen Aktivitäten kombinieren und insbesondere die illegalen Aktivitäten unter dem Deckmantel der Legalität initiieren und betreiben. Durch die bisherigen Entwicklungen konnten in England bereits vorgesehene Finanztransaktionen gestoppt werden. Für die nähere Zukunft ist daran gedacht, strafprozessuale Maßnahmen gegen den Firmenkomplex in Großbritannien durchzuführen. Ziel einer nunmehr auch international anzustrebenden Kooperation soll es sein, die Firma zu penetrieren, um zum einen ihre Aktivitäten zu erhellen, zum anderen auch eine Gegenstrategie zu entwickeln, um die Aktivitäten des Unternehmens auf Dauer zu unterbinden.«

Nach dem Gespräch zwischen dem BKA und dem Repräsentanten des britischen SIS übergab letzterer noch ein vierseitiges Schreiben an den Präsidenten des BKA mit weiteren Hintergrundinformationen zu dem Unternehmen.

Spricht man hingegen den »Admiral« auf den Vorwurf der Geldwäsche an, bekommt man Erstaunliches zu hören: »Ich bin für eine Verschärfung der Bestimmungen gegen die Geldwäsche. Das könnte für unser Unternehmen durchaus von Nutzen sein, weil jeder leicht nachprüfen könnte, daß das Unternehmen sauber ist und nie mit dunklen Machenschaften zu tun hatte.«

Nicht unbedeutend sind andere Verbindungen. So gibt es Berührungspunkte zu alten Stasi-Seilschaften, wie die zu Peter F.

Der war bis zur Wende Adjutant des Chefs der Hauptverwaltung Aufklärung im Ministerium für Staatssicherheit. Nach der Wende beschäftigte er sich unter anderem mit Wachschutzdiensten. Aufmerksam wurde registriert, daß er mehrmals Besuch von Kurieren aus Österreich erhielt,

Tschetschenen, die im Auftrag des »Imperiums« tätig waren. Gesichert sind die Beziehungen des »Admirals« auch zu einem Unternehmen in Berlin. Es ist namensgleich mit dem des »Imperiums«. Direktor des Unternehmens in Berlin ist der Russe K.

»Damit habe ich überhaupt nichts zu tun«, erklärt der »Admiral« im Gegenteil. In einer Presseerklärung läßt er verbreiten: »Das ›Imperium‹ ist seit Jahren das Opfer einer Verwechslung mit einem Unternehmen gleichen Namens, dem wiederholt kriminelle Machenschaften vorgeworfen wurden. Die rein zufällige Namensgleichheit wurde und wird von Konkurrenten und politischen Gegnern dafür benutzt, um die international erfolgreiche Firmengruppe und deren Manager durch gezielte Desinformationen in Verruf zu bringen.« Soweit die offizielle Äußerung aus dem Hause des »Admirals«.

Schaut man sich dann die Firmenpost des »Imperiums« genauer an, taucht dort ziemlich häufig der Name des Berliners K. in der Korrespondenz auf, dessen Firma der »Admiral« ja überhaupt nicht kennt. Aufschlußreich auch mancher Brief, insbesondere jener, wo der »Admiral« auf eine Klage Ks reagiert, der vergeblich zu einem Treffen nach Österreich gekommen ist.

»Lieber K. Weißt Du nicht, daß ich meine Pläne alle fünf oder zehn Minuten ändere und Du Dich daher nicht auf Termine stützen kannst, die ich gemacht habe, ohne sie Dir alle zehn Minuten bestätigen zu lassen. Wenn ich einen Termin mit Dir habe, ändere ich ihn dreimal. Treffen mit mir sind nicht möglich, ohne 14- oder 15mal bestätigt zu werden. Wenn Du nach Wien kommst, um hier ständig zu sein, so ist das eine gute Idee. Dann kannst Du Teil des Teams werden, und Konflikte und Isolation werden vermieden. Wenn nicht, dann hoffe ich, daß Du das Wetter genießt, und wir werden wahrscheinlich irgendwann im Jahr 1996 zusammenkommen. PS: Falls Du das Obige nicht verstanden hast, das ist amerikanischer Sarkasmus. Es ist eines der Dinge, die Amerika groß gemacht haben. Wir werden sie begraben.«

Außerdem fällt auf, daß der »Admiral«, glaubt man den Angaben in der Telefonliste des »Imperiums«, zwischen 1992 und 1994 das Berliner Unternehmen mehrmals angewählt haben muß. K. aus Berlin taucht außerdem als Inhaber einer Kreditkarte einer Wiener Firma auf, die nachweislich Teil des »Imperiums« ist. Deshalb bestellte am 24. Februar 1993 die Ehefrau des »Admirals« sogar für K. 200 Visitenkarten auf Kosten des »Imperiums«.

Ähnlich widersprüchlich sind die Aussagen des »Admirals«, was seine »Filiale« und dessen Chef F. in Nordrhein-Westfalen angeht. Zitat aus einer Erklärung seines österreichischen Public-Relation-Agenten: »Herr F. hat die Gruppe vor einigen Jahren kurzfristig beraten. Er war nie Mitarbeiter des Unternehmens.«

Daß derselbe Mann im offiziellen Firmenprospekt des »Imperiums« als Mitglied des Vorstandes der Holding auftaucht, ist erstaunlich. Und in seinem eigenen »Inter Office Memo« vom 18. November 1993 – »privat und vertraulich« – wird der Direktor dieses deutschen Unternehmens als »Vizepräsident für Projekte« bezeichnet.

Das sind jedoch nicht die einzigen Verbindungen zwischen dem »Admiral« und seinem Partner in Nordrhein-Westfalen. Da meldet die Paßkontrollstelle des Flughafens Wien-Schwechat am 12. Mai 1994, daß um 8.10 Uhr mit der Privatmaschine des »Admirals«, folgende Gäste des Unternehmens nach Minsk ausreisten. An erster Stelle folgt der Name des Mannes aus Nordrhein-Westfalen. Diesmal reist er in prominenter Begleitung, mit dem österreichischen politischen Lobbyisten des »Admirals«, einem wichtigen Mann der SPÖ.

Ein Blick in die Liste der Treffen zwischen Vertretern des »Imperiums« in Österreich und dem Mann aus Nordrhein-Westfalen zeigt, wie eng die Verbindungen zwischen dem österreichischen und deutschen Unternehmen tatsächlich sein müssen.

Am 17. Juni 1994, Punkt zwölf Uhr, traf man sich in einer österreichischen Stadt. Teilnehmer waren neben dem österreichischen Anwalt auch der Mann aus Nordrhein-Westfalen. Zitat aus dem Protokoll. »F. fragte, ist Eintragung ins Grundbuch notwendig zur Erfüllung des Kaufvertrages? Wann wird sie erfolgen?«

Drei Wochen später schickte das »Imperium« ein Fax nach Nordrhein-Westfalen: »Sehr geehrter Herr F. Ich habe heute ›Admiral‹ gesprochen, der mich angewiesen hat, Sie zur Erledigung dieser Aufgabe zu kontaktieren, da Sie diesbezüglich über große Erfahrungen verfügen.« Es geht um den Bau eines GUS-Managementzentrums in Österreich.

Mit wem der »Admiral« in Deutschland keine direkten oder indirekten Geschäftsbeziehungen hat – das ist eigentlich die spannendste Frage. Aufschlußreich ist jedenfalls noch seine Verbindung zu einer Holding in Wien. Deren Direktor, Martin S., zählte in der einstigen DDR zu jenen »ausgewählten Personen in Banken, Konzernen und Firmen«, die dem maroden Regime von außen Hilfestellung leisten sollten. In einer »streng geheimen« Liste von Schalck-Golodkowski wird er als »wichtige Kontaktperson« ausgewiesen. Sein Tarnname als inoffizieller Mitarbeiter der Stasi: »Landgraf«. Inzwischen ermittelt die Bundesanwaltschaft in Karlsruhe gegen ihn wegen geheimdienstlicher Agententätigkeit und Verstoßes gegen das Außenwirtschaftsgesetz. Und bei der Berliner Staatsanwaltschaft sind mehrere Ermittlungsverfahren gegen ihn anhängig.

Irgendwie treffen sich beim »Admiral« wohl alle denkbaren Figuren: Nachrichtendienstler des KGB und der Stasi, Mafiosi, korrupte Politiker und wahrscheinlich auch einige ehrenwerte Laiendarsteller. Und in dem Drama stellt sich die grundsätzliche Frage, ob das »Imperium« einfach nur ein gutes Beispiel für die konsequent betriebene Bereicherung von Kriminellen, Beamten und Politikern auf Kosten eines wirtschaftlich wie auch politisch labilen Staates wie Rußland ist? Es könnte auch auf die Ukraine oder Kasachstan zutreffen. Auf jeden Fall lassen sich hier die Verflechtungen krimineller Strukturen mit der alten wie neuen Nomenklatura auf dem Gebiet der früheren Sowjetunion eindringlich darstellen. Schlimm nur, daß er trotzdem mit einer Art Heiligenschein auf der wirtschaftlichen und politischen Bühne der ehemaligen Sowjetunion agieren kann und sich dabei der Hilfe westlicher Politiker und Unternehmen bedient. Denn am »Admiral« führt häufig kein Weg vorbei, wenn man lukrative Geschäfte im Osten machen will.

Kontakte mit den »normalen« kriminellen Banden?

»Wir wissen, daß sich der ›Admiral‹ regelmäßig, teilweise einmal in der Woche, in einem Wiener Lokal mit Personen trifft, die der kriminellen tschetschenischen Szene angehören. Während dieser Treffen wird das Restaurant für andere Gäste geschlossen, und die sehr speziellen Gäste werden entweder von der Frau des Besitzers oder dem Manager persönlich bedient«, schreibt die Arbeitsgruppe bei Interpol, die sich mit dem »Imperium« beschäftigt.

Was ist an den Vorwürfen dran? Das »Imperium« war Mitbegründer einer 1992 in Wien eingerichteten Firma A. Export und Import Handels GmbH.

Der zweite Mitbegründer der Gesellschaft und derzeitige Geschäftsführer ist ein aus Grosny gebürtiger A. M. Gegen diesen Geschäftspartner des »Admirals« besteht in der Russischen Föderation ein Haftbefehl wegen siebenfachen Mordes, begangen am 4. März 1994 in Moskau während einer Auseinandersetzung zwischen rivalisierenden Banden. Trotzdem reiste er ziemlich frei in Europa herum.

Als stichhaltigen Hinweis darauf, daß zwischen dem »Imperium« und potentiellen Gewalttätern sehr wohl nachvollziehbare Verbindungen bestehen, deuten die Sicherheitsbehörden folgenden Vorfall:

»Ansur B. wurde am 3. Juni 1992 zusammen mit Abdullah E. und der Dolmetscherin Olga auf dem Flughafen München wegen illegaler Einreise festgenommen.

Die drei Personen waren gegen 17 Uhr des 3. Juni 1992, von Wien kommend, mit einem Firmenfahrzeug des ›Imperiums‹ über den Autobahngrenzübergang Walserberg nach Deutschland eingereist. Diese Art wurde deshalb gewählt, weil keiner der drei ein Visum für Deutschland hatte und am Walserberg die Wahrscheinlichkeit, von Grenzbeamten kontrolliert zu werden, relativ gering war. So fuhren sie anstandslos zum Flughafen München, um von dort einen Inlandsflug nach Berlin anzutreten. Im Zuge der am Flughafen durchgeführten Sicherheitskontrolle wurde jedoch bei Ansur ein Totschläger im Handgepäck gefunden. Zwei Messer, die er ebenfalls bei sich hatte, gab er vorsorglich ab, damit sie von seiner Person getrennt transportiert würden. Die drei Personen, als deren Chef sich Ansur ausgab, hatten vor ihrer Abreise Verhandlungen mit dem ›Imperium‹ geführt, gaben sie bei dem anschließenden Verhör an.«

Nach ihrer Ankunft in Berlin sollten sie sich erneut mit dem »Imperium« in Verbindung setzen, damit sie Reisepässe mit gültigen Visa für Deutschland erhielten. Der mitgeführte Bargeldbetrag von 220 000 US-Dollar war einerseits für den Kauf von zwei neuen PKW der Oberklasse und andererseits für den Erwerb von Medikamenten und anderen wichtigen Waren für die Tschetschenische Republik bestimmt. Dieses Geld hatte Abdullah E., seinen eigenen Angaben zufolge, von dem »Imperium« als Geschäftsprovision erhalten.

Es lassen sich noch weitere Merkwürdigkeiten belegen. Die Wiener Polizei ermittelt seit Beginn des Jahres 1993 gegen eine Gruppe Tschetschenen, deren Kern die Brüder Umar und Tschakan B. sind. Umar war wegen einer Visumangelegenheit Klient eines Rechtsanwalts, der im Juli 1994 im Zusammenhang mit umfangreichen Immobilienspekulationen wegen Verdachts der Beihilfe zum schweren Betrug verhaftet wurde. Umar übernahm gemeinsam mit dem bereits erwähnten Abdullah E. eine Speditionsfirma. An der war das »Imperium« eine Zeitlang beteiligt. Inzwischen hat das »Imperium« diese Anteile jedoch wieder verkauft. Trotzdem bestehen weiterhin beste Beziehungen zu Umar B.

Unabhängig von diesem Sachverhalt werden laut Interpol Washington umfangreiche Ermittlungen im Zusammenhang mit einer kriminellen Vereinigung durchgeführt, die versuchte, 800 Kilo Kokain in die USA zu schmuggeln. Als bedeutendes Mitglied dieser Organisation wurde Mahomed B. identifiziert. Gegen ihn besteht ein internationaler Haftbefehl. Sporadisch hält er sich seitdem bei seinen Brüdern in Wien auf.

Im Zuge der Ermittlungen fand die Polizei heraus, daß die Brüder enge Beziehungen zu in Deutschland lebenden Tschetschenen unterhalten, die hier im Bereich der Schutzgelderpressung eine führende Rolle einnehmen.

Im Januar 1994 wurde in der Tiefgarage der in Wien lebenden Brüder ein Mercedes 600 SEL mit Münchner Kennzeichen festgestellt. Besitzer des Wagens war ein Zaindi K. Der hatte während seines Wienaufenthaltes mit Abdullah E. Kontakt aufgenommen. Zaindi ist selbst in Moskau kein Unbekannter. Laut Interpol Moskau gehörte er einer von Tengis Marianschwili angeführten kriminellen Organisation an. Marianschwili war am 22. Juli 1991 an einem Schußwechsel zwischen rivalisierenden russischen Gangs in Berlin beteiligt. Nach dem Schußwechsel flüchtete er nach Belgien. Am 21. April 1992 wurde er in einem Kanal in Amsterdam erschossen aufgefunden.

Der »Admiral« in Österreich

Den eigenen Angaben zufolge hat der »Admiral« seinen ständigen Wohnsitz seit dem Jahr 1990 nach Österreich verlegt. Ein Architekt, mit dem der »Admiral« ein GUS-Managementzentrum aufbauen wollte, doch nach einem Streit das Projekt verließ, hat den »Admiral« noch lebhaft in Erinnerung. »Ich habe zuerst gedacht, das ist ein seriöser Geschäftsmann. Er kam immer mit Bodyguards, schwer bewaffnet. Doch dann habe ich gemerkt, daß da vieles nicht stimmt.«

Von Anfang seines Aufenthaltes an versuchte der »Admiral«, die österreichische Staatsbürgerschaft zu erlangen mit der Begründung, wie wichtig er und sein Unternehmen für die österreichische Wirtschaft seien. Hilfreich ist ihm insbesondere jener österreichische Anwalt, der aus der linken politischen Ecke kam und der durch den »Admiral« zum reichen Mann wurde. Der Anwalt ist angesehen und kann auf ein festes Beziehungsnetz bauen. Dazu gehört auch der inzwischen abgelöste Leiter der österreichischen Staatspolizei, K.

In einem Brief vom 2. November 1994, Zeichen 10/as, schreibt der Anwalt in der Angelegenheit des »Admirals« an den »sehr geehrten Herrn Doktor K. und lieben Freund« im österreichischen Innenministerium, Abteilung EBT.

»Aufgrund unseres letzten Treffens gemeinsam mit Mag. Dick sowie meinem Mandanten hatte ich verstanden, daß seitens Deiner Behörde keine Vorbehalte gegen die Verleihung der Staatsbürgerschaft an den ›Admiral‹ bestehen. Ich würde mich jedenfalls freuen, wenn ich Dich auch ohne spezifischen Anlaß in den nächsten Tagen treffen könnte.«

Die Versuche des »Admirals« blieben bislang trotz diverser Interventionen, bei denen er immer wieder vo seinem Rechtsanwalt unterstützt wurde, erfolglos. Die EDOK in Wien zu dem Einbürgerungsbegehren: »Wenn er den angeblich hohen wirtschaftlichen Stellenwert des von ihm geleiteten Unternehmens für den österreichischen Staat ins Treffen führt, so bringt er doch keinen wie immer gearteten Beweis für seine Behauptungen bei. Allerdings gelang es ihm im Juli 1995, eine unbefristete Aufenthaltserlaubnis für Österreich zu erhalten.«

Die Gründe, warum sein Gesuch bisher abgelehnt wurde, sind einem Bescheid der EDOK zu entnehmen. »Aus der Sicht der EDOK werden folgende sicherheitspolizeiliche Bedenken angeführt. Gegen den ›Admiral‹ und die unter seiner Führung stehende Holding werden laufend Erhebungen durchgeführt. Ziel dieser weltweit geführten Ermittlungen ist es, die Verdachtsmomente, zum Beispiel Geldwäsche und Betrug, gegen den ›Admiral‹ zu konkretisieren und in weiterer Folge gerichtsanhängig zu machen.«

Andererseits hat der »Admiral« in der Alpenrepublik beste Beziehungen. Daher ist es eigentlich verwunderlich, daß diese nichts nutzten, als er um die österreichische Staatsbürgerschaft nachsuchte. Da liegt im Archiv seines Unternehmens ein Brief an Franz Vranitzky, den ehemaligen Bundeskanzler der Republik Österreich. »Sehr geehrter Herr Bundeskanzler. Der Ministerrat der Republik Kasachstan empfiehlt sich Ihnen bestens und möchte noch einmal die Gelegenheit nützen, um Ihnen seine Zufriedenheit betreffend Ihres so ergiebigen Besuches in der Republik Kasachstan im April dieses Jahres auszusprechen.« Dem Schreiben nach ging es um die Zusammenarbeit auf dem Gebiet des Fremdenverkehrs. Dabei wurde auch über die »Heranziehung der österreichischen Exportkreditlinie« für Kasachstan gesprochen. Und nun »hält der Ministerrat von Kasachstan die Heranziehung der österreichischen Exportkreditlinien für Kasachstan für zweckmäßig und ersucht Sie um Unterstützung dieses Programms. Hochachtungsvoll. S. Abischew, Stellvertretender Premierminister der Republik Kasachstan.« Auch hier zog im Hintergrund wieder das »Imperium« die Fäden. Wie sonst ist es zu verstehen, daß dieser Brief nicht in Kasachstan entworfen wurde, sondern in der Zentrale des »Imperiums« in Österreich?

Die Verflechtungen zwischen dem dubiosen Geschäftsmann und manchen Politikern in Österreich muß man sich vor dem Hintergrund der Erkenntnisse zu Gemüte führen, die von der Dienststelle für organisiertes Verbrechen im Wiener Innenministerium, der EDOK, unter dem Titel: »Das Imperium – Organisierte Kriminalität«, vom Dezember 1996 veröffentlicht wurde.

»Für den österreichischen Staat stellt das Unternehmen insofern eine konkrete Gefahr dar, als die hier etablierten, mit dem Imperium in Verbindung stehenden Firmen und das ihnen zur Verfügung stehende Kapital einen enormen, immer stärker werdenden Wirtschaftsfaktor darstellen. Diese Wirtschaftsmacht weist aber keinerlei Stabilität, eher einen destruktiven Charakter auf. Durch die willkürlich geführten Geschäfte, bei denen zum Teil Dollarbeträge in mehrstelliger Millionenhöhe über Anweisung von Einzelpersonen transferiert werden, kann dem Staat innerhalb kürzester Zeit ein enormer wirtschaftlicher Schaden zugefügt werden. Weiters besteht durchaus die Gefahr, daß diese ›Businessmen‹, haben sie sich erst einmal im Wirtschaftsbereich situiert, in weiterer Folge ihre eigenen Interessen auf ihre eigene, hinlänglich bekannte Art durchsetzen werden. Der Kontakt mit Fachpersonal dieses Zuschnittes ist bekannt und nachvollziehbar.«

Trotzdem konnte bis zum heutigen Tag von seiten der Ermittlungsbehörden kein konkretes Strafverfahren gegen den »Admiral« eingeleitet werden. Und die österreichischen Politiker waschen ihre Hände in Unschuld. Eine Randbemerkung ist es schon wert.

Um die Integrität des »Admirals« beziehungsweise seine unternehmerische Genialität einem breiten Publikum zu verkaufen, beschäftigte er bis Anfang 1997 eine Public-Relation-Firma, der man neidlos hervorragende Arbeit attestieren kann.

Der Besuch im Weißen Haus

Nicht nur in Österreich ist der »Admiral« Gesprächspartner vieler einflußreicher Politiker und Unternehmer. Besonders stolz ist er auf ein festliches Dinner beim US-Präsidenten Bill Clinton. Der läßt sich offenbar gern mit reichen Russen abbilden. Auch der persönliche Wirtschaftsberater des ukrainischen Staatspräsidenten, der Mann mit den vielen Bankkonten in Europa, ist stolz auf das Foto, daß ihn zusammen mit Bill Clinton zeigt. Genauso stolz wie der »Admiral«.

»Ich traf ihn nur kurz vor seiner ersten Wahl. Eingeladen zu dem Bankett hatte mich mein Freund Sam Domb. Wir hatten ein privates Gespräch, das nicht länger als zehn Minuten dauerte. Clinton sagte mir, daß die US-Administration besorgt über die Atomwaffen der Ukraine sei. Ich sagte ihm: Mr. Präsident, ich bin einer der größten Öllieferanten der Ukraine und persönlich mit Präsident Krawtschuk befreundet. Ich kann Krawtschuk über die Besorgnisse Ihrer Regierung unterrichten, und Sie können die Ukraine bei der Entsorgung der Atomwaffen finanziell unterstützen. Clinton war sofort damit einverstanden.«

Entsprechend wurde sein Besuch beim US-Präsidenten in russischen Zeitungen gewürdigt. »Ende Oktober nahm der ›Admiral‹ an einem Gespräch mit dem US-Präsidenten Clinton teil. Nach dem Treffen erörterten sie im Laufe eines bilateralen Gesprächs Fragen möglicher Investitionen des ›Admirals‹ in der US-Wirtschaft und wirtschaftliche Hilfe der USA für die Länder der ehemaligen UdSSR.«

Wiktor Judkin, Mitarbeiter der russischen Zeitschrift *Westnik*, sprach sogar mit einem der Teilnehmer des Washingtoner Treffens. »Es ist ein bekannter US-Geschäftsmann, Berater von Bill Clinton und zugleich Mitglied der Handelskammer, Sam Domb. Sam Domb wußte das Unternehmen und dessen Präsidenten hoch zu schätzen und bezeichnete ihn als ersten Russen, der solch einen Erfolg in der Welt des freien Unternehmertums verzeichnen kann.«

Ein Jahr später wurde dem »Admiral« erneut die Ehre zuteil, zu einem Dinner bei Präsident Clinton geladen zu werden. »Lieber Herr A.«, stand in dem Brief des Demokratischen Nationalen Komitees, DNC, in Washington. »Ich lade

Sie herzlich ein, am Dienstag, dem 11. Juli 1995, mit Präsident Clinton das Abendessen einzunehmen.« Als die Einladung eintraf, bat er vorsorglich die amerikanische Botschaft in Tel Aviv um die Zusicherung freien Geleits für die Reise nach Washington. Trotz wiederholter Anfragen blieb die gewünschte Zusicherung aus, und der »Admiral« folgerte daraus, daß es weise wäre, die Einladung nicht anzunehmen. »Niemand sagte mir, daß ich nicht fahren dürfe, aber ich wollte nicht noch einmal unter einer Behandlung leiden, die ich in Heathrow erfuhr.«

Die Erfahrungen auf dem Londoner Flughafen Heathrow lasten wie ein Alptraum auf dem im Osten hofierten Konzernchef. Anfang 1995 wurde er dort fünf Stunden lang von der Polizei vernommen, die ihm danach die Einreise verweigerte, und er mußte in das nächste Flugzeug in Richtung Österreich steigen. Als er heftigst gegen die unwürdige Behandlung protestierte, wurde ihm mit der Verhaftung gedroht. Das wirkte.

Der »Admiral« liefert eine etwas andere Version: »Als Bürger habe ich keine Probleme einzureisen. Es wurde jedoch untersagt, unser Büro nach London zu verlegen, weil unsere Gesellschaft der Geldwäsche verdächtigt wird.« Warum man ihn dann festgenommen hatte und er keine Einreiseerlaubnis erhielt – darüber redet er nicht.

Ähnlich widersprüchlich sind seine Erinnerungen an das Treffen mit Bill Clinton, an seine damaligen Worte, wie auch daran, daß er das zweite Abendessen mit dem US-Präsidenten mit seiner Anwesenheit nicht beehrte.

Ans Licht der amerikanischen Öffentlichkeit kam das Ereignis erst, nachdem die National Security Agency, NSA, das Telefon des »Admirals« angezapft und die Ergebnisse dem Weißen Haus beziehungsweise dem Demokratischen Nationalen Komitee, DNC, mitgeteilt hatte und die Washington Post alles enthüllte. Wie kam es dazu?

Nach der heftigen öffentlichen Kritik an der Spendenpraxis bestimmter ausländischer Unternehmer für die Demokraten wollte man nun einige der spendablen Geschäftsleute unter die Lupe nehmen. Die NSA zapfte daraufhin einige Telefone an, und die Ergebnisse müssen wohl dazu geführt haben, daß der »Admiral« nicht mehr auf die Gästeliste des Weißen Hauses kam.

Der Sprecher der DNC, Amy Weiss Tobe, erklärte, daß die Demokratische Partei dem »Admiral« zwar ein Einladungsschreiben geschickt habe, nachdem man aber einiges Unerfreuliche über seinen Hintergrund entdeckt hatte, »ließen wir ihn wissen, daß er nicht länger eingeladen ist«. Fragen von Journalisten an den Nationalen Demokratischen Konvent, warum der »Admiral« überhaupt eingeladen wurde und warum er ein Schreiben des US-Präsidenten erhalten habe, der ihm für seine Unterstützung dankte, blieben hingegen unbeantwortet.

Auch der New Yorker Unternehmer Sam Domb meldete sich nun zu Wort. Er erklärte gegenüber einer amerikanischen Zeitung, daß er keine Ahnung habe, wer dieser Herr »Admiral« überhaupt sei. Er hätte ihn zum erstenmal während des Dinners getroffen. Domb hatte keine Erklärung dafür, wie es zu dem gemeinsamen Foto mit dem »Admiral« und Clinton gekommen ist und daß er in einer russischen Emigrantenzeitschrift den »Admiral« noch ausdrücklich lobte.

Am 3. November 1996 meldete die Nachrichtenagentur AP, Republikaner und ein ehemaliger CIA-Direktor kritisierten die Einladung des Geschäftsmanns zur Teilnahme an einem Dinner der Demokratischen Partei. Sie stellten den Unternehmer als ein Beispiel dafür heraus, wie eine Person mit dubiosem Hintergrund Zugang zur Demokratischen Partei finden konnte. Der ehemalige CIA-Direktor James Woolsey erklärte, daß auf einem Kongreßhearing der amtierende CIA-Direktor John Deutch den Unternehmer und seine Gesellschaft als eine Organisation bezeichnet habe, »die mit russischen kriminellen Aktivitäten verbunden sei«.

Monate später, Anfang 1997, richtete der Vorsitzende des Komitees für Gesetzesinitiativen im US-Kongreß, der republikanische Abgeordnete Gerald Solomon aus dem Staat New York, eine Anfrage an das Weiße Haus. Solomon forderte Auskunft über alle Dokumente über das inzwischen in die Schußlinie der Kritik geratene Treffen mit dem »Admiral« und dem US-Präsidenten sowie den Briefwechsel zwischen Bill Clinton und dem »Admiral«.

Außerdem wollte er alle Fakten über die Kontakte des US-Präsidenten mit dem New Yorker Immobilienkaufmann Samuel Domb wissen, der 1994 dem Wahlfonds der Demokratischen Partei 160000 Dollar gespendet hatte. Domb war es, der die Einladung zu einem Abendessen ins Weiße Haus für den »Admiral« erwirkte und diesem ein kurzes Treffen mit Clinton ermöglichte, bei dem das gemeinsame Foto entstand.

Faßt man alles zusammen, so hat der »Admiral« Grund genug, sich in Rußland als die hochangesehene Persönlichkeit, die sogar mit dem US-Präsidenten getafelt und gesprochen hatte, feiern zu lassen. Als dieser Vorgang und insbesondere die Beziehungen zum organisierten Verbrechen des »Admirals« in den USA bekanntwurden, kam es zu scharfen innenpolitischen Auseinandersetzungen im Land. Ein hochkarätiger, äußerst zweifelhafter Konzernchef an der Seite Bill Clintons, das schadet natürlich dem Image des US-Präsidenten, selbst wenn er wahrscheinlich nicht einmal wußte, mit wem er da gesprochen und sich hatte fotografieren lassen. Die Hauptsache für ihn und seine Partei war ja, daß Spendengelder flossen.

Inzwischen hat sich die Haltung des »Admirals« gegenüber den Vereinigten Staaten gedreht. Einem israelischen Journalisten erklärte er: »Die gesamte Angelegenheit der Russenmafia ist eine Verschwörung der USA. Israelische Bürger sind Geiseln der US-Politik, um Rußland zu zerstören. Ich sage nicht, daß es keine Kriminellen in Rußland gibt. Es sind Gangster wie überall, aber ich möchte das Kind nicht mit dem Bade ausschütten und sagen, daß es sich dabei um die Mafia handelt.«

Kanadische Episode

Schlecht sieht es für den »Admiral« inzwischen auch in Kanada aus, denn dort darf er nicht einreisen. Als er seinen Firmensitz nach Toronto verlegen wollten, hatten ihn kandadische Behörden überprüft. »Wir hatten einen Beauftragten des kanadischen Arbeitsministers eingeladen«, berichtet der »Admiral«, »der die Aktivitäten meiner Holding untersuchte. Später erzählte man uns: ›Freunde, wir mögen euch, und wir warten auf euch, aber es gibt ein schlechtes Image von bestimmten Geschäftsleuten.‹ Es waren Birschtein und Jakubowski.« Wahrscheinlich wußten die kanadischen Behörden bereits von seinen Kontakten zu Jakubowski.

Denn mit Dimitrij Jakubowski hatte er sich früher in Kanada unbehindert treffen können. Der junge russische Unternehmer war, als sich der »Admiral« mit ihm traf, gerade 29 Jahre alt und hatte sich im teuersten Stadtteil von Toronto für fünf Millionen Dollar, die er *cash* zahlte, eine Luxuswohnung gekauft. Dem äußeren Anschein nach ein erfolgreicher Geschäftsmann in Toronto, einer Stadt, in der zirka 50000 russischsprechende Einwanderer leben.

Er muß vor etwas Angst gehabt haben, denn sein Haus war mit Waffen vollgestopft: Sturmgewehren, Pistolen und Revolvern. Beim Verlassen seines Hauses begleiteten ihn immer Bodyguards, und in der lokalen Presse wurde der Verdacht geäußert, daß er zur russischen Mafia gehöre. Bei Recherchen fanden sowohl Journalisten wie die Polizei heraus, daß er vor seiner Ankunft in Toronto in Zürich gelebt hat und dort stellvertretender Direktor von Boris Birschteins Firma Seabeco war. Und die andere Neuigkeit: Er war General des russischen Sicherheitsdienstes. Kanadischen Journalisten versuchte er weiszumachen, er habe seinen Job bei Birschtein aufgegeben und arbeite nun eng mit der russischen Regierung zusammen, um seinen ehemaligen Chef in Moskau vor Gericht zu bringen: wegen des illegalen Transfers von staatlichem Vermögen ins Ausland. Inzwischen hat er Toronto verlassen und lebt wieder in Moskau.

»Die Angelegenheit Jakubowski zeigt die wachsende Tendenz der kriminellen Cliquen in Moskau, die durch Manipulation ihre politischen und wirtschaftlichen Verbindungen im Ausland benutzen, um damit Profit und Einfluß zu stärken.«[147]

Nachdem der »Admiral« sich mit Jakubowski nicht mehr in Kanada treffen kann, kommt Jakubowski nach Wien: so am 4. August 1994. Für das Gespräch mit dem Moskauer Jungunternehmer mietete das »Imperium« extra einen Sondergastraum an.

Über derlei Zusammenhänge schweigt der »Admiral« verständlicherweise und gibt als Grund für das Einreiseverbot seinen Gefängnisaufenthalt an. Das war zweifellos ein Grund, der andere jedoch, daß er die Herkunft seines Vermögens nicht erklären konnte.

Die Geschichte, die der »Admiral« dazu erzählt, ist farbenfreudiger: »Russische Einwanderer wollten uns erpressen. Einer von ihnen, ein Mann, der in Israel und Kanada sehr bekannt ist, aber dessen Namen ich hier nicht erwähnen möchte, verbreitete das Gerücht, ich sei ein Doppelagent, der gleichzeitig für den KGB, den Mossad und die kanadischen Sicherheitsdienste arbeiten würde. Er überzeugte die Kanadier, daß wir KGB-Agenten wären. Das ist die Ursache für die Geschichte, daß das ›Imperium‹ KGB-Gelder waschen würde.«[148]

Für den Artikel in einer russischen Zeitung wählte er folgende Version: »Er sieht einen direkten Zusammenhang zwischen der Kampagne in den Medien gegen ihn und der für das Unternehmen Seabeco traurigen Tatsache der Verdrängung von den Märkten der ehemaligen Sowjetunion. Und dort, wo es um Seabeco geht, geht es auch um lebenswichtige Interessen vieler Personen und Organisationen, deren Namen in den Medien zu finden waren.«[149]

Seabeco, zur Erinnerung, ist jenes Unternehmen, daß einst die KGB-Gelder ins Ausland schaffte und 1997 erneut ins Fadenkreuz der Ermittler in der Schweiz und Belgien geriet wegen der Kooperation mit dem Mafiaboß Sergej Michailow. Offiziell hingegen möchte der »Admiral« mit dem Unternehmen Seabeco nicht in Zusammenhang gebracht werden.

Jeder Journalist erhält also eine eigene Version des simplen Tatbestandes, daß der »Admiral«, weil er die Herkunft seiner Gelder nicht erklären konnte, nicht nach Kanada einreisen darf.

Die britische Spur

Die alte Nomenklatura auf neuen Wegen – wie ein roter Faden durchzieht dieses Faktum die Erfolgsstory des »Admirals«. Dazu gehört auch die Geschichte eines seiner bulgarischen Mitarbeiter, eines Mannes, der früher das Amt des für Wirtschaftsfragen zuständigen stellvertretenden Ministerpräsidenten Bulgariens innehatte. Nach der ersten Säuberungswelle verlor er seinen Posten. D. wurde Botschafter Bulgariens in Oslo. Als die Reformkommunisten schließlich den Ministerpräsidenten Schifkoff stürzten, wurde D. arbeitslos und übersiedelte wenige Monate später nach London. Dort trat er in die Dienste des britischen Großverlegers Robert Maxwell. Bei Maxwell Communications war D. in der internationalen Abteilung für die Ostgeschäfte des Medienmoguls zuständig. Robert Maxwell kam im Herbst 1991 unter bislang nicht geklärten Umständen ums Leben. »Das war Mord«, hört man aus KGB-Quellen in Moskau. Mit undurchsichtigen Geschäften in Rußland, manche sagen, er gehörte zu jenen, die das Milliardenvermögen der Partei außer Landes schafften, machte er ein Riesenvermögen, das aus der Pensionskasse seiner Unternehmen offenbar widerrechtlich entnommen und bis heute nicht gefunden wurde.

Nach dem Tod von Maxwell wechselte der Bulgare D. schnurstracks zum »Imperium« nach Österreich. Sein Bruder Emil, der bis 1991 Handelsrat der bulgarischen Vertretung war, hatte im Schweizer Steuerparadies bei einer Holding Group eine neue Anstellung gefunden. Das ist ein Unternehmen, das nach eigenen Angaben Osthandel mit Bulgarien, Rußland und der Ukraine betreibt. Es besteht aber die berechtigte Vermutung, sagt die Wiener EDOK, »daß die Firma aus schwarzen Kassen der bulgarischen KP finanziert wurde«.

Am 9. Dezember 1993 wurde D. in Wien vorläufig festgenommen. Grund war ein Auslieferungsersuchen der bulgarischen Staatsanwaltschaft, die wegen der Veruntreuung von Staatsvermögen gegen ehemalige KP-Funktionäre, darunter D., ermittelte. Es dauerte keine drei Wochen, da erhielt er Unterstützung aus Rußland. Am 28. Dezember 1993 traf der russische Rechtsradikalenführer Wladimir Schirinowski in Sofia ein. Einer seiner Vertrauten eilte unverzüglich zum bulgarischen Generalstaatsanwalt Ivan Tatartscheff und legte ihm unter Drohungen nahe, das Verfahren gegen D. einzustellen. Die österreichischen Behörden entschieden schließlich, D. freizulassen. Es ginge ja um ein politisches Verfahren, dessentwegen D. nicht hätte ausgeliefert werden dürfen.

Nach dem Zusammenbruch des Maxwell-Verlagsimperiums fanden sich die beiden Maxwell-Söhne, Kevin und Ian, zusammen mit D. beim »Admiral« ein. Der »Admiral« bestätigte selbst, daß die beiden bis Ende Mai 1994 einen Beratervertrag mit seinem Handelshaus hatten. In diesem Zusammenhang ist ein Schriftstück von Interesse. Am 7. Dezember

1994 faxte das »Imperium« an seinen Repräsentanten in Israel folgenden Text: »Lieber Yitzhak. Beim letzten Treffen der Direktoren, an dem Sie beteiligt waren, schlug der Präsident vor, ein Seminar auf der Direktionsebene abzuhalten. Ich möchte Sie bitten, daran teilzunehmen. Eine ähnliche Erfahrung hatten wir vor kurzem, als der Präsident seinen Berater, Mr. Kevin Maxwell, für eine besondere Präsentation einlud. Das Ergebnis war außerordentlich effektiv.« Zu den Maxwell-Brüdern finden sich noch weitere Dokumente. Am 3. September 1994 schrieb das »Imperium« an Kevin Maxwell, Westbourne Communications, London. »Lieber Kevin. Betrifft Treffen mit H. Clinton. Ich sende ihnen einige Informationen über Galina A. Roketzkaja. Sie ist die Frau des Gouverneurs der Region Tjumen, der wichtigen russischen Ölquelle in Westsibirien. Sie ist außerdem Vorsitzende der Neftechim-Bank in Tjumen, der wichtigsten Bank des größten russischen Ölproduzenten der Region Tjumen.«

Während der »Admiral« in Kanada und Großbritannien eine »unerwünschte Person« ist, genießt er in bestimmten Kreisen Israels großes Ansehen, zumal er sich bereits 1988 einen israelischen Paß besorgte. In die Schlagzeilen geriet der »Admiral« in Israel, nachdem bekanntwurde, daß er sich mit dem Präsidenten Nethanjahu getroffen haben soll, was er vehement bestritt. Aber: »Minister Sharansky traf ich mehrmals. Ich sehe in ihm einen großen Kämpfer gegen Antisemitismus. Wir diskutierten Angelegenheiten der Immigration aus Rußland. Ich helfe den Einwanderern, indem ich Geld für die medizinische Versorgung spende. Der Partei der Einwanderer habe ich kein Geld gespendet.«

Weniger positiv sieht ihn die israelische Polizei, bei ihr soll er auf einer Liste von 34 Personen stehen, die der Beziehung zur Mafia verdächtigt werden.

Das ist alles Lüge, sagt der »Admiral«. »Schaut her. Ich bin nicht so reich, wie die Leute denken. Bis auf dieses Apartment in Tel Aviv habe ich keinen Besitz. Wenn das kommunistische Regime zurückkehren sollte und alle meine persönlichen Konten beschlagnahmt, wäre ich ärmer als Sie«, erzählte er einem israelischen Reporter.

Nun hat der Admiral zugegebenerweise auch philanthropische Züge. Am 30. September 1994 wurde der Leipziger russisch-orthodoxe Erzpriester Fjodor Pownji vom »Admiral« nach Österreich eingeladen. »In dieser Zeit besucht der Metropolit von Minsk unser Unternehmen, um Fragen der Förderung des Baus des Hauses der Barmherzigkeit in der Stadt Minsk, dessen Projektleiter Sie sind, zu erörtern. Alle mit Ihrem Aufenthalt verbundenen Kosten, Krankenversicherung inklusive, werden von unserem Unternehmen im vollen Umfang getragen.« Überhaupt läßt er sich gerne als Mann feiern, der viel Gutes für die Menschheit tut. Kinder von Bergbauarbeitern beschenkte er mit Kleidung und Schuhen im Wert von 30 000 US-Dollar. In den allerbesten Privatkliniken Österreichs und der Schweiz werden auf seine Kosten schwerkranke Kinder der Arbeiter aus den Betrieben im Ural, in Sibirien und Kasachstan behandelt. »Es sind Kinder aus Regionen, wo im Krankenhaus nicht einmal einfaches Verbandsmaterial zu finden ist. Seit einiger Zeit bekommen auch viele Erwachsene solide medizinische Betreuung und Hilfe.« Wenn denn diese Berichte korrekt sind, bleibt natürlich der Sachverhalt bestehen, daß er weitaus mehr Geld für die exklusive Ausbildung zahlreicher Kinder von Präsidenten und Funktionären der GUS-Staaten bezahlt. Deren Internatskosten werden fein säuberlich jeden Monat von Konten des »Imperiums« abgebucht.

8. KAPITEL

Nachwort oder Ausblick auf eine düstere Zukunft

Es ist inzwischen zum Ritual verkommen: Westliche Staatschefs, die von russischen politischen Würdenträgern in Moskau empfangen werden, oder Politiker aus dem Kreml, die in den Westen fahren, paraphieren Verträge zum gemeinsamen Kampf gegen die organisierte Kriminalität oder betonen zumindest, wie wichtig deren Bekämpfung sci. Meist wird, nachdem dieser leidige Punkt abgehakt wurde, ausführlich über finanzielle Aufbauhilfen für Rußland gesprochen. Stets wird dabei die volle Übereinstimmung bekundet, um danach die Champagnerkelche klingen zu lassen. Ähnlich läßt sich dieses Ritual in den anderen Ländern der ehemaligen Sowjetunion beobachten.

Eigentlich kann man es sich nicht vorstellen, daß die westlichen Nachrichtendienste ihren verantwortlich regierenden Politikern vor den Treffen mit russischen Politikern oder höchsten Repräsentanten der Sicherheitsbehörden keine präzise Lagebeschreibung zukommen lassen und sie auch nicht über die Verwicklung dieser Politiker in mafiose Strukturen aufklären. Würden diese Lageberichte zur Kenntnis genommen werden, gäbe es zweifellos größere Bedenken, immer neue Kredite, die der Steuerzahler finanziert, zur Verfügung zu stellen, und vielleicht handhabe man die derzeit bestehenden offiziellen Kontakte zu führenden Politikern oder den Repräsentanten der Sicherheitskräfte etwas vorsichtiger. Aber die bittere Realität wird ausgeblendet, weil die diplomatischen, die außen- und wirtschaftspolitischen Konsequenzen unabsehbar wären.

Ein Beispiel für diese Blindheit ist der im Herbst 1997 bekanntgewordene Bericht des Bundesnachrichtendienstes über die Kooperation zwischen KGB-Nachfolgeorganisation und mafiosen Syndikaten in Rußland. Ein Sachverhalt, der in diesem Buch ausführlich belegt wurde. Dem BND-Bericht nach zu urteilen ist die »Einflußnahme der organisierten Kriminalität auf einzelne Personen und Gruppen der Nachrichtendienste teilweise schon so intensiv geworden, daß von einer partiellen Durchdringung gesprochen werden muß: Mafia und Geheimdienste seien symbiotische Beziehungen zu gegenseitigem Nutzen eingegangen.«[150] Und der BND erklärt einen bekannten Tatbestand, den man in Deutschland in dieser Klarheit von offizieller Stelle bislang nicht gehört hat: »Die Zusammenarbeit mit mafiosen Strukturen geschieht mit ausdrücklicher Unterstützung der russischen Regierung.«

Zum erstenmal wurde ohne Umschweife ausgesprochen, was in den USA längst offen diskutiert und beim besten Willen nicht mehr geleugnet werden kann. Kurz darauf aber, wahrscheinlich nach politischer Intervention, stellt der BND seine These über die Zusammenarbeit zwischen der Nachfolgeorganisation des KGB, dem russischen Auslandsgeheimdienst SWR und der Mafia wieder in Frage. Es gebe nur vage Anhaltspunkte für diese Kooperation. Allein das bayerische Landeskriminalamt, schon immer bekannt für seine eindeutigen Stellungnahmen, geht weiter davon aus, daß diese Verstrickung nicht mehr wegzudiskutieren sei.

Vielleicht bietet die Lektüre des Buches ja dem BKA oder den politischen Entscheidungsträgern Einblick in diese verhängnisvolle Komplizenschaft zwischen bestimmten Politikern im Kreml und dem organisierten Verbrechen.

Wenn das so ist, stellt sich sowohl den politischen wie den wirtschaftlichen Entscheidungsträgern in den demokratischen Staaten zwangsläufig die Frage, mit wem sie überhaupt noch in Moskau verhandeln können. Denn abgesehen von den mafiosen Syndikaten, die das eine Standbein der Regierung bilden, ist auch das andere, die Finanzelite, nicht viel vertrauenerweckender. Repräsentant der Finanzelite auf der politischen Ebene ist sicherlich der vom Westen gefeierte Chef der mächtigen Administration des Präsidenten, Anatolij Tschubaijs, der als Reformer angesehen wird. »Die Reformer, ausmanövriert und korrumpiert durch die Kriminellen, sind an erster Stelle verantwortlich für die Niederlage ihrer Reform«, schreibt Stephen Handelman. Doch das will im Westen niemand wahrhaben.

Anatolij Tschubaijs gehört zu den Verantwortlichen für die abenteuerliche Privatisierung des ehemaligen sowjetischen Staatsbesitzes, die Rußland dem Zugriff der mafiosen Wölfe ausgeliefert hat. »Was bedeutet ›Privatisierung‹, wenn mindestens 90 Prozent der Bevölkerung unseres märchenhaft reichen Landes leer ausgehen?« fragt der ehemalige Sicherheitsberater Alexander Lebed. »Für drei Generationen bekamen wir bei der Privatisierung ein Papierchen, das auf dem Markt zwei Flaschen Wodka wert war. Ein Irrwitz.«[151]

In Tschubaijs Mitverantwortung liegt, daß eine kleine Schicht von roten Betriebsdirektoren, mächtigen Parteifunktionären und mafiosen Neureichen, welche die richtige »Nähe« zur Macht hatten, über Nacht zu den Herren des Riesenreichs wurden. Ihm zur Seite im Kreml steht der »Reformer« Boris Beresowski. Er ist einer der erfolgreichsten Unternehmer dieses »neuen« Rußlands; klein von Wuchs und von unscheinbarem Äußerem, wird er in den russischen Medien als moderner Napoleon beschrieben.

Gegenüber der *Financial Times* brüstete sich Beresowski offen damit, daß er und sechs andere Geschäftsleute Rußland regieren: »Wir kontrollieren die Hälfte der russischen Wirtschaft und den Löwenanteil an den Medien.«

Wir, das sind neben Beresowski der Banker Alexander Smolenski, Chef der Stolnitschnij-Bank; Michail Tschodorkowski, Besitzer der Bank Mentep; Pjotr Awen und Michail Friedmann von der Alfa-Bank; Wladimir Potanin von der Unexim-Bank und Wladimir Gussinski, Chef der Most-Banken und Mediengruppe. Von Wladimir Potanin, Bankier und Erster Vizepremier, stammt das Zitat: »Es ist heute in Rußland schwer zu sagen, wer ein Hochstapler ist und wer nicht. Die einst allmächtige Regierung gibt es nicht mehr. Gesetz und Ordnung sind privatisiert.« Der ehemalige Mitarbeiter des Außenhandelsministeriums hat dank seinen Regierungskontakten seine Bank zum viertgrößten russischen Bankunternehmen gemacht: Er lieh der Regierung hohe Geldbeträge zu Wucherzinsen und kaufte zu Spottpreisen Anteile der Ölgesellschaft Sidanko auf. Heute ist er außerdem mit 51 Prozent am weltgrößten milliardenschweren Nickel-Kombinat in Norilsk beteiligt.

In dieses Puzzle von Macht und Einfluß der Banken paßt eine Meldung von »Experten des russischen Innenministeriums, die sagen, daß 95 Prozent aller Moskauer Banken und ihre Filialen von kriminellen Paten kontrolliert werden«.[152] Demgegenüber wird in westlichen Sicherheitsbehörden eine Zahl von mindestens 80 Prozent aller russischen Banken genannt, die auf die eine oder andere Weise direkt mit mafiosen Organisationen verbunden sind.

Wer aber ist dieser Boris Abramowitsch Beresowski, der sich stolz zu denjenigen zählt, die 50 Prozent der russischen Wirtschaft kontrollieren, der aber nicht sagt, daß die restlichen 50 Prozent von der Mafia mehr oder weniger direkt beeinflußt werden und es daher zwangsläufig zwischen beiden Oligarchien zu innigen Verbindungen kommen muß?

»Derjenige, der in diesem Staat die wichtigste Rolle spielt, ist auch die wichtigste Person für das gute Geschäft«,[153] hat er bereits früh erkannt. Russische Zeitungen sehen ihn auf dem Gipfel des Olymps des Großkapitals. »Auf der Föderationsebene ist Boris Abramowitsch Vertreter der neuen Russen an der Macht, der sogenannte außerordentliche und bevollmächtigte Botschafter des Großkapitals am Olymp.«[154]

Boris Abramowitsch herrscht über Autofabriken, Ölraffinerien und das größte Aktienpaket des ersten staatlichen Fernsehkanals. Einst hatte er seine vielfältigsten Geschäfte mit Hilfe des Chefs der Leibgarde des Präsidenten, Alexander Korschakow, gemacht. Kurz vor der Präsidentschaftswahl ließ Beresowski seinen Freund Korschakow fallen, um mit seinem Finanzimperium den »Reformer« Tschubaijs zu unterstützen. Mit kräftigen Kapitalspritzen in den Wahlkampffonds von Jelzin ermöglichte er dessen Wiederwahl. Nach Jelzins Wahlsieg wurde Beresowski zum Stellvertretenden Sekretär des Nationalen Sicherheitsrats ernannt. »Beresowski ist ohne jeden Zweifel ein Meister für alles. In der Gesellschaft herrscht die feste Meinung, daß er jeden und alles manipulieren kann, seine Förderer eingeschlossen.«[155] 1996 zeichnete ihn die russische Vereinigung für die Förderung von Wissenschaft und Erziehung wegen seines »großzügigen Mäzenatentums« als »Philanthrop des Jahres« aus.

Doch fast zur gleichen Zeit, als er geehrt wurde, veröffentlichte das amerikanische Wirtschaftsmagazin *Forbes* einen bösen Artikel über den Geehrten. »Ist er der oberste aller russischen Mafiabosse?« fragte das Wirtschaftsmagazin. Beresowski habe seine Autokette in enger Zusammenarbeit mit der tschetschenischen Mafia aufgebaut. Es gebe, so behauptet die Zeitschrift, einen Polizeibericht, wonach Beresowski unter der *krijsa*, dem Schutz, der Solnzewskaja-Organisation stehen würde. Die Klage gegen diese Behauptung folgte sofort, und zwar in Großbritannien. »Erstens wurde der größte Schaden in der internationalen Arena Beresowski in Großbritannien zugefügt, wo er solide Beziehungen hat. Zweitens deuten die englischen Gesetze den Begriff Diffamierung deutlicher.«[156]

Sein Werdegang ist durchaus nicht außergewöhnlich. Der Absolvent der Technischen Hochschule Moskau, die unter anderem den Nachwuchs für den KGB beziehungsweise das Verteidigungsministeriums lieferte, promovierte 1983, mit 37 Jahren, und wurde Abteilungsleiter im Wissenschaftlichen Institut für Verwaltungsprobleme. Geschickt sicherte er sich etliche Sahnestücke des Privatisierungskuchens, ließ Staatsgelder für sich arbeiten und ergatterte profitable Lizenzen. Das Ex-Mitglied des Sicherheitsrates, Alexander Lebed, über Boris Beresowski: »Ihm sind bei der Privatisierung Firmenanteile von Aeroflot, Logowas und der Fernsehanstalt ORT zugefallen. Im Tschetschenienkrieg hat er ein gutes Geschäft gemacht. Als Stellvertretender Vorsitzender des Sicherheitsrates versucht er jetzt, die Spuren des früheren Blutgeschäfts zu beseitigen und neue Profite einzufahren. In der Ferne schimmert die Ölpipeline vom Kaspischen Meer durch Tschetschenien bis Noworossijsk. Bei uns ist eine Oligarchie an der Macht.«

In dieser Privatisierungsphase herrschte Chaos. »Öffentliche Ausschreibungen gab es nicht – wer clever und skrupellos genug war, wurde rasch Millionär.«[157] 1990 war er erfolgreich im Autohandel tätig, als Inhaber des Unternehmens Logowas. »Dieses Geschäft war a priori kriminell, deshalb ist es nicht erstaunlich, daß auf Beresowski ein Attentat verübt wurde.«[158] Und kriminell ist das Autogeschäft heute noch.

Der Konzern Awtowas in der Stadt Toljatti ist das Flaggschiff der russischen Autoindustrie. Der Lada-Produzent beherrscht den gesamten russischen Automarkt. Selbst dieser Mammutbetrieb scheint fest in kriminelle Strukturen eingebunden zu sein. »Ein erheblicher Teil des Handels mit Ladas wird von kriminellen Strukturen kontrolliert. Wer dagegen angehen will, riskiert sein Leben. Ein wichtiger Awtowas-Manager bestätigt das: ›Leute in entscheidenden Positionen bei Awtowas kassieren entweder mit ab, oder sie halten den Mund. Alles andere ist lebensgefährlich. Da geht es um zuviel Geld.‹«[159]

Aufschlußreich ist, daß die Bank Awtowas in Toljatti und Moskau, das behauptet zumindest das Schweizer Bundesamt für Polizeiwesen, aus dem Finanzfonds der Ex-KPdSU und des KGB finanziert wurde.[160]

Der Hintergrund des Attentates auf Boris Abramowitsch am 7. Juni 1994, als eine Bombe in seiner Nähe explodierte, der Fahrer seines Wagens ums Leben kam und sein Bodyguard schwer verletzt wurde, ist immer noch nicht aufgeklärt. Anfangs wurde als Drahtzieher des Attentats der Direktor der Most-Bank genannt. Dann fanden die Ermittler neue Spuren, die zu einem Konflikt zwischen einer M.-Bank und dem von Beresowski geleiteten Unternehmen Allgemeine Russische Autoallianz (AVVA) führten. Ende 1993 hatte Sergej Timofejew, ein Dieb im Gesetz, die M.-Bank unter seine Kontrolle gebracht: Seine kriminellen Gehilfen in der Bank erhielten Kredite von Regierungsbehörden und mehreren Banken. Das Geld wurde konvertiert und mit Hilfe fiktiver Verträge nach Israel und in die Schweiz auf die Konten des Mafioso Grigorij Lerner überwiesen. Ein finanzieller Partner der nun in Mafiahand übergegangenen M.-Bank war das Unternehmen AVVA. Am 16. März 1994 übergab die Mostorg-Bank zwei Wechsel im Wert von einer Milliarde Rubel an die AVVA mit Zahlungsfrist 6. April 1994. Wie so häufig in diesem Gewerbe wurden die Wechsel jedoch nicht eingelöst, und die eine Milliarde Rubel waren verschwunden. Wie sich später herausstellte, wurden sie konvertiert und nach Israel überwiesen. Nachdem jedoch der Sicherheitsdienst der AVVA einen der Organisatoren des Betrugsgeschäfts, einen ehemaligen Mitarbeiter im Generalstab des Verteidigungsministeriums, hatte ausfindig machen können, war der zwar bereit, das verschwundene Geld zurückzugeben, machte aber zur Bedingung, daß die Justiz nicht eingeschaltet wird. Als sich Beresowski trotzdem mit der Polizei in Verbindung setzte, platzte die Autobombe. »Interessant ist die Tatsache, daß drei Tage nach dem Attentat die geschuldete Summe inklusive Zinsen (insgesamt 1,2 Milliarden Rubel) auf das AVVA-Konto überwiesen wurde.«[161] Der Hintergrund des Bombenanschlag und zahlreicher Morde, so vermutet die Staatsanwaltschaft in Moskau, hängt mit dem erbarmungslosen Kampf um den Automarkt zusammen.

Inzwischen ist Boris Abramowitsch nicht nur einer der wirtschaftlich mächtigsten Männer Rußlands, sondern bewegt perfekt die Schalthebel der Macht. Im Sicherheitsrat, dem neuen Politbüro, trifft er sich mit den einflußreichsten Männern Rußlands, hier werden wichtige Beziehungen gepflegt, ohne daß er selbst viel Verantwortung übernehmen muß. Und das wiederum ist gut für den Ausbau seines wirtschaftlichen Imperiums. Ende 1997 wurde er seines Postens enthoben.

Boris Abramowitsch Beresowski ist der Inbegriff des »Reformers«, leuchtendes Beispiel der Finanzelite, die westfreundlich und marktwirtschaftlich orientiert ist. Das macht ihn zwangsläufig zu einem der Ansprechpartner der westlichen Industrie, und er gilt als Hoffnungsträger für eine geordnete demokratische Entwicklung in Rußland. Nicht beantwortet ist dabei die Frage, inwieweit die vom Westen hofierte zwielichtige Finanzelite für sozialen Frieden und Gerechtigkeit, echte Wirtschaftsreformen und politischen Stabilität in Rußland sorgen kann oder überhaupt will. Die überwiegende Mehrheit der Menschen im reichen Rußland ist inzwischen so arm, daß sie sich zwar Katzenfutter, aber kein Hundefutter mehr leisten kann. Selbst der eitle Multimillionär Wladimir Brijnzalow beklagt das, während seine mit Brillanten besetzte Armbanduhr mit den Saphiren und Brillanten auf seiner goldenen Gürtelschnalle um die Wette blitzt: »In vorrevolutionären Gefängnissen haben die Gefangenen zweimal mehr Fleisch gekriegt, als es heute das Existenzminimum eines russischen Bürgers vorsieht. Und zweimal mehr Brot und sechsmal mehr Teig- und Getreidewaren.«[162]

Über sieben Millionen Obdachlose und Flüchtlinge leben in Rußland, denen der im Grunde reiche Staat nicht helfen kann. Betroffen sind nicht nur die Arbeiter, sondern genauso hochqualifizierte Angestellte aus Industriebetrieben oder

Akademiker. Von dem Aufbau einer sozialen Infrastruktur, sieht man von den großen Städten ab, kann keine Rede sein. In weiten Teilen des Landes ist die Energieversorgung nicht gesichert. Steuern werden nicht mehr eingetrieben, die Wirtschaft ist zusammengebrochen. Ist das ein Ergebnis der westlichen Wirtschaftshilfe oder nur eine Phase des Übergangs, und wie verhält sich die deutsche Industrie mit ihren Investitionen in der Ex-UdSSR?

Das in Düsseldorf ansässige Zentrum für deutsch-russische Wirtschaftskooperation hat 170 deutsche Firmen zum Stand und den Perspektiven der deutsch-russischen Wirtschaftskooperation befragt. Ein Viertel der Befragten wollte durchhalten, bis sich die Wirtschaftssituation gebessert hat. Knapp die Hälfte der Firmen sieht kurzfristig konkrete Geschäftschancen, ein Drittel will einzelne Geschäfte langfristig vorbereiten. Ein Viertel will ohne Rücksicht auf kurzfristig ausbleibende Gewinne aktiv werden, um einen wichtigen Zukunftsmarkt zu erobern.

Auf die mafiose Struktur der Ex-UdSSR angesprochen, hört man von deutschen Unternehmern und Politikern, das alles ändere sich in einigen Jahrzehnten. Und solange gehe halt das Geschäft vor der Moral. Sie glauben, daß die Kinder der heutigen Gangster oder Mafiosi morgen, spätestens übermorgen im Transformationsprozeß »angesehene Bürger sein werden und die nächste Generation von Politikern und Wirtschaftlern bilden – vermutlich so seriös wie in den USA«.[163]

Man zieht sich auf die Feststellung zurück, daß eine Periode der Rechtlosigkeit eben der Preis sei, den jede Gesellschaft für radikalen ökonomischen Wandel zahlen muß, und meint, das, was sich heute in der Ex-UdSSR abspiele, sei eine typische primitive Akkumulation des Kapitals, wie sie ähnlich im 19. Jahrhundert in den Vereinigten Staaten stattfand.

Das sind grandiose Denkfehler, Wunschvorstellungen, die mit der Realität nichts zu tun haben und auch wenig mit der Geschichte der Vereinigten Staaten. Vergleicht man die Situation in der Gründerzeit der USA mit der in der Ex-UdSSR, ist der erste Unterschied, daß die damalige amerikanische Regierung nicht gänzlich in den Diensten krimineller Banden stand, das politische und wirtschaftliche System nicht in allen Bereichen kriminell durchdrungen war. Und das, was aus der Ex-UdSSR heraus entstand, ist weder eine neue Gesellschaftsformation noch ein Übergangsstadium, sondern die Fortschreibung des alten korrupten Systems. Auf dem Fundament der alten sowjetischen Nomenklatura samt ihren Sicherheitsdiensten aufbauend, hat die Mafia heute den Platz der einstigen allgegenwärtigen Partei eingenommen.

Ein weiteres wichtiges Charakteristikum der Vereinigten Staaten von Beginn ihrer Gründung an war der Respekt vor den Gesetzen. Zwar gab es auch in den Vereinigten Staaten Regionen, in denen keine Gesetze, sondern ein gesetzloser Zustand herrschte – dort aber nahmen dann die Bürger das Recht in die eigene Hand, was nicht mit dem Lynchmob zu verwechseln ist.

Viel bedeutsamer ist ein anderer Unterschied. Korruption war nie eine institutionalisierte Praxis in den Frühzeiten der USA, obwohl Korruption häufig vorkam. Und die Auswirkungen der Korruption auf die amerikanische Volkswirtschaft waren begrenzt. Demgegenüber existiert bereits seit Jahrzehnten in der Ex-UdSSR eine Untergrundwirtschaft, in der Korruption und Erpressung Teil des gesamten wirtschaftlichen legalen wie illegalen Systems war. »Während der zentralverwaltungswirtschaftlichen Ordnung und der kommunistischen Herrschaft haben sich die Funktionäre in Staat und Partei ein umfangreiches Netz von politischen und persönlichen Beziehungen aufgebaut (Beziehungskapital), mit dessen Hilfe sie sich schon damals großzügig selbst bereichert und in beachtlichem Luxus gelebt haben. Gesetzesübertretung, systematische Korruption und Schwarzmarkt waren notwendige Elemente der Planwirtschaft und hatten systemstabilisierende und planerfüllende Funktionen.«[164]

Hinzu kommt, daß es in den frühen Jahren der USA weder einen mächtigen und alles kontrollierenden Geheimdienst noch eine entsprechende Partei gab, also keine zentral lenkende und kontrollierende Macht, die sich bis heute am Leben erhalten hat. Der Staat als Lenkungsmechanismus hatte in den USA von Anbeginn lediglich eine untergeordnete Rolle. So gesehen hinken alle Vergleiche mit der frühen Entwicklung der USA und der heutigen Situation in der Ex-UdSSR.

Eine Parallele gibt es jedoch, so sieht es nicht nur Michael

Sika, der Generaldirektor für öffentliche Sicherheit in Wien: »Man kann die Entwicklung im Grunde genommen in bestimmtem Umfang an der amerikanischen Gesellschaft messen. Die amerikanische Gesellschaft hat das hinter sich. Dort hat es die Cosa Nostra ja geschafft, sich einen völlig legalen Anstrich zu geben. Ihr ist die Infiltration der Wirtschaft gelungen, und sie kann von den legal betriebenen Firmen leben. Sie ist unangreifbar geworden.«

Ist das etwa nachahmenswert, oder zeichnet sich hier der Weg in eine kriminalisierte Gesellschaft auch in Europa ab?

Vergleicht man nun die Situation in Rußland mit der in Italien, gibt es tatsächlich gewisse Übereinstimmungen. Das mafiose System in Italien ist nicht nur eine Machtstruktur, sondern eine Gesellschaft für sich, eine Kultur genau wie in der Ex-UdSSR. Doch im Gegensatz zu den Staaten der ehemaligen Sowjetunion verfügt Italien über aktive demokratische Institutionen und eine entsprechende lebendige Kultur, über eine in weiten Bereichen inzwischen funktionierende Justiz sowie über ein aufgeklärtes Bürgertum. Und trotzdem ist es nicht gelungen, die Mafia erfolgreich zu bekämpfen, ihren Einfluß in Wirtschaft und Politik einzudämmen.

Westliche Optimisten wenden bei solcherart Vergleichen ein, daß es ja privates Eigentum in Rußland gebe. Das ist nur teilweise richtig. Heute zumindest sind die Eigentümer einer privaten Firma in einer ähnlichen Position wie der Manager einer staatseigenen Firma zu Zeiten der Sowjetunion. Keinem gehört der von ihm erwirtschaftete Profit. Solange ihre Herren, das heißt entweder heute die Mafia beziehungsweise einst die Kommunistische Partei, zufrieden sind, genießen beide einen privilegierten Status. Wenn nicht, werden sie auf die eine oder andere Weise bestraft. In Rußland gehört heute der aus einem Großteil des privaten Eigentums entstehende Profit der Mafia und eben nicht dem Eigentümer. Dessen Unternehmen kann jederzeit von kriminellen Vereinigungen vereinnahmt werden. Ist es also Privateigentum, wenn der Eigentümer den gesamten Gewinn der Mafia übergeben muß, die dann entscheidet, wieviel der Eigentümer für sich behalten darf, und die jederzeit einen anderen zum Eigentümer machen darf, wenn es ihr gefällt? Dieser Prozeß berührt fast alle Geschäftszweige, von kleinen Firmen bis zu den großen nationalen Unternehmen. Das ist also die vom Westen hochgelobte Privatisierung.

Sieht man, daß außer den aktiven Mitgliedern der kriminellen Vereinigungen, die laut FBI-Chef Louis J. Freeh »aus allen gesellschaftlichen Schichten kommen«, es Millionen Menschen in Rußland gibt, die als Angestellte der mafiaeigenen oder mafiakontrollierten Unternehmen arbeiten, so wie sie es vorher für die von der kommunistischen Regierung geführten Unternehmen getan haben, dann werden die Dimensionen dieser Entwicklung sichtbar. Denn diese Menschen führen alle von der Mafia laut oder stillschweigend erteilte Anweisungen genau so aus, wie sie es früher gemäß den kommunistischen Spielregeln getan haben. Inzwischen beschäftigt die Mafia den größten Teil der arbeitenden Bevölkerung Rußlands, wie es einst die Kommunistische Partei getan hatte. Was läßt sich hier noch in eine demokratische Gesellschaft umwandeln?

Tatsache ist: Die Verbindung von alter politischer Macht und neuem, auf illegale Weise erworbenen Reichtum wird ein zentrales Problem der wirtschaftlichen und politischen Transformation Rußlands werden, wenn es denn diese Transformation jemals geben wird.

Fazit: Das organisierte Verbrechen und die Regierung in Rußland sind heute so eng miteinander verwoben, daß keiner genau sagen kann, ob das organisierte Verbrechen die Regierung kontrolliert oder die Beamten und Politiker das organisierte Verbrechen für ihren persönlichen Profit nutzen. Tatsächlich bilden die Politiker und ein großer Teil der Bürokratie auf der einen Seite und das organisierte Verbrechen auf der anderen Seite ein neues politisches, wirtschaftliches und gesellschaftliches System – eben die Mafiokratie. Da geht es nicht mehr darum, ob dieses System transformiert werden kann, sondern nur noch darum, ob dieses kriminelle System nicht die westliche Demokratie zerstört.

Was kann der Westen tun? Geld ist sicher nicht die adäquate Antwort. Denn es gibt keinerlei Garantie dafür, daß die finanziellen Hilfen zum Aufbau der Demokratie und von Reformen tatsächlich zu diesem Zwecke verwandt werden. Milliardenbeträge, geschätzt werden übereinstimmend mindestens

60 Prozent der vom Westen gewährten Kredite, sind bislang in mafiosen Kanälen verschwunden und meist auf Bankkonten ins westliche Ausland transferiert worden. Dafür kann man soziale Infrastrukturmaßnahmen, die das Leben der überwiegenden Mehrheit der Bevölkerung in der Ex-UdSSR etwas erträglicher machen würden, mit der Lupe suchen. Und von der von westlichen Banken und Regierungen geförderten Privatisierung, die vom Westen mit peinlicher Euphorie gelobt wird, profitierten überwiegend Kriminelle, Betrüger und die alte kommunistische Nomenklatura.

Dabei ist das, was die Praxis westlicher Kreditvergabe angeht, ja nichts Neues, und eigentlich hätte man aus den Erfahrungen mit der Kreditvergabe an Länder der Dritten Welt in den siebziger und achtziger Jahren lernen können. Ein wesentlicher Teil des Geldes, das der Westen damals den Dritte-Welt-Staaten zur Verfügung stellte, wurde weder investiert noch im Land ausgegeben, sondern floß in Form illegal ausgeführten Kapitals in die westlichen Industriestaaten zurück, wo es teilweise bei den gleichen Banken angelegt wurde, die zuerst die Kredite gewährten.

Infolgedessen konnten die Banken an ein und demselben Geld zweimal verdienen: einmal bei der Kreditvergabe in Form von Darlehen an Staatsregierungen und ein zweites Mal bei der Entgegennahme als persönliche Einlagen der Führungskräfte derselben Regierungen oder als Einlagen von Privatpersonen, die Kredite empfangen hatten. »Während der letzten zwanzig Jahre sind die wichtigsten Halter unrechtmäßig erworbener Vermögen deshalb nicht die Drogenbarone oder die Finanziers, Schmuggler oder Spekulanten, die im Rampenlicht der internationalen Presse stehen, sondern Staatsoberhäupter, Minister und hochstehende Regierungsbeamte entwickelter Staaten. Mit der kurzsichtigen Komplizenschaft einiger der größten Banken der Welt und westlicher Regierungen haben sie den größten Raub der Gegenwartsgeschichte ausgeführt und in entscheidendem Maße zur Verschlimmerung des weltweiten Verschuldungsproblems beigetragen.«[165]

Das wird jetzt im Osten wiederholt. Diesmal mit fatalen Konsequenzen für die westliche Wirtschaft und Demokratie. Die tägliche Vermischung im internationalen Geldmarkt von schwarzem und grauem Geld aus illegalen Geschäften im Bereich des organisierten Verbrechens und des Wirtschaftsverbrechens mit sauberem Geld, das auf der Suche nach einer Wertsteigerung durch Spekulation ist, ist ein wesentlicher Grund für weltweite Destabilisierung. Es ist daher nur eine Frage der Zeit, bis der Pool illegalen Geldes das gesamte Finanzgebäude, dem es angehört, in Brand setzt. Dabei ist das enorme Kapital der kriminellen Syndikate aus der Ex-UdSSR sicher nicht allein für diese Situation verantwortlich. Aber die milliardenschweren Transfers von kriminellen oder illegal erwirtschafteten Geldern aus dem Osten in den Westen haben die Funktion eines idealen Brandbeschleunigers.

Natürlich gibt es in Rußland oder in anderen Ländern des ehemaligen kommunistischen Riesenreichs viele Hoffnungsträger in der Politik, Kultur und Wirtschaft. Auch bei der Polizei sowie in den Nachrichtendiensten findet man zahllose couragierte Persönlichkeiten, die eine radikale demokratische Reform anstreben, vehement, teilweise unter dem Einsatz ihres Lebens, die mafiosen Strukturen bekämpfen.

Fatal ist nur, daß sie bislang kaum eine Möglichkeit haben, entscheidend etwas gegen die herrschende Mafiokratie zu unternehmen, daß sie in der Minderheit sind.

Selbst Boris Jelzin versucht nun im Zentrum der Macht einigen dieser Hoffnungsträger Einfluß einzuräumen. Maxim Bojko, 32 Jahre und Chef der staatlichen Privatisierungsbehörde, verspricht »Ehrlichkeit, Effektivität und Offenheit«, wenn es um die Privatisierung von Staatsbetrieben geht. Auch der junge unbelastete Reformer Boris Nemzow, von Boris Jelzin als Vizepremier in das Zentrum der Macht geholt, verspricht den Kampf gegen die unseligen Beziehungsgeflechte und die Korruption. Trotzdem stellt sich die Frage, ob sie nicht lediglich Galionsfiguren sind, damit hinter dieser Fassade weiterhin kräftig die Kredite fließen, oder ob ihnen wirklich die Möglichkeit eingeräumt und die notwendige Unterstützung gewährt wird, die mafiosen Strukturen zu zerschlagen. Nemzow wurde bereits wieder von der Wirklichkeit des mafiosen Systems eingeholt. Weil er zusammen mit anderen hohen Politikern unverschämt hohe Vorschüsse für ein Buchprojekt kassiert hatte, 90 000 US-Dollar, fiel er bei Präsident Jelzin in Ungnade.

Die Auswirkungen dieses herrschenden Systems der Mafiokratie auf die demokratischen Gesellschaften in Europa sind jedenfalls gravierend, auch wenn sie bislang – aus welchen Gründen auch immer – in Deutschland nicht wahrgenommen werden, obwohl hier doch der beherzte Kampf gegen das organisierte Verbrechen so wortreich beschworen wird.

»Wenn viel geredet und wenig getan wird«, klagt der Experte für organisiertes Verbrechen, Willi Flormann, »dann bedeutet das natürlich, daß sich ganz bestimmte kriminelle Strukturen aufbauen, die sich letztendlich verbürgerlichen und die über ihr Geld Macht bekommen. Macht bedeutet Einfluß und letztlich auch politischen Einfluß.«

Weitaus pessimistischer noch sieht die Entwicklung Michael Sika. Auf meine Frage, ob alles auf eine kriminalisierte Gesellschaft in Europa hinauslaufe, antwortete er: »Eine absolut kriminalisierte Gesellschaft. Wobei man allerdings in dieses Wort kriminalisiert schon ein wenig Wasser hineintun muß. Es wird der Übergangsbereich zwischen legal und illegal immer verschwommener werden, und es wird eine so widerwärtige Gesellschaft kommen, noch dazu eine Gesellschaft, die große wirtschaftliche Probleme haben wird. Dann werden die Firmen, die mit schmutzigem Geld gefüttert werden, eher überleben als die anderen, das ist ja klar, die haben ja Vorteile in allen Bereichen. Und dann wird meines Erachtens der Tag kommen, an dem sich das der Mann auf der Straße nicht mehr gefallen läßt. Denn wirtschaftlich wird es uns nicht bessergehen, im Gegenteil.«

Menschenschmuggel, Schwarzhandel, Betrug, Raub, Drogen- und Waffenhandel werden dann Teil des normalen Geschäftslebens, das heißt selbstverständlich werden. Sie werden legalisiert von jenen, die sich mit ihrem schmutzigen Geld in die Politik eingekauft haben. Wenn bereits heute die Unterscheidung zwischen kriminellen und sauberen Geschäften zunehmend verschwommener wird, dann ist das organisierte Verbrechen als freies Unternehmertum in seiner freiesten Form in einer blendenden Ausgangsposition. Dank der Ideologie der Liberalisierung des Weltmarktes und der Privatisierung des Staates, Deregulierung genannt, wird die Globalisierung der Weltwirtschaft mit den internationalen kriminellen Netzwerken einhergehen. Bereits heute bestehen diese

Verbindungen zwischen der »Russenmafia«, den südamerikanischen Drogenkartellen, den südostasiatischen Verbrechersyndikaten und der italienischen Mafia. Es ist eine strategische Allianz als Antwort auf die Entwicklung des globalen Marktes. Weil sie sich aufeinander verlassen können, konnten sie ihren Einfluß überall in der Welt festigen. Und wie jedes globale Unternehmen haben auch die transnationalen kriminellen Organisationen ihre Tätigkeitsbereiche aufgeteilt. Sie sind nicht länger auf die normalen kriminellen Aktivitäten, wie Drogenhandel, beschränkt, sondern investieren genauso in legalen Bereichen.

Die politischen Konsequenzen sind klar: Politiker, die Mafiabosse und die Wirtschaftsführer der Welt werden das Spiel der Illusionen von einer Aufrechterhaltung der demokratischen Gesellschaft weiterführen. Ungehört wird der Mitte Dezember 1996 in *Le Monde Diplomatique* veröffentlichte Appell von sieben europäischen Richtern bleiben, die die Regierungen zu gemeinsamen Anstrengungen aufforderten, um eine für die Demokratie tödliche Bedrohung abzuwenden. Denn die organisierte Kriminalität dringt unaufhaltsam über ein gigantisches Netz von Partnerschaften und mit Unterstützung von Politikern und multinationalen Finanz- und Geschäftskreisen in sämtliche Bereiche der Weltwirtschaft vor und treibt dabei ihr Spiel mit der rechtsstaatlichen Ordnung, die durch ein weitverzweigtes System korrupter Machenschaften nach und nach vergiftet wird.

Große demokratische Massenbewegungen, Parteien, Gewerkschaften, Bürgerinitiativen, also die tragenden Stützen jeglicher demokratischen Kultur, verlieren dafür zunehmend an Einfluß, so sieht es auch der Historiker Professor Christian Meier:

»Dafür gewinnen Patronage, Korruption, auch organisierte Kriminalität an Bedeutung. Das sind mafiaähnliche Strukturen mit starken Loyalitäten, Netzwerke zwischen Paten, Industrien, Parteien und Regierungen – nicht mehr sizilianisch, sondern sehr modern.«[166]

In Rußland scheint man diese Gefahr für die demokratischen Staaten im Westen, die von der Mafiokratie in der ehemaligen UdSSR ausgeht, eher erkannt zu haben. Viktor Timtschenko sieht es folgendermaßen und dürfte damit wohl nicht falsch liegen: »Für die Russen von heute sind ›demokratische Werte‹ nicht so gewichtig. Sie leben in einer Zeit, da nur Geld und Macht zählen. Deshalb macht die Vorstellung, daß im Land statt eines demokratischen Präsidenten ein von der Mafia eingesetzter, statt eines gerechten Gerichts ein von der Mafia korrumpiertes die Macht ausüben könnten, den Russen nicht solche Angst wie den Menschen in der ›demokratischen Welt‹. Die Bedrohung, immer abhängiger von verbrecherisch erwirtschaftetem Geld zu werden, ist für die ›freie‹ Welt nicht geringer, als die Gefahr in den sechziger Jahren, von Giftmüll überflutet zu werden.«

Deshalb geht es in der politischen Diskussion hier in Europa auch nicht darum, mehr Polizei einzustellen, neue Gesetze zu erlassen oder für eine Verfassungsänderung zu plädieren. Es geht heute einzig allein darum, den Bestand der Demokratie und der Menschenrechte zu retten, sie vor der kriminellen Infiltration zu schützen, und das kann nur eine aufgeklärte Bevölkerung leisten. Wenn das nicht gelingt, ist die Zukunft in der Tat eine kriminelle Gesellschaft hier in Europa.

Anmerkungen

1. Kapitel
Eindrücke und Einblicke in die Mafiokratie

1 Alexander Solschenizyn, zit. n. *Süddeutsche Zeitung* v. 30. November 1996
2 Zit. n. Peter Krevert, Organisierte Kriminalität in Rußland, in: *der kriminalist*, Birkenwerder, März 1997, S. 112
3 Jurij Skuratow, Generalstaatsanwalt der Russischen Föderation, in: *Iswestija* v. 14. Februar 1997
4 Grand banditisme, *Jeune Afrique*, Paris, Nr. 1891, 2. April 1997, S. 34
5 K. S. Karol, Der Sozialismus geht, die Gesetzlosigkeit bleibt, und die Mafia kommt, in: *Le Monde Diplomatique,* zit. n. Die *Tageszeitung* v. 4. August 1997, S. 4
6 Rijkswacht Antwerpen, Afdeling K.I.T., 28. November 1996, Aktenzeichen KIT 11/12-M
7 Zit. n. *L'Express,* Paris, Nr. 197/97, S. 50
8 Elke Windisch, in: *Stuttgarter Zeitung* v. 18. März 1997
9 Zit. n. *Der Spiegel* Nr. 33 v. 11. August 1997
10 Erich Diefenbacher, Off-shore-Banking, in: *der kriminalist*, Birkenwerder, September 1997, S. 405
11 Douglas Farah, in: *The Seattle Times* v. 8. Oktober 1996
12 Anatolij Kulikow, zit. n. Zeitschrift *Sputnik*, Moskau, Mai 1996
13 Igor Baranowski, *Moskau News* v. 31. Dezember 1993
14 »Budet li u mafii destoinij protiwnik« – Wird die Mafia einen würdigen Gegner haben? Analyse der Ostmafia der Moskauer Polizei, 1995
15 Nando Dalle Chiesa, *Der Palazzo und die Mafia*, Köln 1985, S. 154
16 Barbara Kerneck, in: *Die Tageszeitung,* Berlin, 26. Juli 1997

17 *Frankfurter Allgemeine Zeitung* v. 29. 11. 1996
18 Bundesamt für Polizeiwesen, Bern, Crime Organisé Ex-URSS, OCCO/215.010-4/KL, 20. September 1996
19 ebd., S. 4
20 Hearing of the House International Relation Committee, Subject: Threat from Russian organized Crime, 30. 4. 1966, Federal News Service-Congressional Hearing Testimonies, Washington, D.C.
21 Bundesamt für Polizeiwesen, Bern, 12. März 1996, S. 1
22 Jakob Augstein, Der Rechtsstaat in der Zange, in: *Süddeutsche Zeitung* v. 31. Januar 1996
23 Zit. n. *Weltwoche*, Zürich, 6. April 1995
24 *Financial Times*, London, 21. Juni 1995
25 Schlußbericht der Arbeitsgruppe »Lagebild Ostgelder«, Schweizerische Bundespolizei, Oktober 1995, S. 20
26 ebd., S. 25 f
27 Zit. n. *Eveneing Standard,* London, 2. Mai 1996
28 Raimondo Catanzaro, Vortrag auf dem Seminar der Fraktion der Sozialdemokratischen Partei Europas (SPE), Brüssel, am 6. Dezember 1993

2. Kapitel
Die Geschichte vom Aufstieg und Fall eines russischen Tycoons

29 Vladimir Nikiforov, *The Soviet Mafia,* New York 1994, S. 134
30 Vincenzo Ruggerio, Drug Economics: A Fordist Model of Criminal Capital?, *Capital & Class,* 1995, S. 101
31 Wadim Belitsch, in: *Iswestija*, Moskau, 15. November 1995
32 »The Ivankov Aka Yaponchik Organization, Russian/Eurasian Organized Criminal Enterprise«, U.S. Department of Justice, FBI, Dezember 1994, S. 28
33 Alexander Gurow: *Professionalnaja prestupnost,* Moskau, 1990, S. 108
34 Jurij Daschko, in: *Wostok*, Köln, 6/1996, S. 70
35 ders., in: *Wostok*, 6/1992, S. 69
36 »Osnowy borby s organisowannoj prestuptnostiju« – Grundlagen des Kampfes mit der organisierten Kriminalität (Bericht d. Moskauer Polizei), Moskau 1996, Übersetzung: Heinz Dorn, Innsbruck
37 Zit. n.: *Jerusalem Post* v. 23. Juni 1997

38 Kid Möchel, *Der geheime Krieg der Agenten*, Hamburg 1997, S. 29

39 *Literaturnaja Gaseta* v. 24. Juli. 1996

40 EDOK-Bericht, Sergej Mikhailov, ZL: 415 345/1-II/OC/20

41 Thomas Vasek, Schießeisen von Freunden, *Profil*, Wien, 19. August 1996

42 Bundesministerium für Inners, EDOK, Wien, Akten-Z.: I 415 345/1-II/OC 20, Lagebericht Februar 1995

43 OK-Lagebericht Österreich, Stand 12/1996. Polizeiliches Lagebild Georgien, Wien, Innenministerium

44 Organisierte Kriminalität, Osteuropa, Polizeiliches Lagebild, Innenministerium, Wien, Oktober 1996

45 Bundesministerium für Inneres, EDOK, Wien, Akten-Z.: I 415 345/1-II/OC 20, Lagebericht Februar 1995

46 Hannes Reichmann, in: *WirtschaftsWoche*, Wien, 16. November 1995, S. 55

47 The Ivankov Aka Yaponchik Organization, Russian/Eurasien Organized Criminal Enterprises. U.S. Department of Justice, Federal Bureau of Investigation, Interim Report, Dezember 1994, S. 15/16

48 Zit. n. Hannes Reichmann, in: *Profil*, Wien, 28. Juli 1977, S. 49

49 Bundesamt für Polizeiwesen, Bern, Crime Organisé Ex-URSS Nr. 5, 24. April 1996

50 The Ivankov Aka Yaponchik Organization, U.S. Department of Justice, FBI, Interim Report, Dezember 1994, S. 16

51 *Prawda*, Moskau, 25. Januar 1988

52 *Neue Zürcher Zeitung* v. 5. April 1995

53 *Kommersant-Daily*, Moskau, Nr. 227, 7. Dezember 1995

54 Semion Mogilevich Organization-Eurasian Organized Crime, Department of Justice, Federal Bureau of Investigation, Washington, D.C., August 1996, S. 25

55 Birgit Marschall u. a., in: *WirtschaftsWoche*, Nr. 44, 24. Oktober 1996, S. 75

56 *Iswestija* v. 22. November 1995

57 Schlußbericht der Arbeitsgruppe Lagebild Ostgelder, Bundesamt für Polizeiwesen, Bern, Oktober 1995, S. 43

58 Lagebild Ostgelder, a.a.O., S. 65

59 ebd., Schlußbericht, S. 6

60 Pascal Auchlin, in: *Facts*, Zürich, Nr. 44/1996, S. 97/98

61 Innenministerium Wien, Lagebericht Organisiertes Verbrechen Osteuropa. Dezember 1996

62 Zit. n. Claire Sterling, *Pax Mafiosa*, Paris 1995, S. 268
63 Zit. n. *Profil,* Wien, 26. September 1994
64 Schlußbericht der Arbeitsgruppe Lagebild Ostgelder, Bundes-amt für Polizeiwesen, Bern, Oktober 1995, S. 66/67
65 Olga Krischtanowskaja, in: *Soziologitscheskije rassledowanija,* Moskau 8/1995. Übersetzung: Heinz Dorn
66 Elfie Siegl, in: *Frankfurter Allgemeine Zeitung* v. 15. Oktober 1996
67 Anatolij Koslow »Wodka-Marken, Intrigen und Fälschungen, Wostok, Heft 5/1996, zit. n. *Exekutiv-Report,* Lippstadt, April 1997, S. 25
68 Oleg Popzow, *Boris Jelzin. Der Präsident, der nicht zum Zaren wurde.* Berlin 1995, S. 584
69 *Argumenty i Fakty,* Nr. 22, Moskau, Juni 1994
70 Sergej Parchomenko, in: *Moskowskije novosti,* Nr. 31, 30. April 1995
71 »Budet le u mafii dostoinij protiwnik« – Wird die Mafia einen würdigen Gegner haben. Eine von Moskauer Polizeifachleuten verfaßte Analyse der Ostmafia, 1991 erschienen. Übersetzt v. Heinz Dorn
72 Schreiben der Generalstaatsanwaltschaft Moskau, Kasakow, vom 5. November 1996, an die Kantonspolizei Genf
73 Jens Hartmann, Sexskandal um Kowaljow greift in die Politik über, *Die Welt* v. 26. Juni 1997
74 Zit. n. *Tagesanzeiger,* Zürich, 1. Juli 1997
75 *Le Soir,* Brüssel v. 8. Juli 1997

3. Kapitel
Der mysteriöse Tycoon aus Budapest

76 Bericht Landeskriminalamt Berlin, LKA 2114, vom 22. März 1996
77 Gespräch mit Lajos Liktor, Juli 1997 in Budapest
78 Gespräch mit dem Autor im Budapester Polizeipräsidium
79 The Semion Mogilevich Crime Group, Israel National Police, Criminal Investigation Dept. August 1966, S. 11
80 Semion Mogilevich Organization, Eurasian Organized Crime, Department of Justice, FBI, August 1996, S. 23
81 The Semion Mogilevich Crime Group, Israel National Police, Criminal Investigation Dept. Tel Aviv, August 1966, S. 4

82 The Semion Mogilevich Crime Group, Israel National Police, Criminal Investigation Dept, Tel Aviv, August 1996, S. 8

83 Bundesamt für Polizeiwesen, Bern, Crime Organisé Ex-URSS Nr. 5, Zeichen: OCCO/215.010 v. 24. April 1996

84 Robert I. Friedmann, Brighton Beach Goodfellas, in: *Vanity Fair,* Januar 1993

85 Norbert F. Pötzl, Der Makler der Agenten, in: *Der Spiegel*, Nr. 34, 18. August 1997, S. 66

86 Benjamin Beit-Hallahmi, *Schmutzige Allianzen – die geheimen Geschäfte Israels,* München 1988, S. 172

87 vgl. *Africa Confidential*, Paris, 20. August 1986

88 *The Washington Post* v. 8. Mai 1988

89 ebd.

90 Semion Mogilevich Organization, Department of Justice, FBI, Intelligence Unit, August 1996, S. 35

91 Bericht der Israel National Police, August 1996, S. 14

4. Kapitel
Der unaufhaltsame Aufstieg eines Ex-KGB-Unternehmens in Deutschland

92 Schlußbericht Zollfahndungsamt Frankfurt, Az: E 116/94-215

93 *Mainpost*, Würzburg, 15. September 1995

94 »Ermittler über Jahre beeinflußt«, *Mainpost*, Würzburg, 22. September 1995

5. Kapitel
Mafia und KGB – Ausgeburt des Kalten Krieges?

95 Bericht des Bundesministerium des Inneren, Wien, EDOK-Meldestelle: Allgemeine Situation in bezug auf Geldwäscherei in Österreich, März 1997

96 *Transparency International,* Berlin, September 1997, S. 3

97 Ewald Trojansky, Im Tarnmantel der Legalität mordet auch die Polizei, *Badische Neueste Nachrichten* v. 15. März 1997

98 Jurij Nossenko, Moskau, Vizepräsident des Verbandes der Unabhängigen Sicherheitsdienste für die Gewährleistung der kommerziellen Sicherheit, zit. n. *Magazin für die Polizei*, Lippstadt, Nr. 255, S. 38

99 Kommersant-Daily, Moskau, 14. März 1995
100 Julija Pailowa, in: *Kommersant-Daily*, Moskau, 14. März 1995
101 Olga Krischtanowskaja, Beitrag in: *Soziologitscheskije rassledo-wanija*, Nr. 8, 1995, zit. n.: *Öffentliche Sicherheit*, Wien, Januar 1996, S. 14
102 Sergej Guk, *RIA Nowosti*, Moskau, zit. n. Exekutiv-Report 9/96, S. 29
103 vgl. Stephen Handelman, *Comrade Criminal*, New Haven 1995, S. 320
104 ebd., S. 338
105 Hans Graf Huyn, Moskaus großes Spiel, in: *Criticón*, Januar/Februar 1996, S. 34
106 Alexander Sdanowitsch, Oberst des FSB, Zeitschrift WEK, Moskau 1/1996
107 Natalja Nikulina, Zeitschrift *WEK*, August 1996
108 Bericht BKA Meckenheim, 23. April 1996, Spionagetätigkeit der sowjetischen Geheimdienste KGB und GRU und seiner russischen Nachfolgeorganisation nach der Wiedervereinigung Deutschlands, S. 32/33
109 Gespräch des Autors mit Eike Bleibtreu, Vorsitzender des BDK, Bund Deutscher Kriminalbeamter
110 William Norman Grigg, Russia's Global Crime Cartel, in: *The New American*, 10/1996, S. 23
111 Gespräche mit dem Autor
112 *The Independent*, London, 9. Februar 1992
113 *Moscow Business Week* v. 4. Juni 1992
114 Claire Sterling, *Pax Mafiosa* a.a.O., S. 114
115 Adrian Kreye: Wer nicht zahlt, kommt in den Kühlschrank, *Frankfurter Allgemeine Zeitung* v. 5. Juli 1996
116 *Yevgenia Albats, The State within a State: The KGB and its Hold on Russia-Past, New York, 1994, S. 33*
117 Rupert F. J. Pritzl, Korruption, Rent-Seeking und organisiertes Verbrechen in Rußland, in: *Politeonom, Zeitschrift zu Theorie und Praxis der Wirtschaftspolitik*, Heft 1, 1997, S. 20
118 Andrej Illesch, *Die Roten Paten*, Berlin 1992, S. 200
119 Jörg Becher, Rubelgrüsse aus Moskau, Zeitschrift *Bilanz*, Zürich, Nr. 9/1994, S. 21
120 Claire Sterling, *Verbrecher kennen keine Grenzen*, München 1994, S. 205
121 Hearing of the House International Relations Committee, Sub-

ject: Threat from Russian Organized Crime, Washington, D.C., 30. April 1996

122 Aussage unter Eid von Juri V. Shvets vor dem Distriktgericht Virginia, Fall Alexander P. Konanijchin gegen das Immigration and Naturalization Service, 22. Juli 1977

123 *Nesawissimaja Gaseta,* Moskau, 8. September 1993

124 *Kommersant Daily,* Oktober 1992

125 Report California Department of Justice, Office of the Attorney General, März 1996

126 Adrian Kreye: Wer nicht zahlt, kommt in den Kühlschrank, *Frankfurter Allgemeine Zeitung* v. 5. Juli 1996, S. 27

6. Kapitel
Teile und herrsche – die georgischen Paten

127 Henrik Bischof, »Georgien – Gefahren für die Staatlichkeit«, Studie zur Außenpolitikforschung, Friedrich-Ebert-Stiftung, Bonn, 1995

128 OK-Lagebericht Österreich – Polizeiliches Lagebild Georgien, Innenministerium Wien, Stand 12/1996

129 Peter Krevert, *Schutzgelderpressung,* Lübeck 1997, S. 131

130 Meldung der österreichischen Presseagentur APA, 15. April 1996

131 Alexander Maculan, *Mein Fall*, Wien 1977

132 Hannes Reichmann, *WirtschaftsWoche*, Wien, 25. Juli 1996

133 Lagebild Organisierte Kriminalität Rußland–Polen, Zentralstelle zur Bekämpfung Organisiertes Verbrechen, EDOK, Abt. II/8, 1997, S. 86

134 ebd.. S. 37

135 Zeitschrift *News,* Wien, Juli 1996

136 Hannes Reichmann, in: *WirtschaftsWoche* v. 25. Juli 1996

137 *Profil,* Wien, 15. Juli 1996

138 Hans Rauscher, Wie lange werden westliche Geschäftsleute mit der Ostmafia leben müssen, in: *WirtschaftsWoche,* Wien, 18. Juli 1996

7. Kapitel
Der »Admiral« oder wie man ein »Imperium« aufbaut

139 Zeitschrift *Sowerschenno sekretno*, Moskau, Nr. 3, 1996
140 Bundesministerium für Inneres, Wien, EDOK, (Name des Unternehmens, d. Autor) organisierte Kriminalität, Kriminalpolizeiliches Lagebild, Stand 12/1996, S. 11
141 International Criminal Police Organization, Interpol, Analytical Criminal Intelligence Unit, Bericht über Projekt »Admiral«, Februar 1977, S. 5
142 Bundesamt für Polizeiwesen, Bern, 23. Juli 1996, S. 2
143 U.S. House of Representatives, Committee on Government Operations, They went that way: The Strange Case of Marc Rich and Pincus Green, 27. Mai 1992
144 Claire Sterling, *Verbrecher kennen keine Gesetze*, München 1994, S. 220
145 *Neue Zürcher Zeitung* v. 10. März 1994
146 *Süddeutsche Zeitung* v. 30. September 1994
147 Stephen Handelman, *Comrade Criminal*, New Haven 1995, S. 215
148 Zeitschrift *Ma'ariv*, Tel Aviv, 15. November 1996
149 *Iswestija* v. 22. April 1994

8. Kapitel
Nachwort oder Ausblicke auf eine düstere Zukunft

150 *Der Spiegel* v. 6. Oktober 1997
151 »Wir brauchen noch zwei Generationen«, *Die Zeit*, Nr. 35, 1997
152 Aleksandr Zhilin: The Financial Crime of the Century, The Jamestown Foundation, *Prisma*, Washington, D.C., 1. Dezember 1995
153 *Neue Zeit*, Nr. 47, 1996
154 *Kuranty*, Moskau, 21. Mai 1997
155 *Neue Zeit*, Moskau, Nr. 46, 1996
156 *Puls Planety*, Moskau, 25. Februar 1997
157 Andrzej Rybak, Die Moguln, *Die Woche* v. 14. März 1997
158 *Kuranty*, Moskau, 21. Mai 1997
159 Jörg Eigendorf, Kassieren und Schweigen, *Die Zeit* v. 22. August 1997

160 Crime Organisé Ex-URSS Nr. 14, Bundesamt für Polizeiwesen, Bern, 15. August 1996, S. 3

161 *Obstschaja Gaseta*, Moskau, 28. Mai 1997

162 Interview in der Moskauer Zeitung *Trud* v. 16. April 1997

163 Livia Klingl, in: *Kurier*, Wien, 1. Oktober 1997

164 Pritz, Rupert F. J.: Korruption, Rent-Seeking und organisiertes Verbrechen in Rußland, *Politekonom-Rußländisch-deutsche Zeitschrift zu Theorie und Praxis der Wirtschaftspolitik*, Heft 1/1997

165 Pino Arlacchi, Weltweite Korruption, Organisiertes Verbrechen und Geldwäsche, Vortrag auf der 5. Internationalen Anti-Korruptions-Konferenz, Amsterdam, 1993

166 »Die Gesellschaft bricht in Stücke«, Interview mit Christian Meier, in: *Der Spiegel*, Nr. 41, 6. Oktober 1997

Bibliographie

Albats, Jewgenia: *The State Within a State: The KGB and its Hold* on *Russia*, New York 1994

Asland, Anders/Layard Richard: Changing the Economic System in *Russia*, New York 1993

Arbatov, Georgi: *The System: An Insider's Life in Soviet Politics*, New York 1992

Arlacchi, Pino: *Mafia Business: The Mafia Ethic and the Spirit of Capitalism*, London 1986

Berliner, Joseph S.: *Factory and Manager in the USSR*, Cambridge 1957

Boycko, Maxim/Schleifer Andrei u. a.: *Privatizing Russia*, Cambridge/Mass. 1995

Cassel, Dieter: »*Funktionen der Schattenwirtschaft im Koordinationsmechanismus von Markt- und Planwirtschaften*«, in: *ORDO*, Bd. 37, 1986

Catanzaro, Raimondo: *Men of Respect: A Social History of the Sicilian Mafia*, New York 1992

Chalidze, Valery: *Criminal Russia: Essays on Crime in the Soviet Union*, New York 1977

Deutscher, Isaac: *Stalin*, London 1986

Fishlock, Trevor: *Out of Red Darkness: Report from the Collapsing Soviet Empire*, London 1992

Furet, François: *Das Ende der Illusion. Der Kommunismus im 20. Jahrhundert*, München 1996

Gianluca Fiorentini/Sam Peltzman: *Organized Crime, Mafia, and Governments*, Cambridge 1994

Goldmann, Marshall: *Lost Opportunity: Why Economic Reforms in Russia have not worked*, New York 1994

Gnauck Gerhard: »Parteien und Fraktionen in Rußland«, Stiftung Wissenschaft und Politik, Juli 1994

Gurow, Alexander: *Organizowannaja presupnost – ne mit, al realnost,* Moskau 1992

Handelman, Stephen: *Comrade Criminal,* New Haven 1995

Jones, Anthony/William Moskoff: *Ko-ops: The Rebirth of Entrepreneurship in the Soviet Union,* Indiana 1991

Kochko David: *L'empire de la drogue,* Paris 1994

Lallemand, Alain: *Russische Mafia,* München 1997

Medvedev, Zhores: *Gorbachev,* London 1987

Oweninskij, Wiktor: *Strategija Bor'by s Mafiej,* Moskau 1994

Podlesskich, Georgij: *Worij w Sakone: Brosok k wladsti,* Moskau 1994

Popzow, Oleg: B*oris Jelzin – Der Präsident, der nicht zum Zaren wurde,* Berlin 1995

Pritzl, Rupert F. J.: *Korruption und Rent-Seeking in Lateinamerika. Zur Politischen Ökonomie autoritärer politischer Systeme,* Baden-Baden 1997

Pryce-Jones, David: *Der Untergang des sowjetischen Reichs,* Berlin 1995

Raith, Werner: *Das neue Mafia-Kartell. Wie die Syndikate den* Osten *erobern,* Berlin 1994

Remnick, David: *Lenin's Tomb: The Last Days of the Soviet Empire,* New York 1993

Roth Jürgen: *Die Russen-Mafia. Das gefährlichste Verbrechersyndikat der Welt,* TB, Berlin 1997

Schapiro, Leonard: *The Communist Party of the Soviet Union,* New York 1964

Schmidt-Häuer, Christian: *Rußland in Aufruhr,* München 1993

Simis, Konstantin: *The Machinery of Corruption in the Soviet Union,* London 1977

Smith, Hedrick: *The New Russians,* London 1990

Steele, Jonathan: *Eternal Russia: Yeltsin, Gorbachev and the Mirage of Democracy in New Russia,* Washington, D.C., 1993

Sterling, Claire: *Verbrecher kennen keine Grenzen. Die internationale Mafia übernimmt die Macht,* München 1994

Thomas, Bill/Charles Sutherland: *Red Rape: Adventure Capitalism in the New Russia,* New York 1990

Timofeyev, Lev: *Russia's Secret Rulers,* New York 1992

Voigt, Stefan/Kiwit, Daniel: »Black Markets, Mafiosi and the Prospects for Economic Development in Russia – Analyzing the Interplay of External and Internal Institutions«, Diskussionsbeitrag des Marx-Planck-Instituts für Erforschung von Wirtschaftssystemen, Jena 1995

333

Volensky, Michael: *Nomenklatura: The Soviet Ruling Class. An Insider Report,* Garden City, 1984

Waksberg, Arkadi: *Die Sowjetische Mafia. Organisiertes Verbre*chen *in der Sowjetunion*, München 1991

Danksagung

Ich bedanke mich bei den folgenden Polizeidienststellen und Kriminalbeamten für ihre Unterstützung bei der Arbeit für dieses Buch. Viele Namen können leider nicht genannt werden, weil die Betroffenen berufliche Repressalien befürchten müssen, wenn bekannt würde, daß sie mit mir geredet haben. Daher auch der Hinweis an jene Staatsanwälte, die derzeit so gerne und beherzt gegen Polizeibeamte wegen Geheimnisverrats ermitteln:

Die im Buch erwähnten Polizeibeamten haben mir keinerlei konkrete Informationen oder gar vertrauliche Dokumente zur Verfügung gestellt. Das waren vielmehr diejenigen couragierten Polizeibeamte und Staatsanwälte, die voller Zorn mit ansehen, wie sich das organisierte Verbrechen ausbreitet und gleichzeitig so wenig aus politischen und wirtschaftlichen Rücksichtsnahmen dagegen getan wird – und die sich mit diesem Zustand trotzdem nicht abfinden wollen.

Wichtige Einschätzungen und Einblicke erhielt ich bei den Dienststellen gegen das organisierte Verbrechen der Kantonspolizei in Zürich und Genf, vor allem bei der Arbeitsgruppe Corus und dem Chef der Police de Sureté von Genf, Urs Rechsteiner; dem Bundesamt für Polizeiwesen in Bern und von dem jungen, aufgeschlossenen Michael Lauber. Wichtig waren intensive Gespräche mit Michael Sika, Generaldirektor für öffentliche Sicherheit im Wiener Innenministerium, sowie Maximilian Edelbacher von der Bundespolizeidirektion Wien. Beide sind unersetzbare Persönlichkeiten im Kampf gegen das organisierte Verbrechen. Ebenso danke ich den Beamten der OK-Dienststelle in der Bundespolizeidirektion Wien, der EDOK und Hofrat Heinz Dorn aus Innsbruck.

Für Hintergrundinformationen waren Yossi Almog von der israelischen Polizei und Jürgen Storbeck von Europol wichtige Gesprächspartner. Mein Dank gilt daneben den vielen couragierten Beamten des Polizeipräsidiums in Budapest und Lajos Liktor vom Budapester Innenministerium für die offenen Gespräche. Meine Hochachtung verdienen die wenigen Staatsanwälte in der Ukraine und Ermittler der OK-Dienststelle im Moskauer Innenministerium, die unter bedrohlichen Umständen versuchen, wenigstens ein klein wenig die Mafia im Staatsapparat zu bekämpfen.

Hilfreich für die Einschätzung der internationalen Dimension des Problems der Vernetzung der kriminellen Organisationen und ihrer Paten waren zudem Beamte der Police Judiciare in Brüssel und der Gendamerie von Antwerpen. Ich bedanke mich bei den Beamten des FBI in Miami, von Scotland Yard in London und besonders dem Bürgermeister von Palermo, Leoluca Orlando, der so vehement gegen die Mafia kämpft, genauso wie die Ermittler der Direzione Investigativa Antimafia in Rom. Besonders unterstützt haben mich natürlich unzählige Beamte deutscher Polizeidienststellen. Erwähnen möchte ich ausdrücklich Josef Geißdörfer vom bayerischen Landeskriminalamt – ein Vorbild in Deutschland für den engagierten Kampf gegen das organisierte Verbrechen. Ohne die Unterstützung der Beamten von OK-Dienststellen deutscher Städte, dem Bundeskriminalamt sowie Eike Bleibtreu, des Bundesvorsitzenden des Bundes Deutscher Kriminalbeamter, Willi Flormann von der Kripo in Münster und Konrad Freiberg von der Gewerkschaft der Polizei wäre dieses Buch so nicht geschrieben worden.